褪色的
大西洋灯带

朱国顺 —— 著

文汇出版社

自序：大西洋最后的荣光

大西洋最后的荣光，抵达的是遥远的中国。

从通常意义上讲，大西洋与中国似乎不会有什么关系。从地理位置看，它们之间隔着一整个欧洲，外加西亚和中亚的大片莽原。但是世间就是有一些意料之外却在情理之中的事情，大西洋最后的一些余韵，抵达的正是中国。

在中国最西边，有着世界上距离海洋最远的山系，那就是新疆境内的天山山脉。地球自转而形成的西风带，从大西洋岸边带来湿润的西风，一路可以顺着风带，跨越欧亚大陆的茫茫原野，一直抵达中国的天山，最后在天山的北坡使尽了最后一丝力气，慢慢歇了下来。大量的大西洋水气凝聚起来，形成了一个巨大的湖泊，这就是新疆海拔最高、面积最大的湖泊——赛里木湖。这是中国唯一与大西洋水气的湖泊，赛里木湖因此被称作"大西洋最后一滴眼泪"，更诗意的叫法是"大西洋最后的荣光"。

因为这样一缕"大西洋最后的荣光"，本书的名字就取为《褪色的大西洋灯带》。

这是极具象征意义和历史特征的两件事情。当大西洋灯带渐渐褪去色彩的时候，新的荣光渐次升起在遥远的东方。

大西洋两岸在相当长时间里，称得上是人类文明的集大成者，也是世界最发达富饶的区域。无论是"日不落帝国"首都伦敦、"世界之都"巴黎或者是新兴的"帝都"纽约，都散布在大西洋两岸熠熠生辉，由此诞生了一个名词，叫作"大西洋灯带"，比喻这大西洋两岸一路上星罗棋布的繁华。只是当我们今天重新观察这条"灯带"的时候，看到的已是日渐褪色的景象。

这是显而易见的事实。

英国自不必说，自从二战以后，它始终没有喘过气来，英镑兑美元从 1∶5 一直下滑到 1∶1.3；法国也失去了光彩，香榭丽舍大道萦绕的已不是香风笙歌，而是"黄背心"们带来的催泪弹刺鼻烟雾；美国还是老大，只是它的工业带也已锈迹斑斑，外加有着全世界最惊人的20万亿美元的国家债务。

就像大西洋把最后的荣光照耀到中国的天山一样，世界的荣光也在从大西洋两岸渐渐进行着跨洲转移，照亮的正是太平洋西岸那960万平方公里的广袤国土。

这是世界之大变局，时事之大变革。从两河流域文明到地中海文明再到大西洋文明，星移斗转、时序交替，荣光渐渐照亮了东方。

生逢世界变局之际，又居观云察风之要，这本文集由此开始了它的篇章。观察时事、解读新闻，国际观察又是落笔之重。凡150余篇文字，既有《生逢改革开放》看《浦东的诗与远方》，也有《跨越伶仃洋》在《故宫灯影》中察《城市的起伏》,《乘着5G的翅膀》仰望《天上的星星有北斗》，更多的是《在弗兰德斯战场上》《对谈华莱士》，在《普京的华尔兹》中观《白宫之吻》，由《委员长来访》的《第一次握手》，看《香格里拉的较量》与《特朗普的战争》，析《"民主"的节操》看《〈恐惧〉笼罩着美国》，在《雷曼离开的日子里》《细读〈白皮书〉》察《石油美元已无合理意义》，可知《美国为什么衰落》和《褪色的大西洋灯带》。

它们原载于中国最著名的新闻杂志之一《新民周刊》，是卷首专栏《新民一周》的文章。作为上海最著名的新闻周刊，《新民周刊》以上海的视角，解读上海、探究中国、观察世界，"以言立刊"、以独特的价值立世。这些篇章，某种意义上也是为了凸显《新民周刊》"最上海，最新民"的恰当定位。专栏本身获得了"上海新闻名专栏"桂冠。

起始于2015年11月，迄今已有150余篇20余万字。开篇之际，2015年的《新民周刊》也面临不少变故。变局时刻，需要有一些察云观天的前哨、击水中流的砥柱，遂成《新民一周》。同时，它也作为一个研究项目的一部分。在《文化名家与"四个一批"人才》部署的研究课题中，我选择的是有关媒体与世界的介质作用。这本文集也是向这个项目致敬。

历史是一条长河。

无数的今天与一周，构成了片段、汇成了大河；每一个今天与一周，记录着脉动、昭示着未来。

目录

从1895到2015 / 1
太平洋的黎明 / 3
比湖泊更宽广的是大海 / 5
人造与造人 / 7
九分之二国宴 / 9
难民潮是欧洲还债 / 11
故宫的秋 / 13
世界最美的高铁 / 15
"凡是过去,皆为序章" / 17
跨越苏州河 / 19
巴黎的悲剧 / 21
让"喜儿"诠释好中国 / 23
地球难以重来 / 25
12306,真的很努力 / 27
让互联网光耀人类 / 29
城市的丽质和气质 / 31
上海地铁的风花雪月 / 33
上海的雪 / 35
舌尖上的上海 / 37
没有硝烟的春节 / 39
上海的那些花儿 / 41
好一只美丽的花"蝴蝶" / 43

特朗普是美国的镜子 / 45

万泉河水清又清 / 47

上海的春天 / 49

交通需要文化 / 51

承载起文化的梦想 / 53

那些滋养生命的土地 / 55

踢球当如莱斯特 / 57

百度是谁家的孩子 / 59

能不能好好买房 / 61

蔡英文想干什么 / 63

大国需要工匠 / 65

电影是时代的多棱镜 / 67

迪士尼，绝密档案 / 69

中共的籍贯是上海 / 71

1921·湘江北去 / 73

欧洲杯：冷得像冰岛一样 / 75

王石与田朴珺 / 77

南海，淡定地攥紧主权 / 79

从水轰五到AG600 / 81

奥运来了 / 83

遵义，中国革命的灯塔 / 85

奥运，不只是成王败寇 / 87

在至善至美处感受幸福 / 89

"西湖之光"照亮"中国时区" / 91

让体育成为城市的脉动 / 93

"天宫"之路 / 95

夏列顿湖畔的家宴 / 97

从于都河到将台堡 / 99

五角场的那片吐司 / 101

从歼-8Ⅱ到歼-20 / 103

122周，穆雷来了 / 105

蓝天余韵　旭日东升 / 107

45公里漫步 / 109

最醇厚的哈瓦那雪茄 / 111

清泉永远比淤泥更值得拥有 / 113

追踪罗马第一军团 / 115

卓越城市的细节 / 117

教育的真谛不是补课 / 119

穿越对马海峡 / 121

开往伯尔尼的专列 / 123

特朗普，距离人民有多远 / 125

用好"特朗普机遇期" / 127

那个寒冷的"2·19"夜晚 / 129

一个中国人在世界 / 131

快递的未来要多"快" / 133

在"海纳百川"中"兼容并蓄" / 135

从凡尔赛到巴塞尔 / 137

上海的都市森林 / 139

车轮上的中国 / 141

为什么需要航母 / 143

最有情怀的"95后" / 145

"有温度"的上海 / 147

雁栖湖畔雁成行 / 149

那些消失的美国间谍 / 151

达·芬奇画蛋 / 153

军人的精神 / 155

好电影是硬道理 / 157

香港那一夜 / 159

"七七"八十年记 / 161

怼世界 / 163

055的"八面威风" / 165

"田螺姑娘"来了 / 167

又见冷鹏飞 / 169

《战狼Ⅱ》的破绽 / 171

班农的背影 / 173

洞朗退兵 / 175

"金砖"的成色 / 177

阳光灿烂的日子 / 179

1 个与 8 个 / 181

枪口下的美国 / 183

"作始也简,将毕也巨" / 185

"手无寸铁百万兵" / 187

从故宫到白宫 / 189

一张报纸的一天 / 191

A380 的 10 年 / 193

"胖子"飞天的动力 / 195

热词里的中国 / 197

帝国的背影 / 199

幸福都是奋斗出来的 / 201

17 英寸与 18 英寸 / 203

"桑吉"号的正确打开方式 / 205

3 万亿,新起点 / 207

暖的雪 / 209

美利坚没有新闻 / 211

平昌之平 / 213

岘港三月 / 215

掌声回响在人民大会堂 / 217

"摊牌行动" / 219

委员长来访 / 221

浦东的诗与远方 / 223

特朗普的战争 / 225

中兴的"至暗时刻" / 227

马克思在伦敦 / 229

美国为什么衰落 / 231

中国航母守护和平 / 233

一次非凡的点火 / 235

世上最强悍的三角洲 / 237

香格里拉的较量 / 239

第一次握手 / 241

丢掉幻想　准备反击 / 243

军长也要上考场 / 245

城市的起伏 / 247

特朗普"小鬼当家" / 249

夏日里的玫瑰 / 251

最上海，最新民 / 253

白宫之吻 / 255

人民币会否破 7 / 257

新航迹　新未来 / 259

普京的华尔兹 / 261

轰六 K 的飞行员 / 263

北京秋月夜　万里共和美 / 265

从"西方-81"到"东方-18" / 267

雷曼离开的日子 / 269

细读《白皮书》/ 271

《恐惧》笼罩着美国 / 273

对谈华莱士 / 275

跨越伶仃洋 / 277

长空雁叫霜晨月 / 279

中国是个好榜样 / 281

在弗兰德斯战场上 / 283

天上的星星有北斗 / 285

用好油价下跌机遇期 / 287

老朋友布什 / 289

石油美元已无合理意义 / 291

生逢改革开放 / 293

欧洲为什么唯恐不"欠揍" / 295

70 芳华傲世立 / 297

背后的秘密 / 299

"民主"的节操 / 301

褪色的大西洋灯带 / 303

从《新民早报》到《上海时刻》/ 305

乘着 5G 的翅膀 / 307

故宫灯影 / 309

第二次握手 / 311

90 万亿元新台阶 / 313

波音做错了什么 / 315

波音还做错了什么 / 317

欢迎意大利 / 319

欧洲的变局与困局 / 321

从 1895 到 2015

在读者拿到本期杂志的时候,离 9 月 3 日天安门广场胜利日阅兵只有三天了。阅兵那天,我们看什么?

最重要的,当然是纪念大会上中共中央总书记、国家主席、中央军委主席习近平的重要讲话。此外,阅兵开始后,70 年前浴血奋战的老兵们的亮相,是引人注目的焦点。分列式开始后,参加检阅的各个部队,都由将军领队,总共有 50 多位中将、少将率领阅兵方队通过天安门广场,这是历史上第一次,十分亮眼。激动人心的是装备方队出场,主战坦克、自行火炮、水陆两栖坦克、巡航导弹、战略导弹,都是当今世界最尖端的装备,看了令人心潮澎湃。

在胜利日阅兵那一天,我们还应该看到典礼背后的历史。

2015 年 9 月 3 日阅兵日的那一天,是从 70 年前的 1945 年 9 月 3 日走来的,是从 120 年前的 1895 年 4 月 17 日走来的。2015 年的 9 月 3 日,是对 1945 年、1895 年不能忘却的纪念。

近现代以来,对中国加害最深的是日本,在加害中国中得益最多的也是日本。

日本明治维新后,蓄意对外扩张,逐渐形成了以侵略中国为中心的"大陆政策"。其第一步是攻占中国台湾,第二步是吞并朝鲜,第三步是进军,第四步是灭亡中国,第五步是征服亚洲,称霸世界。

1894 年,日本以不宣而战的甲午战争击败清军。1895 年 4 月 17 日上午 11 时 40 分,在日本马关春帆楼,日本政府逼迫李鸿章签订《马关条约》。除割让台湾等之外,中国向日本赔偿白银 2 亿两,加上此后赎辽等费用共计 2.315 亿两,其中的 84.6% 被日本用于扩军备战,另外从中国掠夺各种物资折合白银 1 亿两。这巨额资金与物资,进一步增加了日本扩张的野心,也更加深了中国的苦难。

此后,日本对中国的侵略与掠夺一刻也没有停止过。1931 年 9 月 18 日,日本挑起了大规模侵占中国东北的战争;1937 年 7 月 7 日,日本挑起了全面侵华战争。经过浴血奋战,中国人民付出了 3500 万人伤亡和将近 200 亿盎司黄金的损失,才最后取得了1945年9月3日抗日战争的最后胜利。

从1840年鸦片战争以降,历经甲午战争、八国联军侵华、"九一八""一·二八"、"八一三",在饱受侵略和欺辱的每一个时刻,中国所有的苦难与悲惨,仅仅是因为一个原因,那就是中国没有一支能保家卫国的军队。在历史的最深处、最疼处,中国人民对于建立一支强大军队的渴望,到了无以复加的地步。

只有在中国共产党领导下,中国才真正拥有了这样一支军队。这是中国近现代以来从未有过的,中国也从此有了可以和平发展的机遇。中国从来没有侵略过别人,也正因为此,中国更需要一支足够强大的军队来保卫和平、保卫自己的家园。

2015年9月3日,中国将举行中国人民抗日战争暨世界反法西斯战争胜利70周年纪念大会,并举行隆重的阅兵仪式。那一天,一支真正能保卫中国人民和平生活、和平发展的军队,一支真正能捍卫世界和平、真正能遏制侵略的军队,将在天安门广场接受党和人民的检阅。

铭记历史,缅怀先烈,珍爱和平,开创未来。

这是对1840年以来中国历史最好的纪念,这也是对五千年中华文明未来发展最好的祝愿!

(2015年8月31日)

太平洋的黎明

天亮了。

早晨的海风拂过东京湾，空中有些灰云。满载排水量5.5万吨的"密苏里"号战列舰泊在海中纹丝不动，九门406毫米口径的巨炮，高仰炮口俯视着近旁的日本首都东京。

这是1945年9月2日，星期天，日本即将向同盟国签署投降书。

东京湾位于太平洋西侧。在侵略中国和发动太平洋战争中，东京湾扮演了重要的帮凶角色。无数日寇军舰、飞机从这里出发，轰炸中国的土地、轰炸珍珠港、轰炸太平洋上许多和平的土地。恶魔的战火从这里燃起，往西烧向中国，往东一直燃遍了整个太平洋。当天，它将见证侵略者的灭亡。

日本正是在东京湾被美国打开国门，走向明治维新的。1853年7月8日，大清咸丰三年、日本嘉永六年六月三日，美国东印度舰队司令官、海军准将马休·佩里率领四艘战舰，驶入德川幕府咽喉要地江户湾相州浦贺海面（今东京湾神奈川县南部），下碇停泊，船上的大炮不怀好意地瞄准了岸上的炮台。这些军舰是奉美国总统之命前往远东，与日本、琉球等商谈开国问题的大舰队的一部分。第二年马休·佩里再一次率领舰队进入江户湾的浦贺，把美国总统写给日本天皇的信交给了德川幕府，要求同日本建立外交关系和进行贸易。日本与美国签订了神奈川《日美亲善条约》，同意向美国开放除长崎外的下田和箱馆（函馆）两个港口，并给予美国最惠国待遇。被美国打开国门后，日本开始明治维新。国力强大后，它却走上了一条对外侵略的道路，最终又在东京湾，走向帝国的覆亡。

1945年9月2日上午7时许，参加日本投降仪式采访的中国《大公报》记者朱启平，随同记者团的200多名各国记者，从另一艘军舰乘小艇登上"密苏里"号。8时30分，乐声大起，联合国签字代表团到场。他们是乘驱逐舰从横滨动身来的。第一个登舰的是中国代表徐永昌将军，他穿着一身洁净的哔叽军服，左胸上两行勋绶，向在场迎接的美国军官举手还礼后，拾级登梯走至上层甲板。随后，英国、苏联、澳大利亚、加拿大、法国、荷兰、新西兰的代表也陆续上来了。8时43分，远东盟军最高司令麦克阿瑟将军乘"尼加拉斯"驱逐舰到达"密苏里"号。8时56分，参加投降仪式的11名日本代表乘美军"兰斯多斯"驱逐舰到达。

朱启平写道："8时53分，一位美国军官领先，日本人随后，陆续从出入口来到主甲板。乐队寂然，日本代表团外相重光葵在前，臂上挂着手杖，一条真腿一条假腿，走起路来一瘸一拐，登梯时有人扶他。梅津美治郎随后，一身军服，重步而行。"

梅津就是与国民党政府亲日派何应钦于1935年7月6日签订《何梅协定》、掠夺中国在河北大部分主权的那个臭名远扬的"华北驻屯军司令官"，他曾要求带着他的军刀来签降，未获盟军批准；重光葵也是日本侵略邻国的急先锋，曾在上海被朝鲜爱国志士炸断一条腿。

9时整，日本投降签字仪式正式开始。投降书共两份，内容一样，包装不同。为了羞辱日本人，同盟国的版本做成皮面的精装版，而日本的版本只是用帆布草草包了个黑皮儿。"重光葵挣扎上前行近签字桌，除帽放在桌上，斜身入椅，倚杖椅边，除手套，执投降书看了约一分钟，才从衣袋里取出一支自来水笔，在两份投降书上分别签了字。梅津美治郎随即也签了字。"

当全体签字完毕时，朱启平抬手看了一眼表，恰恰是9时18分。这让他猛然一震："九一八！"1931年9月18日日寇制造沈阳事件，随即侵占东北；1933年又强迫中国和伪满通车，从关外开往北平的列车，到站时间也正好是9时18分。"现在14年过去了，没有想到日本侵略者竟然又在这个时刻，在东京湾签字投降了，天网恢恢，天理昭彰，其此之谓欤！"

朱启平写道："这签字，洗净了中华民族70年来的奇耻大辱。"

从东京湾燃烧起的法西斯战火，在中国人民和世界人民的共同打击之下，被撅灭在西太平洋的海风中。

11架B-29轰炸机飞过"密苏里"号上空，接着是更大的机队飞来，总共1900架战机掠过东京湾，显示同盟国战胜日本的强大力量。

对于中国来说，这一天的意义尤为重大。抗战的胜利和二战的结束，消除了一个数十年来一直觊觎、骚扰、侵害中华文明的恶魔。甲午战前，清朝曾有一位大臣出使日本。日方耀武扬威地说："我们有一个上联却对不出下联，只好求于汉字发源地的人了。"说完亮出了上联：骑奇马，张长弓，琴瑟琵琶，八大王，并肩居头上，单戈独战！清朝大臣机智应对：倭委人，袭龙衣，魑魅魍魉，四小鬼，屈膝跪身旁，合手擒拿！

1945年9月2日，正是一个"合手擒拿四小鬼"的好日子。

太平洋迎来了清新怡人的一天。

（2015年9月7日）

比湖泊更宽广的是大海

两个看似不相关的数据,有着密切的逻辑关系。

9月7日,中国人民银行公布截至8月底外汇储备为3.5574万亿美元,较上月减少939亿美元,为单月历史最大降幅。8月11日,人民币汇率形成机制改革,在岸及离岸市场人民币汇率均出现较大波动,央行为此进行了干预。市场一度预计央行动用了超过千亿美元外汇储备进行干预,因而8月份的外汇储备备受市场关注。此前有消息称,干预动用的有2000亿美元,现在看来没那么多。

另一个数字是,环球银行金融电信协会(SWIFT)发表的最新数据表明,7月份人民币作为全球支付货币的排名保持在第五位,市场占有率创下了纪录新高,达到了2.34%。其中,亚洲国际支付中人民币的采用率上升到33%,韩国和中国台湾地区采用人民币支付内地及香港的款项比率分别增加了84%和80%,澳大利亚和马来西亚的使用率分别上升至18%及15%,日本和印度采用人民币支付比率为5%和1%。

这些数字有些枯燥,但是这些数字其实对你很重要。今年晚些时候,人民币有可能进入国际货币基金组织(IMF)的一篮子货币特别提款权(SDR)的那个篮子,这些数据将是重要参考。进入篮子的话,意味着人民币将成为世界硬通货。

是否进入篮子,一个是看货币国的贸易量,作为世界第一大贸易国,中国已经不是问题。另一个就是在贸易结算中作为全球支付货币的使用率,人民币现在已是世界第五,并且增长很快,特别是在亚洲优势十分明显。

从货币来说,世界最通行的硬通货就是美元了,哪里都能用,哪里都想积攒一些。货币本质上是商品的代价券,代表可以拥有商品的数量。历史上第一种国际储备货币是18世纪至19世纪的英镑。布雷顿森林会议后,美元成为通用的国际储备货币,一方面是因为美元和黄金直接挂钩,任何国家都可以将美元和美国交换黄金;另一方面也揭示了美国与英国的国力转换。

成为硬通货的一个好处是,货币可以在全世界非常方便地流通使用,是金融实力和国家实力的体现;另一个好处是别人拥有你印制的纸币,你拥有别人的商品。对于人民币来说,成为SDR之一,将使中国在一个迄今由美元占据压倒性主导地位的体系中分享核心的角色。

人民币进入一篮子货币之后,它与其他货币有一个相对真实、自由和连续的兑换率,汇率就是我们需要十分关注的事情。这意味着在国际上,你的货币换多还是换少商品。

8月份人民币汇率调整了中间价的计价方式,这是完善人民币交易机制的方式,但实际上也使人民币有所贬值。由于这是多年来的第一次,因而引起了国际金融市场的波动,带来了不少猜测。

猜疑心最重的当然是美国。美国是个骄傲而又谦虚的国家。骄傲在于,它想在世界上干吗就干吗,动不动就是"不服来打",把中东北非弄得鸡犬不宁,那位叙利亚3岁小难民的悲剧,不能不说跟美国人的政策有很大关系。谦虚在于,不管遇到什么问题,它总是把责任都推给别人,出了事情总是别人的事,仿佛它是个什么都管不了的弱女子。在汇率问题上就是如此。2008年美国过度投机造成金融危机,于是向世界转嫁毒药,美联储利用硬通货的便利条件,滥印纸币,货币急剧贬值,美元计价的黄金从六七百美元一盎司上升到1900美元一盎司,一副"不服来打"的样。这次人民币只是调整了一下中间价的计价方式,把长期积聚的过高估值释放了一些,它即嚷嚷要影响它的发展了。

面对年底可能进入一篮子货币篮子的人民币,我们应该有一个意识,那就是适度、合理的汇率波动,可能会是一种常态。不以一时涨跌为喜,也不必为一时涨跌过忧。既然我们选择了大海,让人民币在世界发展中发挥更大作用,那么我们必然要应对大海远比湖泊更大的波浪。湖泊的稳定性强,但是它的发展余地也小;大海的波浪虽大,但是它的天地也更宽广。

中国人民银行官方网站5日发布的消息说,周小川在G20财长和央行行长会议上表示,目前人民币兑美元汇率已经趋于稳定,股市调整已大致到位,金融市场可以更为稳定。

选择了大海,那么,我们需要学会在大风大浪中,破浪前行。

(2015年9月14日)

人造与造人

原先,我们都是天然的。

人都是父母生的。蔬菜是从地里长出来的,牛奶确实是牛的奶,皮鞋是皮做的,汗衫是棉布做的,真的能吸汗。

但是,人类很聪明。科技发达了,很多事情就改变了。

首先是人造革,用这种材质制造的"皮"包、书包,曾经是几代人美好的记忆。然后是人造丝袜,20世纪30年代开始很长一段时间,是女性的宠物,二战及之后常常被美国大兵用来骗法国美女和日本怨妇。人造黄油,有着跟黄油差不多的醇香滋味,但是跟黄油和牛奶毫无关系。

后来有点变本加厉了,穿的衣服有人造毛大衣,吃的东西有人造鸡蛋、人造虾仁、人造蟹肉,踢足球的地方是人造草坪,商场铺的是人造大理石,更精密的是人造心脏,最新的是人造流星和人造树叶。日本一位副教授阿部新助率领的研究小组正在大力开发一种人造流星体,哈佛医学院生物化学和系统生物学系的帕梅拉·希尔韦、埃利奥特和亚当斯教授受树叶的启发,正在创造一种利用细菌将太阳能转化为液体燃料的"人造树叶"。

下一步呢?也许很多人都会想到一个终极可能:人造人。

对了,就是人造人,也就是我们这期杂志的报道重点。人造的东西到最后,无可避免地就会走到人造人这一步。

记得很早以前有个科幻的设想,就是人把自己的某个部分留下来,冷冻或者用个什么方法保存起来,便可以在多少年或者多少万年后得以重生。那个时候,不过是当作胡说八道、异想天开来看的,但是今天之后,那个事情好像越来越近了。

不能不说,人造人是个科学进步。冻卵是第一步,它让人的诞生有了时间与空间的广泛选择,也为特殊情况的人增加了各种成为父母的可能。未来,它甚至可以解决人类可能面临的许多问题。

凡事有利必有弊。在高兴之余，我们应该仔细分析研究它可能会带来的问题。科学上的问题、伦理上的问题、社会学的问题，乃至人类未来延续的问题。这不是遥远的事情，而是就在眼前、必然会出现的事情。

比如，前不久上海就发生了一件事情：一位丈夫意外过世后，太太带着孩子过着平静的生活。但是忽然之间孩子的爷爷奶奶得知，孩子是用科学方法诞生的，与母亲毫无血缘关系，于是闹出了一场夺孙、夺子大战。结局如何不去说，对家庭和孩子来说，是无可避免的悲剧。

再比如，有传说当年纳粹狂人对造人研究颇深，曾经想让希特勒式的人物长久统治世界。为此，他们不断尝试造"小希特勒"，研究适合希特勒产生的各种环境，分析各种科学合成方法，创造培养希特勒成长的各种社会氛围，甚至在盟军兵临城下之际，还组成严密的外逃路线躲避惩罚。此说传言颇多，但始终没有铁定的证据，所以很难得出最终结论。据推测，真实的情况可能是，纳粹有这个计划和尝试，但是限于当时的科学技术水平，最终没有达成预想的结果，所以多以流言传世。

那么，接下来的问题就是，以现在的科学技术水平，又会发生什么呢？难以穷尽想象。

科学进步带给人类的福音不胜枚举，但是科学进步也可能带来隐患。它既需要人类准确用好科学成果，更好地造福于人；也需要人类审慎对待科学成果，避免给自己的生存带来危害。在某些科幻小说与电影中，人类创造的科学成果反过来伤害人类的故事，已经数不胜数。这当中，就包括了科技创造的异形人类，反过来毁坏人类延续的故事。

科幻是人类在现有的条件下，对未来的想象。可能是瞎想，也可能梦想成真。事实上，有无数的科幻都变成了真实。当今天的科幻可能变成明天的真实之际，人类也应该匀出足够的时间，在研究科技之外，更深入地研究科幻成真之后的规则和秩序，以保持这些科技的进步只用于造福人类，而不是相反。否则，一切看起来的进步，都是没有价值的。

学会人造，是科技的进步；学会了造人，是科技的更大进步。但是，一切都只能以让人类更美好为目标。能不能始终沿着正确的道路走下去，考验着人类的智慧。

在科学进步的同时，人类的智慧应该经得起考验。

（2015年9月21日）

九分之二国宴

吃什么不是很重要，跟谁一起吃、在什么环境中吃很重要。领导人跟普通百姓的心情其实是一样一样的，美国总统奥巴马也不例外。

奥巴马会以浓墨重彩载入美国史册，他当选总统、连任以及诸多政绩，创下了多个美国历史的纪录。其中有一项纪录是不容易的，他是杜鲁门之后60多年间，美国举行国宴最少的总统，迄今7年总统任期，只举行过9次国宴，平均一年才一次多一些。

最近的60多年间，总体上是世界各国联系交流增加、国际合作协调频密的年代。在20世纪开端，世界处在一个纷繁复杂的态势，诸多矛盾斗争在国际间你来我往，常常剑拔弩张，先后酿成了两次世界大战，百姓流离失所，社会受创，民生凋敝。二战之后虽然也有战争和动荡，但是总体上世界各国发展进入了一个新的水平。特别是战后各殖民地国家独立和技术进步带来经济往来的密切，大大增加了国家之间的交流，并使国际事务协调增多，由此，作为世界第一经济体美国的对外交往也是面广量大，国宴的数量也不断增加。

从杜鲁门之后相对平静的1953年算起，62年间美国举行国宴最多的总统是尼克松，他与夫人帕特共举行国宴76次。如果以一任半的时间算，平均每年达12次，每月一次，以每次国宴都得提前三四个月准备来说，确实不少。这可能跟共和、民主两党党别有关系，偏于代表富豪和喜欢场面的共和党总统举行的国宴，总体比民主党总统更多一些。民主党总统以克林顿来说，在两任总统8年任期内，好客的总统和他意志坚定的夫人每年举行4到5次国宴。

相比之下，奥巴马总统迄今7年举行9次国宴，是62年间最少的了。看来，奥巴马十分在意跟谁一起吃饭，以什么样的环境和礼遇跟谁吃饭。自然，这样的机会也就更珍稀一些。

特别值得称道的是，这9次国宴中，奥巴马有两次宴请的是中国国家主席，这是难能可贵的。九占其二，占了重要地位。

2011年1月18日至21日，中国国家主席胡锦涛对美国进行国事访问。1月19日，白宫举行国宴，欢迎来美国访问的胡锦涛主席。这是奥巴马上任后第三次在白宫设宴款待外国贵宾，共有225名嘉宾参加国宴。包括美国两位前总统卡特和克林顿，还有多位华裔名人，包括影星成龙。应中方要求，晚宴以美国菜为主，包括缅因州水煮龙虾、肋眼牛排配脆洋葱、奶油菠菜配土豆、苹果派配香草冰激凌等，现场还有著名乐手演奏爵士乐。

这次迎接习近平主席，白宫从四个月前就开始精心准备国宴。白宫主厨科莫福德说："吃得越好，感情越好。"她还从政治的高度看待这次国宴，她说，"好的菜肴能让人开心，拉近两国人民的距离。"这位52岁的菲律宾裔美国女主厨，已经在白宫工作了20年，历经克林顿、小布什到奥巴马总统时期的大小白宫餐宴。这次以"秋天"作为整场国宴的主题，展现中美关系的丰收、美国主人的热情与好客。晚宴一共四道菜：黑松露野蘑菇汤、奶油缅因州龙虾、炙烤科罗拉多峡谷羊肉、面包和奶油布丁及柠檬荔枝冰沙，恰逢中国的中秋时节，点心中还有南瓜月饼。

秋天是丰收的季节。这不仅仅是国宴的主题，也是中美关系的象征。

当天在两国元首共同会见记者时，习近平强调，经过36年发展，中美利益深度交融，对世界和平和人类进步肩负的责任更加重大。双方应该合作和能够合作的领域更加宽广。中方愿意同美方一道，以锲而不舍、积土成山的精神，推动两国关系不断取得新进展，更好造福两国人民和世界人民。

奥巴马再次欢迎习近平主席对美国进行国事访问，感谢中方致力于美中合作，认为这不仅利于两国，而且造福世界。美方重申坚持一个中国政策，认为一个稳定、繁荣、和平的中国将在国际事务中发挥建设性作用。

秋天的丰收，洋溢在国宴上，也洋溢在太平洋两岸广袤的土地上。

（2015年9月28日）

难民潮是欧洲还债

缠绕欧洲至今的难民潮，使得许多国家争论不休，如何应对，也一直没有找到一个好的办法。在可以预见的日子里，欧洲会为此忙一阵子。

难民潮，事实上是欧洲还债。

难民潮，是欧洲的政治债。套用一句俗话说，天下本无事，某人自扰之。难民潮本来不会必然发生，但是事情挑出来之后，就不一定向某种预期的方向发展，可能节外生枝，弄出一堆其他的衍生事情来。

难民潮主要是中东北非一些战争动乱地区的民众，生活、安全得不到保障，不能不拖家带口，外出寻找赖以安身立命之处。那么，是谁造成了他们的流离失所呢？

不能不说，欧洲脱不了干系。

造成一大波难民的，近的有叙利亚乱局，远的是对付卡扎菲的利比亚战争。从旁人眼里看来，打卡扎菲好像没有什么充分理由。卡扎菲是个什么人物先不去说他，但是纵然卡扎菲有过不是，到了开战之前，卡扎菲可是把债都还清了。美国人最耿耿于怀的洛克比空难，卡扎菲从死不认账到美国人想怎么样就怎么样，最后赔款的数字完全是按照美国人的要求给的，美国人也解除了对利比亚的制裁，可以看出对卡扎菲也没什么太大意见了。虽然有分析说是卡扎菲想把石油美元边缘化得罪了美国，但不过是一种遥远的猜想而已。

这跟打萨达姆的伊拉克战争不一样。萨达姆毕竟有侵略科威特前科，还给扣了个"大规模杀伤性武器"的帽子，虽然那根本是子虚乌有，但是在开战之初一片迷雾之中，好歹还算是个理由。

但是就这样突如其来，卡扎菲遭遇了灭顶之灾。有些意外的是，打头阵的是欧洲人，最初的一些轰炸利比亚的飞机，都是从地中海"戴高乐"号航母上起飞的。原本以为卡扎菲没了，利比亚就太平了。适得其反，那边的动荡愈演愈烈，带动周边至今纷乱不已，还牵扯到周边的叙利亚等国家。

美国离中东北非远隔万里，难民对于美国是个理想问题。欧洲隔着地中海，对面就是中东北非，难民对于欧洲是个现实问题。当初政治决断的后果，不能不影响到今天的现实。

难民潮，是欧洲的殖民债。难民潮发生之后的一段时间，我正好在欧洲，当时就问欧洲的一位学者，发生这么大规模的难民潮，有没有特殊的原因。他想了想说，有一个重要原因，它跟欧洲在中东北非的殖民历史有关系。

他说，中东北非的很多地方，以前就是欧洲一些国家的殖民地。这些国家独立之后，与原来的宗主国还是有许多来往，特别是经济发展上的来往特别多，比如法国与阿尔及利亚的关系，比如欧洲石油公司在利比亚等国的拓展。由于这种特殊纽带关系的存在，一旦社会遇到问题，就希望在原来的宗主国那里寻找依靠。加上欧洲与这些地方地理上接近，隔着地中海一抬腿就到了，这也是难民涌向欧洲愈演愈烈的一个因素。

难民潮，是欧洲的血缘债。不可否认，难民潮的形成，与血缘也有着很大关系。在欧洲相当一部分国家中，由于以往的殖民历史，中东北非裔的国民很多。这当中，有殖民时代迁移宗主国的，有通婚带来的，也有相当一部分是殖民时代结束时移居欧洲的。我在美国读书时，一位教学助理就是美籍越南裔。我算了一下他的年龄，应该就是1975年前后，他父亲从越南撤离时，带他母亲离开越南的。

这样一些外裔欧洲人，在原来的国家都有许多亲戚朋友。一到动荡年代外出避难，这些在欧洲的亲朋好友，便成了他们重要的依托，投亲靠友就成了他们的必然选择。出于血缘亲情，这些外裔欧洲人都会想方设法帮助自己的家人、亲戚来到欧洲，过上安稳生活。这样一来，一方面大大增加了难民来欧洲的便利程度；另一方面，也大大增加了欧洲接纳难民的社会基础和舆论压力。由此，欧洲的决策者不能不在难民问题上，采取接纳和宽松的态度。

据预测，在可预见的未来，欧盟每年必须接受至少一百万寻求庇护者。在最初两年，每年至少需要为寻求庇护者提供人均15 000欧元以帮助他们解决住房、医疗和教育问题。

这笔账算起来，欧洲负担不轻。

（2015年10月12日）

故宫的秋

秋天是北京最好的季节。秋天也是故宫最好的季节。

故宫生于秋天。1925年10月10日，正是北京最美的季节，故宫博物院诞生了，到今年恰好90周岁。在那个日子之前，它能说是某个朝代的皇宫，属于某个家族；那天之后，它只能说是皇帝曾经住过的故宫，属于全体人民。

秋天是故宫最好的季节，在于秋天的色彩与故宫最配。秋天是金黄色的，特别是在北京，尤其如此。老舍说过："秋天一定要住在北平，北平的秋天没有一样不令你满意的。"无论是香山还是北海，无论是圆明园还是什刹海，秋天都是金灿灿的一片。与金秋的北京媲美的，只有那故宫金色的琉璃，浑然一体，相映生辉，凝成了无与伦比的最美秋色。

秋天是故宫最好的季节，在于故宫在诞辰的喜庆氛围里，总是会给大家带来许多惊喜。今年的九十大礼特别丰盛，最大的变化就是以往看故宫，基本以中轴线上的三大殿为主线，如今开放的宝蕴楼、慈宁宫、午门—雁翅楼、东华门等区域，参观者不仅可以"大路朝天"看中轴，而且可以"直走两厢"观后宫。包括乾隆母亲的寝殿、"甄嬛"们的居所等，让90岁的故宫焕发出别样的风情。

故宫与秋天有缘，还在于它的兴亡变迁，很多都是发生在秋天。皇宫的第一个主人是明成祖朱棣，在永乐四年即公元1406年，他为迁都北京，下令在北京城中心营建皇宫，永乐十八年即1420年落成，此后明清两代共24位皇帝在这里居住统治天下。尾声在1911年的秋天，10月10日的枪声，宣告了皇帝作为这里主人的历史结束。

鉴于当时的实际情况，退位的逊帝溥仪和皇室"暂居宫禁"。当时约定，逊清皇室在日后适当时候，应"移居颐和园"。但事实上，溥仪未有任何"移宫"之举。虽然有清一朝已是历史，但是溥仪留在宫中，始料未及地产生了不少后患。在1911年到1924年的13年间，不少人日谋复辟，且由于收入拮据而开销依然，宫中珍宝不断悄然散失，结果是造就了琉璃厂一带极尽风光。

又一个秋天到来了。1924年9月，第二次直奉战争爆发。10月23日，倾向民主革命的直系将领冯玉祥回师北京，囚禁了"贿选总统"曹锟，发动了震惊中外的"北京政变"。政变后，早就认为"民国六年张勋复辟，破坏共和，捣乱虽在张逆，祸根实在清廷"的冯玉祥，于秋末的11月4日，与临时政府议决，清室"即日移出宫禁"。第二天，清逊帝溥仪被逐出宫。冯玉祥的"逼宫"，阻断了宫中文物的继续流失，为一座现代博物馆的诞生奠定了基础。

新的一个秋天，1925年10月10日，故宫博物院宣告成立。"是日万人空巷，咸欲趁此以一窥此数千年神秘之蕴藏。"昔日皇宫完整地变身为博物馆，平民百姓可以自由进出参观了。故宫博物院的建立，是民主革命胜利的重要标志，是中国社会历史巨变的重要标志。

还是秋天，1931年"九一八"事变发生，东北沦陷，华北一下变成在外敌的虎视眈眈下。故宫的宝藏面临巨大安全隐患，不得不考虑搬迁。此后，共有五批13427箱珍宝运抵上海。1936年，这批文物陆续转至南京。"七七"事变爆发后，又奉命避敌西迁。抗战胜利后，全部返抵南京。新中国成立前夕，3批2972箱文物精品被运抵台湾。新中国成立后，大部分文物回到北京故宫，2176箱10万余件留在南京。

郁达夫在《古都的秋》里写道："秋天，无论在什么地方的秋天，总是好的；可是啊，北国的秋，却特别地来得清，来得静，来得悲凉。我的不远千里，要从杭州赶上青岛，更要从青岛赶上北平来的理由，也不过想饱尝一尝这'秋'，这故都的秋味。"

那个时节，故宫的整理开放，远不如今日，所以郁达夫没有把故宫的秋色写入文章里。如今，故宫博物院已经成为全国人民最想去看一看的地方，秋色与秋景浑然一体。

故宫每年都出一本日历。2015年10月10日的日历上，选了九枚"寿"为主题的印章，第一枚为"永寿无终极"。隔天，11日的日历上，是一枚"寿星传古貌"的印章。

希望故宫的美好，在经历了九十金秋后，依然"永寿无终极"。

（2015年10月19日）

世界最美的高铁

世界最美的高铁在哪里？答案应该是：中国。

这个答案，由来一点不复杂。中国拥有全世界最广泛、最长的高铁网络，跨越国土地域之多、南北东西差异之大、风土人情之精彩纷呈，世界上无人能比。

美是什么？大概有这么几层意思：好或者善；得意，高兴；称赞，认为好。通俗地讲，美是能够引起人们愉悦、舒畅、振奋的那些好的感觉。从这个意义上讲，看到中国高铁，美的那些感觉，我想大家都会有。并且，美又是在变化中孕育、在对比时呈现、在丰富里显明。打开幅员最辽阔、变化最多样的中国高铁版图，如此景致有谁堪比？

最令人称赞或高兴的还在于，从一张白纸，到画出世界上最新最美的高铁版图，中国仅仅用了12年时间。

高铁对于中国，曾经是件陌生的事。最早知道高铁，还是邓小平那次出访。1978年10月26日，邓小平在日本访问，在他的要求下，安排了乘坐新干线高铁从东京前往京都。看到列车风驰电掣般行驶，两旁的景致飞一般地朝后掠去，邓小平深有感触地说："像风一样地快，新干线推着人们跑，我们现在很需要跑。"

这段景象和对话，对于当时连绿皮火车都常常挤不上的许多人来说，冲击之大、震撼之大，可想而知。

2002年初秋时节我出访法国，跟安排的同志说，最好在行程里，安排坐一下法国的高铁TGV。在秋日的一个午后，我从巴黎坐TGV去尼斯。

TGV的一等车厢，全部是红色的大高靠背的软椅。一排四座，中间过道，两两相对。面对面的座位当中，是一个小桌，桌上放着一只小小的台灯。这个小台灯是法国的特色，是法式情调和风格的象征，也是性价比最高的装饰艺术。火车从巴黎出发了，加速平稳、迅捷，悄无声息。这对于许多惯于在火车"咣当"声里开始旅程的人来说，恍然如梦。

后来想了一下，巴黎到尼斯的行程，大概是法国最漂亮的一段乡村景色了。

TGV从巴黎开出后,不多久就是大片大片的法式田野,缓坡、池塘、小树,婀娜起伏,错落有致。葡萄庄园、薰衣草田、金灿灿的向日葵丛林,在TGV风驰电掣中,呼啸着扑面而来。一等车厢有饮料,还可以去专门的餐车,点些小吃,相伴愉悦的旅程,看着太阳慢慢斜去。当时就想,什么时候,中国也能有自己的TGV。

事实上,这个时代的到来,比想象中快得多,并且一下子就超过了所有的其他国家。

2003年10月12日,中国建成第一条快速客运专线秦沈客运专线。到本刊发稿时,12年间,中国的高铁里程已经达到了1.7万公里,比世界其他国家加起来的总数还要多,轨迹遍布祖国的东西南北,年均运送旅客9.1亿人次。你可以坐着高铁,看极寒的千里冰封、万里雪飘,又可以坐着高铁,赏酷热的椰风海韵、木棉花开;你可以坐着高铁,观东海日出、鱼跃碧波,又可以坐着高铁,赏大漠孤烟、风雪秦岭。由此论高铁之美,世界无双。

中国人对高铁的欢喜,常常体现在以最好的词来形容它。比如通往贵州的高铁开通后,称之为"西部最美的高铁";合福高铁开通后,冠之为"山海间最美的高铁";长春到珲春的高铁是目前中国高铁网络最东端,又被誉为"东北最美高铁"。你可以找出无数个各有特性的"最美高铁",以此论之,合起来当然就是最美的图画了。

即使没讲到美的,字里行间还是透出美滋滋的得意。比如,武广铁路开通后,有人就喜滋滋打出口号:"早喝广东茶,午登岳麓山,晚游黄鹤楼。"有人浪漫地把高铁当作了地铁:"高铁把中国变成一座大城市,在石家庄生活、在北京工作,都不是问题。"还有人说,一看到高铁地图,就想要坐高铁旅行,品尝异地美食。

中国的高铁还在把美丽带到世界。最新消息是,中国和印尼正式签署了雅加达至万隆高铁项目协议,这个项目将完全采用中国高铁的标准、技术和设备。美国拉斯韦加斯到洛杉矶的高铁,也将采用中国的技术。此外,莫斯科—喀山高铁、中泰铁路、中老铁路、中巴经济走廊、两洋铁路、匈塞铁路,都可以期待。

也就是说,中国最美的高铁,将来会变成——世界的最美高铁。

(2015年10月26日)

"凡是过去,皆为序章"

到英国的第一个早晨,五点多就醒了。伦敦还在睡梦中,拉开窗帘,外面飘起了小雨,早班电车在淡淡的路灯光下,轻轻地滑过。几幢精致的红砖小楼散布在窗前,窄窄的马路蜿蜒其间,洁净而湿润,透出几分老都市的尊贵和韵味。

伦敦曾经是最著名的都城。在"日不落"时代,它能管得着的地方遍布地球各个角落,它指挥的舰队是世界最强大的舰队。岁月流逝,世事变迁,伦敦也渐渐平和下来。然而在2015年10月的第四个星期,伦敦再度焕发出激情和荣光,迎接远方的尊贵客人。

中国国家主席习近平访问英国,英国王室与政府以最高礼仪,欢迎习主席访英。无论是白金汉宫的盛大仪式,还是唐宁街10号的会晤,无论是契克斯庄园的漫步,还是"卡兹顿的犁"的炸鱼薯条,都充分体现了主人的尽心与竭诚。

访问期间,两国领导人决定,共同构建中英面向21世纪的全球全面战略伙伴关系,开启持久、开放、共赢的中英关系"黄金时代"。从2004年全面战略伙伴关系到今天面向21世纪的全球全面战略伙伴关系,两国关系的升华,是两国领导人顺应时代潮流、把握发展大势的必然结果,是中英双方从各自国家长远利益和世界和平繁荣大局做出的战略选择。

"全球全面",中英两国的战略伙伴关系,既与众不同,也凸显历史必然。

也许是由于孤悬大西洋一隅的原因,英国虽然有繁杂的礼节和规制,却是一个创新意识强烈的国家,求新求变常常成为社会主流思潮。自从1066年"征服者威廉"加冕为英王威廉一世,开启今日英国雏形之后,在艰辛的自然环境中创新求发展,一直是英国人的重要信念。科学家如牛顿、瓦特,文学家如莎士比亚、雪莱,思想家如唯物主义的培根、《乌托邦》的莫尔,等等,都是典型与代表。甚至马克思在恩格斯协助下创建马克思主义理论,也跟英国以及大英博物馆密不可分。

创新给英国带来了丰厚的红利。大自然没有给大洋中的小岛风调雨顺,反而是大风以及难见晴日的阴雨，使得农业时代的英国最茂盛的就是遍地荒草。瓦特的创新改变了英国，改良的蒸汽机使得荒草变成了强大的纺织工业，又造就了最强大的无敌舰队，创造了至今无人能比的"日不落"时代。虽然时过境迁，特别是20世纪上半叶的两次世界大战大大削弱了英国国力，加上后起的美国暗地里多次关键时刻下绊子，英国不得不退居二线国家行列，但是流淌在血液里的创新意识和精神，使得它依然保持了科技发达与金融领先的地位。

在走过了起起伏伏的漫长路途后，中英关系迎来了一个新时代。作为第一个与中国建交的西方大国，在成功解决了香港问题并且在10年前建立起全面战略伙伴关系之后，英国又成了第一个加入亚投行的西方国家。英国首相提出，英国要成为中国在西方世界的最强支持者，愿成为中方最开放的合作伙伴，期待打造中英关系的"黄金时代"。中国认为，在这样伟大的时代，站在全面战略伙伴关系的新起点，中英两国携手，恰逢其时。特别是金融与科技领域的创新意识，正是中国特别需要借鉴的。

10月21日下午，英国首相卡梅伦邀请习近平主席到伦敦近郊的契克斯首相乡间别墅做客，在碧绿的草坪上种下了一棵橡树。傍晚时分，卡梅伦请习主席一起到附近常去的"卡兹顿的犁"酒吧，按照英国习惯，晚餐前"喝一杯"。两位领导人点了同样的啤酒，每人一份英国"国菜"炸鱼薯条。

炸鱼薯条也是英国人善于创新、物尽其用的象征。由于气候原因，英国农产品出产少，只有长在地里的土豆多，加上岛国周围海产丰富，炸鱼薯条可谓"天作之合"。特别是在二战物资紧张需要配给的年代，地里的土豆和海里的鱼不用配给，很快成了英国的流行。担当主角的通常是大西洋鳕鱼，在英格兰北部和苏格兰黑线鳕鱼用得比较多。事实上，只要是个头较大、肉质厚实的白鱼肉，都可以成为金灿灿的炸鱼，简单而美味。啤酒配炸鱼薯条，增添了一份中英关系的亲切感。

莎士比亚有句名言："凡是过去，皆为序章。"另一位英国人培根还有句话："黄金时代在我们面前，而不是身后。"

（2015年11月2日）

跨越苏州河

闸北与静安撤二建一组建新静安区，最大的看点是，这是上海首次跨越苏州河组建区域，充分体现了联动发展、协调发展、一体发展的新思路。

上海区域自1949年以来，从30个区，调整整合到今天16个区县，基本路径是随着社会发展和技术进步以及管理能力不断增强，管理边界不断扩大，扩大区域面积、减少区域数量，加强整体发展能力。

在闸静之前，物理变化是重要特征。比如黄浦与南市、卢湾，主要还是相邻区域整合，扩大区域面积，便于整体发展。这当中，按照自然形态进行区域布局是主要划分依据。比如，原先是宝山的长兴岛、横沙岛划归崇明，依据是形态相近的三岛，可以更好地协同发展。再比如，相关区原来的浦东部分划归浦东新区，更多也是出于以黄浦江为界便于管理的物理原因。

以自然形态进行界域划分，是古往今来的常态，特点就是清晰、方便。世界是如此，比如尼亚加拉瀑布和五大湖，隔开了美国与加拿大；地中海，隔开了欧洲与非洲。中国是如此，太行山脉隔开了山东山西，洞庭湖分开了湖南湖北，黄河区分了河南河北。上海在闸静之前，基本也是由黄浦江、苏州河为大框架，分开了各区县，通常区域到了江边河边就结束了。

由于历史的原因，黄浦江以西、苏州河以南的区域，在相当长一段时间内，总体上比域外区县发展得更好。比如闸北，与静安仅隔条苏州河，鸡犬相闻，但发展水平跟静安比，差了一大截。撤二建一前，大体上静安面积人口都是闸北的三分之一，但两区GDP差不多，也就是说，静安人均发展水平大致是闸北的三倍。其中的原因之一，是闸北发展的历史基础比较薄弱。在抗日战争中，苏州河北的闸北属于华界，遭受了严重创伤，城市功能和基础设施薄弱。新中国成立后发展过程中，虽然纵向比取得了很大成就，但是从观念和区域位置看，依然不如一河之隔的静安。

进入21世纪的第二个10年，联动发展、协调发展、一体发展，越来越成为上海发展的重要脉络。区域间的发展落差，既需要补短板，也恰恰预示着发展的空间。就苏州河两岸来讲，跨河联动发展、一体发展，就是协调发展的重要课题，也是重要空间。这既是发展的需要，更体现了上海决策者的前瞻眼光和战略远见。

时任市委书记韩正指出，闸北、静安两区"撤二建一"，是强强联合、优势互补的重要发展契机。他特别指出，这有利于提升区域整体公共服务水平，促进苏州河以南地区的优质资源向北辐射，加快社会事业和基础设施建设步伐，推进中心城区公共服务均衡化，促进民生改善。

闸北与静安撤二建一，是跨河联动的神来之笔。原静安区的特点是发展水平高，现代服务业繁荣，但发展空间基本饱和。闸北区的特点是发展空间巨大，但发展的投入和密度有待加强。跨越苏州河，将静安与闸北连为一体，就是取长补短、扬长避短的妙棋。这不仅有利于原先两区的发展，也体现了思路之新、立意之高。

以浦东开发开放为标志，上海经历了连续25年的快速发展时期。1990年，上海GDP为756亿元，到了去年底，上海GDP已经达到了2.36万亿元，增长了30倍。中央对上海的定位是改革开放的排头兵、创新发展的先行者，意味着尽管取得了如此巨大的发展成就，上海依然任重道远。实现宏伟目标，必然需要具备强劲的发展动力。这需要投入，更需要思路。

20世纪八九十年代之交，面对沉睡的浦东，上海提出了开发的设想。小平同志听了汇报后，加了两个字：开放。由此，浦东开发开放，带动了上海的日新月异。

跨越苏州河，新思路将展开发展新画卷。

（2015年11月16日）

巴黎的悲剧

"11·13"对于巴黎而言，是个巨大的悲剧。平静而温馨的周末之夜，瞬间变成了血腥的屠杀，数百人倒在血泊中。法兰西大球场外的爆炸令人震撼，因为场内比赛的是法国与德国国家足球队，观众中有法国总统奥朗德。最血腥的是巴塔克兰剧院，凶手拿着AK-47步枪，射杀了100多名无辜的观众。这个13日、星期五的巴黎之夜，成为二战之后法国最恐怖的一天。

花都花容失色。

对于制造了悲剧的恐怖分子，毫无疑问，应该给予严厉的谴责和打击。法国总统奥朗德宣布，这将是一场战争。法国唯一的核航母"戴高乐"号，在惨剧发生后立即起航，奔赴相关海域。15日晚间，惨案发生不到48小时，12架法国战机对认定的凶手"伊斯兰国"极端组织进行了空袭。据法方透露，后续的打击行动将持续展开。

巴黎曾经是最祥和美好的城市之一。想到巴黎，能想到的就是浪漫、美食、红酒、鲜花，香风里的香榭丽舍大道和埃菲尔铁塔。最闲适的场景是在巴黎街角的小咖啡馆外面，一杯黑咖啡，一个可颂，一曲小野丽莎。

"11·13"之后，一切可能都会改变，就像"九一一"改变了美国一样。

有消息说，法国军队已经进入巴黎，参加城市护卫，法国各大城市也已提升警戒级别，埃菲尔铁塔将无限期关闭，迪士尼等人流密集的娱乐场所也将暂时关闭。奥朗德宣布，法国将在全境实施反恐行动，并称法国之外，欧洲其他国家也都面临恐怖袭击的威胁。

有专家认为，选择在巴黎多个地方并且是13日周五实施系列恐怖袭击，是精心策划准备的，目的就是在法国引起最大的破坏影响。恐怖分子针对性很强，宣称对袭击负责的"伊斯兰国"极端组织，矛头直指法国的对外政策。

法国的对外政策，一向以独立而有主见闻名。戴高乐时期，法国虽然被视为传统的西方主要国家，但它并不加入美国主导的北约，发展自己独立的核体系，在诸多政治观点上保持自己的判断,与美国保持适当的距离,在西方国家中冲破阻力与新中国建立外交关系。它的外交风格很像戴高乐的形象:鹤立而引人瞩目,坚定又彬彬有礼。

近些年来,风格变了。法美关系越扯越近,外交政策可谓合体。美国的主张常常恰好是法国的主张,美国想到的也是法国想到的,美国还没想到的法国也会想到。打利比亚,大家都明白是美国的念想,最先出手的却是法国,"阵风"卷过,先于"战隼"去轰炸了卡扎菲。前几天举行的叙利亚问题国际会议上,嗓门最大的还是法国。

法国与美国亦步亦趋,有人分析,有个原因十分重要:法国老了,巴黎也老了。上了年纪,要想吸引人注意,就要使出些更大的力气。前些时候一位多年驻法国的外交官来讲课,他说欧洲和法国面临一个同样的严峻问题,就是在选票的力量下,社会福利只能增加不能减少,而欧洲的发展早已过了高歌猛进的年代,社会福利资金来源越来越窄,未来难以设想。欧元区去年的经济增长只有0.9%,最好的德国不过1.6%。希腊等国的危机,根本也在于此。在西方的选票民主下,政治家看到了这个问题,但都不愿去主动解决这个问题。这也使得有些国家越来越多地放弃了自己的原则,而更多地通过国际上的作为来树立地位,进而来产生国内影响。

这让我想起一件事。多年没去法国,两个月前去巴黎,抽出时间还特地去了香榭丽舍大街。早些年在法国时,最震撼的是香榭丽舍的梧桐树,第一眼看到时,惊异于怎么有这样高大挺拔、修剪齐整的梧桐树,棵棵都是国内梧桐两倍以上的身姿,树冠修成女王卫队士兵高帽形状,树叶茂密而生机勃勃。这次看了同样感到惊讶,是因为看到的与上次截然不同,虽然还是绿树,但树冠已是稀稀拉拉,高帽式的齐整修剪已难觅踪影,那种高大齐整的美感,似已随风而去。

发展的困境,通过国际上"急先锋"的形象,确实能补上不少,但副作用也是显而易见的。美国当"宪兵",虽然很累,毕竟有强大国力军力支撑,但也难以为继,常常要盟国共担责任。法国于美国,无论军力还是国力,差得很大,力不从心就更显然了。而且对于"伊斯兰国"这样的极端组织,它很容易寻找敌人,法国、巴黎就成了目标。

恐怖主义是全世界爱好和平人民的共同敌人,打击恐怖主义需要共同的合作,也要有统一标准,法国在这方面是有改善余地的。期待法国成功,巴黎没有悲剧。

(2015年11月23日)

让"喜儿"诠释好中国

"大红枣儿甜又香,送给那亲人尝一尝……"悠扬的旋律,把人们带回到70年前喜儿那悲喜人生中去,带回到浓郁乡土特色的中国故事里去。

记得当年看《白毛女》的时候,印象最深的就是除夕之夜,杨白劳给喜儿扎红头绳的那段。在一个穷苦人家,过年了,依然要有一些红火的喜气。杨白劳买不起什么好东西,一根红头绳就是他最重要的心意、最美好的祝愿。那份父女亲情,那份穷苦人家对生活微薄的希望,都在那个场景中尽情展现开来。特别是那段"人家的闺女有花戴……"的唱段,几乎是到了人人会唱的传播程度。

随着剧情的展开,"白毛女"的故事,以离奇而又真实的场景,深刻揭示了一个时代的特征,也深刻展现了一个社会转折的必然。由于它的真实、曲折,早先演出时,还发生了观众深深沉浸在剧情里,要杀了台上恶霸地主的事件。

《白毛女》喜儿的故事,曾经影响了一个时代,影响了几代人。这是一个蕴含了丰富的中国乡土特色与善恶必有果实的故事,特别是它与当时特定的翻身闹革命、救中国求解放的历史环境融合,产生了巨大的现实作用和意义。同时,它在艺术上也取得了巨大成功,无论是舞剧艺术的感染,还是悠扬旋律的传唱,都铸造了传世的典范。

正是因为如此,此次重排《白毛女》,立即就引起了巨大的反响。无论演到哪里,到处都是空前盛况。这既有对《白毛女》艺术成就的高度赞赏,也是对革命经典的崇高敬意。特别是,它还寄托了人们对以往光荣历史的怀念与铭记,对于准确诠释历史的期盼与渴望。

曾几何时,《白毛女》是被曲解最多的故事。在一个价值观纷乱的环境里,白毛女喜儿被泼上了不少污水。比如,有人说欠债还钱是契约精神;比如,有人说放着地主生活不享逃去山洞太傻,不一而足。这是对历史的无知,对正义的曲解,对人格的侮辱。

在一个三座大山压迫人民的年代里,剥削以及变着法儿剥削成为社会延续的轨迹时，哪有什么平等为特征的契约可言？杨白劳吃苦一年依然欠债累累，这是正常的契约吗？黄世仁以落井下石的方式榨取穷人最后一丝希望，这也是契约？恶霸用打手强抢民女，这也是契约？

更荒唐的是，一些不辨羞耻之人，久入鲍鱼之肆，不觉自身之味，不以丑恶为歹，以己之心推及别人。什么入了地主家门有何不好，什么趁着年轻享受荣华富贵，等等，以丑恶取代了良知。特别是这些胡言乱语对并不深入了解《白毛女》背景剧情的一代来说，对与那个年代相隔久远的一代来说，如果看到的只是片段的事件，在模糊甚至错误的解读下，得到的只是与主题扭曲的记忆，不仅荒废了经典，还会是否定经典的力量。

也正是在这样一个意义之上，此次《白毛女》的重新排演，就更多了一层积极的社会与历史价值。它不仅重温经典，铭记走来的历史，防止忘却来路与去向，同时也让经典在重演之中，逐渐成为不朽而永恒的名篇，充实和激励更多人的精神世界。

此次重新排演的《白毛女》，主创和演职人员阵容十分强大，都是国内一时无双。艺术是需要琢磨的，好的主题，需要艺术感染力的翅膀，才能传播得更远。此次重排的《白毛女》在各地演出时的火热场面，也充分证明了这一点。

重演《白毛女》，一个更重要的意义还在于，通过这个中国革命史上的经典故事，来更好地诠释中国。中国的发展具有自己的独特性，这个独特性蕴含在它的历史进程和历史演变中。要理解或者了解透彻这样的独特性，就必须深刻地认识它的历史。《白毛女》是了解中国革命历史起源的重要艺术形象。正是因为有白毛女这样的历史，中国才需要革命，才需要打碎旧世界，建立新中国，才需要建设具有中国特色的社会主义。

艺术是历史的载体，它以具象的富有感染力的故事，记录历史的变迁、社会的转折、人生的悲欢。《白毛女》的艺术价值在于，它以富有感染力的艺术形象，真实地反映了历史的必然，这也是它的生命力长盛的魅力所在。

（2015年12月7日）

地球难以重来

法国时间 11 月 29 日下午 3 时 30 分，中国国航的波音 747 专机徐徐降落在巴黎奥利机场。习近平与夫人彭丽媛步出舱门的时候，许多媒体记者注意到，习主席身着一件浅色的风衣。

习主席是应法兰西共和国总统奥朗德和气候变化巴黎大会主席法比尤斯邀请，来此出席气候变化巴黎大会开幕活动的。面对气候变化这个人类面临的最大挑战之一，领导人以身体力行的鲜明态度，表达了自己的关切。

气候变化已经成了全球瞩目的大事。20 世纪 90 年代以来，世界有了一个共同的认知，那就是"2 度"是地球一条不可逾越的红线。这是指全球平均温度，不能比工业化前升高 2 摄氏度。1880 年到 2012 年平均上升了 0.85 摄氏度，结果是 1901 年到 2010 年，全球海平面上升 0.19 米。海平面上升对于沿海国家是巨大灾祸，马尔代夫这样的岛国首当其冲，而地球人口的 60% 生活在距离海岸线 100 公里以内的地方。根据预测，2016 年到 2035 年 20 年间，地球可能升温 0.3—0.7 摄氏度，到 21 世纪末，可能在 0.3—4.8 摄氏度之间，关键看人类的减排努力。

跟减排和气候变化有关的二氧化碳，地球总承载力大约为 3.7 万亿吨，目前已积累了 2 万亿吨。如果控制在承受能力内，那么有三分之二的可能把升温控制在 2 摄氏度内。

地球难以重来。这次气候大会前，有 183 个国家递交了减排承诺，这些国家的碳排放量占全球总量的近 95%。中国在"国家自主贡献"中提出将于 2030 年左右使二氧化碳排放达到峰值并争取尽早实现，2030 年单位国内生产总值二氧化碳排放比 2005 年下降 60%—65%，非化石能源占一次能源消费比重达到 20% 左右，森林蓄积量比 2005 年增加 45 亿立方米左右。

习近平主席在大会上发表讲话指出："虽然需要付出艰苦的努力，但我们有信心和决心实现我们的承诺。"

中国的努力，可以看得非常清晰。今年 10 月下旬，我去了一次敦煌附近，参观了一个新能源基地。这是一个大型太阳能发电站，茫茫戈壁滩上，一望无际，密布着太阳能电池板。基地的同志告诉我，建设新能源基地，对中国来说是要承担巨额亏损的。太阳能和风电，都有一个难以弥补的缺陷，就是受气候影响很大，天晴电多天阴电少，风大电多风小电少，电力供应的波动性很大，出电量相对较弱。以稳定性和出电量来衡量，相对于火电、核电、水电等优质电，许多新能源电只能算作劣质电。

并且，由于太阳能和风电设施占地面积很大，往往建设在荒僻地带，离用电量大的重要工商业中心城市都很远，外输电力损耗很大。在大西北的荒漠地带，阳光、大风虽然不少，但是沙尘对于电池板和风电机的损害同样不轻，电池板日晒雨淋、风霜雪冻，通常寿命期只有10年。这样一来，成本就居高难下，高过上网电价。

在这种情况下，中国提出2030年的减排目标，不能不说是承担了巨大的责任，也体现了中国对于更美好地球的担当。

地球难以重来。让地球不再变坏，这需要全世界共同的努力。这次大会各国都提出了自己的方案，但目前的方案仍然不足以完成升温不超过2摄氏度的目标。各国需要达成一个可以逐步增大行动力度的全球气候协议，筹集更多资金来帮助发展中国家应对气候变化问题。这当中，发达国家理应承担更大的责任。

这有两层含义。其一，发达国家在较早进行的工业化过程中，先行排放了大量的有害气体，占用了大量的排放量，理应承担更大责任；其二，发达国家在利用排放量进行的发展中经济得到了快速发展，有能力也有实力，从经济角度支持和帮助排放问题的解决。发达国家的责任，应该落实到2020年每年1000亿美元的承诺，2020年后向发展中国家提供更加强有力的资金支持，应该向发展中国家转让气候友好型技术帮助其发展绿色经济。

在大会举行的周末两天里，全球举行了2000多场气候大游行。许多示威者举起横幅，上面写着"地球没有第二方案""世界团结起来拯救地球"等。受海平面上升威胁最大的马尔代夫外交部部长穆蒙称："我们的存活要靠峰会能达成一项够好的协议。"如果不加大减排力度，到2100年全球气温有可能升高超过灾难性的4.5摄氏度。

习近平主席说："巴黎协议不是终点，而是新的起点。"

（2015年12月14日）

12306，真的很努力

客观地说，12306是位好同学，他真的很努力。

每年春运，12306同学总是要被吐槽一阵。吐槽的原因各有各的不同，但是本质是一样的，无非是票不好买、没有买上票。试想一下，如果你大冷天不用寒风里去排个通宵长队便能轻轻松松网上买到想买的火车票，你会对12306有意见吗？

但是，票不好买，有意见，真的不能怪12306。春运那几天车票实在太难买，跟巨大的集中单向客流有关，也跟交通的发展阶段有关，这也是一个世界性的难题。即使发达国家如美国，长假前后交通也是挤得一坨一坨的。不过美国人找不到一个12306这样的同学，既有这么多努力，又那么任骂任吐任委屈，还总是赔着笑脸低头弯腰赔不是。

火车票不好买，确实跟12306无关。12306本质上是一个服务平台，它本身不制造运量，不负责列车的调度，不决定单位、学校放假的时间和天数，并且还不收取你额外的购票费用。以社会公序良俗来衡量，你找得到多少像12306这样的好同学呢？三亚连5000元的标准间房价都当作良心价，脸不红心不跳地开出来了，有时间吐槽12306，真不如去多吐吐三亚的房价和青岛的大虾。

12306很努力。在早先的时候，由于中国春运的特殊国情，那个时段的买票难举世罕见。通常的买票流程是至少提前一天，通宵排队，尽量排在队伍最前面的几个位子，等到当天的车票开抢时间一到，赶紧手快、眼快、嘴快去抢到一两张热门车票。如果遇到寒风冷雨，或者大雪飞舞的日子，裹着薄衣受冻挨饿一个通宵，还不一定能买到一张回家的车票，其景其情，真不是一般的滋味可比。

12306同学可是不计毁誉，挺身而出。先是电话订票，后来互联网售票刚刚看见雏形，它便想方设法，以先进的网络技术为依托，为各位购买火车票的群众，提供一个足不出户便可轻松买票的可能。虽然，理想很丰满，现实很骨感。精心设计的网络购票方式，面对罕见的购票热潮和无穷尽的钻营取巧，终究难免百密一疏。不断地遇到网络瘫痪，不断地遇到车票秒尽，不断地遇到层出不穷的黄牛专用软件，12306不屈不挠，屡败屡战，痛定思痛，日益精进。终于，在今年春运开始之际，诞生了复杂版的图案验证码。

不能不说，这些图案验证码总体上是成功的。你可以吐槽它的复杂，可以吐槽它的滑稽，可以吐槽它的模糊不清，但是，从它的设立初衷和防范目标来说，它是完全合格和极其有效的！你有听说过，黄牛能突破这个系统，大量抢票成功的吗？一个都没有！

世界上有牛人，但是世界上有12306这样，一举毁掉整个黄牛大军前程的吗？从这一点来看，12306的改版，是成功的，它达到了最主要的防范目标。

当然，正如中国的很多事情一样，不管你对和不对，总是会引来吐槽和批评。特别是12306这样面对全世界最集中，也是最复杂需求的平台来说，要找到一些槽点确实轻而易举，更何况，12306确实有一些可以进一步改进的地方。

最被人提及的槽点之一，就是图案太复杂。有指认发电机的，有指认鱿鱼的，有指认花草的，特别是图案像素比较低，即使认得出也有看不清的，等等。图案复杂的好处一目了然，既能够较好地防止抢票软件捣乱，也看中了黄牛们大都文化水平不高，这些图案够复杂，够他们喝一壶的了，要想轻松抢票？没门！

但是，这个就有点像抗生素，一针下去，病菌灭了不少，好的细胞也不能不殃及。图案一复杂，正常买票的同志，自然也就多了不少麻烦。如果平时就是电脑达人或者手机控之类的，自然好些，正好扬己之长，手到擒来。如果电脑技术有限，加上年纪大些，或者还有个老花眼什么的，认清发电机和鱿鱼，确实要费老大劲。手一滑一耽搁，或许票子就没有了。

12306需要改进的，就在这些地方。过于方便，可能方便了黄牛；过于烦琐，可能麻烦了乘客。好在春节前的购票热潮已经过去，与往年比总体上还算顺利顺当。12306要以这次购票方式的变化，作为一个新的起点，精益求精，不断改进改善售票方式和乘客体验，尽可能在复杂与简洁之间找到最大公约点，使得网上购买火车票这件好事，越办越好，越来越方便、公平、友好。

无论如何，12306同学，很努力，很上进，值得点赞！

（2015年12月21日）

让互联网光耀人类

从时代脉络来看，人类文明跨上过三个大台阶：蒸汽机时代、电子时代、互联网时代，这三大台阶都深刻地改变了人类的生活。互联网最大的贡献就是，把散布在地球各个地方的人类，真正结为一体，四海一家——在互联网时代才真正成了现实。

也正因为此，当第二届世界互联网大会在浙江水乡乌镇举行之际，世界的目光都聚焦在这片小桥流水、粉墙黛瓦的地方，聆听在这里传递出来的信息，特别是中国国家主席习近平的主旨演讲。

习主席的演讲立意深远而又感性亲切。

他以水乡小镇为典型："乌镇的网络化、智慧化，是传统和现代、人文和科技融合发展的生动写照，是中国互联网创新发展的一个缩影，也生动体现了全球互联网共享发展的理念。"

他又以世界的村落来展望："互联网让世界变成了'鸡犬之声相闻'的地球村，相隔万里的人们不再'老死不相往来'。可以说，世界因互联网而更多彩，生活因互联网而更丰富。"

习主席在大会上提出的四项原则和五点主张，很快就随着互联网的传递，成了世界津津乐道的议题。

在大会举行期间，乌镇同时举办了"互联网之光"博览会，展现了中国接入互联网之后21年的变化以及展望。

引人注目的是百度与宝马合作的无人驾驶汽车。以宝马3系GT为基础，车顶部装置了激光雷达，扫描周边的3D环境，辅以摄像机、高精地图、GPRS和北斗等信号，完善对外感知能力，通过感知和传导，使得自动驾驶系统远远超过人类成为更好的驾驶员。腾讯展区展示了基于微信的城市服务功能，可以进行医疗挂号、查询出入境办证情况等，还展出了包括创业者"开放平台"、基于互联网的公益项目等内容。阿里巴巴的展示内容包括阿里云、菜鸟物流、蚂蚁金服和天猫淘宝的全球新商业基础设施、来自农村淘宝的"中国新乡村"和阿里"让天下没有难做的生意""让计算成为中国的能力"以及还原"双11"数据的技术能力。

"互联网让生活更美好"的能力，引起了更多观众的兴趣。京东智能音箱处于待命状态，只要通过声音对音箱发出指令，就可以一动不动烧开水、看电视了。向它发出指令"我回家了"，在APP上设定好程序的家电就会自动开启灯光、加湿器、窗帘；说"我要睡觉"，则会自动关闭你不需要的电器。这个系统与以往智能家居最大区别在于，以前需要定制一整套单独方案，使得普通人没有能力负担智能家居的应用。而现在只需要在家电中内置芯片，即可实现APP操控智能家居。"当通过互联网即可零门槛实现接入，说明智能家居的时代已经到来。"

苏宁云商的虚拟试衣镜，只要顾客站在它面前，它可以测量出身体尺寸，再根据测量数据自动找出合身的衣服尺码，并根据用户选择随意搭配和扫码购买。

这一切如此神奇的变化，在中国仅仅开始于21年前。从一条网速仅有64千比特每秒的网线出发，如今的中国已建成全球最大的4G网络。中国拥有全球最大的互联网用户规模，移动互联网用户总数达到8.7亿；在全球十大互联网企业中，中国占有四席；2014年，电子商务步入一个新的发展阶段，交易额突破12万亿元；行业整体技术创新能力不断增强，从国际标准的跟随者逐步提升为积极贡献者。

这一切，跟中国领导人的前瞻眼光密切相关。

2012年12月7日，十八大之后一个月，习近平总书记在腾讯公司考察时，做出了这样的论断："现在人类已经进入互联网时代这样一个历史阶段，这是一个世界潮流，而且这个互联网时代对人类的生活、生产、生产力的发展都具有很大的进步推动作用。"

2014年，中国迎来全功能接入国际互联网20周年。就在这一年的2月，中央网络安全和信息化领导小组成立，中共中央总书记习近平担任组长。

敏锐地把握住互联网时代的脉搏，准确地判断出互联网发展的趋势，中国在仅仅21年间，就创造出令世界惊叹的互联网发展的中国速度。

在乌镇大会的演讲中，习近平主席特别指出："凡益之道，与时偕行。"

与时偕行的互联网之光，照亮了中国的前路，还将光耀人类的前景。

（2015年12月28日）

城市的丽质和气质

天生丽质，这是城市比较于乡村，主要的区别。

城市是时代进步的产物，是一个安全而又舒适、方便的地方。城来自城郭，为了安全，"筑城以卫君，造郭以守民"；市则来自井边，"古未有市，若朝聚井汲，便将货物于井边货卖，曰市井"。有了城市，人类便有了一个更加安全、舒适、方便的生活环境。

既然叫了城市，好的地方自然无数。早起有早点，出门坐公交，上班去公司，路边有小店，闲时看电影，晚归有路灯。无论是工作还是生活，城市会让你的生活在不经意间，变得方便、随心。2010年上海世博会提出的"城市，让生活更美好"，是个期盼，更是实实在在的生活写照。

不要简单地把那些离开城市，喜欢隐居山野、离群索居的事情当真。要是真有那样的爱好，原因可能更有其他故事，比如爱情，比如孤独，比如避世。那些被描写得很美好的乡村生活，乡间别墅、湖景小筑、茅屋暖居之类的，仔细想想，也不过是结合了很好的城市便利的乡村，或许叫作城市式的乡村更好一些，骨子里还是有着城市的特质。要是没有城市式的便利，真的去荒山野地里男耕女织，谁去呢？再说了，大家都追求"城里人""楼上楼下、电灯电话"的生活，不就是图的城里生活的天生丽质的方便吗？否则，为什么媒体在批评一些城市治理还不够好的地方，经常说是"城中村"呢？

中国改革开放以来取得的巨大进步，一个重要标志就是城市化、城镇化进程的大大加快。改革开放后的37年中，城镇化率从18%快速增加到了55%，城市数量从193个增加到了653个，已有7.5亿人口生活在城镇之中。

当然，天生丽质之外，城市的好坏，主要还是看气质。

最能够看出好气质的中国城市，上海可以算一个。无论是陆家嘴鳞次栉比的高楼，还是外滩古色古香的夜景，无论是方便发达的交通网络，还是丰富便捷的各种商店，上海都是中国可以拿得出手的城市化典范。邓小平在上海视察时就说:"喜看今日路,胜读百年书。"

最能够看出好气质的中国城镇,乌镇也是一个。习近平总书记在第二届世界互联网大会上发表主旨演讲时说:"我曾经在浙江工作多年,多次来过乌镇,我很喜欢这个地方。第二次乌镇改造时,我在这里帮助他们策划,支持他们古建保护、旅游开发。今天再次来到这里,感到亲切熟悉,感到耳目一新,毕竟我多年没有来了,感觉对这里还是刮目相看了。"

当然,快速进行的城市化,也常常扯着脚步,影响了城市气质。比如城市建设缺乏合理规划,城市病集中暴发。一些城市喜欢大拆大建,却忽略城市本身的内涵式发展。有的城市只顾着建高楼大厦,却长期忽视对棚户区、城中村的改造治理。很多城市只看地上忽视地下,一下大雨"城里看海",一片汪洋都不见。有些地方无视本地文化特色,"大裤衩""马桶盖"层出不穷。

上月20日至21日,中央举行城市工作会议,就是要在我国城市快速发展,每年新增城镇人口2100万人,相当于欧洲一个中等收入国家的人口之际,对城市发展和城市工作进行顶层设计。会议提出的统筹空间、规模、产业三大结构,统筹规划、建设、管理三大环节,统筹改革、科技、文化三大动力,统筹生产、生活、生态三大布局,统筹政府、社会、市民三大主体,是尊重城市发展规律,切实做好城市工作的指南。

高楼大厦不等于城市现代化,人的需求才是城市建设的归结点。"城市建设要以自然为美,把好山好水好风光融入城市。""城市建设要有城市文化,要留住城市特有的地域环境、文化特色、建筑风格等'基因'。"并且要给城市"减肥",不能让城市在虚胖中逐渐丧失活力与可持续发展的能力。还要树立"精明增长""紧凑城市"理念,推动城市发展由外延扩张式向内涵提升式转变。新的发展思路,"坚持以人民为中心的发展思想","坚持人民城市为人民"。

中国的城市建设和发展,将迎来一个全新的时代。

那么,好的城市,究竟应该有些什么样的气质?

那样的城市,最重要的是,人与自然的和谐、城市与文化的融合、安全与便捷的一体。根本的是,"要让人民群众在城市生活得更方便、更舒心、更美好"。

(2016年1月11日)

上海地铁的风花雪月

"春有百花秋有月,夏有凉风冬有雪",人生得此意境,足矣。而对于上海地铁来说,却是风花雪月皆占尽。

截至去年12月19日的最新数据,上海轨道交通总里程已经达到617公里,处于世界头排地位。在上海几十米深的地底下,每天有上千万人次,以精确的自动控制方式,在四面八方间大跨度穿梭流动。其繁华热闹程度,不亚于地面上的上海。它给城市生活带来的便利和带动上海成为国际大都市的驱动力,如何估量都不过分。

由于是在最近二十多年逐渐建设起来,并且依然还在用最新的技术不断改进和建设之中,上海地铁还有一个重要特色,就是世界地铁最好的部分,上海都有;世界地铁最佳的运行方式,上海也都有。最新样式的屏蔽防护,最新技术的时刻显示,最新装饰的站厅,都在显露上海地铁的最新水平。如果想要看最好最新的地铁样本,不夸张地说,来上海吧!

上海地铁风花雪月皆占尽,不过是二十多年的时间。

由于上海位于沙土冲积平原,属于软土地层,长期以来被认为不适合建设地铁。1956年8月,上海根据中央关于防止帝国主义突然袭击的指示,提出建造地下铁道,有关部门根据战备要求编制提交了《上海市地下铁道初步规划(草案)》,成立了上海市地下铁道筹建处。苏联专家与上海市政府领导秘密讨论了地下铁道规划,用铅笔画出了横贯东西和纵穿南北的两条地铁线。但是到了1958年,苏联专家经过勘察研究,认为上海处于软土地层,含水量多,不适宜建设隧道工程。

鉴于国防、建设和发展的要求,上海始终没有放弃建设地铁的设想。20世纪60年代初中苏关系发生变化后,某种意义上反而推进了上海地铁的试验和建设。

1963年,上海在当时还是农村田野景致的浦东塘桥,进行了最早的地铁试验。在疏松软黏的农田里，技术人员试挖了直径4.2米的盾构，推了一段100多米的隧道，用于验证建设隧道的可行性，由此开始了上海地铁建设的第一挖。1964年在衡山公园附近，进行了地铁隧道和地铁站试验。这项代号为"60工程"的项目，由于特定的国际国内环境，属于保密工程。设计的地铁车站大小仅80米×20米×20米，连接到衡山路时，挖了两条600米长的隧道。20世纪70年代末，在离衡山公园不远处的漕溪公园地底下，上海尝试了第二条试验隧道的掘进，建设了上下行总长1290米的试验性地铁隧道。这段线路采用结构法，修筑地下连续水泥墙的方形隧道，相对成熟，日后成了轨交1号线的正式线路。

经过摸索和试验，上海积累了丰富的地铁建设经验，加上改革开放带来的推动作用，1993年5月28日，上海地铁第一条线路1号线正式运营。虽然这是上海的第一，但在全国来算，已经是第三了，此前分别有北京地铁和天津地铁先后建成通车。

借助于浦东开发开放和邓小平南巡的东风，上海迅速进入了发展的高速路，一年一个样，三年大变样，地铁建设也日新月异。从上海地铁2号线2000年6月11日通车开始，上海以令人炫目的速度，迅速在被认为不适合建地铁的软土层中，建设起了一个密如蛛网、四通八达的现代化城市地铁网络，走到了世界最前列。

上海有今天这样便捷的地铁网络，跟市领导的高瞻远瞩相关。在发展什么样的城市大运量交通方式上，曾经有过争论。地面公交加出租车的方式，是一个投入少见效快的办法，但是长远看不能解决根本问题。上海的决策层充分认识到地铁网络对特大型城市的重要意义，加大力度推进建设。特别是利用举办世博会的契机，仅仅是在世博会前的三年内，上海就建成通车了6、7、8、9、10、11号线6条地铁线路，大大改善了城市公共交通状况，使得上海地铁网络初步成形。虽然建设初期投入大，但是利在长远、泽被后世。

上海地铁另一项为人称道的决策就是，票价从一开始就走市场化的道路，在政府适当补贴的情况下，尽可能按市场原则确定，这样能有效保证地铁可持续发展。虽然一些地方有政府高额补贴，上海承受了很大压力，但是最终市场化的可持续运营能力，笑到了最后。

617公里的轨交网络布展在上海，出行在上海变得便捷和享受。来一次想走就走的出行，穿行在茂密的地下空间，能深深感受到四季皆宜的风花雪月。

（2016年1月25日）

上海的雪

白雪对于上海而言，越来越像一件奢侈品。你知道有，不一定有。

说好零下7摄氏度的，说好有雪，于是那么多人就翘首以待，痴痴地、痴痴地等着，等待多少岁月未曾谋面的一场皑皑白雪。报纸上预告了三天，说雪来了、雪来了，可是空中飘过的，依然还是冷雨。

终于，雪来了。那是一个周末的早晨，正是甜梦酣畅的时分。忽如一阵北风来，千片万片雪花开。雪舞高楼间，风送入万家。坐看青竹变琼枝，雪压寒梅暗香来。

可是上海的雪，还是带着江南的羞涩，娇嫩得很，未等雪粉们拿出相机，就匆匆地、匆匆地走了。大约是在中午11点的光景，一位雪粉在微信朋友圈发了消息："刚刚醒来，下过雪了，是真的吗？"

一片冰心，终究还是被辜负了。

上海的雪，曾经不是这般娇贵，也是寻常人家，到了冬天，总是忘不了要来约几次。跟北方不同的是，江南的雪多了一份温润，多了一份稀罕。纷纷扬扬的大雪盖下来的时候，总是会引来大人小孩的惊叹：噢，落雪了！

落雪了。但是一个地方落的雪，与另一个地方落的雪，其实是不一样的。常常有人说，北方的雪像粉，南方的雪像花，这是对的。同样被叫作雪的这种大气固态降水，是个七仙女的大家庭，分别叫作雪片、星形雪花、柱状雪晶、针状雪晶、多枝状雪晶、轴状雪晶、不规则雪晶。上海相对湿润，冬天气温不会很低，上海落雪，落的大都是老二阿伲头星形雪花。

星形雪花，做雪球是最好的了，因为颗粒大、湿度高，一捏就容易成形。好捏雪球，上海雪天的幸福之一，那就是打雪仗了。平日里彬彬有礼、进退有度的都市中人，到了雪天，便放下了矜持、文雅，变得放肆开来，借口就是雪啦！难得一次，还不撒欢？特别是平日里羞于对话的青年男女、平日里难以讲话的上级下级，扔个雪球过去，也算是了却一桩夙愿。要知道，一片雪花的直径在0.5—

3.0毫米之间，要3000—10 000片雪花加在一起才有一克重。扔个50克重的雪球过去，那可就是50万朵花！

扔雪球之余，对于上海的孩子们来说，雪天可能还有着别样的幸福。因为下雪，许多规矩也温柔了。小时候父亲对我规定很严，即使是放寒假，每天早晨七点钟是必须起床的。但是下雪天就不一样了，可以睡懒觉，还可以享受一件特殊的待遇：床上用早餐。父亲会用脸盆端来一盆热水、一杯温水、一支放好了牙膏的牙刷。在床边漱洗完毕，端来的早餐，是心心念念的一副大饼油条，外加一杯牛奶。那个时候，牛奶也是稀罕物，很难订到，家里订的唯一的一瓶牛奶，照例是给我的。我的卧室是个亭子间，下雪天弄堂里的白雪映照上来，小房间里特别亮堂舒畅。那个时候，人生幸福，不过如此。

随着岁月的过去，气候也在一点点地变化，上海的下雪天渐渐稀罕了。特别是在最近的10多年里，上海的雪来得越来越少了。冬天不再那么寒冷了，即使冷了几天，恰逢空气里没有足够的湿度，空空地等了几天，还是迎不到漫天飞舞的雪花。

按道理说，上海是比较容易看到鹅毛大雪的。上海靠江濒海，空气湿度大，冬天虽然不太冷，但是零下几摄氏度的天气总是会有那么几天。下雪的基本条件是水汽饱和，并且空气里有能集聚水汽的凝结核，上海的气候相对比较对路，容易形成合适的下雪条件。特别是，鹅毛大雪的诞生，并不是天越冷雪越大，而是在水刚刚转换成雪的那一刻最容易形成，那正是一个"拖泥带水"的时刻，因而形成的雪花就特别大。上海的冬天，气温在0摄氏度上下的恰恰还是不少，容易飘鹅毛大雪。但是，也许就是运气的关系，上海近年的鹅毛大雪就是稀少，连带着盼雪的心情就更加迫切。

盼雪的心情，其实大体上都是一样的。同样是江南人的鲁迅先生，虽然横眉冷对千夫指，但是依然给过白雪许多溢美之词："江南的雪，可是滋润美艳之至了；那是还在隐约着的青春的消息，是极壮健的处子的皮肤。"

对于江南白雪，最爽直的评价，则莫过于这句："江南，晴不如雨，雨不如雪。"

我只能说，上海的雪，更是如此。

（2016年2月1日）

舌尖上的上海

要过年了，家里多了几个冬笋，泡开了黑木耳，浸好了金针菜，发好了干香菇，还有一堆特别的碧绿蔬菜。我知道，一年一度的一道美味就要来了——糖醋银丝芥菜。

这道菜算得上是我们家的传家菜了，我一直当作是最好的上海菜之一，要说舌尖上的上海，首推就是这道菜。

糖醋银丝芥菜普普通通，做工不复杂，但是非常吃工夫，点滴之间见高低。一是银丝芥菜煸炒要火候恰当保持碧绿，吃起来才脆爽有劲；第二是糖醋比例拿捏要分寸到位，刚刚酸到拐弯处就能遇到甜；第三就是芥菜的脆韧、冬笋的嫩爽、香菇的软滑、金针的水汁，要相杂合适，能恰到好处地包含在一口之中。也是因这些原因，这道菜我们家只有母亲做得好。姐姐们有五个家庭，已过八十的母亲前几天不无自豪地跟我说："他们都要吃我做的银丝芥菜，还是得我来做。"

这道菜好吃，也跟时节有关。春节正是鱼肉荤菜吃多的时候，一道清新酸甜、营养齐全的蔬菜，正有相得益彰、锦上添花之功效。新春里的这道菜，也透出了上海菜轻重搭配合宜、荤素进退有度的性格。

上海菜跟其他菜系不同，其他地方出大师、出名厨，菜以厨贵、菜以厨名；上海菜则以家常为本、以大众为特色，没有普通人吃不起的菜、没有普通人不会做的菜。家常特色，成就了上海菜最丰厚的基础，也成就了舌尖上的上海最别样的标杆。

上海菜做得好，靠的是灶披间里一位一位上海姆妈，不断探索，不断试味，融汇各菜之长，成就了沪菜的海派风格。上海人海纳百川兼济天下，上海菜就兼容并蓄独树一帜。广东人说他们什么东西都吃，上海人说阿拉什么菜系都收。

看看上海的名菜，多多少少都有外帮菜的影子，但是你不能不承认，它们都只是上海菜的溪流。

比如说上海当家菜糖醋排骨，那个甜味的源头，的的确确是无锡菜里来的，你都可以讲出无锡酱排骨的甜味，就是糖醋排骨的师傅。但是上海人脑筋活络，太甜吃起来发腻，于是稍稍加上一点醋，乌鸡就成了凤凰，酸甜可口、软硬适度，大受欢迎，还变成了正宗上海菜。

再比如红烧大黄鱼。大家都知道，黄鱼是宁波菜当家菜，一道大汤黄鱼，撑足了宁波人的台面。但是上海人推陈出新，关公门前舞大刀，改用重油重酱红烧，无论是否野生大黄鱼，味道都咸甜适口、糯软滑嫩，省却了大汤黄鱼非野生不够味的软肋，避免摸不清东西南北被宰的麻烦。红烧大黄鱼，谁又能说不是上海菜呢？

还有红烧肉，现在出处纷纭，做法奇崛，但是要讲最好吃的，你不能不说，那一定是上海红烧肉，除非你没有吃过。上海红烧肉没有很多稀奇古怪的讲究，什么黑毛猪、两头乌，只要是猪猡，只要是五花肉，就可以拿来做红烧肉。一来寻常人家的寻常菜，哪有那么多讲究？二来所谓的那些优质原料，大多是美食家们写美食专栏矫情用的，否则怎么卖文章呢？普通食材做出美味，那才是大师！而上海姆妈，正是海派大师！

上海红烧肉，主要看做工。先要在大锅里轻油嫩炒，消去生腥气。然后放进砂锅，添进酱油、红糖以及一干调料，要比例恰当，这是看功夫的。然后，旺火、中火、小火，一道道来过，慢慢地焖出来，靠的是火候把握和时间的酝酿。真正砂锅里焖出来的上海红烧肉，味道之香，我举个例子，小时候在弄堂里打弹子，隔着十多米远，都能闻到自家灶披间里飘过来的一缕缕红烧肉香，那天一般就是星期天。

那个红烧肉，糯而不烂，韧而不渣，香而不腻，没有入口即化那类噱头，而是让你有足够时间，来细细品味猪肉的弹性、酱汁的鲜甜、肥瘦之间层层叠叠的变化。这个过程刚刚结束，恰好就是一口红烧肉滑落喉咙的当口。这份红烧肉，跟时下饭店里钢精锅子烧好红烧肉，然后盛到冷砂锅里装盘上桌，基本就是西施和东施的区别。

上海菜讲究集成创新，这个又跟上海人善于学习、勇于归纳有关。西菜沪做，就十分典型。我从小就以为，色拉就是一堆土豆、豌豆、火腿粒和蛋黄酱的结合体。后来第一次吃华尔道夫色拉，十分纳闷，这难道是真的色拉吗？还有就是罗宋汤、炸猪排、烙蛤蜊们，它们都是上海人聪明才智的生动写照。这些上海人的梦中美味，也许跟原版有距离，可是在上海人心目中比原版更喜欢。

普普通通，却不同凡响；兼收并蓄，皆为我所用。

这就是舌尖上的上海。

（2016年2月8日）

没有硝烟的春节

这是一个没有硝烟的春节。

多少年来,在上海外环线内,今年是第一次在春节期间,没有发生任何燃放烟花爆竹的现象。"火树银花不夜天,噼噼啪啪到天明"的场景,至此成了历史。没有了污染,没有了噪声。

很多人为之愕然,因为很多人都难以置信,这件事能做得到。

禁放烟花爆竹的相关条例通过之后,几乎所有的人都在问一个问题:做得到吗?倒不是大家对法规的严肃性有怀疑,而是因为这是一个流传了多少年的习俗,曾经多次尝试改变、却最终未能改变的习俗。习惯的力量有多大,看看前些年的禁燃实行情况,就足可见一斑。

大城市燃放烟花爆竹的弊端,有目共睹。早在20世纪90年代初期,上海就有相关规定出台,禁放烟花爆竹。除夕那天,也组织了许多力量,查处违规燃放现象。那时,我在《新民晚报》政法部,联系公安条线。吃过年夜饭,就随公安消防人员一起巡查落实情况。临近午夜时分,我和当年市公安局消防处战训科科长陈寒根一起,来到了一处人口密集的石库门弄堂。

此时,离零点还有半个多小时,弄堂里偶尔有几处爆竹声响起,劝阻后都收手了。然而就在禁放似乎步步进展之际,忽然之间,几十处、上百处的地方,同时爆发出雷鸣般的响声,无数的烟花爆竹炸响在空中,零点到了!面对如此大范围的燃放,所有的禁令都显得那么无力。那年的禁放,不了了之。

此后二十多年间,上海几次重提禁放烟花爆竹,措施和办法也想了不少,但是最终都没有下文。每年春节,依然是"噼噼啪啪到天明"。

今年初六我在报社值班,一早就接到电话,是担任过《新民晚报》《解放日报》副总编辑的孙洪康,他也是我在政法部时的老领导。他在电话中兴奋地说,这次烟花爆竹是真的禁住了,大年夜没有爆竹声,我还心里没底,不知道初五会怎么样,昨天晚上还是安安静静的,我心定了,那是真的禁住了。我一定要给你打这个电话，当年上海花了多少功夫，都没有落实，这次做得这么成功，你们应该好好写写。

据最新统计，今年春节期间，上海禁燃区域没有发生燃放烟花爆竹的事情，有三起刚刚拿出烟花爆竹准备燃放，马上就被民警和社区志愿者制止了。这在上海的历史上，从未有过。

禁燃如此成功，根本的原因是上海社会治理的巨大进步。

首先是上海市民认知水平与社会意识的提高。作为中国最发达的特大城市之一，燃放烟花爆竹的弊端，上海市民还是有认识的。前些年之所以屡禁不止，一是法不责众心理，别人都在放，我放也无妨。二是社会意识不足，我放我快乐，对公众、社会产生的污染和噪声，就顾不得了。但是随着这几年科学发展认识的提升、社会意识的提高，既顾及自己也顾及别人和社会的意识不断加深，对燃放烟花爆竹这类影响社会生活的事情，公众的负面情绪在增加。特别是这几年对雾霾危害以及形成原因的了解，使得越来越多的市民，倾向于接受不影响他人、不损害公共环境的生活方式，这对禁燃的实行，提供了最坚实的社会基础。这可以归结为市民素养的提高，这也是社会治理水平的进步。

其次是上海社会动员能力的增强。此次禁放的成功，媒体的社会动员作用功不可没。禁放得以实施，根本在于全社会形成共识，上海的媒体起到了形成共识、普遍动员的强大作用。还是在两年前的2014年1月8日，《新民晚报》就率先在上海各媒体中，以编辑部名义发出倡议，请市民在即将到来的春节期间，少放或不放烟花爆竹。这一倡议得到了全社会的广泛响应，人大代表纷纷提出议案，要求进一步立法禁放；社会各界纷纷献策，如何有效禁放；相关职能部门纷纷提出有效举措。随着讨论的深入，逐渐形成了落实禁放的有效路径。

再次是法规的作用和执法的严格。市人大修改通过了相关《条例》，奠定了全社会准则。上海警方全员上岗，确保法规得到全面执行。

最后一点也是最有价值的一点，是上海加强基层组织建设取得了丰硕的成果。今年春节巡查禁燃，各个居民小区、各条主要街道，有30万社区工作者和志愿者参与，他们与执法人员一起，确保每个地方都有监管力量。这不仅加强了执法力量，也大大营造了全民动员、全民响应的氛围，对实现禁放，发挥了举足轻重的作用。这是上海市委加强基层建设1+6文件出台后，基层组织建设取得重大成果的生动写照。

丙申猴年，上海外环线内的广大地区，第一次度过了一个没有硝烟的春节，可喜可贺。它对上海这座特大城市的社会治理，提供了一个难得而重要的借鉴。

（2016年2月22日）

上海的那些花儿

贾宝玉没有读过多少书,即使在私塾里学过一阵,估计也比较偏科,学的就是几句风花雪月的伤春悲秋体,所以他看事情也比较偏颇,好容易有一两句话借着曹雪芹帮忙留了下来,其实也是不太准确的。

比如那句,"男人像泥女人如水",比喻太简单,用词太绝对。且不说古代时候没有现在这样先进的沐浴设备,男人一两个月不洗澡,难免有些泥土气,就算女人如水,那也太不全面了。一点清水,就能道出全部了吗?否则,为什么还要"清水出芙蓉"呢?至少,那清水上面的风采,远远比不过"芙蓉国里尽朝晖"的风韵。

不能不讲,第一个用花比喻的是天才,第二个、第三个就要商数递减了,但是如花女人,依然还是最好的最贴切的比喻。世上有千般万种的美丽花朵,人间有姹紫嫣红的美丽女生。

女性是世界上最伟大的群体,无论用什么样美好的形容词去赞美她们,都是不过分的。上海的那些花儿,更是特别值得我们赞誉的。

上海的女性,是世界上最优秀的那一类人。她们有最高的知识水平,身边就是世界第一流的大学,拿一些最高的学位易如反掌;她们有最好的文化修养,邻居就是世界闻名的大剧院和音乐厅,聆听最好的乐团如家常小菜;她们有最聪明的生活艺术,厅堂和厨房都是展现才艺的舞台,常常秀一个惊奇给大家看;她们有最豁达的人生意境,上海和世界都是她们话题里的村落,春赏花烂漫秋看叶凋零。

上海的杰出女性很是不少,比如我母校的老校长,一位赫赫有名的上海女性,物理学家、教育家谢希德。谢希德曾是复旦大学校长、上海市政协主席,担任过两届中共中央委员。

1951年谢希德获美国麻省理工学院博士学位后,适逢美国政府禁止中国科学家回新中国,她以赴英国与恋人曹天钦结婚为名,先从美国去英国,举行婚礼后,冒着风险,绕道终于回到了新中国。她先在复旦大学工作,1956年调到北京大学筹建半导体学科,1958年又回到复旦大学,担任新组建的技术物理所副所长。1983年任复旦大学校长。

这样一位大科学家,在中国的科学和教育事业上功勋卓著,同时又是一位家庭爱情丰收的女性。她与生物学家曹天钦的爱情故事,令无数人仰慕而钦羡。他们感情之深笃,感人至深。晚年曹天钦患病卧床不起,谢希德再忙,也像一位普普通通的上海女性一样,要坚持每天去护理曹天钦,感动了无数人。《新民晚报》在一版头条位置刊发了他们故事的长篇报道《事业·家庭·爱情》,一时洛阳纸贵。

谢希德是上海女性的一位杰出代表。像这样的名字,在上海还有很多很多。她们是一朵朵绽开在上海土地上的玫瑰、百合、郁金香,衬托出上海最好看的景致。

上海女性之美,还在于有那么多普普通通平凡的花儿,同样装点着上海的无数风景。

比如前不久,《新民晚报》一位记者的微信圈晒出了一本老影集,那是一位叫李伟华的普通上海女性,从少女时代一直到退休之际的老照片,故事发生的时间跨度,从20世纪30年代一直跨越到80年代。这是一个普通家庭的普通故事,微信圈的阅读量居然超过了100万,成为城中一时热点。其景其情在于,那些在随意中记录下来的平凡时刻,既有平凡中折射的历史变迁,更在于上海女性在平凡中焕发的惊艳光彩。与其说这是一段历史、一段华章,不如说这是一段普通人生亦能如此灿烂,由此带给人间的欣喜。

讲到上海女性,言必称张爱玲、老洋房,那只是某些女作家矫情用的,上海远不止那些作家看到的事情。光是上海闲话里,就能看出那些上海花儿的丰富与韵致。花儿里有大家闺秀与小家碧玉,有摩登阿姐和广场舞大妈,既有"嗲声嗲气"和"洋里洋气",也有"乡里乡气"与"作天作地",生活是如此丰盛而完满。

这就像,上海有衡山路、淮海路、南京路的缭绕香风,上海也有大杨浦、大普陀以及之前大闸北的清新之风。所谓一方水土养一方人,虽然各处盛开的花儿并不一致,但是只要是在上海,那灿若星辰的华彩,是什么都遮掩不住的。

(2016年2月29日)

好一只美丽的花"蝴蝶"

好一只美丽的花"蝴蝶",翩翩飘落在虹桥。

"蝴蝶"姓"舞"。在延安路高架旁的虹桥路1650号,四栋崭新的建筑巍然而立,共同伸向一个中心,仿佛伸出的四片翅膀,恰如一只舞动的蝴蝶,翩然欲飞。由虹桥路上芭原址,向延安西路、虹桥路、水城南路拓展,与延虹绿地连成一片。这就是刚刚建成、即将在今年10月1日正式启用的上海国际舞蹈中心。

四栋新建筑高度均不超过24米,项目总建筑面积8.35万平方米,这在上海鳞次栉比的摩天大楼群中,并不十分起眼。但是,这只花"蝴蝶"对于上海却有着特殊的意义,因为,这是上海第一个以舞蹈表演、舞蹈教育为特色的大型艺术中心。

上海国际文化大都市逐渐成形,其标志就是一大批文化艺术地标如雨后春笋般,生长在上海的空间线上。从最早最著名的上海大剧院,到东方艺术中心,再到改建后的新文化广场,所有的这些地标性艺术殿堂,都有着世界最好的剧场、音乐厅、歌剧厅以及排练场地。它们组成了文化大都市绚烂的恢宏乐章,也奠定了上海文化的世界影响。

但是,作为文化艺术重要组成部分的舞蹈艺术,在上海的呈现与流淌,却始终是一个弱项,这跟上海舞蹈艺术在国内外的地位,形成了反差。在20世纪20年代,上海就有俄罗斯侨民教授芭蕾,算得上是中国最早的芭蕾发源地。新中国成立后,上海培养出了包括辛丽丽、杨新华、汪齐凤、谭元元、季萍萍在内的优秀芭蕾舞演员,并在国际芭蕾大赛中屡获金奖。同时,上海的芭蕾舞界还致力于探索民族芭蕾舞的发展道路,创作了以《白毛女》为代表的经典民族芭蕾舞剧,近年来新创中国题材芭蕾舞剧《梁祝》《花样年华》《长恨歌》,为中国芭蕾走向世界奠定了基础。

与古典音乐形成鲜明对比的是,上海舞蹈艺术在市民和外界的影响力,远不如它们。这既有舞蹈艺术相对小众的特点,更与上海缺少有影响的舞蹈艺术表演展示殿堂有关。上海大剧院、东方艺术中心等虽然都可以演出舞蹈艺术作品，但毕竟不是专门的舞蹈艺术剧院，缺少专业性，也缺少影响力。

大约10年前，建设地标性舞蹈艺术中心的设想，就一直作为一个选项，在上海高层领导的考虑之中。从2004年起，上海国际舞蹈中心开始了方案的酝酿和筹备。2012年9月28日，国际舞蹈中心项目正式开工，在虹桥路1650号这个上海芭蕾舞团、上海歌舞团、上海戏剧学院附属舞蹈学校聚集的地方，重新建立起集演出和展示中心、教育和培训中心及创意创作和研究中心为一体的大型舞蹈艺术基地。

这是一个相当专业的舞蹈中心。这里拥有一个1200座位的舞蹈剧场和300座位的合成排演厅。考虑到舞蹈与观众互动的需要，舞蹈剧场改为更近距离的两层观众席，还设计了一个直接通往舞台的观众入口。大大小小的排练厅共有48个，全部使用"弹簧式"地板，更添艺术感觉，也给演员更好的保护。同时针对有舞蹈家提出的希望排练厅尽可能氧气、阳光充足，以保证演员长时间运动的需要，大部分排练厅都移到地面以上，并安装了专门的制氧设备，这在非专业的剧场里，是根本做不到的。为解决有氧排练中的空气循环，提高地下空间室内空气品质，采用了18项针对性技术措施。同时，在一旁还建设配套的虹桥人才公寓项目，这又是一个想不到。

随着上海国际舞蹈中心的落成，舞蹈艺术在上海迎来了更繁盛的春天。中国舞蹈家协会已经与相关方面签订合约，2016年至2020年，第十届至第十二届中国舞蹈"荷花奖"舞剧·舞蹈诗评奖，将在上海国际舞蹈中心举行。届时，还有中国舞蹈高峰论坛、舞蹈大师班等系列活动。中国舞蹈"荷花奖"是代表中国专业舞蹈艺术最高成就的权威奖项，迄今已涌现出《闪闪的红星》《霸王别姬》《云南映象》等一批优秀舞剧作品。随着正式揭幕日的临近，一批重量级的舞蹈艺术精品，也正准备停当，欲在花"蝴蝶"里翩翩起舞。

春天是桃红柳绿的时节，花"蝴蝶"在春天里展开翅膀的那一刻，上海向着文化艺术新高地，又迈进了一大步。

（2016年3月7日）

特朗普是美国的镜子

如果排一下今天美国人在世界上的知名度，特朗普大概在坐二望一的位子上，假如大家还知道美国总统是谁的话。

特朗普是位奇人。有多少人认为他不应该是美国总统，就有多少人把候选人的选票投给了特朗普，以至于他在美国共和党的总统候选人竞争中独占鳌头，不仅是吓坏了支持民主党的选民，也让支持共和党的选民噎住了气。

很多人看不起特朗普，认为特朗普只是嘴大。最纠结的是共和党内的主流派，因为一旦特朗普赢得初选，共和党将面临是否推他做总统候选人的艰难抉择。推他似乎不符合共和党传统价值观，输给民主党的可能性太大。不推他，特朗普可能以独立候选人身份参选，结果是分掉共和党的选票。有人说，特朗普是"吃共和党的饭，砸共和党的锅"。

不过，骂特朗普可以，但是不要忽视他。特朗普正是今日美国的一面镜子。

特朗普现象是今天美国的缩影。他嘴大，反常识，说话骂骂咧咧，动不动就想揍谁，世界上谁都想骂，天底下只有一个好人，那就是俺特朗普本人。大家想想，这个人像谁呢？像不像今天的美国呢？

美国大选是一场真人秀，谁更讨好一些观众，谁花的钱多些，谁的赢面就更大些。能够讨好观众，无非就是迎合他们的口味和偏好，选出什么样的人当候选人和当总统，其实就是那个时代美国的缩影，大选中看到的是那时美国的镜像。

20世纪三四十年代，美国人还处在进步与正义的暖流中，他们的总统是靠谱的罗斯福。到了拉下冷战的铁幕之际，当总统的自然就是粗鲁的杜鲁门。准备结束朝鲜战争，他们选出了军人出身的艾森豪威尔。等到开始享受二战最大获利者的战果时，在那块"流淌着牛奶和蜂蜜的土地上"出现的是年轻有为的肯尼迪。后来则是脾气暴躁的约翰逊，带来了胡作非为的越南战争。靠着老牌政治家尼克松，终于在美苏中三角里寻得了还算体面的和平。匆匆过客的福特和卡特，正是美国元气大伤力不从心之际的标配。里根开始的八年，最好地利用了小戈的稚嫩而站在苏联的肩膀上重获新生。老布什打赢了海湾战争体现了二战老飞行员的勇气，却不得不因为里根时代的巨大账单黯然下台。克林顿的省吃俭用弥补了前朝的亏空，也体现了20世纪最后10年美国人的现实。"九一一"改变了美国也改变了小布什，连年对外征战最终酿成了金融灾难。奥巴马成了美国历史上史无前例的总统，也在"改变"中培育着出现特朗普的土壤。

特朗普的出现，是今天美国社会思想动荡的缩影。他的主要支持者是美国下层白人群体，他们本来是美国最庞大、最稳固的中产阶级的一部分，但是金融危机后中产阶级在不断分化，少部分人乘势在向上运动，成为上中产阶级，更多的人则是无奈地在向下出溜，成了下中产阶级，生活窘迫得越来越不像中产阶级。美国量化宽松带来的表面繁荣没有落到他们头上，社会深处集聚的诸多愤怒情绪却越来越在他们中间发酵，他们真正需要改变，而根本不管是朝哪个方向的改变，需要"只要是反着来就是正确"那样的做法，需要有人帮他们发泄心灵深处极度的不满。与其一潭死水生活无望，倒不如有人帮他们朝里面扔几块石头弄出些动静，至于石头溅出的是清水还是脏水，那就根本顾不上了。这个人出现了，那就是特朗普。

特朗普来得正是时候。美国历史上，从未有人因为这样的观点和言论，得到过这么多的支持。

产生特朗普的另一个重要因素，就是美国的政治生态。世纪之交前后，美国很好地利用了一霸独大的机遇，基本上目空一切，想骂谁是谁、想打谁是谁，一度赢得了各路小弟趋之若鹜，鞍前马后，不亦乐乎。但是随之而来的，是赢得霸权与维持霸权的巨大成本支出，并且那些霸权带来的红利，还不足以平衡支出，造成了美国国库与国力的衰落。表现在经济上，是2008年的金融危机及其巨大后遗症，表现在军事上，是濒海战斗舰、B-21这些奇奇怪怪的东西。

如果说一个人脸色潮红往往是虚火的症候，那么特朗普的出现，则是美国式"积劳成疾"通过选举展开的外在表现。那些美国的主流价值观，与其指责或者反对特朗普，倒不如看看特朗普的"成功"，折射出了哪些美国病。望闻问切，找出病理根源，对症下药，好好治治到处惹是生非的美国病。这样既有利于美国生息，又有利于世界安宁，也不枉费了特朗普先生的几番辛劳。

（2016年3月21日）

万泉河水清又清

"万泉河水清又清,我编斗笠送红军",因为这首歌闻名全国的万泉河,几十年后因为更重要的缘由闻名世界——博鳌亚洲论坛,就在万泉河口。

博鳌位于海南省琼海市万泉河入海口,"博鳌"的含义是"鱼多鱼肥"。那一带曾经最著名的,就是红色娘子军雕像。2001年2月27日之后,因为博鳌亚洲论坛在这里成立,成了一个世界级的小镇。

博鳌为亚洲而兴,为世界而荣。

与地球由西向东转动相向而行,世界的地域影响力正在由东朝西迁移。19世纪算得上欧洲世纪,世界一大半地方都是欧洲列强的殖民地。20世纪称得上美国世纪,美国主导了世界的战争与和平。21世纪无疑是亚洲世纪,世界前三位经济体,两个在亚洲。但是与亚洲巨大能级形成鲜明对比的是,亚洲在世界上的声音却十分弱小。

亚洲各国虽然参与了诸多跨区域国际组织,但就整个区域而言,仍缺乏一个真正由亚洲人主导,从亚洲的利益和观点出发讨论亚洲事务,增进亚洲各国之间、与世界其他地区之间交流与合作的论坛组织。新世纪刚刚开始,2001年博鳌论坛的成立,开创了一个传递亚洲声音的新平台。博鳌亚洲论坛也是第一个把总部设在中国的国际会议组织。

亚洲国家彼此间联系日益密切,如何应对全球化对本地区国家带来的挑战,保持本地区经济的健康发展,加强相互间的协调与合作,已成为亚洲各国面临的共同课题。生逢其时的博鳌论坛,与有荣焉。

3月24日,李克强总理在博鳌论坛2016年年会发表主旨演讲时说:"去年这个时候,习近平主席在博鳌亚洲论坛年会上提出了迈向命运共同体、开创亚洲新未来的重要倡议。本届论坛的主题是'亚洲新未来:新活力与新愿景',我们就是要打造发展和合作的共同体。"

即使是在全球经济都步履蹒跚的时候,亚洲经济的增速依然高于全球,总量占世界的比重还有提升。如今的贸易规模占世界贸易已达 1/3 左右，成为全球最具活力的地区。

中国通过博鳌亚洲论坛这个重要平台，带动和推动亚洲发展的用心，令人印象深刻。李克强在演讲中特别强调："亚洲的振兴，不能有人掉队。"

他说："中方愿将'一带一路'的倡议与地区国家及区域组织发展战略对接，打造规划衔接、生产融合、协同跟进的地区发展新格局。中国愿结合地区国家的实际需求，提供性价比高的优质装备和生产线，在基础设施、工业设备等领域开展产能合作。区域全面经济伙伴关系协定（RCEP）是亚洲参与成员最多、规模最大的区域贸易安排，我们应当力争在 2016 年完成谈判。亚洲基础设施投资银行、丝路基金首先应服务亚洲发展中国家，支持互联互通、产能合作等项目，让地区人民共享融合发展的红利。"

他特别强调了文化在亚洲发展中的重要作用："亚洲文化历史悠久，自古以来不同民族、宗教、文化多样并存、交流互鉴，为人类文明进步做出了重要贡献。几乎世界上所有世界性的宗教都诞生在亚洲。亚洲人民向往和平、和睦、和谐，正是在这片土地上，诞生了和平共处五项原则，培育了相互尊重、协商一致、照顾各方舒适度的亚洲方式。亚洲国家人员往来密切，仅每年相互旅游人数就达到数亿人次。要用好各类交流对话的平台，拓展和深化人文交流，不断增强亚洲凝聚力。中方倡导举办亚洲文明对话大会，欢迎各国和地区组织积极参与。越是在地区发展困难的时刻，各国越需要在友好传统中汲取经验，从共同追求中凝聚智慧，让亚洲共识发扬光大。"

李克强在演讲中表达了对亚洲未来合作的信心："只要我们携手合作，加快培育各国经济的新动能，'积其小者必至于大，积其微者必至于显'，就一定能够打造地区发展的新愿景，就一定会迎来充满活力的亚洲新未来。"

文化在发展进步中所起到的重要作用，博鳌所在的海南，就是一个范例。

海南岛最大的河流，其实并不是著名的万泉河，而是斜贯海南岛中北部的南渡江，全长 333.8 公里，流域面积 7033 平方公里。20 世纪 70 年代，有一首优美的歌曲《志在宝岛创新业》这样唱道："南渡江，水流长。海南一派好风光。红旗漫山献宝岛，喜看荒山变粮仓。"

万泉河、南渡江，这片风光无限、人文浓郁的地方，几十年间，正是一个改变未来、创造未来的典型样本。

（2016 年 4 月 4 日）

上海的春天

春天在不同的地方，是有不同性格的。有的含蓄，有的热烈，有的素装清丽，有的精致可人。

比如上海，春天走进来的时候，就带着大都市的个性。不是悄无声息的满山红遍，而是妆容齐整带着春天的声音来的。

山野乡地，春天的到来是一层一层染出来的。悄无声息，越来越浓，画出了春天的景致。比如朱自清的春天："一切都像刚睡醒的样子，欣欣然张开了眼。山朗润起来了，水涨起来了，太阳的脸红起来了。小草偷偷地从土里钻出来，嫩嫩的，绿绿的。园子里，田野里，瞧去一大片一大片满是的。"比如许地山的《春底林野》："春光在万山环抱里，更是泄露得迟。那里的桃花还是开着；漫游的薄云从这峰飞过那峰，有时稍停一会，为的是挡住太阳，教地面的花草在它的荫下避光焰的威吓／岩下的荫处和山溪的旁边长满了薇蕨和其他凤尾草。红、黄、蓝、紫的小草花点缀在绿茵上头。"

上海这样的大都市就不同了，要么看不见春，看见的时候，已经是倏然打扮好了的春天，就像大城市的女子，素颜是见不了人的，是要打扮停当才肯露脸的。

第一个登场的是白玉兰，就是上海的那朵市花。除了"俏也不争春，只把春来报"的梅花，上海最早开花的乔木，就是白玉兰了。白玉兰花期早，春节时分就在暗暗孕育了，今年春节是在2月上旬，白玉兰已经含芳吐蕾了。这跟白玉兰的性格有关，它是先花后叶的，在其他花树还在憋着劲酝酿情绪的时候，白玉兰已倏然放出满树的冰清玉洁，占得报春先机。

白玉兰洁白无瑕，清新脱俗，雍容华贵，芬芳四溢。花骨朵丰润饱满，挺拔傲娇，春寒料峭时分，一瓣一瓣白玉兰渐次绽放开来，你如果站在花树下，几乎可以听见一声一声脆生生的绽放声音，仿佛是声声奋进中的努力。

春天在上海的另一种声音，就是香樟树披上嫩绿的时候。香樟树不是上海特产，却是上海人最喜欢的树种之一，成了上海大街小巷各色花园的底色。香樟与杨柳们不同，杨柳看天吃饭、见异思迁、随风逐波，春天来了一树绿色，秋天到了风吹叶散，到了冬天更是赤条条来去无牵挂。香樟树四季常绿，一如既往，风吹雨打不失色。最让人着迷的，就是春天总把新绿换陈色时分，听得见新老树叶更替的声音。

经历了一冬依然绿意盎然的香樟树叶深明大义，迎来了春天就慢慢变黄，功成身退，让出最好的位置给新秀。新叶并不争位，总是等到老叶落尽，才轻轻露出新芽，绽开新绿。书房的窗前有好几棵香樟树，每年春天最有情趣的事情之一，就是在树叶剥落声中看着它们换色。先是冬天的深绿，随着寒风渐渐柔和，暗绿之中添上了些许焦黄，接着是黄中带绿的枯叶渐次飘离。此后是最精彩的时分，一夜之间，一树嫩绿，明晃晃亮得透明地来了！

香樟树换上新绿，那是上海的春天逐渐进入浓烈之时。

樱花开了。原先樱花最著名的，是中山公园进门处的那株，独立春色，铺天盖地，硕大的花冠几乎可以形成一个小小的广场。站在花树下，遮天蔽日都是樱花的粉嫩，微风吹过，密密的花雨纷纷飞扬。如今热闹的是新开的顾村公园，拿樱花当了镇园之宝，每年花开时节总是堵掉半条沪太路。在地铁虹口体育场站旁，街角处满满都是樱花林，路人可以随意赏花、拍照，穿行在樱花林中。

桃花开了。"人间四月芳菲尽，山寺桃花始盛开"，桃花本不是上海的强项，若干年前南汇桃花节开张之初，还有过一阵子不适应。如今归在浦东新区的南汇桃花，早已声名远扬，衍生商业也做得风生水起。老南汇的左邻右舍看得心花怒放，同样搭上桃花快车，不仅做起了桃花生意，还打起了别的花样，桃花过后邻居奉贤的油菜花也悄悄热闹了起来。

油菜花开了。油菜花真正的大家庭，是在湖北、江西、安徽那里，只要有些小块地方，就能一丛丛绽开嫩黄的花朵，著名的当然就是江西婺源了。但是上海依然把不是特长的油菜花，做成了观赏、经济两用的油菜花节。奉贤乡间的那一大片一大片金黄菜花，为上海的春天抹上了金灿灿的亮色。

上海的春天不只有花，更有春天的美食、春天的欢乐。水泥森林的大都市有了这么多精心设计、精致安排的春色，春天的气息、大自然的气息扑面而来，上海也被装点得气象万千。所以春天来了，越来越多的上海人都会说一句：

"走，看花去！"

（2016年4月11日）

交通需要文化

有一个问题曾经百思不得其解：早先的汽车上，是没有转向灯的，那么，如何告诉别人我要转弯呢？

后来在一部黑白谍战片里找到了答案：我公安民警开的吉普车挡风玻璃后面，有一个可以转动的箭头。要向哪里转弯，就手动把箭头朝那个方向转去，交通警察或者迎面来车来人，就知道你要朝哪里转向了。

这种原始的转向示意方式，存在了几十年，似乎也没有出过什么大的问题。幸亏那个时候车少，要是放在现在，嘿嘿！

今天的交通状况，特别是大城市交通，某些地方已经到了是可忍孰不可忍的地步。马路乱象随处可见，交通堵塞家常便饭。上海正在开展的交通大整治，为此列出了十大顽症，有针对性地进行逐项整治。

细细分析起来，交通乱象既跟汽车工业快速发展车辆急剧增多有关，更与长期以来交通文化的缺失有关。

农耕时代，基本没有交通文化的影子。以牲畜为动力的交通方式，不需要有文化，有了文化也无处可用。那个时候，鞭子底下出方向，掌握方向的是鞭子和缰绳，左转或者右转，不是靠打就是靠骂。

工业时代带来了机械，也带来了汽车这件不同凡响的发明，从此之后对于调整方向，打骂不管用了，靠的是技巧。

在汽车时代的黎明，规则是十分粗浅的。在福特的故乡美国，醉酒开车是西部牛仔的标配，超速驾驶是上流绅士的脾气。那些精彩的美国电影，不撞烂、炸烂几辆好车，都不好意思跟人提票房。随着汽车进入生活愈深，规则和文明才渐渐普及，由此带来的交通文化，在美利坚大陆流行开来。只是在一些人车拥挤的大城市比如纽约，汽车文明依然还是磕磕碰碰，乱穿马路乱开车的依然不是少数。

对于中国来说，是倏然之间就进入了汽车大国。汽车时代来得太突然了，还来不及进行交通文化的普及，贝比就成了大人。只是这样的激素型长大，缺少教化、缺少文明，就成了必然。比较奇葩的例子，就是很多人不清楚高速公路上的应急车道到底是什么功能，常常以为是超车的车道，造成应急车道也和其他车道一样，经常有车在高速飞驰。清明假期沪宁高速常州段发生车祸，应急车道就被堵得满满当当。

对于上海这样的特大城市，交通组织难度大，交通文化的繁衍，难度就更大了。比如，双黄线按照规定，好比是一堵实体的墙，不能有任何逾越；但是因为它实际上只是两根黄线，所以双黄线上掉头屡禁不绝。比如，刷有黄线的街沿处是禁止停车的，但是一个外地司机违停被罚后，回答十分奇特："以为刷黄线是这里的风俗。"比如，一对外国留学生驾驶无牌助动车被罚，竟然说在他们国家开助动车不用牌照。还有一个苏州男子，违法停车创纪录地达到 105 次，处罚时居然说，停车费一天要 240 元，违停罚款不过 200 元，还是划得来的。

交通大整治以来，这样的奇葩层出不穷，并且随着整治深入不断在升级奇葩的段位。如果不进行这样严厉的整治，还无法了解竟然有这么多漠视交通法规、无视交通文明的事。这么多奇葩的出现，正是我们严格交通规则、严肃交通秩序、严管交通行为的最好时机，进而树立起全社会文明有序、规则至上的交通文化。

首先是规则意识。每位交通参与者，都处在与其他参与者互动、协调的过程之中，要让自己得到好的交通环境，唯一的路径就是人人遵守交通规则。人人都有规则意识，人人才有交通自由。

其次是礼让意识。规则是硬件，礼让就是软件。规则之内、规则之外，总有一些不能完全涵盖的地方，需要靠判断、靠经验应对，这个时候礼让三分就起着十分重要的作用。同时，礼让意识也是一个交通的余量，即使一方违规，另一方如有相应的礼让意识，可以减轻甚至避免意外的发生。我学车的时候师傅有句上海话名言，至今印象深刻："一只野乌蛋不大会有意外，两只都是野乌蛋就容易出事。"

再次就是敬畏意识。关于开车，以前有句名言："宁停三分，不抢一秒。"三分对一秒，体现的就是一种敬畏意识。水火无情，车轮同样如此。握住方向盘，心中有敬畏，这是交通文化的精髓。

有文化和没文化是不一样的。汽车时代来得快了一些，结合交通大整治，补上交通文明、交通文化这一课，就显得更加迫切。

（2016 年 4 月 18 日）

承载起文化的梦想

2010上海世博会临近尾声的时候，许多人都在猜测：气势恢宏的中国馆，在世博之后，会承载起怎样一个重任？

答案既是意料之外，又在情理之中：它被称作中华艺术宫，成为一座以美术为重心的艺术宫殿。

作为世博会最引人注目的建筑，也是上海最著名的建筑之一，中国馆华丽转身为中华艺术宫，展现了上海志存高远的文化梦想，揭示着上海这座经济中心深厚的文化底蕴，散发出上海独特的艺术气质与文化品格。

艺术需要有个思考的殿堂，美术馆就是这样一个恰如其分的地方。

美术馆其实是个有些误读的词语。按照一般字面意义理解，美术馆好像是个绘画之类的狭义美术作品的展览场所，事实上，它的原意并不仅仅如此。美术馆这种样式来自西洋，英文叫 Art Museum，直译就是艺术博物馆，是艺术展览、陈列的场所。而中文的美术馆名称译自日语，有含义狭化、不够贴切之弊。

最初出现的那些艺术场所，都是以狭义美术为特色的综合博物馆。19世纪以前，西方就有专门或主要收藏美术品的博物馆，如1759年开馆的英国不列颠博物馆，1793年法国成立的罗浮宫博物馆。这些划时代的大殿，都是"美术馆"特色的博物馆，里面最为人熟知的就是那些名画。中国在1925年建立的故宫博物院，也是以美术为特点的博物馆。

一座城市的艺术场所，常常成了城市地标；一座城市的艺术大家，又常常成了城市符号。这些地标和符号，让你感受到城市的厚度和文化梦想。

曾经多次去过中华艺术宫，每次都会在那里感受到艺术所展现的历史风云。印象最深的是去看俞云阶艺术大展。现在的人知道俞云阶的不多了，但是说起他是陈逸飞、魏景山、邱瑞敏、夏葆元的老师，估计清楚的人会多一些。

那是去年春天，中华艺术宫八层正在展出"静水深流——俞云阶艺术大展"。在展厅里细细观赏，你仿佛能触摸到上海一段醇厚的历史，触摸到中国油画层层叠彩的演绎。

中华艺术宫目前主要承担着上海美术馆的功能,这次画展,是上海美术馆第三次为俞云阶先生举办个人回顾展。作为新中国第二代油画家中的旗帜性人物,俞云阶是承上启下的中坚人物。他1941年毕业于中央大学艺术系,师从徐悲鸿、颜文樑、吕斯百等近代艺术大师,身上既有第一代大师们的精髓,又能看到第三代画家的影子。

俞云阶的油画,属于那种一眼就会被看中的画作。曾经被"一眼看中"的一幅画作,叫作《小先生》。那是画于20世纪50年代的作品,画面是一位小学生正在教她妈妈识字,那场景正是当年全民扫盲学文化的生动写照。

那时,众多苏联专家来到新中国支援建设。1955年2月,苏联斯大林文艺奖金获得者马克西莫夫作为绘画专家来到中国,创办中央美术学院油画训练班。1956年夏初,上海组织油画家携带作品,在上海美协以沙龙交流的形式欢迎马克西莫夫并请其指导。马克西莫夫参观时一眼看中了《小先生》,现场就说:这个人有较好的素描功底,油训班中上海没有人参加,他可以来油训班学习。就这样,俞云阶成了油训班唯一的上海学员。油训班的很多人后来都成了中国油画的一代大师,包括现中国美术家协会主席、中央美术学院原院长靳尚谊。

油训班大大开拓了俞云阶的眼界,也提升了他的艺术水平。油训班还未结束,俞云阶遭诬告返回上海,被安排到上海美专教书。至今,许多同学仍能回忆起"俞先生总是能用最简洁的语言,讲述复杂的问题"。当年的学生,如陈逸飞、邱瑞敏、夏葆元、魏景山等,早已成为日后画坛的精英。

俞先生的习作与创作几乎有着同等的魅力与特性。他行笔阔大、色浆浑厚,要改就彻底重来、一气呵成,绝不在画就的底子上做任何修补工作,最终形成"技巧稳准狠无双,画面形神色兼备"的俞氏画风。

在俞云阶艺术大展的现场,一幅《瞿秋白在家乡》的油画特别传神。环境以"西风拂槛、落叶满阶"烘出萧条景象,粉墙残壁上几株秋菊傲然怒放,既丰富了画面,也借品性坚贞的秋菊独放深秋,隐喻秋白的高傲气节。

俞先生是瞿秋白的常州同乡,深谙秋白性情。这幅画既是油画名作,也是彼此风骨的写真。

艺术在这里思考。回顾来路,向往未来,寄托梦想。

(2016年4月25日)

那些滋养生命的土地

周末去了江苏的几个地方，一路上好几次都听到有关常州的议论，中心话题就是那片影响了外国语学校学生安全的有毒土地。那片土地不仅成了江苏议论的焦点，并且成了全国关注的热点。

也就是从那一刻起，许多人才知道，那些滋养生命的泥土，有时候居然会有着那么巨大的杀伤力。化学污染的土地，一个被忽视了那么久的问题，就这么突兀地出现在人们面前。

就在写这篇文章的时候，常州市人民政府新闻办公室通过官方微博，发布了常州外国语学校事件最新进展情况。

据介绍，909人就诊体检中，有甲状腺结节247人，成因不明，但近年来在一般人群中检出率有大幅增高趋势；浅表淋巴结肿大35人，其最常见的原因是感染。学校卫生、饮用水符合国家标准，食品卫生符合要求。常州方面认为，在原常隆地块修复处置过程中有四方面问题：没有按时完成土壤修复工程，学校在修复未完工情况下仍按原计划进行搬迁，施工单位没有按照要求落实防护措施，监管工作不到位。

还是在去年天津"8·12"火灾之后，我曾经在《重化工时代的痛点与泪点》里写道："重化工时代的高速发展，大大降低了全社会痛点与泪点的阈值。"它的真实意义在于，重化工时代我们的生产能力大幅度提升，同时在这个特定的时代，我们生活环境的危险程度也在增加，稍有不慎，就会引发以前难以想象的灾难。

之前重化工的危险，一般认知还停留在有害物泄漏和易燃品爆炸上。万万没想到的是，这次造成祸害的，竟然是在污染土地的无害化处理过程中出现的，是在有毒土地翻覆中有害物散发造成的。这确实出乎很多人意料，包括当事方治理污染的相关公司，以及常州外国语学校的校方。

从事故发生过程来看，全社会对这个问题都缺少应有的认知。之前在污染土地准备进行治理的进程中，仅仅一路之隔的常州外国语学校新校区，已经在建设之中。负责污染地块治理设计的专业部门，清楚在治理中可能发生有害物散发危害，所以在制定治理方案时，明确要求处理过程必须在封闭的环境中进行。也就是说，处理前必须在污染土地上方建设大面积棚房，使得处理污染土地时尽可能不发生污染物散发。

  这当然是一个正确方案，同时也毋庸置疑，这是一个高成本方案。如果全社会都对化学污染危害有足够认识，严格按照这个方案执行，后来的意外情况应该不会出现。恰恰是缺少足够的认知，也抱着侥幸心理，更重要的可能是成本问题，治理污染的公司走了一条"省时省力省钱"的偷工减料方法，直接就在开阔裸露的污染土地上进行开挖治理。

  就像谚语中说的那样，蛋糕掉在地上，常常是奶油的一面朝向地面。这个偷工减料办法不但带来了危险，又像许多习惯性做法一样拖延了工期，而恰巧的是常州外国语学校的搬迁却没有误期，按照时间节点准时搬了进来。这样几个特殊的因素凑在一起，结果就是非常可怕的景象：有毒土地没有处理完，隔壁的学生已经来了；一边是露天处理污染土地肆无忌惮地散发有害物质，一边是几十米外学生们无辜地在污染空气中生活学习。

  不幸的事件各有各的不幸。几个不幸同时出现在同一个不幸的地方，后果就可以想象了。

  重化工时代是人类发展必然经过的阶段，物质生活的丰富与充盈，重化工功不可没。粮食的增产、衣着的光鲜、交通的便捷、天涯的比邻，都靠着重化工坚定支撑。关键在重化工为人类做出巨大贡献的时刻，人类对重化工副作用的认识远远不够，只是经过了一次又一次惨痛的教训，才逐渐感受到它的危害，而由于种种原因以及难以避免的疏忽，做得不够和不到位，致使重化工一次又一次显露出它的狰狞。

  常外事件是个偶然。但是对重化工危害重视不够、知识不够，常外事件就是必然。在常外事件之后，重要的不是做个无关痛痒的解释，而是真正能认识到重化工可能产生的危害，以及危害的不同方式和不同影响，认识它、治理它、消除它。

  那些滋养生命的土地，不应该成为危害生命的土地。

  天津"8·12"是个前车，常外事件也是前车。希望能真正以此为鉴，引以为戒。

（2016年5月2日）

踢球当如莱斯特

足球是需要梦想的，比如英超中的莱斯特城队。

我不清楚莱斯特城在哪里，包括不清楚他们为什么会逆袭。如果还能说说英超的话，记得起的无非就是曼联、曼城、切尔西。但是今年英超冠军是莱斯特城队，这是毫无疑义的，是在本周二早晨揭晓的。

最早听说莱斯特城，是在上周的某一天。女儿对我说："莱斯特城要拿英超冠军了，最早在下周见分晓。"我有点茫然，问她："莱斯特城是哪里？以前成绩如何？"她对体育是有点专业的，前前后后给我讲了一遍莱斯特城的翻身历程。听下来有两点十分清晰：去年英超差点垫底，今年已坐二望一，队里没什么大牌，最出挑的锋线 MV 组合只花了 135 万英镑。这确实称得上是奇迹了！难怪周二早晨，刷屏的内容之一，就是莱斯特城夺冠了。

人生励志当如斯！从上赛季几乎英超垫底，到这个赛季上演大逆袭，莱斯特城队基本上是一部有志青年奋发有为的教科书。

莱斯特城奇迹的端倪，是从上赛季第五轮开始的，他们在 1∶3 落后的情况下以 5∶3 逆转曼联，显露出这支榜尾球队，依然有着一颗年轻的心一个屡败屡战的不泯梦想。在最后的九轮比赛中，他们兢兢业业，蚂蚁啃骨头般地一场场全力以赴打比赛，结果是 7 胜 1 平 1 负，提前保级成功。

但是虎口脱险的兴奋没过多久，在这个赛季初，那丝微茫的梦想似乎又即将渺茫。上赛季的功勋教练皮尔森因为某些个人原因与俱乐部不合，离开了球队，好像要带走曾经的运气。接替他的，是曾经执教过国米、尤文图斯、马竞、切尔西的"补锅匠"，意大利人拉涅利。虽然有过丰富的执教经历，但从他的外号"补锅匠"就可以看出，在英超中他并不是那么突出。

莱斯特城并没有因为换帅而黯然失色，相反，成色渐渐亮了起来，这大概可以归因于对的教练遇到了对的球员之间的相辅相成吧。

对的教练，用对了球员。

莱斯特城没有什么大牌球员，并且在引进球员方面颇有淘宝之感，常常没花多少钱，就淘来了几个球员。但事实证明，拉涅利以及莱斯特城队是个淘宝高手，以最小的成本，踢出了最好的足球。

　　之前的莱斯特城，最有名的球员大概就是舒梅切尔了，德国国家队原守门员舒梅切尔的儿子。如今，瓦尔迪和马赫雷斯组成的MV组合，已当仁不让地成了英超最强的神锋组合，当初莱斯特城仅用了100万英镑就引进了瓦尔迪，引进马赫雷斯更是只花了区区35万英镑。相对于阿森纳、切尔西等大牌球队，莱斯特城球员的身价简直不值一提，但就是这样一批人使得莱斯特城来到了英超榜首。

　　原因有许多，战术得当是重要因素。莱斯特城442的主打战术，类似于2013—2014赛季利物浦那种"炮轰战术"，就算控球率和传球率在英超垫底，但是前锋瓦尔迪的冲刺速度是英超所有前锋中最快的，而边卫德拉特的冲刺速度在所有英超球员中排名第二。几个"不经意"的长处叠加一起，成就了莱斯特城的梦想。

　　英国记者协会已经宣布，今年最佳球员属于瓦尔迪，而瓦尔迪的队友马赫雷斯和坎特分别排在第二和第三位。英超赛季最佳球员属于马赫雷斯。莱斯特城称得上是一个创造奇迹的球队。

　　足球是世界上最受关注的体育运动。目前全球体育市场总价值约550亿欧元，包括了票房、媒体及营销赞助等收入。在这之中，足球产业的价值占据了首位，每年约有200亿欧元。足球产业的价值，几乎是所有美国体育产业+F1+网球+高尔夫产业的价值总和。

　　在世界足球产业链中，欧洲和英超又占据了十分重要的地位。在参加2014年世界杯的736名球员中，563名球员来自欧洲足球俱乐部。所有参加世界杯的球员中，近三分之一来自欧洲前二十位的足球俱乐部，有16%的球员效力于英超。一些跟足球有关的旁门左道，也从侧面印证了足球的重要性，世界体育博彩业总价值约5000亿英镑，足球占据了其中的70%。

　　足球是堆满了金钱的运动，如以往历史证明的那样；足球也不完全是依赖于金钱的运动，如英超莱斯特城队。归根到底，足球是由技术、艺术、汗水、奋斗这样一些因素组成的，它真正依靠的是努力。这对于正在奋斗中的中国足球来说，是激励，更是希望。

　　听听莱斯特城队主帅拉涅利是怎么说的吧："这个金钱至上的时代，我们给所有人带来希望！"

（2016年5月9日）

百度是谁家的孩子

老百姓之间问个身世,经常说的就是:你是谁家的孩子啊?如果拿这个问题去问BAT——百度、阿里巴巴、腾讯,那可能会犯一些糊涂。

BAT是谁家的孩子呢?可能很多人想,那不是咱自家的孩子吗?开公司的是中国人,公司在中国,赚的也大都是中国人的钱,不是咱自家的,还能是谁家的呢?

但是——BAT可真不能说是咱自家的公司。股东是公司出钱的主,俗称老板,再俗一点讲是衣食父母。从这个意义上讲,BAT的爹妈大都不是咱家人,因而真不能说是咱家的孩子。因为BAT身后的资本方,大部分是外国人。

虽然百度有无信誉已经成了问题,但是按照百度搜索的结果,百度公司注册于英属开曼群岛,创始人李彦宏持有美国绿卡,启动资金是美国的风险投资。公司于2000年1月18日在开曼群岛注册成立,这个群岛俗称"避税天堂"。他们还在另一个"天堂"——英属维京群岛注册了一个壳公司,名为百度控股有限公司。

在注册总控股公司Baidu.com, Inc的同时,李彦宏和徐勇在北京成立了全资子公司百度在线网络技术公司,这是一家外资公司,是百度公司的第一个运营实体。由于法律对外资公司在华从事互联网服务业有种种限制,两人随后于2001年6月5日在北京成立了第二个运营实体百度网络科技公司,这是一家中资有限责任公司,由李彦宏和徐勇分别持股75%和25%,专门从事网站经营及在线广告业务,大家熟知的Baidu.com属于它。百度于2000年6月推出中文搜索引擎后迅速壮大起来,2001年10月又推出了搜索引擎竞价排名服务,逐渐成为中文搜索市场上的霸主。经过一系列复杂的股权运作,美资在百度中占有大部分份额,是一家地地道道的美资为主的外资公司。

之所以浪费了不少篇幅去谈百度的来由,是要在云雾缭绕中讲清百度的身世。知道了是谁家的孩子,那么会听哪个爹妈的话,就比较清楚了,这对于认识百度属性是有用的。

此次百度事件闹大之后,很多人陷入个误区,直觉就是意外和震惊。这个看上去还比较道貌岸然的公司，竟然为钱可以干出如此勾当——怎么会！怎么可能！但是打击大部分人良知的恰恰是——这是真的！

内在的逻辑其实就是：美国资本主导的公司，老大有美国绿卡，面对的是非美国的市场，那么它除了唯利是图之外，还能有什么更高尚的目标吗？

百度对于中国有什么意义不太清楚，但是百度是靠着中国市场发展、发达的，这是毫无疑问的。中国市场对于百度恩重如山，但是百度对中国市场有没有敬畏、有没有感恩、有没有责任呢？

也许，谈论道义，是高估了这些公司。商人唯利，你若讲义，也许背后的美国爹妈们又要批评中国人不懂市场经济了。但是，百度你倒是拿这套唯利是图的把戏去美国爹妈家试试？早罚得你倾家荡产、满地找牙了。

美国人一向的做法是哪管别人洪水滔天，只要自己赚钱得利。军火公司为了赚钱，可以制造战争。打伊拉克、打利比亚、搞"颜色革命"、骗戈尔巴乔夫，哪一件事不是如此？商人们的斑斑劣迹，无非是"资本从头到脚都是血淋淋的"现实真人秀而已。

也许是缺少经验，许多地方对外资抱有近乎天真般的热情。凡是外资，都是笑脸；只要海归，皆为人才。这既不利于国资发展，也让外资为所欲为。且不说其中有无"克莱顿"来的人，即使是有些技能在身，他是报效祖国，还是仅仅个人图利，境界、立场和结果，是有天壤之别的。这个道理，我们要懂。

前不久，网上流传着一个故事。两个曾经的老同学，一个在中国为祖国导弹事业奉献终生一生清贫，一个留学美国事业有成衣锦荣归。谈起彼此不同，报效祖国的科学家说：我造的导弹是保卫中国的，他造的导弹是瞄准中国的。

这是极其深刻的区别。

BAT 在中国，是一个怪异级的现象。外资主导，中国人办事，巨额利润回报友邦，这样的开放度和自由度，中国数一数二。当年中海油高价收购不入流的尤尼科石油公司，美国人又是审查又是设障，硬生生把市场行为炒成了政治，让正常的收购变得不可能。可以想见，美国人是多么在意自己的国家利益，相比之下，真是汗颜不已。

5月9日，国家网信办等经过调查，对百度提出了处理要求。百度的回应，很像一件标准的公关稿。

百度事件如果说有什么积极意义的话，它或许是个警醒：对于外国资本的作用、对于泛市场行为的约束、对于社会良知的敬畏、对于无视规则的惩处，不能有幼儿园般的天真。

孩子是听爹妈的，资本是要说话的。关键时候我们还得想一想：那是谁家的孩子啊？

（2016 年 5 月 16 日）

能不能好好买房

前几天去郊区，路过一片别墅区。忽然间，看见马路两侧出现了一大批黑压压的人群，一色黑西服套装。很奇怪，这是干什么呢？

车近了才发现，居然是售楼先生们！大太阳底下，个个西装领带汗水淋漓，手拿一沓沓售楼广告，不时向过路行人汽车挥舞叫喊，手写的白纸黑字赫然写着"××别墅仅售2300万！"

卖别墅卖到这个境界，想想也真是醉了。

"安得广厦千万间，大庇天下寒士俱欢颜。"改革开放以来最大的成就之一，就是经过住房制度的改革，带来了市场化活力和住房生产力的极大提升，人民群众的住房条件得到了巨大改善。就以上海来说，不太久之前，上海的人均住房面积几十年间还都在个位数徘徊，"改善人均4平方米以下居住面积"，曾经作为一个重要工作目标在大力推进。如今，上海的人均居住面积，已能与发达国家媲美。特别是随着城市建设日新月异的变化，上海的人居环境也越来越好，附带着上海的住房价值也在日新月异地提升。

与城市化进程和城市价值提升同步，上海的房屋价值及其价格，也在不断上升，伴随而来的就是越来越红火的房屋交易市场。这当中既有市场化发展带来的兴旺，也有市场规模扩大和市场价值提升带来的能级外溢。从绝对价格来说，二十年前一套100万元的公寓，如今的价格大约是当年的10倍。价格的变化，包含着城市功能的提升和人居环境的改善，也包含着价格提升过程中对未来预期的志忑。这后一个因素，就跟交易的过程有关，也就是要归因于我们今天讨论的重点——中介。

交易体现价值，表现在价格。那个红得发紫的鸡缸杯，实用的意义比200元或者500元一个的"鸡缸杯"，好不到哪里去。实际上在那次炒作般的拍卖之前，无论是它的价值或者价格，都不过是之后体现出来的那个价格去掉了若干个零的数字。况且在交易过程中作为加零依据的那些华彩身世，任何一个拍卖行都会讲得绘声绘色，但任何一个拍卖行又绝对不保证故事的真实性。所谓谁信谁买，谁买谁得，谁得谁信。这也就像那幅《功甫帖》，尽管有许许多多专家指出其中的纰漏，但是周瑜打黄盖，可以吗？打了之后，就打出了黄盖的知名度，否则三国那么大，谁想看黄盖？

房屋也是如此，土地加上建筑，就是它的本源价值。这之中若有附加的因素，那就是巧舌如簧和忐忑预期。某个地方同一个海景房，前一年2000万元，后一年1000万元或3000万元，差别就在这里。美国人民在2008年金融危机之前，靠着"两房"们的奇思妙想，不花自己一分钱就可以买房，那个时候房价气势如虹，度过了"美好"的岁月。等到次贷危机一来，庞大牛气如"两房"都熬不过去了，房价只能折了又折，而房子依然还是那个房子。回到那个鸡缸杯，它有过几个亿的得意，也曾有过几百块的青葱，鸡缸杯依然是那个鸡缸杯。

上海对于房地产市场的管理，一直都有理有节有效，得到各界相当认可。一直强调要坚持市民居住为主，针对异常情况及时出台应对措施。一个最新的例子就是几个月前，房地产市场出现异动，不同消息来源似乎又有不同信息，加上市场的误读和炒作，一时间人心浮动，猜测纷起。上海立即对此明确表态，并且在3月25日及时公布了《关于进一步完善本市住房市场体系和保障体系促进房地产市场平稳健康发展的若干意见》，要求从严执行住房限购政策，从紧实行差别化住房信贷政策。被称为"沪九条"的《意见》的出台，稳定了市场人心，稳定了市场预期，是适时适度进行调控的典范。同时，又针对房地产交易过程中的一些不正常情况，特别是中介乱象，出台了进一步整顿治理措施，收到了很好的效果。

房地产市场的发展和管理，涉及千家万户、涉及广泛民生。市场要活，市场更不能乱。在房地产市场的发展过程中，中介起到了重要作用。正是因为有这样的重要价值存在，对于中介市场才更需要有足够的重视和关注。上海对中介市场出现的一些非正常情况，有区别、有针对性地出台治理措施，根本在于要为广大市民和交易者提供一个更好更健康的房地产市场，让大家都能在一个公平合理、信息对称的市场中，好好进行房产交易。

当人们问起，在上海能不能好好买房？答案是肯定的。

（2016年5月23日）

蔡英文想干什么

台湾地区领导人更迭之后，新上台的蔡氏班底动向，引起了大家的关注和警觉。

"5·20"之后第一个工作日，台湾新当局行政方面发言人童振源 23 日表示，对冲之鸟礁（日本称冲之鸟岛）是"礁"还是"岛"的问题上"不采取法律上的特定立场"。此前，马英九当局不承认日本主张冲之鸟是岛，认为冲之鸟礁并无 200 海里专属经济海域。台湾在民进党上台后出现政策大转弯。

自家的权益无所谓，只要日本开心。

台湾当局新任防务部门负责人冯世宽 23 日在台湾"立法院"备询时表示，他个人"不支持'台独'"。据媒体报道，民进党籍"立委"管碧玲在质询时当场要求冯世宽收回自己反对"台独"立场的发言，冯世宽则表示"愿意"收回言论。

反"台独"有错吗？不能反"台独"吗？

"5·20"那天，日本组织了 200 多人的庞大庆贺团为蔡氏站台，其中包括了所谓的日本交流协会理事长今井正、日华议员恳谈会干事长古屋圭司及副会长卫藤征士郎等国会议员。此前，还有日本首相安倍晋三胞弟岸信夫率团到台北表达祝贺，此人祖上是经常大放厥词的岸信介。据说，去年蔡英文去安倍晋三故乡山口县时，岸信夫除到机场迎接外，还全程陪同参访行程。

日本是侵略台湾留下斑斑血迹的那个国家，不知道蔡氏祖上知道了这些事会怎么想。

对于蔡氏的举动，台湾的一些人士也是有预见的。据台媒早前报道，中国台湾东圣吉 16 号渔船在冲之鸟礁附近公海作业遭日本公务船扣押并缴赎金新台币 170 万元。当时的台当局行政方面负责人张善政就表示，期盼新当局上任后要站稳立场，在食安及护渔议题上，不要让台湾变成软柿子。

看来是要失望了。

蔡氏上台前后，台湾有人似乎看出时机来临，跳出来纷纷呼吁特赦前领导人陈水扁，蔡氏回应"听不到"，选择意味深长一笑而过。蔡氏还邀请陈出席所谓的就职晚宴。事实上，据台湾《中国时报》称，陈水扁是在2015年1月获准保外医治的，其获释前曾和台中监狱约法三章，不能从事任何与治疗目的无关的活动，否则就得马上回笼。

蔡氏在台湾地区派系政党的纷争中，对手曾给过一个评语："空心菜"。意思是，讲话内容华而不实，空头支票多，没有实质意义。就像"5·20"那天，谈及攸关台湾未来的两岸关系，用了四百来字，绕口令般绕了半天，就是没有明明白白说清楚"九二共识"这个关键的核心问题。那棵绕了4分钟的"空心菜"，让人见识了一番"空心"之"空"。

之所以"空心"，实际是因为心虚。身为中国人，台湾的有些人却在模糊中国人的身份。正如《中国时报》的社论所指出的那样，新领导人的演说对众所瞩目的"九二共识"，"以迂回、间接的方式""技巧性回避了承认或不承认的是非题"，这显然未能消除大陆方面对台湾滑向"台独"的疑虑。社论表示，曲笔润饰或许可以暂时避免摊牌，但不能获得信任。

由北京联合大学台湾研究院主办的"新形势下的两岸关系展望"研讨会本月21日在京举行。20余位涉台专家学者出席，围绕民进党上台后的岛内政局发展及两岸关系走向进行深入探讨。与会学者表示，"九二共识"明确界定了两岸关系的根本性质，是两岸关系和平发展的政治基础。台湾当局新领导人在就职演说中的表态核心内容不够明确，没有明确接受"九二共识"及其核心意涵，是"一份没有完成的答卷"。

两岸关系和平发展协同创新中心教授郑剑分析指出，台湾当局新领导人用不到十分之一的篇幅阐述两岸政策，显示出她并没有能力处理好两岸关系，"心里有鬼，高度不自信"。通篇观察台湾当局新领导人的"就职演说"，郑剑指出，从改革、教育体制、教科书修改到经济关系模式等描述，分离主义的身影不难看到。"只做不直接说"的"暗推软性台独"值得警惕。

中国人民大学国际关系学院教授黄嘉树指出，要把民进党执政明确界定为"台独"回潮和两岸统"独"拔河，要高度警惕台湾当局新领导人背后涌动的"台独"浪花。

国务院台湾事务办公室发言人马晓光本月早些时候表示，我们已多次强调，对台大政方针不会因台湾政局变化而改变。如果两岸导致僵局，或者出现危机，责任由改变现状者承担。

蔡英文想干什么？

听其言，观其行，察其微，防"台独"。

（2016年5月30日）

大国需要工匠

有一次十多年前的经历，至今让我难忘。

那次坐出租车，司机五十出头，看了我一会，然后滔滔不绝地跟我讲起了故事，十分健谈，仿佛有万千言语不吐不快。他说他原先是一家大企业的八级钳工，后来工厂萧条，不得不转行开起了出租车。印象最深的是他的一句感慨："这真正是浪费呀，厂里的技术我们什么不懂？现在都没用了！"

在相当长一段时间里，八级技工是可以和高级管理人员媲美的角色，但是在曾经的一段时间里，他们的作用被忽略了。工业技术技不如人，与对高技能工匠的忽略或者说忽视，有着逻辑关系。工匠以及工匠精神带来的技术作用，对于大国，尤为重要。

有一个类007的工匠故事，只不过是真实的，更显波诡云谲、惊涛拍岸。

距离上海东北方1057海里，有一个很多中国人不熟悉的名字：东京港芝浦码头。1983年早春的一个深夜，一艘苏联万吨货轮"老共产党员"号，趁着浓浓夜色悄然从这里起航，揭开了一次惊动世界的顶尖技术外流事件序幕。

此前三年，日本外贸代表在苏联首都莫斯科举办了一场招待酒会，邀请苏方官员共商两国贸易大计。由于苏联多年农业歉收，外汇大都用在了进口粮食上，其他货品进口很少，以外贸为经济支柱的日本急于增加苏联订单。席间，有克格勃背景的苏联技术机械进口公司副总裁奥西波夫似乎很为日本人着想，悄悄告诉东芝公司职员："苏联需要高性能数控机床，东芝是制造工业机械的行家，相信这种数控机床日本已经有了。"

不多的几句暗示，日本人如醍醐灌顶，立刻明白了赚钱的方向。根据奥西波夫提出的性能指标要求，日本和光贸易公司驻莫斯科事务所所长熊谷独经过一番努力，与日本伊藤忠商社、东芝公司和挪威康克斯佩鲁克公司形成了商业方案。在巨大商业利益诱惑下，东芝公司和康克斯佩鲁克公司同意向苏联提供四台MBP—11OS型五轴数控大型船用螺旋桨铣床，合同金额37亿日元。这种高约

10米、宽22米、重250吨的铣床，可以精确加工出巨大的螺旋桨，使潜艇噪声大大降低。

在当时冷战背景下，对社会主义国家的出口，要受到"巴黎统筹委员会"（由除冰岛以外的北约国家与日本等国组成）的限制。为了掩人耳目，苏联没有向日本订购与铣床配套的计算机控制系统，而是要求挪威公司向东芝公司提供四台NC-2000数字控制装置，由东芝公司完成总装后，出口苏联。这种数控装置通常与不受"巴统"限制的两轴机床配套使用，但是只要改变一下配线和电路，就可作为五轴机床的数控装置。

苏联技术人员对操作程序不够了解，于是挪威公司派到苏联的电脑技师波路斯塔特成了"猎物"。这位出身挪威乡下30岁的技师，天生木讷，曾被女人骗过好几次。当他到苏联后，很快就碰到了"迟到的春天"，不到两个月，就跟一位美丽的苏联女性结婚了。

此后的故事就俗套了，东芝的现代化机床加上挪威数控技术和工匠波路斯塔特，总共不足2000万美元，使得苏联的新型舰艇建造技术"脱胎换骨"！除了潜艇的推进性能改善外，还使当时正在建造中的新型航空母舰的推进器得到改进。

1985年12月，苏、日秘密协议当事人之一的日本和光公司的熊谷独因与雇主纠纷辞职，向"巴统"揭发了东芝事件，事情大白天下。1987年5月27日，日本警视厅逮捕了东芝公司铸造部部长林隆二和机床事业部部长谷村弘明。当时的日本首相不得不向美国表示道歉，日本方面还花1亿日元在美国的50多家报纸上整版刊登"悔罪广告"。

此事情节远超007们，也足证精湛的工匠技术对于大国逐鹿的举足轻重。

大国何以强？除了地大物博之类外，最重要的是以科技领先为特征的高等级产品，在国力竞争中体现的优胜价值。无论是坦克在一战中的出现、飞机在二战中的作用，以及战后以技术为主导的国力竞争，无不体现了这个规律。这些具有优胜价值的产品出现，包含了科技的发明与创新，也包含了工匠的技艺与用心。

在经历了曲折之后，大国需要工匠，正在成为我们的共识。在本周一举行的全国科技创新大会、两院院士大会、中国科协代表大会上，"科技兴则民族兴，科技强则国家强"正在成为最强音。在培养科技人才的方向中，也把培养高技能人才放到了重要的位置。

"培育精益求精的工匠精神"，这是大国强盛的必有选项。

（2016年6月6日）

电影是时代的多棱镜

中国最著名的马,莫过于徐悲鸿的奔马。但是如果问个问题:那些奔腾的骏马,奔跑时是四蹄腾空的还是总有一蹄踏在地上的呢?

恐怕你一时无法回答出这个问题。事实上,几乎所有的人起初都无法弄清这个问题。

最早感到迷惑不解并且想弄清这个问题的,是两个美国人斯坦福与科恩。1872年的一天,在加利福尼亚州一个酒店里,他俩为此发生了激烈争执:马奔跑时蹄子是否总有一个着地?

斯坦福认为奔马跃起瞬间四蹄是腾空的,科恩却认为总有一蹄着地。当然,谁也说服不了谁。他们请来一位驯马好手做裁决,然而裁判其实也难断定是非,因为单凭人的眼睛根本看不清奔跑中马蹄是如何运动的。

裁判的好友英国摄影师爱德华·麦布里奇想出一个办法,他在跑道的一边安置了24架照相机,另一边有24根木桩,一根根细绳从木桩系到对面每架照相机快门上。然后麦布里奇牵来一匹骏马,让它从跑道一端飞奔到另一端,依次把细绳绊断,24架照相机依次拍下了24张照片。麦布里奇把这些照片按先后顺序剪接起来,组成了一条连贯的照片带,终于看出马在奔跑时,总有一蹄着地,不会四蹄腾空。

故事到此似乎应该结束了,但是一个伟大的发明随之诞生了:他们快速牵动那条照片带,各张照片中静止的马,叠成了一匹运动的"活"马!

电影,就此开始了创世纪。

100多年过去了,电影如今已经成了人们重要的精神寄托之一。它就像生活的多棱镜,记录并折射出时代的不同侧面。要了解一个时代,通过声视觉兼备的电影,是最佳方法之一。也因此,每个生活在现代社会的人,都会有着自己的电影故事。

读大学的时候,有许多选修课,最多人选择的是电影课。在那个精神产品还不够丰富的年代,著名大学的电影课上,可以看到不同的人文世界,也可以看到域外的不同景象。

印象很深的是《克莱默夫妇》。其实,那对夫妻的感情纠葛,当年我们似懂非懂,但是那个时代的生活场景,却给我们开启了一扇新颖的异域之窗。后来我的一个同学,把切片面包浸牛奶蛋液煎成吐司当作绝佳美味,就是从《克莱默夫妇》开始的。

还有就是《巴顿将军》。我最喜欢的是最初的那个译制版本,开头那段"当兵的我要你们记住"大段演讲,意译得比英文原文更好,很好地烘托出了人物性格和场景,至今还能背出大半。据说1979年年初的边境反击战前夜,部队放映的就是这部电影,这个译本就是从那时开始的。国内后来拍《陈毅市长》时,开头部分与此有异曲同工之妙。

其实,最早对电影的爱好,是从《地雷战》《地道战》《奇袭》《侦察兵》这些经典黑白片开始的。在一个人的启蒙时代,电影视听觉兼具、叙事性丰厚的特征,能在有限的时间与空间里,最大限度地展现未知的世界,也因此会留下更深的印象,看得到时代折射的更多光芒。

在新中国历史上,电影折射的时代风云,影响和改变了无数人的生活轨迹,也鼓舞着更多的人投入到建设美好生活的热潮中去。《护士日记》《昆仑山上一棵草》讴歌了好儿女志在四方的激情,《阿诗玛》《刘三姐》展现了民族大家庭的色彩,《创业》《青松岭》体现了工农业砥砺奋进的时光,《开国大典》《大决战》则记录下辉煌难忘的历史。

令人有些遗憾的是,在最近的年代里,令人感奋、激励前行的好电影,十分稀罕。尽管电影的票房年年在上涨,影院的设备月月有新意,但是好看的电影却是越来越少见。稀奇古怪、莫名其妙的电影,占据了院线,排满了场次。捉妖横行、煎饼出侠、英雄迷道、无极盛行。一位电影行家曾经中肯地说:"拍不出好电影的电影业,其实都是在耍流氓。"话虽糙,理还在。

当然,如果还是以时代责任、社会良心去要求和看待现在的电影人,对于许多人来说那是无法企及的高度了。无论是大明星还是小配角,许多人孜孜以求的是凭着观众还熟悉的脸蛋,赶紧折价入股暴赚大钱;还有的婚不惊人誓不休,闹得天下皆知才消停。也许这样的场景我们还要看很久,也许这样的闹剧还有不少,但是当电影只是无聊加无聊的时候,剩下的就只能是票房造假和老板出逃了。

本周一,新一届上海国际电影电视节正式拉开帷幕。热闹之后,希望能留下一些有意思的东西。

(2016年6月13日)

迪士尼，绝密档案

迪士尼是什么？

最好的回答应该来自华特·迪士尼本人。他有一段比较官方的解释是这样说的："卡通动画提供了一种故事叙述与视觉娱乐的方法，它能让世界上每一个角落各个年龄层的观众或会心一笑，或豁然开朗。"另一个更通俗的讲法是，"人们被米奇逗得乐不可支，那是因为这个角色如此贴近人性……"

6月16日星期四，迪士尼来了，它将在上海正式打开奇妙大门。

从米奇诞生算起，迪士尼已经88岁了，比《新民晚报》还大一岁；从迪士尼兄弟成立工作室开始做动画，至今已经93年；从华特·迪士尼开始他的人生，那是115年了；即使从迪士尼与上海结缘算起，那也有20多年了。迪士尼公司曾经有一本《迪士尼，绝密档案》，那里有多少秘密？

美国人比较崇尚白手起家的人，华特·迪士尼就是这一类人。1901年12月5日，华特出生在五大湖之一密歇根湖边上的芝加哥。我曾经从空中拍摄过一张芝加哥的照片——飞机由密歇根湖飞向芝加哥，茫茫无际的湖水尽头，云水交界之处，倏然之间就是高楼林立的大都市。这是一个适合于展开想象翅膀的地方，从城市边缘的密歇根湖畔遥望见不到尽头的湖水，很容易尽情猜想那些未知的世界。

华特不知道有没有遥望湖水畅想过未来的米奇，他天性喜欢画画，特别是画卡通画。1918年，他为芝加哥麦金利高中校园刊物《心声》绘制的漫画，表现的是舞会上别致的舞步和生动的场景。幽默、夸张、欢乐，这样的风格，奠定了后来无数大片的格调。那时，电影刚刚兴起，华特绘制了一些简笔画，然后快速翻动这些画纸，结果画上的人物就好像动起来一样——这称得上是最早的动画作品了，影响了他全部的人生和世界的许多地方。

在22岁那年，华特和哥哥罗伊在洛杉矶金斯维尔大道4651号，成立了自己第一家动画工作室，房子很小，一个月租金只要10美元。第一部新作品《爱丽丝海上奇遇记》在同年的12月26日上映。迪士尼时代开始了。

迪士尼时代最著名的，当然就是那只老鼠了。1928年，这个体型矮小、耳朵特大的未来巨星第一次走近观众。那是在回加州的火车上，华特打盹梦中看到了一只活泼可爱的小老鼠，醒来后画了出来，感到十分有趣，并给它起了个名字叫莫提墨——傍着寂静的湖泊居住的人，不知道是否因为老家的密歇根湖。这个名字听上去有些"高冷"，他妻子建议换个名字，叫米奇，这是一个精神抖擞又有点娇气的名字，更贴近那只老鼠活灵活现的形象。于是，米奇活了。

迪士尼有了米奇，才算精神起来，真正走向了品牌化、规模化、世界化的快速发展车道。经过了20世纪30年代和二战及战后的百废待兴，米奇越来越深入人心。1955年，借着战后安定生活，一个前所未有的新型娱乐方式——主题公园出现了，当年7月18日，第一个迪士尼乐园在洛杉矶开幕，罗伊·迪士尼购买了当天第一张门票，价格是1美元。1971年，位于佛罗里达的一个新迪士尼开业。1983年，东京迪士尼开业；接着，1992年，巴黎迪士尼开业。2005年，中国香港迪士尼开业。

迪士尼与中国，不得不说的故事，至少可以上溯到20多年前。在香港筹建迪士尼乐园的同时，上海建设迪士尼的设想，也一直在研究之中。上海辐射面更广，潜在发展空间更大，拥有优质的社会环境和文明秩序，是难得的一块宝地。也许是为了培育香港迪士尼市场，也许是上海的礼让、大度和谦逊，上海迪士尼等待了更久的时间。但是当一个市场已经进入成熟状态并具备了发展基础之后，过于礼让会错失发展良机。好事多磨，但是更充分的酝酿与准备，也使得上海迪士尼的诞生，更加值得期待。

2016年6月16日，传统文化中吉祥的日子，上海迪士尼正式迎客。从米老鼠到大白，从《仙履奇缘》到《冰雪奇缘》，一起来了。还特设了一处"十二朋友园"，引用不同的迪士尼动物形象对照中国十二生肖，建成了精致的长廊和花园。

华特迪士尼公司董事长兼首席执行官罗伯特·艾格风趣地说："按中国生肖来说，我属兔！"他说，"'原汁原味迪士尼，别具一格中国风'，在建设上海项目过程中，融入每一处细节，成为指南。"

同时兼任美中贸易全国委员会副主席的艾格还说，迪士尼公司高度重视促进美中人文交流，上海迪士尼体现了美中企业间的伙伴关系、友好关系以及合作共赢。

（2016年6月20日）

中共的籍贯是上海

1956年春节时分,已经是新中国重要领导人的董必武,来到了上海一大会址那幢小楼。这是董必武第二次走进这幢楼房,上一次还是在35年之前的1921年,那一次毛泽东、董必武等13位代表,在这里创建了改变华夏大地的中国共产党。望着熟悉的小楼,抚今追昔,董必武同志感慨万千。他提笔写下了几个大字:"作始也简,将毕也巨。"

20世纪是中国悲喜交加的世纪。世纪帷幕拉开的时候,深重的灾难就降临到中华大地上。历史上赔款最多的《辛丑条约》签订,给本就羸弱不堪和刚刚甲午战败的中国,添上了更深的刀痕。外有强敌窥视,内有军阀混战,国家经济凋敝,社会民不聊生,这就是当时中国的真实写照。

转折始于1921年。那年的7月,10多位年轻人来到今天的兴业路上,创建中国共产党,举行中共第一次全国代表大会。虽然这起始的只是一片很小的浪花,却是波澜壮阔、凯歌奋进的开端。从那天开始,灾难深重的中国开始转折,历经曲折与磨难,在中国共产党的领导之下,走向了光明未来,创造了中国的辉煌。

上海。为什么是在上海,中国开始了历史性的转折?为什么是在上海,中国诞生了中国共产党?

中国共产党诞生在上海,是历史的必然。

20世纪第三个十年开始的时候,上海已经成了中国的工商业中心,产业工人集中,奠定了共产党诞生的社会基础和组织基础。共产党作为工人阶级的先锋队组织,具有鲜明的阶级特征和组织特点。国际共产主义运动的标志《国际歌》,诞生在1871年以巴黎工人起义为主导的巴黎公社中,巴黎公社是无产阶级建立政权的第一次伟大尝试。列宁领导的十月革命胜利当天,召开了全俄苏维埃第二次代表大会,通过了列宁起草的《告工人、士兵和农民书》,宣布全部政权归苏维埃,工人位于革命队伍的最前面。在20世纪初期的中国,上海工商业最发达,产业工人最集中，中国共产党诞生在上海，是历史必然的选择。

上海是当时中国的文化中心，文化多元交融，有利于传播新的思想。十月革命的炮声，改变了20世纪的世界格局，深刻影响了各国发展道路的选择。正在黑暗中寻找光明的中国的先进人物，从攻占冬宫的呐喊中听见了未来的希望。李大钊、陈独秀振臂托起黑暗的巨闸让光明进来，毛泽东在《湘江评论》上论证改变中国重塑河山的必然。这些推动中国进步的先进思想，在上海这个主要的文化与思想传播中心，若隐若现又振聋发聩，为共产党在中国的诞生，准备了舆论和思想基础。

上海独特的社会环境，有利于共产主义力量的萌芽。自19世纪后期以来，上海以特殊的地理位置，成为国内外多种因素交织的城市。一个现象是，上海存在多个外国租界，这些列强入侵的产物，既是旧中国丧权辱国的标志，又是革命者要奋力铲除的恶疾。列强租界割据，造成上海存在多个不同体系，以路划界，占地为王。革命者可以利用的局面是，用帝国主义者之间的矛盾、帝国主义者与反动派之间的矛盾，让幼弱的革命之花得以生存、生长。这样的社会环境，对于最初的共产主义萌芽，是重要的。1921年中国共产党在上海诞生，召开第一次全国代表大会之后，第二次全国代表大会和第四次全国代表大会又先后在上海召开，同时，从1921年起一直到1933年1月，12年间中国共产党最高领导机关主要以上海为中心开展活动，也是利用了上海便于隐蔽便于开展活动这个特点。

还有一个重要原因，就是当时的上海交通便利通达，便于国内外联系，这在20世纪早期，是个重要因素。那个年代，飞机刚刚发明，火车仅有几条单薄的线路，汽车也面临缺少公路的窘境，主要的运输方式还是水运。位居长江与太平洋交界处的上海，通江达海，联通内陆与大洋，是中国仅有的水路及陆路交通最便捷处。中国共产党建党大业，代表人数虽然很少，但他们代表着东西南北中国人民的期盼，还依托国际进步力量的支持，选择上海这样一个地方，是又一个必然。

中国共产党诞生，是中国历史进程和世界进步的必然；中国共产党诞生在上海，是中国社会发展和上海历史地位的必然。

每个人都有籍贯。如果中国共产党也有籍贯的话，我们可以填：上海。

（2016年6月27日）

1921·湘江北去

1921年的中国，黑夜如磐，冲决旧世界的地火于无声处热烈地酝酿着。

革命前辈谢觉哉，在1921年6月29日的日记中这样写道："午后6时叔衡往上海，偕行者润之（毛泽东），赴全国○○○○○之招。"

这里，谢觉哉用五个空心的圆圈，代替了五个没有写出来的字。因为，叔衡与润之此次北去上海，事关重大，极为机密。谢觉哉夫人王定国后来说："对于这样一个重大的历史事件，由于湘江上空乌云翻滚，反动势力猖獗，谢老既怕忘掉，又怕不能详细记载，只好在这天日记上，画了一大串圆圈。"

湘江岸边，两位同行者是清楚使命的。即将远行的，一位是在《湘江评论》上挥斥方遒的毛泽东，另一位是他的战友、时任《湖南通俗日报》经理的何叔衡。他们将去上海，参加历史性的会议——中国共产党成立大会。

这是一次秘密的会议，他们不能向任何人声张，婉拒了朋友们送行的好意。舟楫将行，还是有人来送行了，是毛泽东新婚燕尔的妻子杨开慧。她提着一只小皮箱，里面除了有毛泽东日常换洗的衣服，还装满了他喜爱的豆豉辣椒和当地习俗吃了便能保平安的茶盐蛋。此刻，湘江岸边，天气闷热，黑云滚滚，仿佛暴风雨要来了。毛泽东感慨万端，他想起婚前开慧与父亲、也是自己老师杨昌济的对话："霞仔，润之的才华、韧性、抱负以及他的冲天豪情是我生平之所没见过的，可他不一定是个能给人带来幸福的伴侣啊。"开慧语气平和中透着坚定："爸，就看你是平庸日子里要低吟的叹息，还是狂风暴雨中要那一声撼地的惊雷了。"

毛泽东北去上海，就是要在狂风暴雨里掀起撼地的惊雷了。

毛泽东第一次到上海，是1919年3月14日，为赴法勤工俭学的89位学生送行，其中有43位是湘籍青年。此后他多次赴上海参加活动。1920年，陈独秀在上海与李达、李汉俊等筹备建立上海共产党早期组织。6月，毛泽东前往环龙路老渔阳里2号陈独秀寓所，讲了湖南的一些计划，一起探讨马克思主义和马列书籍。8月，陈独秀去信请毛泽东在湖南建党。后来，毛泽东与斯诺谈话时说，这"是一生中最关键时刻"，"到1920年夏，在理论上，而且在某种程度的行动上，我已成为一个马克思主义者，而且从此我也认为自己是一个马克思主义者了"。

毛泽东返湘后，创建了共产主义小组。1921年6月，李达郑重写信通知毛泽东，请他赶快到上海参加中国共产党的成立大会。毛泽东接到通知后立刻相约何叔衡一起，作为中共一大的湖南代表到上海。与何叔衡共事于《湖南通俗日报》的老革命家谢觉哉，是知道情况的，于是他在6月29日的日记中写下了那段文字，其中用五个圆圈代替了不便在纸上写下的文字。若干年后破译五个省略的字，那就是"共产主义者"。

6月29日晚湘江岸边登舟，经洞庭湖到武汉，又经武汉转赴申城，毛泽东、何叔衡在7月上旬抵达上海。7月中旬，同其他与会代表一起以"北大师生暑期旅行团"名义借宿于白尔路389号（今太仓路127号）博文女校。博文女校校舍系三楼三底的石库门房屋，内外两进，楼上厢房前间是毛泽东、何叔衡的卧室。

7月23日晚，中共"一大"在上海望志路106号（今兴业路76号）召开。7月24日，举行第二次会议，各地代表报告本地区党、团组织的状况和工作进程，并交流经验和体会；25日至26日休会，起草党的纲领和今后工作计划；27日至29日三天，分别举行三次会议，集中讨论此前起草的纲领和决议；7月30日晚，举行第六次会议，原定议题是通过党的纲领和决议，选举中央机构，由于突然出现密探，大家迅速分散离开，最后一天的会议转移到浙江嘉兴南湖举行。

会议中，毛泽东做了发言。他报告了长沙党组织的建立情况，"长沙小组，宣传与工运都有了初步成绩。看当时各地小组的情形，长沙的组织是比较统一而整齐的"。毛泽东还主张应把整个工人阶级团结起来，"我们的劳动运动总方针应该把整个工人阶级团结在一起，组织起来"，表达了他关于马克思主义与中国工人运动相结合的思想。

毛泽东后来对杨开慧这样介绍中共一大：这是一次年轻人的会议，最年长的何叔衡45岁，最年轻的刘仁静仅19岁。15位与会者的平均年龄28岁，正巧是自己的年纪。

1921年6月29日，由湘江北去上海，毛泽东领导中国共产党，开始了改变旧中国的伟大历程。

（2016年7月4日）

欧洲杯：冷得像冰岛一样

"冷得像冰岛一样"，会不会成为今年的年度热词呢？

敢于把自己国家叫作"冰岛"，是需要一些勇气的。要不是冷得够呛，谁敢厚着脸说自己是冰岛呢？冰岛——冰的岛，地球上整体面积最靠近极地的国家，听上去就让人寒丝丝、冷飕飕。诗人作家想象力够丰富，最多也就是写写《雪国》了，连地球顶端的两头，不过也就是谦虚地叫南极、北极，不敢叫冰极的。冰岛，那该是要多冷就有多冷的地方！

还有冷得能跟"冰岛"媲美的东西吗？真的有。那就是今年欧洲杯上冰岛的足球，冷门迭出，"冷得像冰岛一样"。

冰岛国家足球队队员名字里，大都带着个"SON"。今年欧洲杯，11个"儿子"的冰岛足球队，谁也未曾料到，一路势如破竹，过关斩将，成为欧洲杯最大的黑马，着实让世界人民见证了一把只有33万人口的冰岛的冷门。特别是2∶1战胜英格兰队的时候，11个"儿子"让鲁尼的儿子也满脸懊丧。

冰岛足球的冷门迭爆，甚至让扶了半天也扶不起来的中国男子足球队，看到了难得的希望，以至于一家顶级大媒也信心满满地给了中国足球许多鼓励。因为，当冰岛队世界排名在133位时，中国队可是排在之前的130位。冰岛队能，为什么中国队不能？

"冷得像冰岛一样"，也使得有关冰岛足球的议论热了起来，最著名的当然就是冰岛足球队的23名球员是怎么选出来的：冰岛全国人口334 319人，减去妇女170 503人，减去18岁以下男性40 122人，减去35岁以上男性85 670人，减去太胖的24 755人，减去正在捕鲸的788人，减去正在剪羊毛的2856人，减去正在球场看球的球迷8781人等，剩下的就组成了冰岛国家足球队，一路在欧洲杯上冲锋陷阵。

"冷得像冰岛一样"，其实也可以用来解读今年的欧洲杯，因为冷门正是今年欧洲杯的关键词。

最幸运的冷门球队是冰岛，那么最背运的冷门球队，当然就是英格兰队，小组没有出线就卷铺盖回家，就跟之前一周英国脱欧爆出的冷门一样。没有人敢说英格兰队不是强队，从贝克汉姆到鲁尼，谁有这样大牌的球星？但也确实没有人敢说英格兰队就是强队，因为他们已经好久与冠亚军无缘了，也常常莫名其妙就出局了，害得中国队也因此躺着中枪被人调侃说"英格兰队是欧洲的中国队"。在英格兰队1∶2输给冰岛队之后，做得最好的新闻标题，就是"英国第二次脱欧"。连累女王也被人嘲叽叽试探说"最近第二次好像蛮多的"，幸亏女王机智，说"是啊，我就过了两次生日"，那是因为女王生日在4月，而庆典总是安排在风和日丽的6月。

"冷得像冰岛一样"，讲的是冷门，是出人意料、小概率事件。冷门是对正常认知的逆袭，也是依据概率进行通常推测的逆反。冷门常常被认为是不正常的状态，但是冷门实质上却是推动进步与发展的真正动力。

就拿欧洲杯来说，非冷门，无非就是历史数据推断的所谓强队赢球，但是如果所有的比赛就是按照这样的逻辑来演绎的话，那么足球只能是僵化和迟滞，还会有进步吗？而冷门带来的逆袭，就是驱动进步的那股不平衡力，这样的不平衡力越强，比赛越精彩好看，进步的驱动力也越强烈。英格兰队这样看似传统强队被淘汰了，取而代之的就是冰岛这样传统弱队的鲤鱼打挺，带来足球运动新动力。"像冰岛一样冷"，带来的是变革、竞争和活力。正是因为有了这样的"冰冷"，才有了你追我赶、精彩纷呈的足球，也才有了变革创新、不断进步的社会。许许多多的强队，最初不都是从冷门开始走向辉煌的吗？

冷门是一种意外，冷门实质也是一个必然。人类社会的发展动力，就在于平衡的打破以及追求再度平衡的努力。在这种从平衡变得不平衡，又在不平衡中寻得平衡的过程中，伴随的就是冷门的出现以及之后新变化的产生。由此出发，"冷得像冰岛一样"，正是发展与进步的动力源泉。冰岛照理说不大可能战胜老牌英格兰队，但正是在冰岛战胜英格兰队的冷门中，一条新的足球发展之路被发现了，同时它也给了老牌强队一个巨大的冲击，促使暮气沉沉的英格兰队去改变、去做新的探索，由此丰富足球的生命，带来更多足球的活力。

"冷得像冰岛一样"，这正是进步的动力之源。

（2016年7月11日）

王石与田朴珺

爱情那回事，大概是世界上最复杂、最麻烦、最纠结的事情了，一千个人眼中有一千种不同的爱情，好与不好、配与不配、合适与不合适，不同的人看来可能是完全不同的，正所谓"鞋子合不合脚，只有脚知道"。当然，脚知道之后，打落牙齿咽进肚子，也不是没有可能。

这几天最著名的爱情之一，就是王石与田朴珺了。从"笨笨牌"红烧肉看，这个故事，王石还是欢喜的，当然从宝能的姚振华看，可能有点没有尽到5000万薪酬的职责了。但是无论如何，这个毕竟只是王田私事，别人也说不了什么，除了王石前妻可能会有点委屈之外。败笔在于，王石在股东大会上的一次应对。

以专业角度看，我认为这是王石在"万宝之战"开打以来，最大败笔之一。现场大概是这样的：有股东举手发言说，知道王石跟田朴珺小姐好上后，他就卖空了万科股票。王石回答说，你是妒忌吧？

王石原意大概是想幽个默搪塞过去。但是这个幽默，却有点接近于孙猴子情急之下把旗杆竖在了庙后面，不当心露出了马脚。

王石跟田朴珺小姐的爱情，实质上不是一件简单事情。用王石朋友的话说，民营企业家搞小明星，必死无疑。用宝能的观点看，那就有可能没有尽责。从市井来讲，老年人的爱情就像老屋着火，没得救。这个没得救的理论因素，就是因此会十分地转移生活的重心、十分地转移个人注意力、十分地改变原有判断力。这就是在王田爱情之外，人们对王石这个上市公司董事长质疑并卖空万科股票的理论依据。

王石"爱情"之后的表现，也确实让人担忧。比如跟田小姐好长时间在纽约"进修"，比如更多地喜欢周游考察世界，比如更多地研究起"笨笨牌"红烧肉。对于万科这样一个标杆性上市公司来说，董事长这样"战略"重心转移，确实不能不让人捏把汗。因此而卖空股票，也是合理的判断。这个时候，不是你幽个默就能搪塞过去的。你越幽默，股东看到的，可能是你越轻佻。董事长轻佻，对于市值上千亿的上市公司，可是要命的。

当然，你可以说董事长负责战略，即使长时间在国外，也是在进行国际战略布局。但是这种话，大家都是成年人了，还是不说为好。只要设想一下，如果是一家国企特别是央企，董事长像老王那样，国资委会不管他？"王石的朋友"们不会吵翻天？

人贵有自知之明，难的也是自知之明，更难的是出名甚至"偶像"之后的自知之明。王田、万宝之后，有很多"王石的朋友"，著文解读兼绘画了不少王石的故事。当然，把老王兼小田说得难堪和不堪的也不少。但是，像王石这般聪明人，应该对自己的历史有个客观的认知，对自己有个客观的评价。所谓世人皆浊我独清，就是这个意思。别人怎么说都可以，谁让你是大公司董事长呢？买你公司股票的大小股东，总得研究一下董事长吧，总得知道自己的钱是给了哪类人吧。但是自己对自己，还得心知肚明，究竟有几斤几两，自己还得清楚，这样既是在与朴珺小姐"偶遇"时能有分寸，也是在遇到宝能时把准方向。

我是不大相信那些成功之后写的传记的，无他，容易陷入以结果倒推智商的不真实中，而结果其实是有许多智商之外的运气、隐私等因素的。王石的形象一度是美好的，但是"笨笨牌"红烧肉之后，"啪啪垃圾"式的研究多了起来，结果是很多美好的故事被贴上了不太美好的标签。比如白手起家、大智若勇式的经历，忽然有了油腻，似乎跟结发妻子的高干老爸有点关系。比如敢上三山登顶敢下五洋捉鳖，也有了另类解读，被当作拿了高薪不务正业不够尽职。比如创建树立万科品牌，也更多被归结为外部因素，认为不过是沾了房地产泡沫的光而已。

爱情这个事情很复杂，旁人不容易看透，看透了也不容易说清，说清了也不容易接受，就像"天要下雨、娘要嫁人"一样，只能由他去。只是这当中包含着两个不同层面，一个是规则，一个是情怀，这个不能搞混。王石休了前妻"偶遇"朴珺，这是规则或者潜规则，估计前妻也没有什么大的办法；这个时候去讲红烧肉式的情怀，既不合适也容易落下把柄。万科宝能大战，公司股票人人出钱可以购买，这个就是规则，即使创始人你也不能不让人买；此时去讲初创者情怀试图阻止别人购买，也是不合适的，容易变成笑话而毁了声誉。

自知方能勇。

（2016年7月18日）

南海，淡定地攥紧主权

菲律宾专栏作家蒂格劳提了一个很好的建议，要求美国中央情报局为"南海仲裁案"埋单。本月15日，他在《马尼拉时报》头版发表文章说，仲裁实际上是美国挑唆阿基诺三世搞的，菲律宾付了3000万美元，得不到任何好处，真正得好处的是美国，所以应该由美国中央情报局或者国务院埋单报销。

专栏作家一眼就看出了"仲裁"的猫腻。所谓的"南海仲裁"是美国导演、美日菲编剧、菲律宾主演的闹剧，非法、无效，中国自然不会参与这类活动。而闹剧本身却是一件赚钱的营生，那些莫名其妙的仲裁员每小时要收600欧元，加上各类杂费，前后3年多加起来要3000万美元。虽然菲律宾穷得清水咣当，但是被美国挑在枪杆上只能打落牙齿付钱，这个数字约占菲律宾年国民生产总值的两千分之一，称得上巨款了。让挑事的美国来付也是一个思路，何况美国人本身就是印美元的。

"仲裁"的荒唐，决定了结局只能是一张废纸。我们要揭露清楚它的荒谬与非法，淡定地迎接可能的挑战与挑衅，更加牢牢地攥紧南海属于我们的主权。

本月13日，就在所谓的"仲裁"结果出来后第二天，中国政府征用的两架中型客机，首航美济礁与渚碧礁。在一片湛蓝平静的南海碧波之上，两架漂亮的银燕，稳稳地飘向平坦宽阔的陆地跑道，似蜻蜓点水，轻盈优雅地降落到祖国的南海宝岛上。那一刻，我相信，每一个中国人都无比地自豪、由衷地激动。

研究一下南海地图，可以清晰地看到，美济礁、渚碧礁以及此前已经开通机场的永暑礁，呈三足鼎立，立足在南海中部深处。经过一年多的建设，三地的三座机场先后启用，将大大提升服务南海航行和渔业生产的能力，很好地改善我岛礁上人员的生活生产条件。

这三个机场试航时，中国政府征用的都是A320、B737级别的中型客机，这类飞机通常需要的跑道长度在3000—3200米。这个长度的跑道，事实上可以起降目前世界上几乎所有的飞机。虽然理论上世界最大的客机A380以及B747，需要更长一些的跑道，但是实际使用时这样长度的跑道也是够用的。至于其他的军民用飞机，使用这样的跑道更是绰绰有余。

三礁距离祖国大陆都在 1000 公里以上，建设和管理南海，最大的问题之一，就是路途遥远。三礁机场建成投入使用后，将大大改善这方面条件。且不说海运可以方便地进行大运量物资输送，就说航空运输，一架次五六十吨的运输量，足可保障岛礁的日常生活生产需要。

三礁机场启用，对于维护主权、应对挑衅，具有重要意义。"南海仲裁"的非法本质，我们要充分揭露，防止美日菲误导世界舆论。同时，面对这样的挑衅，我们淡然处之，有条不紊地做好自己的事，特别是做好维护南海主权打基础、利长远的事，不必"听到蝲蝲蛄叫就不种庄稼"了。

相当长时间以来，中国从维护与邻近国家关系的大局出发，在南海问题上倡导"搁置争议，共同开发"。面对美日菲罔顾历史事实的挑衅，我们有必要加强岛礁建设，防止意外事件的发生。同时，面对美国等域外国家以"航行自由"为名对南海进行的军事化活动，也要从维护主权、维护和平出发，采取必要有效的应对措施。在这个过程当中，南海深处三足鼎立的三个机场，可以承担起重要的作用。

美日菲在南海挑事，结果并不取决于它们自己，而是取决于中国人民的意志。无论是在东海还是在南海，还是太平洋的其他什么地方，他们都不可能达成他们的挑事目的。在东海美国挑唆安倍闹事，我们实行了对钓鱼岛常态化管理；在南海美国挑动阿基诺三世闹事，我们的渔政设施在南海诸岛越来越完善。在美国力图给南海增添军事色彩之际，我们的三礁机场建成了，我们以轰 6–K 为主的战机实现了对南海包括黄岩岛等在内的战斗巡航。就像中国前国务委员戴秉国在华盛顿卡耐基基金会演讲时说的那样："哪怕美国全部 10 个航母战斗群都开进南海，也吓不倒中国人。"

"蝲蝲蛄"叫归叫，我们该种的地照样种；"蝲蝲蛄"叫得越欢，我们警惕性更高更要抓紧种。面对荒唐的"仲裁"，既要充分揭露其非法实质，又要淡定而坚定地应对，更重要的是扎扎实实做好维护主权的各项工作，把南海主权牢牢攥紧在自己手中。

（2016 年 7 月 25 日）

从水轰五到 AG600

7月23日,现今世界在研的最大一型水陆两栖飞机 AG600,在珠海的总装厂房下线,预计将在今年年底实现首飞。这是我国大飞机三剑客中最新一位重量级选手。

按照部署,今年中国大飞机研制将实现"一机成熟""两机总装"。一机成熟,就是6月份运20大型运输机正式交付部队开始服役;两机总装,是去年11月亮相的C919客机和刚刚下线的 AG600 完成总装,在今年年底明年年初实现首飞。大飞机三剑客分属喷气式客机、军用运输机、水陆两栖飞机三个不同领域,它们相继飞上蓝天,标志着我国大型飞机研制跨上了一个前所未有的新台阶。特别是名不见经传的 AG600 的上天,将在300多万平方公里的海洋国土上发挥独特而巨大的作用。

AG600 在飞机中算是一个另类,它兼有船与飞机的功能,可以像船一样在海面上航行,又能腾空而起像飞机一样飞向蓝天。从实际运用上讲,主要是借助于"船身",把广阔的海洋作为随时可以起降的机场,成为一架独具两栖优势的飞机。跟以往的水上飞机相比,AG600 有两个不同寻常之处。一个是它的机身,船形机身上部有个浅浅的围栏。不要小看这个围栏,它是一个先进的设计,可以有效挡住、压下滑行时溅起的水花,减少起降时的干扰。另一个就是它配备了四台大功率涡轮螺旋桨发动机,每台动力达到了3200千瓦以上,使得 AG600 最大起飞重量达53吨,最大载重可达12吨,真正成为两栖"大"飞机。

水上飞机能在广阔水面起降的特点,使得它在飞机发明后不久就出现了,特别是在航空时代早期,机场没有这么专业,飞机普遍载重不大,水上飞机有过发展的黄金时期。二战中,常规飞机发展磕磕碰碰,但各国海军中水上飞机却承担了重要角色,不仅航母上有水上飞机,不少巡洋舰、驱逐舰上都搭载有水上飞机,平时放在甲板上,使用时由吊车放到海面上进行起降回收。最著名的战例,就是中途岛海战中,日本海军原定用于远程侦察美军舰队的两架水上飞机,有一架因为吊车故障晚出发了半个小时，加上发报机故障，使得原定的搜索扇面被缩小了一半，没有及时发现美军全部航母编队，导致出击战机挂载的武器在最后关头临时在炸弹和鱼雷间转换，甲板上放满了换下的雷弹，被美军战机一个偷袭，全军覆没。

随着飞机性能的不断改善，特别是直升机等新型机种的出现和成熟，水上飞机的角色渐渐淡化，但是作为一个机种，还是得到了一定的发展，承担起应有的职责。在AG600之前，中国曾经发展过一型重要的水上飞机——水轰五。水轰，是水上轰炸机的意思。

我至今清晰地记得，第一次见到水轰五的情景。那是一部当时绝密的内部纪录片，在一个很小范围内放映。黑白的影片，开头介绍了水轰五的立项背景，主要是增强应对战争威胁的能力，水上轰炸机可以从广大的湖泊海洋上起飞，进行战斗行动，大大增强隐蔽性和突然性。接着，是水轰五首次试飞的镜头。只见在一大片水面上，一架外形巨大的飞机缓缓驶来，加速、浪花飞溅，倏然之间，庞大的身躯从水面上轻盈地腾空而起，矫健地飞向蓝天。放映的会场情不自禁地响起了掌声，在当时中国科技水平尚处于落后的时代里，这样的腾空一跃，确实令人振奋！

水轰五的技术指标在当时算比较先进的，载重量在5吨左右，无论是民用水上运输或救援，还是军用水上战斗攻击，都可以发挥重要作用。研制成功后，装备了团级规模的部队。大兴安岭火灾之后，根据大面积火灾救灾需要，又进行了水面滑行取水的改装，成为水上灭火飞机。当年有一则花絮，说明了水轰五的惊艳。一次水轰部队例行训练时，归航经过一段海岸线。巧的是，一位党和国家领导人正在那个地方视察。看到一架造型奇特的船形大飞机隆隆飞来，这位领导人当即问道，这是什么飞机？随行人员介绍了情况，提到附近就是水轰部队驻地。这位领导人当即说，走，一起去看看部队。他们临时改变行程，去水轰部队视察。毫无准备的部队，以较高的战备水平迎接了这次突然视察，并为领导人做了表演，得到很高评价。这次临时视察，进一步增强了水上飞机在军民用领域的影响。

水轰五毕竟是40年前的技术了，而且设计之初主要是军用，改装改进的余地并不大。面对新世纪海上应急救援和维护海洋权益等需要，设计建造新一代水上飞机迫在眉睫。

AG600应运而生。

（2016年8月1日）

奥运来了

去洛桑的那天，特意去了奥林匹克博物馆，因为里约奥运会马上要来了。

奥林匹克博物馆坐落在烟波浩渺的莱蒙湖畔，为了与周围的山体和湖水融为一体，五层的博物馆依着山体只有两层露出地面，三层都在地下。沿着台阶走上去，博物馆门前竖立着两排八根洁白的大理石圆柱，这是世界上最白、纹理最少的大理石，象征着纯洁的奥林匹克体育精神，其中两根分别镌刻着历届奥运会及冬奥会举办年份和主办城市的名字。我知道，接下来将是一个史无前例的纪录：里约奥运会，首个主办奥运会的南美洲国家、葡萄牙语城市。

现代奥运会至今走过了120年历程，2016年第一次来到南美大陆。巴西总统卢拉当年在申办奥运的演讲中说，南美大陆从未举办过奥运会，申奥不仅仅是里约的愿望，也是整个南美的渴求。巴西代表团还专门绘制展示了地图，以欧美密密麻麻的历届奥运主办城市，衬托南美版图的空白。

仅仅由于这个缘故，我们就有理由对初来乍到的巴西，给予更多的宽容与理解，无论是比赛场地还是住宿环境，无论是社会秩序还是民风习俗。

现代奥运并不像每次开幕式上看到的那般光鲜，一路走来不缺少艰难与坎坷。为了延续古希腊的体育精神，1894年6月23日，被尊为"奥林匹克之父"的法国教育家顾拜旦，与12个国家79名代表决定成立国际奥委会、开创奥林匹克运动时，这一壮举一度成为人们讽刺的对象。此后奥运又历经一战与二战的冲击，即使在战后的黄金时代，奥运一度也是赔钱和政治干扰的代名词。

以"蒙特利尔陷阱"为例。加拿大蒙特利尔市从1940年起就多次申办奥运会，终于在1970年获得了第21届奥运会的主办权。为了办好奥运会，组委会费尽心思。但由于经济萧条、管理不善，工程费用一再追加，原计划28亿美元的主体育场竟耗资58亿美元，组织费用也从原计划的6亿美元涨到实际的7.3亿美元。这使得蒙特利尔奥运会债台高筑，出现了10多亿美元巨额亏空，该市的纳税人直到20世纪末才还清这笔债务。15天的奥运会，让纳税人负债20年。

而 1980 年与 1984 年两届奥运会，更是政治干扰奥运的典型。1980 年，美国为首的西方世界以苏联入侵阿富汗为名，抵制莫斯科奥运会；1984 年，苏联为首的东欧国家以其人之道还治其人之身，集体抵制洛杉矶奥运会。由于东西方两大阵营涵盖了大部分体育大国，致使前后举行的两次奥运会"半身不遂"，都只有一半多一点的运动员参加，不仅让奥运蒙羞，也使得一代运动员付出了巨大的运动生涯损失。

顺带说一下，中国奥运有个"兵败汉城"的提法，那是不科学的。1984 年洛杉矶奥运会，中国队面对的是没有苏联等东欧国家的竞争环境，中国队的优势项目大都也是它们的优势项目，缺少对手的比赛自然赢得容易。1988 年汉城奥运会，是奥运会齐装满员的比赛，赢得困难些，也在情理之中。

冷战结束后，政治干扰体育的事情，依然不时在扭曲奥林匹克运动的方向。1993 年 9 月，在确定 2000 年奥运会主办城市的大会上，美国出于政治目的极力干扰阻碍北京申奥，最终北京以极微弱的差距功亏一篑。但是"青山遮不住，毕竟东流去"，北京举办的 2008 年奥运会，以史上最成功的奥运会载入了史册。

在经历了诸多风雨之后，奥运会终于第一次踏上了南美洲大陆。巴西总统卢拉曾经说："对于其他国家来说，只不过是再次举办奥运会而已，但对于巴西来说，这是关系到能否提升民族尊严的问题，没有任何国家比巴西更需要举办一次奥运会。"今年 6 月 14 日，里约奥组委在里约奥林匹克公园公布了里约奥运会和残奥会的口号——"一个新世界"，寓意将创造一个更美好的世界，以影响和改变下一代人。

里约热内卢是以最昂贵的预算成功申办 2016 年奥运会的，因为相比竞争者，它的基础设施最薄弱。整个开支预算 139.2 亿美元，其中 72% 用于基础设施建设，包括改造机场和地铁。所以，即使在奥运开幕那天，里约乃至巴西依然可能有许多做得不够好的地方，但是应该相信，他们已经尽力做好了。有人说，可以把里约的不足看成是《愤怒的小鸟》，每次克服一个困难看作打掉一个坏猪，不断进步依然可以有一次难忘精彩的奥运会。

顾拜旦说过："奥运会最重要的不是胜利，而是参与；正如在生活中最重要的事情不是成功，而是奋斗；但最本质的事情并不是征服，而是奋力拼搏。"

（2016 年 8 月 8 日）

遵义，中国革命的灯塔

历史的紧要处，常常就在关键的一步或两步。对于中国革命和中国现代历史，黔北的遵义，就是最紧要的那个地方。

中华民族的伟大复兴，在于有了中国共产党的领导。中国共产党的伟大光荣正确，在于有了遵义会议。

成立于1921年7月的中国共产党，在很长的一个历史阶段里，一直处于奋斗、抗争、寻找前路的探索之中。相当长时期内，党是不成熟的，这一点从党的领导人的不成熟可以看出。陈独秀，无疑是"五四"与新文化运动的先驱，为在中国播撒共产主义的种子付出了巨大的努力，但是作为一位中共最高领导人，意志不够坚定，实践经验不足，与工农群众联系不够。陈独秀之后的多任领导人，也常常出现因为党不够成熟因而在选人用人上的不成熟情况。比如为了执行共产国际的指示，只因为符合工人出身的条件，就匆匆挑选了向忠发担任党的总书记，这既不符合中国实际，更不符合恶劣斗争环境对最高领导人素质的要求。其结果，给党的事业带来了无法估量的损失。再后来，把党和红军的实际领导权交给毫无武装斗争经验的博古，以及毫无中国革命经验的李德，更是草率和不负责任的行为。这一系列黑暗中缺少方向的摸索，使得中国革命和工农红军历经磨难，滑到了悬崖的边缘。

转折和希望，出现在遵义。1935年1月的遵义会议，就像是一座引路的灯塔，在黑暗的浓重夜色里，照亮了中国革命和中国历史的未来。遵义，也因此永载史册。

我第一次走进遵义会议会场的时候，是从贵阳坐了一上午的火车来的。会场在二楼，简朴而略显局促，在1935年，这或许是遵义城里能找到的最适合开会的地方了。因为对于这座黔北小城来说，它一点也未曾料到，会在这里，开始中国现代历史紧要关头的一次转折。

实在是不能不进行抉择了。红军从中央苏区出发进行长征，一路屡战屡败，

10万大军折了七成。在之前10多年的奋斗历程中,中国共产党也积累了大量的历史教训与经验,不能不就此真正开始思考:走什么样的路,有什么样的领导人。

在会场里,迎着窗户透进来的几束阳光,我细细抚摸着每一张充满沧桑的椅子,在尽力想象那几个改变中国命运的白天与夜晚,想象是在经过了怎样艰难的争论之后,最终拨正了革命航船的方向。那几个夜晚,对于中国共产党来说,无论用什么样的褒语来表达,都难以全部阐述出最深刻的意义。

历史选择了中国共产党,中国共产党选择了毛泽东。革命航船在遵义,转向了正确的方向。《苦难辉煌》在写到遵义会议时,是这样说的:"中国共产党经过14年艰苦努力、曲折斗争,付出了无数鲜血与生命的代价,终于能够自己决定自己的路线,自己安排自己的领导人。""选择毛泽东作为领袖,本身不是同样在印证中国共产党已日益成熟了吗?"

80多年过去了,从遵义开始的光芒,始终照耀着革命的前路。遵义会议指引的航向,使得中国革命自此走在正确的航道上,虽然还有难以计数的困难,虽然还有难以言尽的曲折,但是此后的每一步,都是在为新中国添砖加瓦。而新中国带来中华民族的伟大复兴,无论是在国内建设还是国际地位,都是一个前无古人的时代。

这个新时代,在遵义城本身,也体现得十分突出。近些年,遵义无论是生产生活水平还是城市建设,都取得了巨大的发展。每一次来遵义,你都能见到日新月异的变化。

特别是,上海与遵义还有着一份特殊的情谊。自2013年2月中央明确上海市对口帮扶贵州省遵义市以来,上海共实施新农村建设、产业发展、社会事业和人力资源开发等领域对口帮扶项目122个,累计资金19232万元,使遵义6万多户、16万贫困人口直接受益。得益于上海帮扶,遵义经济实力和发展能力显著增强。2015年经济总量在西部30个非省会同类城市中跻身第六位,全面小康实现程度达86.5%。

上海与遵义在更加紧密的交流与合作中,结下了深厚的情谊。上海这座中国共产党的诞生城市,与遵义这座中国革命的转折之城,携手前行在中华民族的复兴之路上。

(2016年8月15日)

奥运，不只是成王败寇

里约奥运会，中国代表团最大的亮点莫过于女排夺冠。

在外界看来，里约是一次中国运动员表现不尽如人意的奥运会。开赛以来，中国运动员的冲金之路一直有些磕磕碰碰，预测中比较有把握的一些夺金点，比如体操、射击、羽毛球，几经风雨难觅金牌，以至于影响了整体的金牌数量，最终在俄罗斯许多名将无法出赛的情况下，金牌总数出人意料地排在英国之后位居第三，打破了近几届奥运会中国金牌数一直稳居前两位的底线。一直到闭幕前一天的女排决赛，中国队历经险阻，3：1战胜塞尔维亚，点燃了中国奥运的荣誉之光。女排精神，再一次成了强音。

中国女排的拼搏精神，确实值得学习。这支年轻队伍大赛经验不足，技术实力不能说最强，小组赛先后输过三场，包括0：3输给过决赛的对手塞尔维亚队。只是靠着她们顽强的毅力和必胜的信念，一场场拼搏，最终笑到了最后。可以说，拼搏帮助她们走向了胜利，而胜利的桂冠让她们的拼搏广为人知。

但实际上更重要的在于，无论她们最后能否戴上桂冠，她们在实现目标过程中的那种精神始终是值得学习的，与有没有得冠军无关。体育，不只是成王败寇。

郎平是清楚这一点的。就在所有人都因为胜利而说"女排精神回来了"的时候，郎平说："其实女排精神一直都在。不要因为胜利就谈女排精神，也要看到我们努力的过程。单靠精神不能赢球，还必须技术过硬。"

成功需要精神，也需要力量。奥林匹克崇尚"更高更快更强"，它包含了拼搏与努力，也包含了技术和天赋。如果这是体育运动圭臬的话，那么我们就要认识到，即便没有拿到金牌或者奖牌，所有的奋进与拼搏，都是值得赞赏的，而不是那样一种精神，只存在于成功的运动员之中。

体育运动中，精神与技术、天赋，是不同侧面的合体。我们既要肯定和激励运动员在赛场上具有昂扬拼搏的精神，又要不断提升运动技术水平，激发运动员本身的特质和潜能。我们既要看到精神的巨大作用，又不能夸大和单纯依赖于这样一种精神。

在奥运赛场上，我们可以清晰地看到这一点。博尔特在短距离竞速中的能力明显高出其他运动员，菲尔普斯就是能在游泳项目中一枝独秀。他们身上确实有奋勇争先的精神，但是更重要的还是他们有更好的体育天赋，有科学的训练方法。有很多人的努力程度可能不亚于博尔特、菲尔普斯，但是博尔特只有一位，菲尔普斯也只有一个。从体育的角度来讲，所有为"更高更快更强"奋发努力的人，都是值得赞赏的。

从这个意义上讲，我们学习中国女排的精神，既要学习她们那种奋发拼搏、永不言败的精神，也要学习她们科学训练、兢兢业业，认真对待每一场比赛，努力甚至超额完成目标的精神。这是尽心尽职的职业精神的崇高体现，与我们学习女排精神、在每一个本职岗位上尽心尽职做出贡献是一致的。

中国女排是本届奥运会女排平均年龄最小、平均身高最高的队伍之一，这跟郎平年轻化、大型化的执教理念有关，这样的科学选材理念，加上合理的技术训练，能够很快地、较长时间地持续进入到较高的比赛水平。此外，训练也改变了之前过多依赖于训练强度的方法，既有合理的训练强度，也有相对舒适的训练环境，再加上专门的康复理疗辅助，使得比赛中队员的身体状况始终保持在积极昂扬的状态，尽可能减少伤病的困扰，充分发挥全队的战斗力。最典型的是对巴西那场比赛，全部12名队员都先后上场比赛，这样健康、齐整的队伍，对保证战斗力起到了重要作用。

顽强拼搏、奋勇争先，是女排精神的重要内容，也是中国体育健儿的精神面貌。我们应该为冲击顶峰成功的运动员们鼓掌，因为他们的努力，人类不断突破自身的运动水平；我们也要为所有的运动员鼓掌，因为他们同样为此付出了巨大的努力，带动了人类体育事业的发展。奥运不是成王败寇，它是全人类奋发向上的象征，值得为所有参与者鼓掌。

郎平在接受采访时说："人生不是一定会赢，也不是一定要赢，而是要努力去赢。"

（2016年8月29日）

在至善至美处感受幸福

"女性的幸福感哪里来?"本期《新民周刊》以这个主题,做了一个封面专题。我相信,关心这个话题的,不仅是女性,还会有无数的男性。中国传统文化中,历来就有"家和万事兴"的理念,这当中很重要的,就包含了女性的幸福感。

女性的伟大,是从人类社会起始的时刻就开始了。人类的社会形态是从女性至上开始的,有了女性至上的母系社会,才开始构建社会架构,学会了人与人之间如何为人处事之道。在那样的时代,女性是至高无上的伟大,人类也因此度过了最初那段青涩却又充满了和谐与温馨的时光。随着社会发展对于力量的更高需求,与生俱来具有更多力量潜力的异性,逐渐占据了社会主角的地位,女性比较谦虚,把越来越多的权力与责任让渡给了男性,宁愿更多承担起社会配角那样一种不太起眼的角色。事实上,这样一种让渡的实际效果见仁见智,但世界没有以前那么温馨,也是显而易见的。

随着社会的迅速发展和科技进步,替代性力量不断出现,个体力量的作用在下降。最先是畜力替代了许多人力,后来出现了机械力,再后来是无所不在的电力,超越了许多力量的总和。以最新的电力技术的代表,航母上刚刚开始使用的电磁弹射器为例,它能以122兆焦的能量,在2—3秒内将30多吨重的飞机,加速到每秒100米以上的速度弹射起飞。操作这一切,只需要按下电钮这么简单。正是技术的这些发展,为女性发挥更大作用,提供了无限可能。

也正是由于这样的可能,社会也对女性有着更高的期待,而女性在这样的可能与期待中,也有了更多幸福感的获得来由。因此,讨论"女性的幸福感哪里来",也就有了更广泛的含义和更丰富的内容。女性在至善至美中感受幸福,有了更加积极的意义。

因为社会的期待更大,实现女性更高价值的可能更大,女性的幸福感就远远超过了长期以来"贤妻良母"那样狭窄的方式。不断提升自身的学识与素养,在社会生活中发挥更重大的作用，在实现社会价值中获得更丰富的幸福感，正在成为明显的社会现象。这不仅仅是"社会地位提高"那样简单，而是女性社会能级的提升。

有人粗粗算了一下，目前在国际社会中承担重要工作的女性，有德国总理默克尔、英国新首相梅、韩国总统朴槿惠、国际货币基金组织总裁拉加德等等。出任这些重要职位，既是她们个人努力的结果，也是社会对女性能发挥重要作用的共识。

女性在中国社会中发挥的重要作用，更是新中国建立以来举世公认的。就拿刚刚结束的里约奥运会来说，女性的光芒远远超过了"能顶半边天"那么多。最出彩的是中国女排，最"网红"的是泳将傅园慧，拿金牌最稳的是女子跳水。以至于有许多人提出，要让中国女排好好帮助中国男足。

令人难忘的是，在里约奥运会的跳水池边，跳水王子秦凯向世界女子跳水亚军何姿单腿下跪求婚，那一幕电视直播感动了全世界几十亿观众。报纸上做的一个标题，打动了很多人的心，这个标题是这么写的——"赢得了你，失去了冠军又如何"。最令人感动的是秦凯的表白，他对何姿说："愿你一辈子欺负我。"这当然是爱情的表白，某种意义上说，这又未必不是女性以自身的努力赢得的尊敬呢。

有一句歌词，叫作"幸福不是毛毛雨"，这对于每一个人都是如此，当然也包含了女性。女性的幸福感不仅仅是欺负一下人那么简单，它还包含了很多的内容，比如说女性自身能力的提高，女性精神世界的提升，还有很多女性特有的生活的情趣，包括了像"女性的幸福感哪里来"这样的智慧女性读书论坛的活动。

某种意义上讲，真正使全社会的女性都能有更多的幸福感，社会也同样会有更多的和谐与幸福。女性的幸福是家庭的幸福，也是社会的幸福。

在至善至美处，感受更多的幸福。

（2016年9月5日）

"西湖之光"照亮"中国时区"

在 G20 之前召开的 B20 开幕式上致辞，习近平主席说："在杭州点击鼠标，联通的是整个世界。"

这是一个具体而又哲学的现实。作为中国的历史文化重镇和商贸中心，杭州这个千年历史名城，已经成了全球著名的创新活力之城，以世界闻名的阿里巴巴为代表的电子商务蓬勃发展，与世界的联系就如点击鼠标那么简单。这样的场景在全球来说，是独一无二的，超越了许许多多国家的许多著名城市。

这个生动场景的哲学意义在于，中国这个古老文明的发祥地，正在以最新的技术参与并推动着世界的进步，中国正在为世界更加美好做出极为关键的贡献。从这个意义上讲，以 2016 杭州 G20 峰会为标志，世界经济进入了以中国为主要角色的"中国时区"，美轮美奂的"西湖之光"照亮了"中国时区"璀璨的景色。

这是一个历史性的变化。自从人类进入电气时代之后，经济引擎是否强劲，通常拿用电量大小来进行衡量。越是增长强劲，用电量就越大，表现在那些城市里，灯火也更加璀璨明亮。如果我们回溯最近几个世纪的世界经济动力之源，可以清晰地看到，最强驱动力的那些时区，发生着巨大变化。

18 世纪到 19 世纪，最明亮的地方，无疑是伦敦为代表的英国时区。一场工业革命，改变了一穷二白的英国，使得这个原先除了养羊之外没有什么其他农产品的岛国，借助蒸汽机的巨大威力，一跃成为世界最强国家，建立起了能绕着地球"日不落"的庞大帝国，英国国王至今还是全球各地一些独立国家的名义元首。那个时候，最值钱的货币就是英镑，一英镑可以换五美元，今天这个比例只有 1∶1.3 左右。即使是《雾都孤儿》中那些底层的流浪儿童，每天如果能有几个便士，就足够温饱地过上美好的一天了。英国的衰落缘起于与欧洲列强的矛盾，经历了两次世界大战，英国虽然每次都站对了队，但结果只是惨胜，帝国元气大伤，只能不甘心地看着另一支盎格鲁－撒克逊后裔赶了上来。

赶上来的是那些最早乘"五月花"号从岛国逃往美洲大陆的人的后裔。借着新大陆丰富的资源，特别是两次世界大战孤悬海外远离战区大卖军火的机缘，美国在二战后成了许多世界第一的发源地，富得流油。入夜之后，美洲大陆从东海岸到西海岸"灯不熄"，夜色里一片灯火通明，它是首先提倡办公楼晚上没人也要亮灯的国家。特别是在二战之后那几年，美国一家的GDP就超过了世界的一半。布雷顿森林会议之后，黄金的代价券就是美元。20世纪经济强劲、灯光闪亮的无疑是美国时区。

美国的弱点在于它的唯利是图以及为此不惜代价的政策。有句名言，资本家为了300%的利润甘愿冒上绞刑架的风险。以资本家及其代理人为高管的美国，在20世纪后半叶基本就是沿着这样的路径狂奔。起初还是能经常在冒险中得利，但最终面对的，必然就是绞架的风险。2008年一场巨大的金融危机，宣告了那个"末路狂花"路径已千疮百孔。

就在美洲的灯光渐渐暗淡下去之际，亚洲东海岸的灯光越来越发出耀眼的光芒。面对着全球哀鸿一片的金融危机，稳健的中国经济宛如中流砥柱，提振了全球的信心。2008年之后的几年里，中国经济增长对全球经济增长的贡献率，平均达到30%以上。特别是在中国已经成为全球第二大经济体并且人均GDP已经超过了8000美元的情况下，对于全球经济的影响力更是举足轻重。最新预测表明，今年中国经济增长对世界经济增长的贡献率依然在28.5%。"中国时区"的灯光璀璨夺目。

9月初正是杭州秋风送爽的美好时光，在这个季节举行的G20峰会，象征着各成员国对未来美好的期盼。这是一次G20的年度例会，也是一次充满中国色彩的峰会，不仅是各成员国和主要国际组织领导人都来了，而且是邀请发展中国家来得最多的一次会议，充分体现了中国"大家的事情大家一起来办"的理念。会议形成的"杭州共识"，提出的中国方案、中国主张，再一次让世界感受到中国对于世界的引导能力，感受到中国引擎的强劲动力。

世界经济需要中国的强劲引擎推动，"西湖之光"绚烂地照亮了美好的"中国时区"。

（2016年9月12日）

让体育成为城市的脉动

曾经认为,蜂糕是世界上最好的美味,因为它伴随了我一段难忘的体育生涯。

那还是小学二年级的时候,区少体校到学校来挑体育苗子。每位同学都按照要求,做了一套包括跳马、双杠之类的动作,最后在我们小学选了两名学生,一男一女,进了区少体校体操班。男生就是我。

训练时间是每天下午放学后,直到晚饭前那三个小时。那个时候,物质生活不如今天这样丰富,放学后正是小学生们最想念点心的时分。进体操班之后,父亲每天都会额外给我一笔零花钱,用来路上买点心。这笔钱的数量,够买些比平时零食高级一些的点心了,我一眼看中的就是蜂糕。这是一种十分走心的好东西,用蜂蜜做的浅黄色软糕,中间有一个个蜂窝状的空洞,上表面稍硬,滑爽中有些韧劲,点缀着几颗葡萄干,一口下去又甜又香松软可口,特别是在下午课结束的时候,更觉无上美味。蜂糕伴随我度过了最初的体操生涯,带来了训练时的力量和期盼。

当然,众所周知,李宁只有一个,真正能走上体操职业生涯的,只是极少的部分。从少体校"退役"之后,体操乃至体育,依然是我生活的重要部分。读大学时年级里寝室之间举行足球联赛,我踢进了联赛第一个进球,1∶0完胜隔壁寝室,毕业时复旦某系某级的班级纪念册,还专门将此历史性的进球写进了大事记。

其实,体育对于许多普通人来说,就是这样一些有趣而又难忘的"家长里短"。相信许多人都有这样的"体育轶事",有的会更精彩一些,但是热爱体育、让体育成为生活的一部分,却是其中最重要的意义。

正是在生活里的体育活动中,诞生了奥运会,才有了奥运会上跟生活息息相关的运动项目。马拉松就不必说了,射箭应该跟人类最早的狩猎有关,跳远你完全可以想象,那是几个农人耕作之余的能力比拼,而铅球、链球、铁饼乃至游泳之类的比赛，大抵均无外乎如此的性质。这些生活体育的规范化、竞赛化，就成了包括奥运会在内的各项热闹的体育赛事。这些比赛之所以能全球同此凉热，源头就在于它们本身就是生活的一部分。

在刚刚结束的里约奥运会上，中国运动员取得了金牌第三的好成绩，以吴敏霞、钟天使为代表的上海运动员，为国家、为上海赢得了荣誉。这是他们个人的荣耀，也是上海这座城市的骄傲。上海市委书记韩正在接见奥运健儿时说，拼搏奋斗，永无止境。体育健儿在奥运赛场上所展示的敢于突破、敢于拼搏、敢于超越的精神，深深鼓舞和激励着全市人民。全市各行各业要学习和发扬这种伟大的精神，齐心协力、砥砺前行，为上海当好改革开放排头兵、创新发展先行者做出更大贡献。

上海健儿在奥运会上的突破，也得益于上海丰厚的体育土壤与良好的体育氛围。就像许许多多上海人都有自己"家长里短"的"体育轶事"一样，体育已经逐渐成了上海人生活方式的一部分。每年城中盛事之一，就是即将开赛的上海马拉松赛跑，"上马"已经成为上海的一张体育名片。与此相应的是，上海人还经常结伴去外地甚至外国有马拉松赛的地方比试身手。

在一年前的2015年9月21日，上海市人民政府发布了《关于加快发展体育产业促进体育消费的实施意见》，到2025年，上海将基本形成全民健身、职业体育和体育赛事引领体育产业协调发展的新格局。那时，上海将基本实现全球著名体育城市的建设目标，努力打造世界一流的国际体育赛事之都、国内外重要的体育资源配置中心、充满活力的体育科技创新平台。

在这个宏伟目标中，有一个很有意思的"小确幸"，那就是届时上海人均体育场地面积达到2.6平方米，经常参加体育锻炼的人数比例达到45%。一个最新消息是，上海要在明年年底全部打通45公里的黄浦江两岸滨江通道，那时对于已经成为城市一景的跑步一族来说，无疑又是一片新天地。

体育已经成了上海市民生活的一部分，在建设全球著名体育城市的路途中，让体育成为我们城市精彩的脉动。

（2016年9月19日）

"天宫"之路

中秋之夜，在一轮皓月的陪伴下，"天宫二号"御风踏焰，飞向暗蓝色的深空，开始了中国人在近地轨道建设空间站的征程。

中国的"天宫"，不仅仅是在太空中有了几十上百立方米"中式住宅"那么简单，它是中国人走向外太空漫漫长路中的关键驿站。

人类对宇宙的理解，占主导的观点认为，是由于大约138亿年前的宇宙大爆炸。爆炸之初，物质以中子、质子、电子等基本粒子形态存在。爆炸之后的不断膨胀导致温度和密度很快下降，逐步形成原子、原子核、分子，并复合成为气体，逐渐凝聚成星云，进一步形成各种各样的恒星和星系，最终成为今天的宇宙。但是，这样的理论仅限于现有条件下的观察力所及以及推测，与此相反的推测也有不少。这就是为什么人类需要仰望星空，去探寻太空秘密。

中国人的太空之路起始于1970年4月，"东方红一号"在太空首次发出中国的声音；关键的转折在20世纪90年代，载人航天工程带来了中国航天的飞跃。

20世纪90年代初期，中国航天面临诸多挑战。一方面，原先作为国家任务的航天事业需要直面市场经济的影响；另一方面，航天发展的定位与未来也在不断讨论之中。一个现象是，中国航天在不断寻求国外卫星的发射任务。这既是努力获得国际影响的象征，某种程度上说，也是当时航天任务不足的表现。中国航天接连接下了多颗国外卫星的发射任务，有喜有忧。

我当时在《新民晚报》上写过一篇长篇特稿《澳星阕》，记录下了中国航天人为澳大利亚发射澳普图斯通信卫星的甘苦。这当中，有成功，有失利。

1992年3月22日，长征二号捆绑火箭为澳大利亚发射地球同步的澳普图斯通信卫星（B1星）。18时40分，在电视直播下，第三助推器的点火触点因多余铝屑物产生电弧接通了关机触点，造成点火后随即关机，火箭主计算机测得推力不够，所有发动机于7秒后实施了紧急关机，发射失利。经过协商后决定再次发射类似卫星。同年8月14日，中国长征二号E火箭从西昌卫星发射中心，把B1

星成功发射送入预定轨道。12月21日19时20分，再次发射澳普图斯通信卫星B2星，同样使用长征二号捆绑火箭。但是，再次发射失利。升空飞行45秒后火箭整流罩过早分离，卫星进入近地轨道。中方认为，飞行45秒后卫星发生爆炸，使整流罩过早分离，但火箭仍然将卫星残骸准确送入预定的地球同步转移轨道。卫星制造商美国休斯公司认为火箭越过环绕发射场四周的群山后，遭遇风切变，因设计欠缺导致整流罩过早分离。最终商定谁也没有责任，再次补射B3星，并获得成功。

比较严重的一次挫折是1996年2月15日，长征三号乙首次发射，运载国际通信卫星708号。午夜时分，电视直播中火箭升空不久一头栽倒，发生剧烈爆炸。

就像好钢历经淬火一样，挫折也是成功之母，中国航天没有在挫折中消沉，而是总结经验，再次奋发出征。

转折就是"921工程"——中国载人航天工程。1992年9月21日，中国决定实施载人航天工程，并确定三步走发展战略，掀开了中国航天事业崭新的一页。第一步，发射载人飞船，建成初步配套的试验性载人飞船工程并开展空间应用实验；第二步，突破航天员出舱活动技术、空间飞行器交会对接技术，发射空间实验室；第三步，建造空间站，解决有较大规模的长期有人照料的空间应用问题。

以载人航天工程为牵引，中国航天建立了一整套先进的生产与管理制度，进入了稳定、快速发展的新时期。载人航天进程连战连捷，取得了100%的成功率，带动中国航天事业跨进了崭新境界。

时间来到了2016年中秋佳节，在西北大漠最美的皓月映照下，中国"天宫"一往无前，踏上了又一次太空星辰征程。

（2016年9月26日）

夏列顿湖畔的家宴

夏列顿湖是渥太华景色优美的名胜之地,加拿大总理官邸就坐落在湖畔森林绿荫之间。

当地时间9月21日傍晚,李克强总理夫妇访问加拿大刚刚抵达两小时后,就应邀来到这里,出席特鲁多总理夫妇举行的家宴。这是一次真正的家庭聚会,两国总理夫妇坐在绿草如茵的湖边木椅上,或啤酒或白葡萄酒,观赏平静如水的优美湖景,惬意交谈,特鲁多的子女在一旁欢快玩耍。特鲁多才8岁的小儿子一试身手,接连为来宾翻了三个后空翻,李克强总理开怀笑了,友善地拍着他的肩膀鼓励他。

这是中国总理与第三代特鲁多的亲密接触,也写下了中加友谊新的篇章。

现任加拿大总理贾斯汀·特鲁多,在1983年深秋,刚刚12岁的时候,随他父亲、时任加拿大总理老特鲁多访华,那次访问除了给中加关系带来具体的政治经贸进展外,还种下了一粒重要的种子——中国第一次进入小特鲁多的直接经验世界。33年后,当年的小特鲁多也当选为加拿大总理,李克强总理立刻向他发出贺电,并邀请其访华。其后在不到一个月内两国总理实现互访。

小特鲁多总理访华时深情地回忆说,第一次来中国时自己还是一个小男孩,从那时起就对中国留下深刻印象,"所以这次我特地带来了我的女儿,希望她可以像我当年随父亲访华一样了解贵国"。他说,父亲教给他与中国保持友好、开放的态度,他希望继续传给他的孩子以及加拿大的下一代。而在9月21日的夏列顿湖畔,8岁的小小特鲁多又以漂亮的后空翻,结识了中国的李克强总理。

夏列顿湖畔的这个傍晚,会在中加两国关系中留下浓重的一笔,也会在中加两国人民的交往史上留下美好的记忆。

外交是国家大事,外交又是以人与人之间的交往来展开的。中国在外交活动中"真诚交友、以诚待人"的交往方式,不仅在外交工作中取得了丰硕的成果,也在外交活动中结识到了许多朋友,增进了国与国之间人民的友谊。

2013年3月23日，习近平担任国家主席后首次出访俄罗斯，在莫斯科国际关系学院演讲时，习主席说，要坚定不移发展中俄人民友好关系。他说："国之交，在于民相亲。"

"国之交，在于民相亲"，是中国文化的传统智慧，最早出自《韩非子·说林上》的一段对话，后来逐渐成为华夏儿女为人处事的品格。民相亲的氛围，又为国与国之间的交往，奠定了扎实的基础。

新中国外交史上，1972年尼克松访华是一件大事。那次为期一周的访问，打破了横亘在中美间的坚冰，也使尼克松认识到了一个真正的新中国，并由此成了中国的朋友。中国不会忘记推动了中美关系发展的朋友，几年之后，在尼克松跌入政治生涯的低谷已是一介平民时，中国依然派波音707专机接他再次来华访问，得到了美国各界广泛关注和赞赏。尼克松一家以及更多美国人民，成了中国人民的好朋友。

"民相亲"的交往，在新中国对外交往中，始终是华彩篇章。

在新中国成立不久，苏联党和政府给予了新中国有力的支援和帮助，中国人民与苏联人民也建立起了亲切友好的朋友关系。那时候，中国与苏联的很多学生互相通信，交流学习心得，谈论自己的爱好与观点。孩子们之间的友谊友情，感染了大人们，也成了当年中苏友好的坚实基础，至今依然留存在许多中国人和俄罗斯人的记忆中。1991年苏联解体后，一些俄罗斯人来到中国工作，很多人说起来华的缘由，常常一直追溯到20世纪50年代那些美好时光。

在加拿大，冰球是全国风靡的"国球"，加拿大第二大城市、特鲁多总理的家乡蒙特利尔，更被称为是"冰球的故乡"。蒙特利尔"加拿大人"冰球队成立于1909年，是一支老牌劲旅，有"最好的冰球队"的美誉。

9月23日上午，特鲁多总理特意邀请"我的好朋友"李克强总理到该队主场贝尔中心参观。"加拿大人"冰球队两位老队员向李克强总理赠送了1号纪念球衣。李克强与特鲁多身穿红色的球衣，共同挥起球杆击开一颗冰球，为蒙特利尔"加拿大人"球队开球。

在当天举行的第六届"中加经贸合作论坛"上，李总理说："我在球队休息室看到墙上挂着一条标语：ّNo Excuses, Be a Winner.'（没有借口，做一个赢者。）"李克强说："我当时就跟特鲁多总理说，我们也'没有'任何'借口'，中加之间必须实现'双赢'！"

现场响起经久不息的热烈掌声。

（2016年10月17日）

从于都河到将台堡

二十年间，我从于都河畔，又来到将台堡，这是两个具有历史意义的地点：红军长征的起点，三军会师的终点。静静的河水与广袤的大漠，见证了现代中国应该永远铭记的一段光辉历史。

初到于都河畔，那还是红军长征胜利60周年纪念之际。那是一个傍晚，夕阳映照在于都河上，波光粼粼，宁静祥和。陪同的于都县委的同志说，当年红军长征出发的那晚，也是这样在一片夕阳下开始的。

那是1934年10月17日，红一方面军从于都出发开始万里征程的日子。长征开始之日，历史上都从当年的10月10日算起，因为当天是中革军委发布命令、中央红军总司令部从瑞金出发向于都河畔集结的日子，但是实际上真正的出发，要从跨过于都河开始。这是因为，过河是打到外线去的象征，也是中央红军整体开动的时刻。

于都河并不宽，在我来到河边的时候，大约是百来米的样子。县里的同志说，当年河水还要大一些，水深一米多一点，是乡村常见的那种干流小河。10月10日开始，为了跨越于都河，红军工兵已经在于都河上架起了木桥，开设了10个渡口。参加长征的红军，第一、第三、第八、第九四个军团以及军委第一纵队、第二纵队，已经集结在于都县城附近，第五军团正准备从前线阵地上撤下来，总兵力8.6万人，加上雇来的大量民夫，渡河的总人数在10万左右。

天色刚黑，成千上万的红军官兵踏上了征途。当时并没意识到，此去一行就是二万五千里。从自己的根据地出发，老乡们早在白天就已经等候在渡口，为子弟兵送行。许多红军官兵宽慰乡亲，不几天就会打回来的。红一军团二师四团政委杨成武准备过河时，60多岁的房东老大娘一把抱住他，塞给他用白布包着的两个热红薯。杨成武收下了红薯对大娘说"我们很快会回来"，随后就带着部队上了于都河上的木桥。

在夜晚的火把映照下，那流传至今的歌声回荡在红军战士的心中："问一声亲人,红军呀,几时里格人马,介支个再回山。"

由于当时中央博古、李德等人的错误决策,跨过于都河的红军部队始终没有摆脱被动局面,湘江一战损失接近三分之二。此后红军官兵虽英勇奋战,但均屡屡失利,直到1935年1月9日,毛泽东随军委纵队进入遵义城。

毛泽东住在黔军旅长易怀之的公馆里,更大一些的黔军师长柏辉章的公馆,则是红军总司令部和军委作战局的办公地点。借着柏公馆的宝地,1935年1月15日召开的遵义会议,改变了中国命运。

我来到柏公馆的那天上午,已经是会议之后的61年了。二楼当年召开遵义会议的地方,现在依然按原样布局。这大致是公馆里会客厅的布置,朝南的窗户镶嵌着彩色玻璃,这应该是当年遵义城里的高级装饰了。窗正对的墙边放着一个带镜子的橱柜,中间是一张长方形大桌,上面放着一些茶杯茶碗,桌子周围随意散放着一些木椅、藤椅和长条凳。

我在桌旁伫立良久,尽力想象这样一个小小房间与中国命运之间的关系。遵义会议在这个房间召开,是一个偶然;在挫败中最终找到胜利的方向,则是一个必然。因为领导这支队伍的是中国共产党,是毛泽东这样的一代伟人。从这里再度出发的中国共产党人和工农红军,从此焕然一新。

今年8月下旬,在纪念长征胜利80周年之际,我来到西路军当年征战的战场,来到连接甘肃与宁夏的河西走廊,来到将台堡。将台堡位于宁夏固原市西吉县南部葫芦河与马莲川河交汇处,距县城30公里。1936年10月9日红一、四方面军在甘肃会宁师之后,10月22日,红二方面军同红一方面军一军团在将台堡胜利会师。此时,红军正开始宁夏战役,随后是西路军的奋战。1936年11月21日至22日,红军在山城堡全歼胡宗南部第78师,这是中国工农红军长征的最后一战。第二天,三个方面军在山城堡集会,总司令朱德说:"三大红军西北大会师,到山城堡战斗结束了长征。长征以我们胜利敌人失败而告终。"

从于都河出发,到将台堡会师,再到山城堡最后一战,波澜壮阔的铁流二万五千里,写下了当代世界史壮丽的一幕。没有一支军队,遭遇了这样的曲折依然能取得胜利;没有一个集团,历经这样的磨难依然生机勃勃。

长征的意义就在于,红军和中国共产党人做到了前人未曾做到的壮举,并且至今依然深刻地影响着中国与世界的命运。

(2016年10月24日)

五角场的那片吐司

曾经以为，吐司就是油锅里炸过带涂层的面包，而不是一片简单的白面包。这样的启蒙始于五角场。

位于上海东北角的五角场，若干年前，是复旦学子们心中的圣地。一切对于美好饮食和美好娱乐的希望，都寄托在五角场，那个时候的五角场，有一家国营饮食店，以及一个电影放映站。

现在想来，那家饮食店是非常简陋的。粗糙的木桌和条凳，简单的炒菜，昏暗而带着油腻的浅黄色灯光。唯有的亮点，就是它的鲜啤酒和吐司。

鲜啤酒实际上就是现在卖得老贵了的生啤，那个时候八分钱一杯，装满一热水瓶大约是八杯的样子。那个年代，我们寝室里或者班级上有什么喜庆的事情，比如考试结束、同学生日，常常就是让两人骑自行车去五角场，一人骑车一人拎两个空热水瓶"荡"在后座上，打两瓶鲜啤酒回来助兴。百思不得其解的是，为什么当年的鲜啤现在改叫生啤后，价格会有如此多倍的增加。

跟这样的节庆型消费不同的是，吐司就更加贴近生活、贴近地气，更加日常化了。如果哪天下午下课早了些，或者哪天中午没吃饱饭，通常下课后就会直奔五角场而去。嗞嗞作响的吐司，正待出锅。

那时的生活，粗犷中带有豪迈，简单里充满自信。下午三点左右，饮食店会端出一个硕大油锅，随带炉子，往店门口街沿上一放，油烟四起、香味扑鼻，明炉油炸吐司就开张了。这样的开放式厨房，真材实料明白消费，兼带做了免费广告，路人顾客十分欢迎，丝毫不厌油烟，皆以其热烈香氛而喜。

严格来说，油锅里的出品，跟正式的吐司之间，还是隔了不止一块吐司的距离。正式的吐司，不过是普通的切片面包，至多是在面包炉里烤成焦黄而已。五角场的吐司，完全是一种集成创新，改进成为适合中国人口味的新产品了。它是将普通的切片白面包，单面涂上一层薄薄的肉酱，然后放进带有少许发酵粉的面糊中拖一下，之后放进滚热的油锅中油炸，一分来钟，就成了一大片蓬松香脆、鲜香可口的油炸吐司。这真的就是一项聪明的创举！

面包终究不是中国人太喜欢的食品，但是面包经过这样的改良加工创新，完全变成了另一种食品，有点像江南人家特别喜爱的面拖黄鱼，一举升华成洋为中用的典范。而且这样的加工改良之后，价格依然保持着贴近生活的本色，每片大、松、香、鲜的吐司，售价不过 0.15 元，而同时间复旦这样的名校食堂里，一份身材紧致的大排加上嚼劲十足的鸡毛菜底，要 0.23 元，相比之下，吐司算得上是良心食品了。

光阴荏苒，那家饮食店早就不在了，吐司香味只能留待成追忆，五角场也换了景色，成了上海赋能升级的又一个城市副中心。这样的变化过程中，其实也依稀可以看出些许吐司那样，勇于探索、集成创新的成功之道。

早年的五角场有点像那块正规的吐司白面包，有点书香洋气，却始终不成气候，得不到更多人喜欢。五角场周围很早就算得上是书香门第了，周围几公里范围内，复旦大学、同济大学、上海财经大学、第二军医大学，都是国内外赫赫有名的名校大腕。正所谓墙内开花墙外香，这些大腕在世界上的名气再响，但是如果你在改革开放初年来到五角场，那不过是上海最普通的一个宝山县五角场镇，处于城郊接合部的一个郊县乡镇。那个时候，除了那家饮食店外，复旦人梦中记忆的，还有一个五角场镇文化站，这是五角场和周边各路名校大腕唯一的文化娱乐场所。我曾经在那里看过一场电影，剧场里是水泥地、长条凳，下雨时是踩着门口的泥泞小路进剧场的。

但是，五角场抓住机遇，脱胎换骨，快速发展，迅速成了上海东北角的新地标。发展中充分运用了五角场的优势和特色，又糅进了贴近市民生活、适合市民需求的新功能，这就像一块基础尚好却不太适合市民口味的白面包，加上了适合市民需求的改良与创造，很快就成了大家喜闻乐见的新向往。跟油炸吐司有一拼的，是五角场中心高架上的那个"彩蛋"，这完全是一个独具匠心的创新。正是这个大胆而独一无二的创新以及此后广泛征集名字，让人们一下记住了旧貌换新颜的五角场，吸引了无数人的关注和记忆。如果说上海这些年的巨大变化需要找一些典型地标的话，我想，五角场一定会列在其中。

五角场的那片吐司，终究成了追忆。但是，五角场又以越来越多新的变化，让越来越多的人记住了那个充满活力与美好的地方。

（2016 年 10 月 31 日）

从歼-8II 到歼-20

11月1日上午10时20分，在万众瞩目中，中国最新型战斗机歼-20挟风掣电，以精彩惊艳的航迹掠过珠海金湾机场的上空，首度正式亮相。在进行双机通场后，又以单机再次通场，爬升盘旋向公众致意。这是第十一届中国国际航空航天博览会上最令人期待的一幕。

歼-20的正式登场，既令人惊喜，亦在意料之中，这是中国国防现代化建设跨出的重要一步。从1996年11月举行第一届珠海航展，中国空军歼-8II出场，到今天第十一届珠海航展，最新一代歼-20亮相，航展见证了中国现代化进程的巨大跨越和空中力量的巨大跃升。

1996年11月，第一届中国航空航天博览会定点在珠海举行时，一切都显得简陋。航展开幕前一天，我从上海飞到珠海，第一个感受就是，这个机场很清静。虽然第二天就是航展开幕日，但是机场里很少有航班起飞，跟上海的机场飞机排队起飞完全不能比。那个时候，这里的名字还不叫金湾，叫三灶机场，以所在地珠海三灶乡得名。

不要说机场清静，第一届航展的展品也比较初级。静态展示区的长征火箭，最初是考虑横卧在地上展出的。最著名的国产战机，是中国空军的"空中美男子"歼-8II，尽管身材挺拔，但毕竟是20世纪70年代的改型飞机，空中作战能力与世界一流战机相比，有很大差距。

印象很深的，是珠海市委市政府对航展的重视。开幕当天晚上，举行了隆重的招待会，还在月牙形的海岸边举办了盛大的焰火晚会。虽然很难完全预见到今日航展的盛况，但是珠海想把航展办成一流水平盛大展会的愿望，是清晰可见的。因为珠海机场建设时是按照4E级最高等级的标准建设的，但由于珠海地理位置偏处一隅，位于珠三角顶端，周边又有广州、深圳、香港机场的竞争，机场建好后客流量一直不大，由此也产生了一些议论。通过举办有影响的航展增加珠海机场的知名度，提升珠海城市美誉度，是个很好的想法。

经过20年连续11届航展的举办，随着国力提升和军队现代化进程的发展，特别是中国空军加入航展主办方行列，珠海航展的影响力不断提升，新型尖端武器装备不断成为每届航展的亮点。每次航展都会有惊喜，每届航展都会有印象深刻的细节。

两年前在第十届航展上我看到的一幕，至今让我十分感慨。

那届航展的亮点之一，是中国空军新型运输机运-20的出现。那天当我来到运-20的展区时，意外地发现，有位"不速之客"正依偎在运-20身旁，这正是美国军队的主力运输机C-17！在航展开幕前，曾经传出C-17被邀请却不来的传闻，理由是这是美军的现役主力运输机，怕泄密。所以后来几经周折，也没人惦记C-17这档子事了。但在现场，恰恰遇见了C-17。那一幕意味深长：世界上最好的军用运输机运-20比肩C-17，中美空运力量同场秀风姿。回想第一届航展，我们只拿得出歼-8II，而美国早就有了F-15、F-22，如今的同台秀身姿，让人深深感到，中国的空中力量就是经过如此历史性的跨越。

今年第十一届航展，更是跨过了一大步：歼-20在开幕式上首次在世人面前正式亮相，这是可以媲美当今任何先进战机的一代天骄，标志着中国国防力量的一次飞跃。

歼-20是适应未来战场需要，由中国自主研制的新一代隐身战斗机，具有与世界顶尖战机媲美的作战性能。2011年1月，第一架歼-20验证机在成都实现首飞，并引发海内外极大关注，许多军事爱好者将该战机取名为"黑色四代机"，昵称"黑丝带"。今年航展前夕，一段时长4分钟的歼-20低空飞行视频曝光，吊足大家胃口。视频中两架歼-20战机编队飞行，在空中做出多项高难度机动动作，包括连续空中翻滚和大角度旋转等，显示出飞机极高的作战能力。2016年11月1日上午的亮相，虽然只有短短的两分钟，但是足可用"震撼"来衡量。

从歼-8II到歼-20，中国的空中力量在珠海上空，划出了一道道优美的彩虹。这是飘扬在航展上空的彩练，更是中国国防力量发展的美好愿景。

（2016年11月7日）

122周，穆雷来了

北京时间11月5日晚10时30分，一条突发的体育新闻令人眼前一亮，在ATP巴黎大师赛中，由于拉奥尼奇在半决赛中因伤退赛，目前排位世界第二的穆雷，在成功闯入决赛的同时，也确定将在本周公布的世界排名中超越德约科维奇，他是第一个登顶男单No.1的英国人。这个纪录，同时终结了德约科维奇对世界第一位置连续122周的垄断。

感谢穆雷，让网球再次有了竞争；感谢穆雷，让网球再次有了悬念。

接连赢得冠军，无疑是一件新闻。但是，如果有人始终稳居第一的宝座而长久没有改变，事情就会慢慢变质，体育所带来的竞争、激情、悬念，就会变得寡淡，比赛的好看以及蕴含的意义，也会随之下降。以德约科维奇来说，他的球艺以及稳定发挥的状态，始终令我敬佩。无论对手多么强大，无论开局遭遇何等的逆境，他总是能够依靠稳定的发挥和执着的韧劲，一分一分把比分追回来，一分一分让对手陷入绝境。这样的胜利时间，小德一直延续了122周，其水平发挥之稳定，其心理素质之坚强，不能不令人感佩。

曾经几次在上海网球大师杯看过小德的比赛。虽然比赛过程很激烈，但是他在球场上极其稳定的发挥，有时会让你在敬佩之余觉得有点无趣。只要小德上场，就算有再多的跌宕起伏，最后的赢家必定还是他。这样的比赛，实质上是一进赛场，就已经知道了结果，有悬念的无非是用多少时间赢得比赛。所以，尽管小德的比赛看台上经常爆满，但是我反而不太有兴趣。这就像能够预知未来，尽管是一件有吸引力和有意义的事，但"看穿了"，就没有什么意思了。

感谢穆雷，他改变了这一切，多年的老二翻身了。在最近的12年间，只有三个人轮流占据过男子网球的世界第一地位：费德勒、纳达尔、德约科维奇，而在最近的122周中，则始终就是小德。骁勇如穆雷，纵然身披大不列颠的光芒，依然只能是千年老二而喑然长叹：既生德，何生穆。每每看到德穆之战拉开帷幕的时候，总是有隐隐恻恻之心，不忍看到又一次预定的结局出现，不忍看到理应激烈的比赛变得索然无味。而在11月5日，穆雷改变了这一切。

技战术的缘由暂且不说，仅仅是世界第二的穆雷的勤奋，就值得好好学习。以世界第二的水平，穆雷没有挑三拣四，而是以普通一兵的身份，兢兢业业参加了今年几乎所有的重要赛事。甚至是在上海大师杯之前，先去北京参加中网比赛，拿到冠军后，再转战来上海又拿了冠军，积下了1500分值，这1500积分是他为登基做的准备。与此形成鲜明对照的是，小德不仅在北京的中网开赛前退赛，在上海大师杯也明显因为不在状态，早早出局，失去了保住第一的两场关键比赛积分。有分析认为，这一连串的失误，很可能是多年的世界第一给了小德一个错觉：无论怎样参加比赛，最后总是能得冠军。

但是事实证明，世界上没有什么永恒的第一，正如世界上没有什么不能改变的一样。虽然有着一流甚至第一的技术水准，但是失误和轻率依然让小德吃不了兜着走，并且终于从122周连冠的神话中掉了下来。应该感谢穆雷的是，他让122周缺少悬念的比赛重新变得富有生机、富有激情。

体育的魅力之一，就在于它的不确定性，在于它的悬念。有竞争才会有激情，有悬念才会有魅力。

登顶之后，穆雷依旧保持了苏格兰人的谦逊，他认为获得世界第一是一件非常不容易的事情："这真的很难很难实现，罗杰、拉法、诺瓦克他们显然在网球史上最棒的选手之列，他们多年来对世界第一的垄断简直不可思议，他们也赢得了很多大满贯和大师赛。所以我需要打出一个非常出色的赛季才终于达到了世界第一的高度。"

"登顶世界第一和赢得大满贯是非常不一样的，因为在大满贯你全力备战，结果很快就会出现，只需要两周。但世界第一是一个你需要用很长时间才能达到的位置。尤其是我已经处于自己职业生涯的中后期，这在某些方面来说让我非常满足。"

登顶时，穆雷只以5分的微弱优势领先小德，直到拿下巴黎赛的冠军，才把积分优势稍稍拉开了一点。如果塞尔维亚人在年终总决赛的表现优于穆雷，那么他仍有机会实现反超并锁定年终世界第一。

"现在我需要重新制定目标，找到让自己继续前进的动力，试着让自己变得越来越好。"

穆雷不忘初心。

（2016年11月14日）

蓝天余韵　旭日东升

无论多少时间之后，听到那个消息之际的惊愕，一定会久久留在许多人的记忆里：11月12日，中国第一位三代机女飞行员、八一飞行表演队歼-10飞行员余旭，在高难度的双机横滚训练中，突遇意外，壮烈牺牲。无数人悲恸不已。

那一刻，是人民空军67岁诞辰的第二天。灿烂星汉的强军征途中，又一道耀眼的光芒划破蓝天，留下久久不息的余韵，如旭日东升金光万道。

歼-10在中国空军史上具有里程碑意义，作为第一位驾驶歼-10飞上蓝天的女飞行员，余旭是历史的创造者。

歼-10之前，中国国产歼击机最好的是歼-8II，虽然它有着"空中美男子"的美誉，但美男子亦非一定真汉子。歼-8改进自以米格-21为原型的歼-7，不过是将歼-7的单发改为了歼-8的双发，虽然起飞重量、空速、武器种类都有了提升，但毕竟只是放大版，实际性能没有大的区别。歼-8II改进稍大，最显著的就是将一直以来苏式飞机机头进气方式，改为了两侧进气，从而在机头部位装载大功率机载雷达，以适应现代化作战对远视距的要求。除此之外，无大的变化。以歼-7、歼-8为代表的二代机，主要特征是能不稳定地使用导弹作战，机炮依然在作战中起着相当重要的作用，总体上属于近距作战型的战机。

歼-10就不一样。它大幅度改善了机动性能，装备有较远探测距离的雷达，借助于良好的雷达性能具有较好的环境感知能力，能稳定成熟地使用多种型号不同性能的导弹作为攻击武器，主要依靠导弹作战，具有较远攻击能力，机炮作用大大降低，是具备中远距作战能力的战机。正是因为有这样一些质的变化，三代机对飞行员的要求比二代机要高得多。

打一个比喻，如果说一代机靠机械力操作有点像驾驭马车，二代机以液压力为主就像开拖拉机，那么三代机主要以电传操纵为主就像驾驶汽车，对飞行员的要求完全不同于前两代战机。这也从中国空军对三代机飞行员的高要求、高保障可见一斑，最早的三代机苏-27引进到中国时，空军百里挑一在全军选拔飞行员，对技术能力、服役年龄都有严格规定，并且在当时飞行员普遍一人一间宿舍的情况下，苏-27飞行员一律配备三房二厅的住宿条件。

也正因为此，三代机女飞行员的培养，更是万众瞩目。余旭她们作为中国第八批女飞行员，就是从几十万有志航空报国的优秀青年中选拔出来的，最后只有四名女飞行员历经磨练，进入三代机部队。2012年7月29日，余旭驾驶歼-10首次单独飞向蓝天，这是中国空军历史上划时代的一刻。

作为一名合格的三代机飞行员，余旭必须承受超过很多人想象的压力。三代机机动性能很好，一般都具备8个G过载的机动能力，这是一项空战价值很高的能力，可以在作战时及时占据有利位置，及时摆脱对方的攻击。但是，8G的过载，对人体会产生极大压力。我们平时坐过山车，会觉得"心都要跳出来了"，其实那个时候只有2G的过载。飞行时4—5个G的过载，会压得人喘不过气来，出现"灰视"，到了8个G，人会出现黑障，两眼什么也看不见，会短暂失去知觉。作为一名三代机飞行员，当然不能在作战时失去知觉，这就需要靠平时严苛的训练，来适应和克服高过载下可能的失能情况，这样的训练对于女飞行员来说，是更加艰苦的过程。

作为歼-10第一位女飞行员，加入八一飞行表演队后，余旭训练的艰苦，更是常人难以想象。战斗机飞行表演，是飞行员中仅次于航天员和试飞员的高要求岗位，编队密度、极限动作要求都比普通飞行员高得多。八一队飞行员平均飞行小时数都在1300小时以上，入选标准是总飞行1000小时，其中300小时歼-10，飞行等级在一级以上。

特别是飞行表演的动作，充满了艰险和挑战。比如最小速度平飞、水平横滚、双机剪刀机动、对头交叉上升横滚、四机向上开花、五机水平开花、六机三角队形大坡度盘旋等，都在令人惊叹之余，挑战着飞行能力的极限。例如四机对头交叉动作，每架飞机时速达700多公里，两机相对头时速达1400公里，战机擦肩而过，还要在空中编织出一个中国结。对飞行员的要求不仅是默契，而且是米秒不差。其背后对飞行技术的超高要求，都是在挑战极限。余旭，就站在最高处。

余旭被战友们称作"金孔雀"，她曾经在一张首日封上题词："挑战自我，高飞远航"。11月12日那个上午，她再一次驾机起飞，飞向蔚蓝的天空，高飞远航。蓝天余韵，如旭日东升，霞光万道……

有一段纪念文字这样写道："她应该是笑着的，因为她最后把生命也献给了她最爱的飞行事业。"

（2016年11月14日）

45公里漫步

"45公里漫步",未来会成为上海特有的词汇。

从徐浦大桥到杨浦大桥,黄浦江两岸的滨江地带,是上海沿江人口密度最大,也是景色最美的水岸地带。到明年底,这里总共45公里滨江区域将全部贯通,成为市民的休憩场所。来到上海的任何一个人,都可以在这景色无敌的"45公里"地方,尽情漫步、骑行,领略最有上海特色的美丽滨江风情。

"45公里漫步",会成为上海的一张名片。

黄浦江是上海的母亲河,孕育了上海的繁华,也见证了上海的变迁。沿江地带,宛如上海的大露台,阅尽浦江风情。但是多少年以来,上海沿黄浦江两岸的建设,一直没有一个好的规划和宏图,延续下来的,是多年变迁积淀的各色痕迹。就好像一个漂亮的大露台上,堆满了各色杂物,辜负了一弯江景。这个状况,一直延续到新世纪初年。

黄浦江两岸综合开发始于2002年。经过近15年的努力,各项工作迈出了坚实步伐,生产岸线已逐步置换为生活岸线,为围绕公共空间建设奠定了扎实基础。

上海市委书记韩正,一直要求把黄浦江两岸开发建设,看作是上海的百年大计,要建设成世纪精品。

早在2005年5月13日召开的黄浦江两岸开发工作领导小组第四次会议上,时任市委副书记、市长韩正就明确要求,黄浦江两岸综合开发必须按照既定目标,加强规划管理、土地管理和岸线管理。要通过强化管理和提高透明度确保黄浦江两岸有序开发,让广大市民共享开发成果。

2011年6月20日,韩正在调研黄浦江两岸公共空间贯通工程进展时强调:"黄浦江两岸开发到哪里,沿江的公共空间就要开放到哪里。"当天下午,韩正沿着黄浦江两岸黄浦、虹口、杨浦、浦东新区、徐汇等区的岸线,调研两岸开发建设进展。他强调,必须坚定不移按照"百年大计、世纪精品"的目标,认真总结黄浦江两岸开发近十年来的工作，坚持五个方面的原则，把握节奏，把握重点，使黄浦江两岸开发更符合上海未来发展要求，让全体市民百姓共享开发成果。

这五大原则，后来成了黄浦江两岸开发建设的指南。第一，黄浦江两岸的岸线是属于全体市民百姓的公共空间，任何部门、任何单位都必须严格服从规划，两岸开发到哪里，岸线就要开放到哪里，让全体市民百姓共享沿江美景。第二，要尽最大努力，延续和弘扬黄浦江两岸的历史文化，充分挖掘历史内涵，坚决杜绝唯经济利益至上的开发行为。第三，要采取一切措施，花大力气保护黄浦江两岸历史建筑，进一步强化法律法规，依法保护老建筑。第四，在下一步规划建设过程中，要完善城市设计，沿江公共交通等公共服务设施的规划、设计和建设必须统筹，做到更加科学合理和人性化。第五，黄浦江两岸开发工作要更加注重品位、质量和内涵，沿岸各区必须严格按照规划，把握节奏、把握重点开展工作，切忌一哄而上、急功近利。

韩正说："两岸开发，不是大开发而是大开放，开放成群众健身休闲、观光旅游的公共空间，开放成市民的生活岸线。"

今年8月17日，市委书记韩正在调研黄浦江两岸公共空间贯通工程进展时再次强调，要始终围绕公共空间开放做好文章，全市齐心协力把黄浦江两岸建设成为服务于市民健身休闲、观光旅游的公共空间和生活岸线，到明年底，基本实现黄浦江两岸从杨浦大桥到徐浦大桥共45公里公共空间的贯通开放。

围绕公共空间开放做好文章，杨浦大桥到徐浦大桥两岸重点区域45公里岸线尚未开放的部分，要统一规划，今年四季度向社会统一公布，在同一平台上加快推进、分区实施，沿线区委、区政府要担负起主要责任。要进一步深化完善公共空间的功能，尤其是文化、服务设施，真正让广大市民群众共享黄浦江两岸开发建设的成果。

45公里空间贯通开放时，总长度相当于虹桥机场到浦东机场的直线距离。那时，从杨浦到虹口到黄浦到徐汇到闵行，再加上浦东20多公里精彩岸线，一条世界独一无二的水岸美景，将呈现在上海市民和国内外宾客面前。

黄浦江两岸45公里美景，将成为名副其实的上海大露台，成为城市美好生活的五色长廊。

（2016年11月28日）

最醇厚的哈瓦那雪茄

相对于加勒比海，或者是大西洋，古巴实在是太小了，小到不值一提。但是古巴又很强大，超霸如美国人，封锁了它五十多年，依然奈何不了这个小岛。因为，古巴有最醇厚的哈瓦那雪茄，名叫菲德尔·卡斯特罗。11月25日，这支举世闻名的雪茄，渐渐熄灭了光亮。

古巴最有名的是雪茄，比雪茄更有名的是菲德尔·卡斯特罗。20世纪50年代末，当他带领游击队占领哈瓦那，推翻了巴蒂斯塔政权，建立起了社会主义的古巴，摄影机前，他举着的就是一支粗壮的哈瓦那雪茄，从此，雪茄与卡斯特罗就紧紧地联系在一起。无论是猪湾战斗的胜利时刻，还是导弹危机的紧张时分，卡斯特罗的标志就是点燃的雪茄。

卡斯特罗一生危机四伏，美国人想尽了一切办法，要把这个丛林里走出来的游击队员除掉。名声大噪的美国中央情报局，用上了他们所有想得出来的各种暗杀方法，从美人计到下毒药，从枪杀到爆炸，无所不用其极，最终，卡斯特罗不但毫发无损，还把很多美国人糖衣炮弹式的暗杀，吃掉了糖衣，把炮弹送还了美国人。从肯尼迪开始跟卡斯特罗结仇，直到小布什，卡斯特罗眼看着一个个美国总统上台跟他作对，又看着他们一个个下台灰溜溜离去，甚至好几个美国总统已离开人间，而卡斯特罗依然笑傲江湖，目送对手告别舞台。

分析卡斯特罗的人生，最重要的特点是理想驱使的英雄主义色彩，以及驾驭时势的审时度势眼光。拉丁美洲由于地理位置的原因，一直被看作是美国人的后花园。然而，世事无绝对，恰恰是这个后花园，尽管也不乏对美国死心塌地的小兄弟，但是更出名的是最激烈反对美国人的硬汉，前有卡斯特罗和格瓦拉，后有委内瑞拉的查韦斯，无不以反美而著名，毫不妥协。究其原因，一方面是由于拉美靠近美国，对那个所谓灯塔国灯下黑的肮脏，拉美人看得特别清楚；另一方面，长期对抗剥削与压迫的经历，使得拉美人民有着反对强权反抗侵略的天然特质，有着天生反压迫的理想主义信念。在古巴革命取得胜利之后，已经担任了古巴中央银行行长这一至关重要职务的切·格瓦拉，毅然放弃平静生活和优厚待遇，重新走进森林，为拉美更多国家人民挣脱压迫束缚而继续奋斗，就是这样一种理想主义精神的典型。

与自己的亲密战友格瓦拉一样，卡斯特罗无论是在丛林战斗中，还是在古巴建设社会主义的过程中，依然怀有强烈的理想主义色彩，这也是卡斯特罗五十多年不懈反帝反美的根本因素之一。按照很多普通人的眼光，五十多年间，古巴革命的外部环境已经发生了巨大变化，支持古巴革命的力量如苏联早已时过境迁，古巴完全可能发生变化。东欧那些社会主义国家，起步比古巴早，起点比古巴高，但是苏联解体，那些国家颜色转换很快。而加勒比海小小的岛国古巴，虽然很长时间经历了难以想象的困难，顶住与美国为邻的巨大压力，却依然葆有自己的理想、自己的色彩。这一切，只能用坚定的理想信念来解释。这也是古巴，也是卡斯特罗，令人尊敬之处。

卡斯特罗毫无疑问是一位斗士，他懂得妥协，更懂得毫不妥协；他懂得文明，更懂得不讲文明；他懂得道理，更懂得没有道理。虽然贵为古巴国务委员会主席这样的国家一把手，他最著名的衣服，并不是通常的西装，而是一身不变的古巴军队草绿色的军装。这可能是卡斯特罗作为一位斗士最好的解读。直到退出现职岗位，年龄也越来越大行动有所不便，他才改穿一身随性舒适的运动服，而性格依然未变。

人生总有告别的时刻。2016年11月临近月末，是个令人感怀的时节。还是在今年春天的时候，卡斯特罗就在一次大型群众集会上发表讲话时说："这可能是我最后一次向大家讲话了，人生总要告别……"11月25日，这样的时刻到来了。

即使是在古美最对立、禁运最严厉的时期，依然有很多美国人冒着风险，想方设法去搞到真正的古巴雪茄，为的是那一口醇香。如今，最醇厚的哈瓦那雪茄告别了历史，那口醇香，依然值得回味。

（2016年12月5日）

清泉永远比淤泥更值得拥有

作为上海文学艺术奖的评委，两年前的这个季节，我正在为一次投票而费尽心思。

这是一次难得而珍贵的投票机会。1991年，一个以确立上海文学艺术最高标杆、带有荣誉性的文学艺术奖项——上海文学艺术奖诞生。曾经获得这个奖项的名字，个个都是文坛上闪亮的巨星：巴金、柯灵、贺绿汀、王元化、施蛰存、谢晋、程十发、朱屺瞻、周小燕……

在连续举办五届评选后，上海文学艺术奖有过一段不算短暂的停顿。2014年，在时隔12年后，上海又一次开启这个奖项的评选，预定评出第六届上海文学艺术奖12位"终身成就奖"获得者、12位"杰出贡献奖"获得者。

由于这是相隔12年的评选，第六届评选的候选人个个都是上海文坛一时之选，每一票在投下之前，都让评委们费尽心思。空政文工团一级编剧、著名词作家阎肃评委当时就说过："太难了，每一位候选人都让人难以取舍。"

我在投最后一票之前，要在两位候选人之间选择，让我左右为难。两位都是大家，也都是所在行业的顶尖代表人物，确实都难以放弃，而事实上又只能选择一位。在最后时刻，不断平衡比较中，有一个因素让我下了判断。他们两位中，虽然艺术成就相仿，但各有特色，一位更崇尚光明昂扬的艺术境界，另一位则更多地表达自身的感受。我选择了前一位，我认为，艺术应该更好地引导人们积极向上。最后的得奖名单，跟我的理念是一致的。

文化是一个国家、一个民族的灵魂。正因为此，它更需要积极向上、奋发进取的精神。

1979年10月，邓小平同志在中国文学艺术工作者第四次代表大会上发表祝词强调："我们要在建设高度物质文明的同时，提高全民族的科学文化水平，发展高尚的丰富多彩的文化生活，建设高度的社会主义精神文明。"把文化提升到社会主义精神文明的高度，与建设高度物质文明相提并论。

在第十次文代会、第九次作代会开幕式上讲话时，习近平总书记说："实现中华民族伟大复兴，需要物质文明极大发展，也需要精神文明极大发展。"他还说，"祖国是人民最坚实的依靠，英雄是民族最闪亮的坐标。歌唱祖国、礼赞英雄从来都是文艺创作的永恒主题，也是最动人的篇章。"正是这样歌唱祖国、礼赞英雄的文化艺术，伴随着中国共产党带领中国人民奋斗的全部历史，由此取得了一个又一个辉煌的胜利。

相比之下，那些过多拘泥于个人情感、社会琐事的文化，显然有认知的落差。鲁迅先生就批评那些徘徊边缘的观望者、讥诮社会的抱怨者、无病呻吟的悲观者："不免咀嚼着身边的小小的悲欢，而且就看这小悲欢为全世界。"

习近平总书记在讲话中，引用茅盾先生说过的话："文艺作品不仅是一面镜子——反映生活，而须是一把斧头——创造生活。"总书记说，"生活中不可能只有昂扬没有沉郁、只有幸福没有不幸、只有喜剧没有悲剧。生活和理想之间总是有落差的，现实生活中总是有这样那样不尽如人意的地方。广大文艺工作者要对生活素材进行判断，弘扬正能量，用文艺的力量温暖人、鼓舞人、启迪人，引导人们提升思想认识、文化修养、审美水准、道德水平，激励人们永葆积极向上的乐观心态和进取精神。"

他还说："广大文艺工作者要提高阅读生活的能力，善于在幽微处发现美善、在阴影中看取光明，要用有筋骨、有道德、有温度的作品，鼓舞人们在黑暗面前不气馁、在困难面前不低头，用理性之光、正义之光、善良之光照亮生活。对人民深恶痛绝的消极腐败现象和丑恶现象，应该坚持用光明驱散黑暗、用真善美战胜假恶丑，让人们看到美好、看到希望、看到梦想就在前方。"

生活有它的轨迹，有起有伏；生活有它的规律，潮起潮落。但是，无论怎样，生活必须延续下去，奔向光明的激情不能没有，这就是我们要在黑暗面前不气馁、困难面前不低头，用理性之光、正义之光、善良之光照亮生活的根本缘由。

习近平总书记说的那段话，值得我们每一位文化工作者永远记取："清泉永远比淤泥更值得拥有，光明永远比黑暗更值得歌颂。"

（2016 年 12 月 12 日）

追踪罗马第一军团

　　世纪之交的时候，我正在甘肃金昌一带，追踪一支罗马军团最后的踪影。

　　这是古代历史中一个至今未能完全解开的谜团。公元前54年，罗马执政官克拉苏率大军进攻帕提亚，即中国古书中称安息的今天伊朗一带。渡过幼发拉底河后，占领美索不达米亚平原诸要塞，一路追击步步后撤的帕提亚骑兵。公元前53年5月，克拉苏大军杀到帕提亚境内纵深的卡莱。此时，指挥帕提亚军队的青年将军苏累纳虚晃一枪，将罗马军团诱入叙利亚草原深处，名垂青史的卡莱大血战开始了。貌似逃跑的帕提亚骑兵突然反击，弓箭手乱箭齐发，勇猛地向罗马军冲去，训练有素的罗马军迅速后撤，但为时已晚。背后早已埋伏下的帕提亚另一支军队又是万箭齐发，盛极一时的罗马大军顿时陷入绝境。

　　罗马第一军团军团长、克拉苏长子普布利乌斯临危受命，组成以一军团为主的混合军团6000余人，企图杀出一条血路保护克拉苏突出重围。突围部队大部分冲出了包围圈，但克拉苏依然被帕提亚军俘虏了，被帕提亚国王用熔化的金汁灌进喉咙烧死。斯大林这样评价卡莱大战："这是战争史上的经典。"

　　公元前20年，罗马帝国与帕提亚言和，遣返卡莱战役被俘的罗马军人。战俘回来了，却没有普布利乌斯，没有一个第一军团将士。这支杀出重围的罗马军团，消失在茫茫历史上。

　　历史谜案被掀开一角，是在20世纪80年代。有人提出，失踪的罗马军团，很可能沿欧亚大陆东去到了今天中国的境内。一个澳大利亚人戴维·哈里斯，当时在南澳的阿德莱德大学任教，记者出身。在参加古罗马著名诗人贺瑞斯诗歌研讨会时，听到了罗马第一军团的故事。对东方历史有所了解的哈里斯，忽然想起了中国历史上一个奇特的名字——"骊靬"。

　　骊靬古城，位于今天甘肃金昌市永昌县焦家庄乡者来寨一带，始建于西汉时期约公元前36年，是古丝绸之路上重要的城市和军事要塞。哈里斯想起了中国有关"骊靬"的记载，而从贺瑞斯的诗歌中，他听见了对一支强大军队突然失踪的诧异。

哈里斯来到了中国,此时,中国学者关意权先生、兰州大学历史系的陈正议老师以及苏联学者费·维·瓦谢尼金,对骊靬已经有了非常深入的研究。哈里斯的到来,瞬间将东西方历史的桥梁接通了。恰恰是在罗马与帕提亚言和的几乎同时,中国西部版图上出现了一个奇特的县名——骊靬。《永昌县志》又称之:"在今凉州府永昌县南,本以骊靬降人置县。"在汉朝,称罗马为骊靬。由此,非常有可能的一个历史演变是,罗马第一军团突出重围后,一路向东,一部分人来到了今天的甘肃金昌。

我在1999年7月的《新民晚报》《五色长廊》版,发表了两个整版的长篇报道《最后的罗马军团——骊靬古城与失踪的罗马军队揭秘(上)(下)》,披露了这起千古奇案的前前后后。

罗马第一军团落脚金昌,很可能是战争中的一个偶然。克拉苏大军从罗马出发东进卡莱,从地理位置可以看到,卡莱南北两面分别是波斯湾和里海,普布利乌斯率领一军团只能往东或者往西突围。卡莱大战是诱敌深入的包围战,堵缺口的地方必定是兵力最雄厚的地方,普布利乌斯突围要向西走,也就是原路返回,是最困难的,唯有向东杀出一条血路。从卡莱到安息的东部边境有数千里之遥,这些地方当时都少有人烟。可以设想,普布利乌斯冲出重围后,一路朝东快速进军,并没有遇到太大麻烦。一则克拉苏大军进攻安息,安息军队主力都集中在西线。二则罗马一军团是战斗力极强的成建制部队,遇到小股敌军当不在话下。一军团向东冲出安息国境后,就来到了中亚盆地。这里分别有康居、大月氏等国,史迹上开始见到有罗马军团的踪迹,直至再向东,到了永昌,有了"本以骊靬降人置县"。

在金昌追踪罗马军团踪迹之际,我仔细研究了欧亚版图。这个地球上最大的陆地,横跨7个时区,不可谓不遥远。但是,再遥远的距离,也没有阻止大陆两边人们的交流来往。在卡莱大战之后,罗马军团很可能就是沿着大陆上的通路,来到了东方。这条路,罗马人应该也不陌生,因为横跨欧亚大陆总长6440公里的"丝绸之路",东西两头分别就是东方的长安、西边的罗马。

历史总是有很多谜团等待后人解开。发生在欧亚大陆上的诸多事情,有一个共同的特点就是,在遥远的年代,这里的人们就开始了密切交往。

当历史翻开到21世纪,一条更伟大的纽带,把世界上更多的人,联结成了政治互信、经济融合、文化包容的利益共同体、命运共同体和责任共同体,那就是更加伟大的"一带一路",它将给世界带来更大的福祉。

(2016年12月19日)

卓越城市的细节

拿到本期杂志的时候，正是2016年与2017年交接的时分。岁月更替，回望刚刚过去的365个日夜，上海，有哪些事情让人记忆深刻？

讲一个大城市里的小细节。

上海这座举世闻名的大都市，在这一年里正式表明，将一步步坚定地迈向全球卓越城市。8月22日，上海向社会公示了《上海市城市总体规划（2016—2040）草案》。在这份规划里，上海提出建设全球卓越城市，并在规划中首次提出了中央活动区的概念。在这个理念之下，城市将更加突出以人为本，更加突出以满足人的发展为先导的建设思维。

以这个新发展思维出发，规划提出，要突出中央活动区的全球城市核心功能。中央活动区是全球城市核心功能的重要承载区，也是服务整个市域的城市中心，包括了小陆家嘴、外滩、人民广场、南京路、淮海中路、西藏中路、四川北路、豫园商城、上海不夜城、世博—前滩—徐汇滨江地区、徐家汇、衡山路—复兴路地区、中山公园、苏河湾、北外滩、杨浦滨江（内环以内）、张杨路等区域。中央活动区重点发展金融服务、总部经济、商务办公、文化娱乐、创新创意、旅游观光等功能。与此同时，面对老龄化程度日趋严重、人口结构更加多元的未来社会，上海致力于通过对城市品质魅力的不懈追求，成为城市治理成功、全球影响突出、市民高度认同的幸福人文城市。

为满足城市发展的需求，上海将构建起"主城区—新城—新市镇—乡村"的城乡体系，将有九个主城副中心、五个新城中心和两个核心镇中心。城市副中心是面向市域的综合服务中心，兼顾强化全球城市的专业功能。在中心城内继续提升五角场、真如、花木三个副中心的功能，并新增金桥、张江两个副中心。在宝山、虹桥、莘庄、川沙四个主城片区内分别设置主城副中心，实现主城区各片区的均衡发展。在嘉定、松江、青浦、南桥、南汇五个新城内分别设置新城中心，在金山滨海地区和崇明城桥地区设置核心镇中心，强化面向长三角和市域的综合服务功能，承载全球城市部分核心功能。

面临着巨大发展机遇的上海，为什么会有必然的理由，能实现这样一幅蓝图呢？

因为上海的精神。

上海是以奋发有为的精神面貌，来描绘这幅令人振奋的蓝图，来书写它的必然的。

2016年3月5日下午，习近平总书记参加十二届全国人大四次会议上海代表团审议时，就充分肯定一年来上海勇于改革攻坚、聚焦创新驱动取得的新成就，特别谈到上海的国际形象好、影响大，各国首脑政要对上海这座城市交口称赞。

总书记希望上海保持锐意创新的勇气、敢为人先的锐气、蓬勃向上的朝气，贯彻落实创新、协调、绿色、开放、共享的发展理念，着力加强全面深化改革开放各项措施系统集成，着力加快具有全球影响力的科技创新中心建设步伐，着力推进供给侧结构性改革，当好全国改革开放排头兵、创新发展先行者。

总书记的肯定，是对上海发展的最好评价。上海2016年的发展历程，证明了没有辜负总书记的期望，证明了足可胜任建设全球卓越城市的重任。

"一滴水看太阳。"我们可以从一个最小的细节，窥见上海实现愿景的必然。

与未来的中央活动区相关，在那样一些中心区域，从现在开始，就将完全不能燃放烟花爆竹。过年燃放烟花爆竹，这是延续了上千年的习俗，虽然科学已经证明这种习俗没有什么益处，反而害处很大，但是习俗改变之难，已经让无数人感到沮丧。上海在20世纪80年代，就考虑在城市地带禁燃烟花爆竹，但是几经周折，动员的社会力量不可谓少，而实际效果基本没有，最后不得不不了了之。

到了2016年的春节，面貌为之焕然一新。这个费尽几十年周折的习俗，在市委市政府强有力的工作推进下，在全社会有效充分的动员下，迅速发生了质的改变。整个丙申年春节期间，上海几乎没有烟花爆竹声，类似未来中央活动区那样的禁放区域，更是"这里的夜晚静悄悄"。一个多少年难以改变的风俗，就在上海一夜之间，按照人们的愿望得以实现了。

这是一件小事，然而"细节决定成败"。2016年的这个细节，深刻地揭示出上海这座城市面向发展、面向未来的精神面貌。

这个细节，对于上海的现在来说，它令人欣慰；对于上海的未来来说，它让人充满期待。

（2017年1月2日）

教育的真谛不是补课

补,还是不补?这真的是个问题。

中国教育的成就举世公认,中国教育的一个特点也有目共睹,那就是补课。最鲜明的例证就是,中国有着世界最庞大的课外教育市场,有着最著名的课外教育上市公司,以及几个补课老师凑一起,就是能创出一份举世闻名大业的"中国合伙人"。

在正襟危坐的场合,教育家们大多是补课的反对者,因为很明显的一个事实是,如果承认了补课的合理性,反证出的就是现有课内教育的不足、不够以及不力,对于教育家们来说,无论如何,这总是一件有点尴尬的事情。

但是,没有看到,不等于没有存在。庞大的课外教育市场以及巨大的产值和利润,不能不说,课外教育从某种意义上讲,早已成了不能不承认的第二教育体系。有需求,才会有市场,才会有"中国合伙人"。

那么,是不是就像本期《新民周刊》的深度报道披露的那样,表面上看,是家长们的不够淡定,带来了课外教育市场的超级红火呢?

是,也不是。

家长们确实不够淡定,因为他们没有办法淡定。望子成龙,恐怕是任何为人父母者的共同愿望,古今中外,莫不如此。每一位父母,都希望下一代青出于蓝而胜于蓝,这也是人类社会发展的必然。即使是再大的学问家,上知天文下知地理,也总希望自己的下一辈能多些自己的传承。在这样一个氛围中,衡量的标准就至关重要了。

相当长的时间内,我们的衡量标准比较单一,那就是考试成绩。无论是从小学开始的课内学习,还是一锤定音的高考,都是如此。理论依据是:"成绩面前人人平等。"更加深度的依据是:在没有更好的评价体系前,考试成绩还是相对公平的。

存在决定意识。既然"成绩面前人人平等",那么追求成绩的极致,就成了必由之路。由此，造就了"毛坦厂奇葩"和"中国合伙人"纷纷如雨后春笋般出现。原因其实十分简单，选拔性的考试，必然要求有能拉开距离的考试题目，而这样一些题目，很可能是正常的课内教育难以满足的。这是一个巨大的悖论，几乎所有的教育家都在提醒大家不要都去上奥数，甚至还信誓旦旦地说不要把奥数列入录取的因素中，但是参加过考试的都知道，数学考试一定会有奥数级别的内容放在你面前。对于教育家的提醒，你是相信呢，还是不相信呢？结果是，谁信谁亏。

于是，你不教奥数，我只能自己课外去读奥数。以此推而广之，课外教育市场就必然兴旺发达起来，而且也不可能不兴旺。

当然，可能有些奇才，说自己从来不去补课，照样拿到多少个名校的 offer。是的，会有这样的奇才，但是更多的，无非是以另外一种方式在补课。我有一个相当熟悉的人，他儿子物理成绩向来班级领先，而且从来不补课。奥秘何在？因为他父亲本身就是物理老师，跟考试有关的内容，早就都通过一套套试卷做得滚瓜烂熟，不补课，当然成绩也好。国内外都有名的毛坦厂中学，走的其实也是这个套路。在一个基本以考试成绩为选择标准的体系里，补课是必然，某种意义上说，是硬道理。区别无非是以哪一种方式补而已。

补课有没有价值，取决于在一个怎样的考核评价机制中。我在美国学习的时候，遇到过一件很有意思的事情。一位从上海去洛杉矶工作的人，工作安定下来之后，把读小学四年级的儿子接去美国读书。他一直很愧疚，由于自己常年在外对孩子教育关心不够，儿子在上海学校里，数学成绩总是班级倒数前三名。孰料，一到美国，见证奇迹的时刻到了。在同样年级的班级里，孩子的数学成绩每次一定都是顺数第一名。"哈哈哈哈……"我至今都记得他前仰后合的笑声。

事情正在向好的、合理的方向发展。作为国家教育综合改革试点省市，上海将从今年开始，对学生运用更全面更合理的考核方法，引入更加多样合理的评价机制，从过于注重学生成绩到更全面评价学生能力，让教育真正"立德树人"。在前几天举行的教育综改座谈会上，我讲了一个观点："评价的指标越全面，评价的准确度越高。"

好的教育，真的不需要补课。

（2017 年 1 月 9 日）

穿越对马海峡

在北太平洋西缘，日本群岛西南端，对马岛与壹歧岛之间，有一条由东北向西南延伸、长222公里的海峡，最窄处只有41.6公里，是中国东海、黄海通往日本海和进出太平洋的要冲，交通战略位置重要，这就是有名的对马海峡。

据来自日本海的消息，1月9日，中国八架新型战机穿越对马海峡，进入日本海进行日常训练。机队包括一架运八警戒机、一架运九电子侦察机和六架轰六轰炸机。还不是很习惯中国海空力量远海训练的日本，据说全国忙乱了一阵，从南到北有多架军机自那霸、浜松、小松、筑城、新田原等基地升空。

战机编队中有六架是新型轰六轰炸机，这型战机能挂载多型精确制导炸弹和导弹，承担着中国空中力量"攻防兼备"中战略攻击的重任，一向为国之重器。稍跟以往不同的是，此次轰六出动一上就是六架，是比较少见的阵容，这让不少"心有戚然"者颇感意外。战机编队从东海穿过对马海峡进入日本海时，一路上有人惊魂未定，什么F-15J、E-767，都忙不迭地升上天空试图一探究竟。

如同中国军方发言人在介绍"辽宁"号航母时说的那样，航母不是宅男，总得出去远航。轰六作为中国一型战略性质的轰炸机，当然就更得在国际空间内认真操练，以便更好地担负起保家卫国的重任。远赴日本海进行远海训练，自然也是情理之中。

近些年随着中国力量越来越多地出现在国际空间，总有人大惊小怪。胡言乱语之外，甚至做出一些不恰当、不专业、不合国际惯例的举动。最新的一个例子，就是前不久中国空中力量一次例行远海训练，几架日本战机竟然肆意干扰，结果是不得不在施放了干扰弹后，赶紧狼狈逃窜。军事专家分析，日本方面在干扰与施放干扰弹之间，很可能是遭遇了一次严厉的无声警告，极有可能因为自身行为不检点，被中国战机火控雷达锁定，只能施放干扰弹后逃窜。

关键的问题还是习惯问题。对于那些一惊一乍者来说，要让他们改掉毛病，最好的办法是中国的海空军力量，应该比从前更多次进入更广阔的国际空间。以常态化的训练和存在，让他们从不习惯的习惯中改变过来，习惯于这样的存在。

中国是个爱好和平的国家，从未侵略过别国，也因此，我们十分克制地发展自己的国防力量。即使是面对侵略的威胁，即使是面对有的国家疯狂地造出了能毁灭地球几十次的核战力，我们作为撒手锏的战略核力量，也总是保持在国防所需的最低限度，从来不去搞那些各种形式的军备竞赛。也正因为如此，中国力量在国际空间亮相的机会不是很多，造成了一些人不习惯看到中国力量。

随着国际交往的扩大，世界是平的，中国的国家利益也越来越多地向世界延伸，作为中国力量重要组成部分的军事力量，也顺理成章地必须向国际空间延伸，做到中国的国家利益在哪里，保护国家利益的力量应该在那里。最好的例子就是中国海军亚丁湾护航。在这条涉及中国利益、涉及世界航运秩序与和平的航线上，中国海军必须肩负起保卫和平的神圣使命，他们以出色的航迹，履行了自己的使命。

这样的航迹越来越多，才能让世界上的某些人习惯于这样的航迹。扶桑是一个比较夸张、比较极端的国度，它经常认为自己的东西是自己的，别人的东西也应该是自己的。在20世纪早期，通过若干次对外侵略积累了资本的日本，这样的错觉越来越深，竟然认为与他们八竿子打不着的中国东北，应该是日本的。荒唐的理由是，那里的纬度气候与日本的北海道比较接近，适合日本人居住。此后处心积虑地侵略中国东北，扶持伪满洲国。还突发奇想，认为偷袭珍珠港之后，就能让美国臣服。最终这样的极端，让它成了唯一被核打击的国家。

当今世界依然有人有错误的思维定势，他们在世界几大洋几大洲战机横行战舰霸道是天经地义的，而其他人的飞机军舰一出现在国际空间就要大呼小叫大感意外。甚至像日本这样的，还煞有介事地多少个基地起飞多少架飞机去偷窥。关键是他们不习惯于这样正常的变化。最好的办法是，要有更多这样的机会，让他们去慢慢习惯。

穿越对马海峡，是个好办法。

（2017年1月16日）

开往伯尔尼的专列

2017年1月15日下午,一列瑞士政府专列从苏黎世中央火车站启动,驶向首都伯尔尼。中国国家主席习近平在瑞士联邦主席洛伊特哈德陪同下,乘坐这辆专列,开始了对瑞士联邦的国事访问。

习主席的访问,是21世纪以来中国国家元首第一次访问瑞士,写下了中瑞关系发展史上崭新的一页。非常巧合的是,差不多在67年前同一时刻,1950年1月17日,时任瑞士联邦主席珀蒂皮埃尔致函毛泽东主席,在西方国家中率先承认刚刚成立的中华人民共和国,同年9月两国正式建交。

中国和瑞士,是在许多方面相差悬殊的两个国家。首先是面积,中国国土陆地面积960万平方公里,是瑞士领土4.13万平方公里的200多倍;中国人口13.5亿,是瑞士人口830万的约150倍。中国地大物博,而瑞士恰恰相反,基本没什么地下矿产资源,煤、铁矿石、石油等完全依靠进口。

尽管有着如此巨大的反差,但中瑞两国却是大小国家合作的典范,瑞士在新中国外交舞台上,一直扮演着重要的角色。

新中国成立不久,1954年4月26日至7月21日,周恩来总理率中国代表团出席日内瓦会议,这是新中国首次以五大国之一身份参加讨论国际问题的重要会议,有着特殊重要意义。通过这次会议,印度支那的战火熄灭了,越南北部完全解放,打乱了美国从朝鲜、中国台湾、印度支那三条战线威胁新中国的部署。通过这次会议,世界看到了朝气蓬勃的新中国形象,看到了耳目一新的新中国外交风格,看到了新中国的国际分量。

若干年后,当施瓦布在瑞士达沃斯,这座阿尔卑斯山最高的雪山小镇,创办世界经济论坛后,中国依然在这里扮演了重要角色。施瓦布曾经邀请邓小平参加1979年年会,邓小平没能出席,但中国政府首次派出官方代表团前往达沃斯,开启了中国与论坛间的长久友谊。

令人瞩目的是1992年,中国正处在改革开放的关键时期,世界关注中国向何处去。中国国务院总理李鹏,在大雪纷飞中来到达沃斯,出席论坛会议并访问西欧,这也是中国总理第一次来到达沃斯。此时,以美国为首的西方国家,正在对中国进行所谓的"制裁",此行无疑是打破那些无理取闹的重要外交行动。李鹏在达沃斯论坛上作了《九十年代的中国经济》的主旨演说,向世界介绍了中国经济形势和成就,表明中国改革开放的政策及坚定决心。

从苏黎世开往伯尔尼的火车行程并不长,需70分钟。我曾经坐汽车从苏黎世到伯尔尼,也不过一个半小时的车程。

伯尔尼与苏黎世截然不同,苏黎世充满了金钱气息,而伯尔尼宁静温和。有着800多年建城史的伯尔尼,至今还保留着许多中世纪的痕迹。老城中著名的拱廊建筑,集聚着钟表店、巧克力店、咖啡店等特色店铺。我去其中一个咖啡馆喝了一杯浓缩咖啡,外加一个核桃派。这个咖啡馆楼上,是爱因斯坦故居,据说,相对论的初稿,就是坐在这个咖啡馆的皮椅上起草的。因为伯尔尼平静缓慢的风格,有人开玩笑说:"千万别在星期五对伯尔尼人讲笑话,不然的话,他会在星期天做弥撒时笑出声来。"不过,因为相对论诞生在伯尔尼,伯尔尼人确实是笑到最后的人。

从苏黎世开往伯尔尼的专列,是新一年国际外交舞台的聚光之作。特别是在今年这样一个重要时刻,逆全球化思潮暗流涌动,世界都带着期盼的目光,等待着中国的声音。

1月15日下午,在专列行进过程中,习近平和夫人彭丽媛受瑞士联邦洛伊特哈德主席夫妇邀请,在轻松愉快的氛围中品茶畅谈。习近平指出,中瑞关系堪称大小国家合作典范。中瑞双方在很多国际问题上看法相近,我们愿同瑞方密切在国际事务中协调。

从苏黎世开往伯尔尼的专列,远方还有达沃斯。1月17日,习近平主席在达沃斯论坛上,作了《共担时代责任 共促全球发展》的主旨演讲。底气十足的"中国声音",充分体现了世界经济论坛2017年年会"领导力:应势而为、勇于担当"的主题,并且正是这种"领导力"的有力注解。

世界经济论坛执行主席施瓦布说,在"逆全球化"风潮和保护主义趋势的背景下,中国作为"应势而为、勇于担当"的全球领导者的代表尤为重要。

相比那些忙于"筑墙"并且还要让别人出钱的人,开往伯尔尼的专列,寄托着世界的希望。

(2017年1月23日)

特朗普，距离人民有多远

在正式入住白宫的第一天，唐纳德·特朗普就开始了很"特朗普"的一天：签署首个行政令叫停"奥巴马医保"计划，宣布推翻奥巴马的"气候行动计划"，宣布退出TPP，宣布未来七年给美国工人增加300亿美元工资……

就像特朗普一直声称的一样，这是为了美国的复兴。在就职演讲中，他说这是为了美国人民。

但是现实却有些"辣眼"。在1月20日特朗普的就职日，媒体报道参加典礼的只有40万人（特朗普自称好像有150万人），却另有50万人上街抗议特朗普，这是从未有过的"壮举"。1月21日，特朗普上任的第二天，数以百万计的人们在华盛顿特区、波士顿、芝加哥、伦敦、多伦多等走上街头，抗议特朗普的政策，初步统计有70多个国家的民众参与，还包括了——正在南极工作的人们。

一个自称为了"人民"的总统，却遇到了更多反对他的人民。特朗普，离人民的距离有多远？

作为一位个性独特的富豪总统，特朗普与人民的距离，不只是隔着一个白宫或者宾夕法尼亚大道那么简单。很多美国人看得明白，特朗普的许多政策，且不说其中的"反前任"特色，就算是一些看上去"为了人民"的政策，更多的是像一张"空头支票"，小曲好唱兑现难。

特朗普的美国"再次强大"，路径就是：买美国货，用美国工人。买更多的美国货带动美国产业发展，雇用更多美国人带动就业率并提高美国人收入。

理想不能说不丰满，现实却不能不说很骨感。

先说说买美国货。美国货在很长一段时间里，常常是高品质和高水准的象征。在许多中国人还不知道奶粉是什么东西的年代，克宁奶粉已经成为顶级食品的象征。直到今天，波音飞机、苹果手机、凯迪拉克汽车，依然是美国产品的代表，占据着独特的地位。

但是随着时代的发展，美国产品的吸引力渐渐不如以往。就说特朗普最大支持群体之一的"铁锈地带"的那些蓝领工人,他们所在的钢铁业一度是美国经济的小半壁江山,美国钢铁公司、美国铝业公司,都是顶尖影响力的大公司。当其他国家的钢铁业发展起来之后,美国钢铁业很快就因性价比低而逐渐衰落。由此出现的趋势就是,美国由于技术先进而带来的产业超高利润,正在因为技术领先度的减弱而消失,带来产业景气度不可逆地下降。

盛极一时的苹果公司,都遇到了同样的问题。从第一代 iPhone2007 年 1 月面世以来,苹果股价从 12 美元/股左右,到 2015 年 5 月上涨到 130 美元以上,涨幅最高达 10 倍。但是随着中国华为等新一代制造商出现之后,苹果股价一直徘徊不前。波音 747 曾经是世界上最赚钱的飞机,当年独一无二的载客量,让它卖飞机的利润像在印钱一样。而空中客车 A380、A350 飞机相继问世后,波音 747 的生产率越来越低,停产的传闻也越来越多。

技术领先带来的超额利润,支撑着美国产业工人过上了优渥的生活,也使得它的很多产品价格很难面对市场竞争。军用飞机是美国最有竞争力的几种产品之一,但是在市场面前,它的竞争力也越来越弱。世界第一种隐形战斗机 F-22 问世后,性能不错但价格太高,当时约 1.1 亿美元一架。美国人想另造一型低配版的,价格控制在每架 5000 万美元左右,这就是今天的 F-35。但在美国的体制下,独一无二的飞机无疑是制造商的"唐僧肉",等到 F-35 定型时,价格飙涨到每架 1.2 亿美元以上,原先设想的竞争力早已荡然无存。

买美国货的代价越来越高,用美国工人的代价也越来越高。

为了增加美国货的竞争力,美国把制造业越来越多放到国外成本较低的地方,由此造成的后果是,制造业的美国工人越来越少。能够造超级航母的美国,已经没有什么民用造船业了。曾经是制造业明珠的计算机产业,越来越多改换门庭,IBM 的民用电脑产业早已被联想收购。在西部开发中发挥了重大作用的铁路,在美国已是古董级的产业,高速铁路更是无从谈起,要造也只能请中国帮忙。至于纺织业、制衣业这样从立国开始就兴盛的产业,如今更是基本转移到国外了,生产成本和用工成本,是产业转移的根本原因。

在这样的现实面前,特朗普要"让美国再次强大",要"买美国货,用美国工人",说说可以,真要相信,那就是你自己的问题了。

特朗普促进经济发展,措施无非是减税,刺激投资和消费。但截至 1 月 9 日,美国债务已经超过了 19.95 万亿美元,债务与 GDP 之比达到 110% 左右,远超过 60% 的国际警戒线,大规模减税将进一步加剧财政赤字,给美国政府和经济带来巨大财政压力,甚至引发空前债务危机。

历史上,曾经有"何不食肉糜"的典故。富豪治国,光靠"何不食肉糜",跟人民之间的距离会越走越远。

(2017 年 1 月 30 日)

用好"特朗普机遇期"

对特朗普,最大的可能误判,就是过高估计他的政治能力。

特朗普上台不过二十来天,已经把美国和世界搅了个天翻地覆。从废除奥巴马医改、退出TPP、给美墨边境建隔离墙,到颁布"禁穆令"引发美国各地和世界各国的强烈反对,特朗普的"新官上任三把火",把西方所谓的民主和价值观框架,烧了个千疮百孔,以至于特朗普创造了一项新的纪录——历任美国总统中最快跌破50%支持率的新任总统。

美国新总统上任后,通常都会与公众有一段短暂蜜月期,特朗普是"蜜月"最短的一位,只能称"蜜周",他的支持率比任何前任下降得都要快得多。以50%不支持率来衡量,根据盖勒普最新调查,对奥巴马的不支持率直到他就任936天后才过半,乔治·W.布什是1205天,在此之前,克林顿是573天,老布什是1336天,罗纳德·里根是727天。而特朗普,才在白宫履任8天,就突破了这个不幸的门槛。

在美国的各个州、在世界的许多国家,无数人走上街头,或者是在互联网以及各种能够想得到的地方,反对特朗普以及他的政策。甚至是前任总统奥巴马和他班子里的人,也打破了通常不评论继任者的惯例,纷纷出来公开反对特朗普。最新进入这场嘴仗的美国乔治敦大学教授科林·卡尔,曾是奥巴马治下的一名国土安全官员。对于特朗普政府试图指责奥巴马在也门反恐行动上的错误,卡尔发出一连串推特,解释说奥巴马既未策划也没允许该行动,任何不同的说法都是"一派谎言"。

卡尔不是一个人在战斗。奥巴马的前高级顾问丹·法伊弗、演讲撰稿主任乔恩·法夫罗和科迪·基南以及演讲撰稿人乔恩·洛维特、长期发言人汤米·菲托尔、副国家安全顾问本·罗兹和其他许多人都斗志昂扬,每天都要对新总统的言行进行多次事实清查。这些白宫前工作人员的共识是一种强烈愿望——拒绝他们如今不赞同的政策,并在认为必要时澄清真相、纠正错误。

不仅是奥巴马的班子,还有越来越多人开始反对美国新总统,从中东、美洲到欧洲,到处蔓延。最新一期德国《明镜》周刊,用了一幅极其惊悚的画面做封面:一个貌似特朗普的男人,拿着一把血淋淋的屠刀,割下了自由女神的头颅……

特朗普到底是个什么样的人?什么样的美国总统?一直以来有各式各样的解读,正所谓"一千个人眼里有一千个哈姆雷特"。特别是,当特朗普不仅有匪夷所思的言论,更有匪夷所思的行动后,许多人也力图用"大智若愚"或"假痴真醒"来为其圆场。

事情没有那么复杂。特朗普不过是美国历史上最弱爆的总统之一,特朗普"冒尖"正是美国国力下落的象征。

特朗普无论是竞选时期的言论,还是上任之后的举动,都体现了他信口开河、不切实际、好高骛远的特色。作为一国最高领导人,这种特点是致命的。

比如说"禁穆令",任何一位清醒的政治家,都不会这样"一棍子打翻一船人",这是在与整个民族作战,除了制造更多的敌人之外,既不可能获胜也不合公理。比如"美国再次强大",两大基石是"制造业回归"和"基础设施再造",这不是以前的美国总统不想这么干,而是美国的社会成本和综合国力已经难以用合理的方式去干成这些事。粗略估计,这至少会让美国国债在现今 20 万亿美元基础上增加到 30 万亿美元,接近美国年 GDP 的两倍,让实现这一计划的可能性大打折扣。还有,一夜之间罢免所有驻外大使和几乎任性地与别国撕毁贸易协议的做法,无论从哪个角度看,都不是明智的政治决定。

在现代政治体制下,领导人的个人作用虽然有所分散,但是依然起着重要和决定的作用。一个政体能不能选出卓越的领导人,也从一个侧面反映着国力的兴衰。一个欣欣向荣的国家,国民心态充满希望,更容易诞生伟人;一个矛盾重重的国家,国民心态压抑复杂,领导人会更加偏激。在特朗普执政时期,美国国内、美国与世界的矛盾会更趋激烈。美国国内会更多地"物以类聚、人以群分",体现特朗普"白富右"特色;美国外交会更多地出现"哪管别人洪水滔天"的举动,体现特朗普"美国第一"。

对于世界各国来说,特朗普政策会留下不少可以"借势借力"的空间,应对得当,措施有力,完全可以让今后几年成为发展自己的"特朗普机遇期"。

(2017 年 2 月 13 日)

那个寒冷的"2·19"夜晚

正是春寒料峭的日子，元宵节还没过，算是在新年里头。

一个消息在很小范围内流传。

这是1997年春节时分。对于上海人来说，先是有些淡淡的失望。1988年到1994年，邓小平曾在上海度过七个春节。此后的日子里，许多上海人依然盼望，春节时候小平能再次来上海，但是一直没有音信。1997年元旦过后，中央电视台播放了12集电视纪录片《邓小平》，可以看得出来，这部纪录片是抓紧时间拍出来的。1997年春节到来了，邓小平也没来上海。失望之际，不少人都有些猜测。

2月19日入夜。对于很多人来说，是个很平常的夜晚。零点过后，刚刚睡下不久，我床边的电话响了起来，拿起电话，是社科院一位副院长、当年我的同事，他一向爽朗的声音有些低沉："小平没有了，马上要播新闻了。"

我有些吃惊，稍过一阵，才慢慢平复下来。打开电视，过了一会，看到了那位熟悉的男播音员，开始了沉痛宣告……

事情发生变化，是在1996年12月12日的清晨。那天早晨，邓小平一觉醒来，觉得呼吸不畅。他无法像往常那样自己起来，去洗脸刷牙，而是不停地咳嗽。咳嗽让他喘不过气来，难以呼吸，不能吃东西。身边的医护人员已经无法应付这个局面，只好把他送进301医院。301医院离他家只有10多公里，此一去，小平再也没有回来。

邓小平身体一直很好，电影《大决战》中有一个镜头，在寒风呼啸的雪天里，邓小平依然在洗冷水浴，就是一个例证。晚年时，他患了"帕金森综合征"，这是一种没有办法根治的疾病，会压迫神经，带来咳嗽，影响吃东西。情况越来越差，会影响呼吸。

1997年的大年初一，是2月7日。到了正月十三，也就是2月19日，最后的时刻来临了。当天，邓小平的呼吸功能已经衰竭，只能借助机器呼吸。21时08分，一代伟人溘然长逝。

2月20日，很多人是在茫然与痛苦中迎来黎明的。大约5时许，我接到电话赶去单位。当天早晨7时，报社召开临时紧急会议，布置相关工作。

当时，社会最为关注的焦点之一，是证券市场的动向。中国的证券市场从创立起就体弱多病。面临这一重大变故，何去何从是大家十分关心的。

2月18日星期二，沪深股市曾大跌，上证指数跌8.91%。2月20日开盘，不出所料，上证指数以9.61%的全线跌停开盘。就在很多人紧张的时候，指数缓缓回升。可以清晰地看出，有股力量在支撑大盘，全天低开高走，收盘还涨了0.25%。当天的跌停870.18点，成为1997年最低点。第二天继续大涨5.39%，后来一路盘升至5月最高1510.18点，深成指则创出6103.62点的当时历史新高。

如果说证券市场是一面镜子的话，那么在度过了那个寒冷的"2·19"之夜，中国的改革开放不但没有任何顿挫，而且继续沿着小平同志指引的道路，奋发前进，取得了一个又一个伟大的成就。

对于上海来说，小平同志连续七年在上海过春节，对上海改革开放大局，带来了历史性的影响。

1990年2月17日，在春节过后回到北京时，邓小平对中央领导们说："我已经退下来了，但还有一件事要说一下，那就是上海的浦东开发，你们要多关心。""我本来是不管事的，我现在要说话，上海要开放。"

1990年6月，中共中央、国务院正式发出《关于开发和开放浦东问题的批复》。

在浦东开发开放之前，《解放日报》曾经刊登一篇文章《上海的10个全国第一和5个倒数第一》，反映了上海在努力为全国发展做贡献的同时，自身发展缓慢问题。1987年12月陆家嘴轮渡事件，更是矛盾的集中爆发。那时，上海是全国发展的"后卫"，发展速度比当时全国比较缓慢的速度还要低两个百分点。浦东开发开放之后，上海迅速成了全国改革开放的"先锋"，发展速度比高速发展的全国速度还要高两个百分点。

时间进入21世纪第二个10年的中期，上海以全国改革开放排头兵、创新发展先行者姿态，迅速在全国领跑，迅速成为社会主义国际大都市之时，回想小平同志"上海是我们的王牌，把上海搞起来是一条捷径"的讲话，深深感受到一代伟人的高瞻远瞩。

小平同志在上海度过的七个春节，其实是在谋划上海如何从"后卫"变成"前锋"的鸿篇大作。

那个寒冷的"2·19"之夜，已经过去了整整20年。上海、中国今天的发展，是对于那个夜晚最好的告慰。

（2017年2月20日）

一个中国人在世界

春江水暖鸭先知。当中国人走出国门看世界的脚步越来越匆匆,最先感受到这样变化的,是中国的航空公司。

最新统计表明,近三年里,中国民航全部客运量中,国际客运所占的份额,从 8% 上升到了 10.9%,几乎每年上升一个百分点;近五年里,中国出发的远程洲际航线上,中国民航的份额增加了 12%,历史性地第一次超过了 50%,国内三大航的洲际航线实现了整体盈利。与此同时,三大航国际客运每客公里收入水平,2014 年是 0.42 元、2015 年是 0.389 元、2016 年是 0.368 元,而稍早前的 2012 年,这个数字还是 0.45 元。

这些数字表明,中国人走出国门的速度增长很快,因为初次出国的国民通常会选择本国航空公司;同时,出国客流又以旅游为主,因为团队游客的机票价格是相对最低的,导致三大航每客公里收入水平连年下降。

"他乡遇故知",在今天世界的每一个地方,中国人都会有这样的喜遇。无论是在巴黎的老佛爷店,还是在伦敦的白金汉宫,无论是在琉森湖畔,还是在落基山下,你都可以听到亲切的乡音,并且这样的声音几乎是一部中国各地方言大全,有吴侬软语,有川湘辣味,还有齐鲁蒜香。

就像大多数外国人不解中国凤爪和豆腐乳真味一样,许多中国人同样不喜欢有着浓烈异味的奶酪和榴莲,特别是那些奶酪还带着很像点点霉斑的时候。来到一个完全陌生的地方,对于初次出国的人来说,不习惯、不理解以至于某些无所适从,也是题中应有之义。

很多人初去欧美,十分不习惯没有开水喝。对龙头里直接放出来的自来水,总是有着不少狐疑。只是随着中国人出境旅游的越来越多,一些饭店专门配上了电热水壶,才有了一个泡茶喝的可能。还有清早听上去很美的欧陆式早餐,很多人第一印象是淡淡的失望,不过就是几个不同样式的面包而已,甚至还是冷冰冰的,远不如自家的早餐热乎亲切。

更多的差异还是在文化习惯上。在世界许多地方，表达"非常好""非常喜欢""非常漂亮"，实际感受的很可能和表达出来的，有着一段不小距离。这好比浦西到浦东那样，看着很近，其实要隔着一条黄浦江还要穿隧道或者过大桥。特别是一些国人习惯了炕上盘腿大碗喝酒的豪爽，去到一个处处不卑不亢的国度，不习惯也是常情。

更何况上千万出境人流，难免有一些不够文明行为，特别是境外一些国家，同样有着不够文明行为和不上台面的做法，由此会产生矛盾和冲突，会产生文化差异带来的误会和误解。极端的不仅仅是语言和认知上的问题，还会出现法律与肢体的冲突。

想起了格什温大师的名作《一个美国人在巴黎》。这是一部充满了浓厚法美情怀的管弦乐交响诗，后拍成同名电影得到了更为广泛的流传。

格什温初识巴黎之际，对法国首都兴奋不已，要将他的新鲜感受化成音乐来表达。乐曲以弦乐和双簧管奏出主题，带出一片朝气蓬勃的景象，仿佛一个美国人以轻快的步履穿梭巴黎的大街小巷。曲中有出租车的响声，首演时更用上了四个巴黎出租车响声做陪衬。然后单簧管以走路的步伐吹起第二个主题，独奏小提琴绘影绘声，描绘出一位年轻巴黎女士。可是美国人却抵不住一丝乡愁，由弱音小号奏出了蓝调主题，成为曲中最耳熟能详的旋律。乐曲结尾令人精神一振，带出的感觉正好表现出缅怀巴黎之情怀。格什温在巴黎谱写乐曲，在前往维也纳行程的途中进行配器工作，首演于1928年12月31日的纽约。

如同格什温大师一样，任何人到了一个新地方，总会有新鲜感，会感到文化的差异。最好的做法就是去感受、去接受这不一样的差异，把异乡他国的"新鲜"，化作生命中缤纷的养料。生命的意义在于历练人间的美好，异乡的"新鲜"，正是这种美好最好的养分。

当越来越多中国人开始周游世界的时候，我们要学会在看世界中，丰富人生，感受精彩。像格什温感受"一个美国人在巴黎"一样，学会感受"一个中国人在世界"的境界。

如果未来有一天，有哪位中国艺术家写出一部类似格什温的《一个中国人在世界》的作品，那一定也是极好的。

（2017年2月27日）

快递的未来要多"快"

第一次见识快递,还是 2003 年秋,在美国洛杉矶一个叫作波莫那的小城。那时,正在加州上学,有不少东西要寄回上海,就去了小区旁的邮局。

邮局只有一位员工,兼顾收发各项邮政事务,包括旁边柜台上联邦快递的业务。他问了我的需求之后,跟我说,可以有三种不同的寄送方法。一种是通过美国的邮政系统普通寄送,通常是海运方式,美国到中国大约需要 3 个月;另外是通过快递,一种是限时到达,通过航空专送,3 天能到;另一种是航空快递,按飞机正常航班寄送,大约一周能到,他建议我不太急的话,用这个方式比较合理。我觉得蛮有道理,就选择了第三种方式。他很仔细地将物品用一个大纸箱装好,又填充进许多小圆柱形泡沫条将空间塞满免得物品晃动,封好纸箱,一共收了 50 美元快递费。一周不到,纸箱送到了上海。

在 14 年前,这样的服务方式,对于寄个包裹通常要一两个月时间的国内惯例来说,无疑是个冲击。

很少有人意识到,恰恰就在这一年,中国的快递业正迎来发展的巨大转机。

转机来自需求的嬗变。这年发生了一件事,那就是阿里巴巴集团在 2003 年 5 月 10 日,成立了淘宝网。淘宝网虽然是个购物网站,但是它真正带来的变化,是中国快递业的迅速崛起。对于中国快递业来说,这是个历史性时刻。2005 年,淘宝网超越盛极一时的易趣 eBay,5 月超越日本雅虎,成为亚洲最大的网络购物平台。随着淘宝迎来爆发性增长,快递业也迎来了春天。

在 2005 年的时候,民营快递其实是不合法的。当时的《邮政法》并不允许民营快递,直到 2009 年新《邮政法》才承认其合法地位。最早开始试水民营快递的浙江桐庐人聂腾飞和他的伙伴们,从 1993 年开始通过火车递送物品赚钱,面临的窘况是邮件随时可能被查扣,火车上要打点乘务员,遇到邮政检查要会躲,躲不掉还要能跑。就在这样的灰色地带中,聂腾飞以及他的伙伴们,分别创立了申通、韵达、圆通、中通等一系列后来闻名遐迩的快递公司。

随着一个又一个"双11"的来临，网购成了中国增长最快的消费方式，快递也成为资本市场上亮眼的奇葩。今年2月24日，快递业老大顺丰登陆A股，2300多亿元的市值不仅超越万科，更是相当于"三通一达"（申通、圆通、中通、韵达）的市值总和。截至2月底，市值已达3000亿元。

与资本市场上炙手可热形成对比，有关快递业的负面信息也层出不穷。今年春节后多家快递公司接连传出网点爆仓、停运、关闭传言，有快递员反复跳槽。有网友声称，自己八件快递在北京花园桥站点滞留半月，现场一看，快递堆积如山无人看管。

数据显示，去年中国快递业务量突破300亿件，占据全球份额一半，连续六年大增50%。A股上市的快递公司中，净利润增长最低的申通去年都飙涨60%，快递业稳居行业增速之冠。

盛况之下，有位业内大佬公然炮轰快递业，称90%的从业人员没有或少有五险一金，快递业所谓的表面"繁荣"，不过是建立在克扣基层从业人员福利的"沙丘"之上。有个案例是，某快递公司率先挑起价格战，将快递起步价从20元暴降到12元，引发行业震动。其他快递不甘落后，纷纷跟进大打价格战。十多年价格战打下来，行业利润率从35%骤降至5%以下，由此带来一连串的隐患。

快递业另一个负面作用，也越来越引起人们的忧虑，那就是300亿件快递外包装带来的环境污染。无论是纸板箱还是塑料袋，本身都会带来大量资源浪费和环境污染，特别是一边以环保名义对塑料袋收费，一边又因快递发展而制造大量塑料垃圾，尤其是那些粗劣有异味的深色塑料制品，其危害更显而易见。这一切如果通过商店等直接购买方式，是完全可以避免的。快递的快速发展，有没有"哪管别人洪水滔天"的意思呢？

乐观的预期是，去年中国快递业务突破300亿件后，将在三年后有望突破500亿件。毫无疑问，只要买买买不"剁手"，快递的神奇脚步就一刻不会停下来。

那么，当快递的快速带来的弊端越来越显著，快递的快速越来越扯着许多东西的时候，也许我们应该问一句，我们需要那么"快"的快递吗？

（2017年3月6日）

在"海纳百川"中"兼容并蓄"

1999年初,上海金茂大厦刚刚落成,还没有正式开放,金茂大厦的业主方找到我,让我先去看看,给他们提些文化建议。业主方有句话至今印象很深:"这座大厦是很有文化的。"

金茂大厦高度当时世界第三,排在它之前的是美国的希尔斯大厦以及加拿大的一座电视塔。它420米的高度,以及金属与玻璃组成的框架结构,无疑是最尖端工业技术的结晶和集大成者。但是,所有见识金茂大厦的人,又都不能不意识到,大厦确实是"很有文化的"。

大厦的外形,参照中国传统建筑文化中宝塔的造型,又进行了优化设计。"九层宝塔"的每一段,逐段减少高度和楼层数,外观上形成了中国文化"竹笋拔节节节高"的动感,消除了塔式建筑层层叠叠的沉闷和单调。大厦前厅内的八幅铜雕壁画,集中体现了中国传统的书法艺术,它通过汉字从甲骨文、钟鼎文一直到篆、隶、楷、草的演变,反映了中国上下五千年的文明史。当时世界最高酒店金茂君悦酒店的客房里,布置了某些名人的艺术品,墙壁上是洒金的中国书法作品。大厦确实很有文化。

那么,金茂大厦的文化,是怎样一种文化呢?它实质上就是在"海纳百川"中"兼收并蓄"的"海派文化"的代表。既是中国的,特别是江南的;又是世界的,特别是时尚的;还是工业的,特别是力量的。

海派文化的内涵,可以有多种不同的解读,大体上主要有这么几个含义。首先是中国的、江南的。上海位处中国江南,不能不浸润于、熏陶在中国江南传统文化特别是吴越文化的氛围中;其次是世界的、时尚的。作为中国最早对外开放的城市之一,上海较早接触了世界最新潮流尤其是文化潮流,世界最新的几许文化常常都能在这里找到烙印;第三是工业的、力量的。上海是中国最早成体系感受到近现代工业文明的地方,从最早的工业机器,最早的纺织厂、发电厂,到多年间保持最高的国际饭店,无不有着深深的工业文明特征,以及工业力量的特质。富有特色的金茂大厦，正是这些特征的集大成者。

　　海派文化的这些特征，也影响和感染了生活在这座城市里的市民。在物质条件还比较艰难的时候，同样一件粗布衣服，有着"海派文化"特质的上海人，可以让它变得好看时尚。一个例证就是曾经作为一个时代时尚的"节约领"。

　　"节约领"是江南的，因为江南气候比较暖湿，本就不必穿得过多，只有单独的领子，穿着还更透气些，不像北方的冬天，恨不能把整条被子都裹在身上；"节约领"又是世界的，穿件"出客"衣服，按照国际惯例，笔挺整洁的衬衫领子必不可少，"节约领"是以最少的费用、保持笔挺的领子的性价比最高的方式；"节约领"还是工业的，要不是发达的纺织工业和服装工业，这样的创新还没有实现的可能，它的剪裁充分体现了工业时代的工艺水平。

　　这样一件小小的物品，深刻地反映了生活在这座城市里的人们，吸收各处所长，不断去追求更好未来的精神。

　　海派文化的这些特征，深深影响到了城市的精神品格。不同的城市有着不同的特色，城市特色的集中概括，形成了一座城市的精神。上海城市精神概括为海纳百川、追求卓越、开明睿智、大气谦和，这是非常贴切于上海特质的。

　　在人类文明史上，那些有着独特文化和精神气质的城市，往往能形成强大的吸引力。比如纽约的"梦想和创造"，伦敦的"不屈不挠"，东京的"干练、优雅、合作"等，且不说它们是否贴切，至少它们很好地推广了这个城市。而"海纳百川、追求卓越、开明睿智、大气谦和"的上海城市精神，将有助于世界更好地了解上海。

　　当立足于海派文化，又经过历史与时代的淬炼，最终形成了城市精神这样一个共识，它需要每一个置身于其中的市民去呵护与践行，最终形成一个更受好评、更令人刮目相看的城市，这是我们每一个人都可以为之奋斗的！

（2017年3月20日）

从凡尔赛到巴塞尔

在瑞士第二大城市日内瓦的市中心，紧临日内瓦湖，几条道路交会的街心花园，坐落着一个巨大的花坛时钟，12个计时的阿拉伯数字错落有致地散布在花坛中，两根白色的粗圆时针与分针，搭配着一根黑色的长长秒针，一刻不停准确地记录着时光流逝。来自天南海北的人们到了这里，总要与这个花钟合影留念，不仅仅是因为它的美观与别致，更有一层深藏的含义——这里是世界钟表之都。

日内瓦之于钟表的意义，在城市的许多地方都可以感受得到。就在以花坛时钟为中心放射出去的各条街道上，几百米内，你可以找到几乎所有瑞士名表的专卖店。虽然会议之都的名声，加上"联合国第二总部"的影响，盖过了对日内瓦更多的解读，但是对很多游客来说，真正能感受和触摸到的，只是钟表之都的魅力。

发生在27年之前的一件事，更加奠定了日内瓦钟表之都的地位。

一战战火正酣的1917年，置身战事之外的瑞士，在巴塞尔举行了首次珠宝钟表展，这在当时的世界上另类而又别出心裁，扩大了瑞士钟表的影响，也使得巴塞尔展此后延续了百年历史。但在27年前，巴塞尔展遇到了一次最大危机。出于多种原因，著名品牌卡地亚领头的一批钟表品牌，集体退出巴塞尔展，另行在日内瓦举办了对抗色彩颇浓的高级钟表沙龙SINN。此后，日内瓦逐渐与巴塞尔展分庭抗礼，发展成为瑞士最重要的两个钟表展览，这带来的间接结果就是进一步提升了日内瓦钟表之都的地位。

尽管有日内瓦的挑战，但巴塞尔依然是钟表界的泰斗。这种影响力不能不归因于它跟法国阿尔萨斯的接壤，以及拜凡尔赛宫出来的那些钟表匠人所赐。

巴塞尔地理位置很有意思，它位处瑞士西北部，莱茵河穿城而过，将巴塞尔分成版图较大的西岸大巴塞尔区与东岸小巴塞尔区。它同时与两个外国接壤，西北是法国的阿尔萨斯，东北则是德国黑森林山脉。黑森林山脉阻隔了巴塞尔与德国的交往，却大大促进了与法国尤其是阿尔萨斯的联系。一个显而易见的好处是，它较早较快地接受法国钟表对瑞士的转移和影响。

现在人们记得的是瑞士名表，而很少想到法国钟表曾经的辉煌。但是追根溯源，法国才是钟表真正的发源地。1305年，法国人在人类历史上制造出了第一台报时钟，那就是建设在博韦大教堂内的钟楼大钟。机械钟表的发明，为人们提供了准确掌握时间的可能，为人类生活生产开辟了全新天地和景象。

中世纪的欧洲大陆很不平静，充满了宗教对立和杀戮，这在法国表现得尤为明显。16世纪末，法国宗教改革导致了一场大屠杀，当时改革领袖加尔文带着追随他神学理念的胡格诺派教徒，纷纷逃亡至瑞法边境的贝桑松城，这里是法国著名作家维克多·雨果的故乡，在当时以钟表业闻名。为了维持生计，这些逃亡者很多选择到钟表厂工作。随着宗教冲突的加剧，一些优秀钟表匠越过边境，来到瑞士谋生，来到了国境对面的巴塞尔，给瑞士带去了全新的制造钟表技术。

此后的许多年里，这样的流动一直在进行。特别是到了法国大革命年代，大量服务于宫廷与贵族的最优秀的钟表匠人，皮之不存，纷纷从凡尔赛宫等流向民间，大批沿着这条路线，来到平静安全的瑞士谋生，来到了巴塞尔。随着法国元素的源源不断注入，特别是法国制表技艺与瑞士本土金银首饰技艺融合，演变出了新的高质量制表工艺，奠定了今天瑞士钟表的技术基础。

从凡尔赛到巴塞尔，是瑞士钟表业发展历史至关重要的主线。

随着工业革命的到来以及铁路交通在欧洲和美国的延伸，催生了各国对钟表的需求，给瑞士带来了巨大商机。19世纪初，瑞士的钟表产量占到全世界三分之二，远超饱经动乱的英法。1918年，瑞士钟表匠扎纳·沙奴从一战中士兵打仗时把表绑在手上做法的启发，设计制造了可以用表带固定在手上的表，由此诞生了手表。

今年是巴塞尔有历史意义的一年，3月23日—30日，2017巴塞尔钟表展开展，展览迎来了百岁生日。

世纪之展，记录了辉煌的过去，也面临着新的挑战。比当年卡地亚出走日内瓦更严峻的，是电子计时的普及，以及由此带来的时代嬗变。

且看巴塞尔如何应对。

（2017年4月10日）

上海的都市森林

周日的早上,一场春雨淅淅沥沥落了下来,飘洒在上海的街巷之间,鲜绿透亮的春色顿时扑面而来。

坐车从淮海路转入衡山路, 路上茂密齐整的行道树,迎着春雨,竞相绽放出苍翠欲滴的春色。衡山路尽头处,是徐家汇绿地,几年间,这里长成了一派恢宏的都市森林,浓浓郁郁的绿色之间,不少市民在湿漉漉的小路上健行。汽车驶上通往郊外的高架路,倏然之间,两旁的春景仿佛展开了一张绿色的地毯,一直铺展到天际尽头……

你也许会感叹道:这真是一片大森林!

是的,上海真像一座森林都市了。

最新数字表明,上海的森林覆盖率已经达到15%,建成区绿化覆盖率接近40%,森林生态服务功能年价值量约120亿元。到2020年,上海森林覆盖率还有望增加到18%。

如果比较历史的话,目前上海中心城区人均绿化面积将近14平方米,而在20年前,这个数字只有1.69平方米。更早些,解放初上海的人均绿地面积是0.132平方米;在20世纪80年代到90年代,人均绿地一直徘徊在0.45平方米左右。有人曾经将这样的变化,称之为上海绿化面积从"一双鞋子"到"一页报纸"到"一张床铺",最后是今天的"一间房子"。这样的面积还在越变越大。

上海的都市森林来之不易,奠基之作,是著名的延中绿地。

延中绿地建设,是上海城市建设战略思维的一次巨大飞跃。正是因为这样的创新与突破,延中绿地建设之初遇到的阻力,今天难以想象。

最大的阻力,当然就是算经济账。延中绿地动工于世纪之交的2000年。那个时候,能认识到生态建设重要性的领导凤毛麟角,而对这样的远见卓识提出反对又很容易,只要一讲经济就算得出来。延中绿地一期面积在34 000平方米,那时这个区域的土地批租价格,每平方米高达3600美元,批租的效益就是10多亿元。而建设绿地，不仅没有收入，还要投入大量资金。这个时候，考验的是决策者的战略眼光。最终，面临重重阻力，延中绿地还是动工了。

开建延中绿地，带给上海市民巨大的惊喜！多少年了，一直苦于城市"水泥森林"的市民，多么盼望能有一片赏心悦目的绿色景观出现在他们身边啊！如今，马上就要在寸土寸金的市中心实现了，前所未有，怎不叫人心花怒放！

市民们的喜悦之情，深深感染了《新民晚报》记者。当延中绿地第一批树木刚刚种下的时候，《新民晚报》记者急不可待地发了一则新闻，说上海音乐厅旁的延中绿地上，出现了一片"24棵香樟树森林"。24棵香樟树被看作了都市森林，可想而知，上海人是多么盼望绿色啊。

2001年7月1日，延中绿地如期正式对外开放，占地面积34 800平方米，其中绿化面积为24 000平方米，绿化覆盖率达75%。经过多年的持续建设，如今，这里总面积已达23万平方米。

延中绿地开启了上海建设生态城市的大幕。从21世纪开始，在上海市委市政府的决策部署下，上海的都市森林越来越浓郁，越来越漂亮。从解放初到世纪之交，上海人均绿化面积总共增加了两平方米，而从2005年之后的10年，几乎每年增加一平方米，变化之大，唯有日新月异来形容。如今，市民出门500米范围内，就有一处3000平方米以上的大绿地，整个城市建起了158座公园及总面积26平方公里的环城林带。都市森林的色彩也越来越好看，绿化植物的品种，从200多种增加到了800多种，姹紫嫣红，四季争艳。

上海的都市森林还在不断延伸，不断展开新的画卷。最新的消息是，在黄浦江东岸风景绝佳处，即将兴建一个面积接近两平方公里的世博文化公园。

世博文化公园位于世博园后滩地区，地处黄浦江核心滨水区的凸岸，东至长青北路，西、北面临黄浦江，南至通耀路，是浦东核心黄金地段与陆家嘴齐名的另一个凸嘴处。这样一块钻石地段土地如果拿出来批租的话，价值上千亿元。但是这样的宝地，全部用作了建设对市民免费开放的公园绿地，足可以看出上海市委市政府领导，对上海城市生态建设的高度重视、对普通百姓日常生活极其关注。

世博文化公园建成后，将是延中绿地的8倍，上海植物园的2.5倍，聚焦文化内涵和生态建设，凸显生态大公园、文化大公园和市民大公园的特色。

这将是上海的新一片都市森林。

（2017年4月17日）

车轮上的中国

有关汽车，印象最深的是"野马"。

"野马"诞生在美国。20世纪60年代，正是美国汽车市场面临变革的时代。那时，战后一代年轻人逐渐成了汽车消费的主体，在还没有环保概念的时候，他们需要更加强劲、更加无所不能的汽车，美国福特汽车公司为此推出了一款新车，名叫"野马"。"野马"名字来源于二战传奇的美军P51型"野马"战斗机。1964年秋，福特正式发售第一代野马量产车型，首批推出的车型有3.3 L、4.7 L两种排量。该车型仅上市一天，订单就超过2.2万份，上市第一年便达到40万辆销量，仅用了20个月便达到百万辆销量。"野马"风靡一时，成为20世纪60年代"肌肉跑车"的典范。

"野马"最神奇的并不是它的汽车功能。车商在宣传这种汽车时，说它还有个功能，就是假如你是个农民，可以把"野马"车的发动机接到脱粒机上，让汽车直接帮你干农活。有人试了一下，果不其然。

当然，买一辆"野马"去拉动脱粒机，这是有些奢侈的，但这个功能象征了后来广为人知的形象——"车轮上的美国"。这是一个汽车驱动的国度，汽车无所不能。

时过境迁，"野马"们所代表的"车轮上的美国"，正在被"车轮上的中国"渐渐赶了上来。

刚刚过去的2016年，全球汽车销量9385.64万辆，增速4.7%。超过千万销量的只有两个国家：老大中国、老二美国。中国作为全球最大汽车市场，2016年销量达2802.82万辆，增长13.7%，而美国这个数字只有1786.58万辆，销量增速为0.1%，中国比美国多了足足一个千万的数量级。中国的汽车保有量则达到了2.9亿辆。

中国进入汽车时代，是有些突兀和猝不及防的。转折来自2001年年底加入世界贸易组织。面临的外部环境发生巨大变化，长期压抑的汽车消费得以释放，汽车销量急剧增长。2002年，我国国产乘用车市场（不含微客）销量仅为126.17万辆，到了10年后的2012年，销量已高达1322.64万辆，以26.4%的年均复合增长率增长。其中在2010年，国产乘用车市场销量首次突破千万辆大关，为1130万辆。中国汽车的销量在2000年到2015年的15年间增长了10余倍，已经是拥有5.08亿人口的欧盟27国汽车年销量的2倍。

虽然从人均的数量看，中国的汽车时代还不算十分旺盛，但是由于绝对数量的庞大，市场潜力巨大。目前中国千人汽车保有量约为120辆，美国的这一数字为800辆，日本为600辆，欧洲为550辆，世界千人平均保有量160辆。根据保有量的发展规律看，未来15年中国汽车的千人保有量将有可能超过300辆，届时汽车约年产4200万辆，由此可见巨大的发展空间。

这一切有个生动鲜明的体现，那就是世界各大汽车公司，包括越来越成熟的中国国产品牌车公司，都把战略着眼点放在了中国市场，由此在中国举行的各类汽车展会的影响也越来越大。

今年4月，上海最热闹的事情之一，就是两年一度的上海车展，这已是上海举办的第17届国际汽车工业展览会。几乎世界上所有的大牌汽车厂商，都使出浑身解数，力图在盛会上一展身手。从生物识别+虚拟现实的"黑科技"，到新能源与自动驾驶的"混搭"，无所不用其极。大概是为了凑一个车展的热闹，连《速度与激情》也适时推出了"8"，据说里面除了有千万级的豪车之外，还有黑科技十足的汽车，与正在举办的上海车展相配。

中国汽车市场的转折在加入世贸组织之后，但是"入世"其实曾是中国汽车的"敏感词"。犹记当年，中国"入世"消息刚刚传来，中国证券市场上的所有汽车股，齐刷刷一同下跌。原因很简单，加入世贸组织之后，因为技术、质量、价格都远远不能与老牌著名汽车公司相比，中国汽车工业前景堪忧。然而，所谓的危机，常常是危中有机。更大的机会往往在危急时刻。恰恰从那一刻开始，中国汽车工业依托庞大的市场，以市场换发展，取得了巨大的进步。

这好比是当初"入世"，有人曾经设想过种种暗淡前景。孰料一个"防守反击"，中国成为世界各大国中发展最快的国家。与此同时，汽车承载起了"车轮上的中国"。

这有点像当年的"野马"车，一切皆有可能，一切尽可想象，一切尽在人为。

（2017年4月24日）

为什么需要航母

1862年9月23日,奥托·冯·俾斯麦被威廉一世任命为普鲁士首相兼外交大臣。三天之后的9月26日,俾斯麦在议会下院首次演讲中说:"当代的重大问题并非通过演说和多数派决议就能解决,而是要用铁和血来解决。"俾斯麦说,"真理只在大炮射程之内。"八年之后,俾斯麦凭借普法战争的胜利,以普鲁士为主体统一德国,形成了延续至今的德国的基本格局。

俾斯麦功过如何,需要德国人民去评价,但是这个"铁血宰相"对国际政治及国家利益的观点,流传影响了100多年。"大炮射程"的远近,不断在改变世界政治的格局。

最重要的变局,是1941年12月7日。这一天,是美利坚合众国悲惨的一天,也是重生的一天。

那一天之前,世界政治的走向往往取决于"大炮射程";那一天之后,越来越取决于飞机的航程。陆地上的战争不必说,从俾斯麦的普法战争之后,基本上就是射程决定着战争的结局。即使到了世界版图越来越以海洋力量划分时,"大炮射程"依然起着决定性作用。最能说明问题的,就是各国竞相建造火炮口径越来越大的战舰,从几千吨的驱逐舰,到上万吨的巡洋舰,再到几万吨的战列舰,火炮口径则从100多毫米,一直扩张到381毫米、406毫米,甚至460毫米,一颗炮弹重量超过一吨,可以打到40公里之外。当国家间舰队决战展开时,起决定性作用的,就是舰列中射程最远的大炮所发挥的作用。那个时候,中流砥柱的战列舰配备的是381毫米大炮、406毫米大炮还是极端夸张的460毫米大炮,将决定舰队的命运、国家的命运。

"珍珠港事件"改变了这一切。当天早上,美国太平洋舰队八艘战列舰均停在珍珠港内,但偷袭者根本没有给这些装备有巨炮的战舰任何表现射程的机会,用300多架战机,大大延长了远比大炮射程更远的火力投送距离,炸沉了四艘战列舰,暂时夺得了太平洋上的战略优势。由此,飞机的航程取代了大炮的射程,改变了国际政治的话语方式。

飞机航程时代的到来,孕育了航空母舰的主角地位。

"珍珠港事件"对于日本来说,成也萧何,败也萧何;对于美国来说,塞翁失马,焉知非福。日本用航母战机击败了美国的战列巨舰,却依然痴迷于自己完好无损的"大和""武藏"之类天下第一的460毫米巨炮战列舰;美国太平洋舰队八艘战列舰被击沉四艘,剩下的也是伤痕累累,倒索性另起炉灶,轻装上阵,一门心思发展航母打击群。这两种不同的战略思维,最终因为飞机航程远远大于大炮射程,导致了美日两国太平洋大海战中,美国以顺应历史趋势的战争方式,以绝对优势完胜日本。

"珍珠港事件"奠定了航母时代的到来,一直影响到今天的世界格局。远程导弹的出现,一度影响到对航母的评价。但是经历多次重大危机时刻的检验,航母编队的战略优势依然没有减弱。最重要的优势在于,航母具有重大的威慑作用,特别是在总体和平的世界格局中,航母编队这种介乎可用可不用状态的威慑作用,比较发射之后无法收回的导弹来说,具有持续和逐渐增加压力的作用。从战略角度说,更加有效、更加合理。特别是在核大国之间不会发生大战的前提下,航母具有独特的最大的威慑优势。

从现代战争的角度看,除了世界上最强大的几个国家之外,攻击并战胜一支准备充分的航母编队,不是一件容易的事。以"大炮射程"的角度看,舰炮不如导弹,导弹不如飞机。普通舰炮射程在四五十公里,增程及火箭助飞的超远程舰炮不过100多公里;舰舰导弹射程大多在100多公里,远程的也不过是500公里左右;舰载飞机则有数量级、质的提升。以歼-15以及美军主力F-18为例,作战半径都在1000公里以上,加上机载导弹上百公里的射程,与没有航母的战舰对战,具有巨大的不对称优势。即使是不考虑战机的作用,一个现代航母编队,粗略估算,远中近程防空导弹在400枚以上,普通战舰的舰舰导弹攻击,要突破这样的防护网,绝不是一件容易的事。

为什么需要航母?答案已经非常清晰。在排除核决战的可能下,在占据地球表面70%面积的茫茫大洋上,航空母舰具有最大的战略作用。

(2017年5月1日)

最有情怀的"95后"

"穷则独善其身，达则兼济天下。"源于孟子的这段处世为人之道，后面的半句，用在如今刚刚成年的"95后"一代人身上，特别贴切。

"95后"，这会是我们中最有情怀的一代人。

在中国近现代百多年来的历史中，每一代人都经历了披荆斩棘、砥砺前行的时刻。特别是在中国滑向沉沦的晦暗时代，几乎所有的有志之士，都在发出最后、最激烈的呐喊，奋起扭转历史的车轮，拯救祖国于危难之际。从辛亥革命到五四运动，从罗霄山脉到太行山上，从白山黑水到长城内外，一代又一代民族先驱，为了祖国与民族的未来，慷慨前行。无数人的奋斗与牺牲，创建了开万世伟业的共和国。又历经探索与改革，挫折与砥砺，终于将一穷二白的祖国，建设成令世人羡慕的世界第二大经济体。

当历史的火炬即将交接给新的一代人，当"95后"也跨入成年的行列，开始崭露头角之际，照耀在他们身上的阳光，比以往任何一个时代都更充足。

在他们之前，他们的前辈逢山开路、遇水搭桥，开辟出了一条前行的坦途。这条代表着社会发展前进方向的先进道路，铺垫出可以与任何国家平等竞争的良好赛道，任尔驰骋。他们可以在世界性的竞争中，尽情挥洒自己的才华、自己的慧睿、自己的能力，而不必为赛道的崎岖去停车止步。他们不必因为外在的因素，去不合适地改变自己；他们可以因为宜于创造的环境，去尽情舒展自己的天性，因而可以成为最有情怀的一代人。

这种情怀，在之前的很多年代，很难看到。还在我们那个大学求学的时候，选择未来的职业方向，是选择专业的至要因素，这被看作前程是明亮还是暗淡的关键。记得刚刚进大学不久，校刊的副刊上登了一篇散文，讲述了一个有关文科与理科的因缘故事。清晨校园的小树林里，时常有悠扬而哀怨的笛声传来，循声而去，一位新生沉溺在自己的笛声中而不闻他事。笛毕细问之下，这是一个热爱文科、却又在父母要求之下不能不选择了理科的学生，心心念念的还是自己的文学梦、艺术梦。

　　这样的故事，现在听来，如天方夜谭。不过在那个早些时候的岁月里，却是非常之真实。那个时候，还是"学好数理化，走遍天下都不怕"的时代，无非数理化正是一个时代之急需，而看上去经常不太着调的文科，名声不太够意思。相比于数理化，"思想的力量"或者"文化软实力"，听上去有些缥缈。

　　当一个社会、一个国家，真正发展与富足起来之后，那些看上去"无用之学问""无稽之想象"，恰恰构成了"文以化之"软实力的基石。精神境界的拓展与提升，离不开"无用之艺术"的熏陶。正是"无用"所带来的不羁之想象力，提供了创造与创新最大的可能，构成了内在最强大的创新力。

　　正是基于这样的流觞，给了"95后"可以少谈物质、多讲情怀的可能。

　　最典型的是正在推进之中的以高考改革为重点的教育改革。高考对于寒窗学子来说，是检验真理的重要标志。在之前的很长时间里，分数是检验的唯一尺度和标准，在这种情况之下，毛坦厂之类以"锥刺股、头悬梁"为特色的"高考工厂"大行其道。且不说那些边打点滴边背书的学习，会有多少实际的成效，就说那些"刺股悬梁"的过程，也不啻是对正常人生的反常。以上海、浙江为试点的高考改革，将不再简单地以分数为主要衡量标准，引入更多符合教育规律的评价标准，力图更贴近"育人"的目标。这样的调整与改革，可以更好地发挥每一位学生各自最有特点的潜能，可以更好地培育出社会与国家最需要的人才。

　　生逢盛世，当每一个人都可以最好地发挥自己的才能，每一个人都可以尽情贡献自己的智慧，这不仅是人生的幸运，更是国家的幸运。我们需要可上九天揽月、可下五洋捉鳖的人才，我们也需要漫步瓦尔登湖、能指点体坛风云的人才。

　　生逢盛世的"95后"，他们有一个高的起点，他们也会是最有情怀的一代人，他们可以去创造最有梦想的未来。

（2017年5月8日）

"有温度"的上海

"建筑是可以阅读的,街区是适合漫步的,公园是最宜休憩的,市民是遵法诚信文明的,城市始终是有温度的。"

5月8日上午,中共上海市第十一次党代会在黄浦江畔的世博中心开幕,中共中央政治局委员、市委书记韩正的报告中这段充满人文情怀的话,得到了会场内外强烈的共鸣。许多人都说,这是一份"有温度"的报告,代表着"有温度"的上海。

"有温度"的上海,温暖远不止于此,更在于党代会报告中对未来五年发展宏图的描绘上。在未来五年的发展中,上海有个宏大的奋斗目标:全面深化改革取得决定性胜利,创新驱动发展、经济转型升级实现历史性跨越,基本建成"四个中心"和社会主义现代化国际大都市,在全球大都市中的影响力稳步提升。实现建成更高水平全面小康社会的目标,城市更加宜居宜业,吸引力、创造力、竞争力不断增强,改革发展成果更多更公平惠及全市人民。

特别是其中提到的"城市更加宜居宜业,吸引力、创造力、竞争力不断增强,改革发展成果更多更公平惠及全市人民",字里行间,都是满满的暖意。

过去的五年,是上海改革奋进、铸就辉煌的五年。在以习近平同志为核心的党中央坚强领导下,中共上海十届市委始终按照继续当好全国改革开放排头兵、创新发展先行者的根本要求,团结带领全市党员和干部群众,奋力推进创新驱动发展、经济转型升级,取得了前所未有的发展成果。

这些发展成果,已经扎扎实实地转化为人民群众的获得感,成为感受得到的"上海温度"。

从把自贸试验区建设作为当好改革开放排头兵的突破口,以开放倒逼改革,解放和发展生产力,探索构建开放型经济新体制,由此带来的发展新气象,到始终紧紧咬住建设具有全球影响力的科创中心的目标定位,勇当创新发展先行者,带来的全社会创业创新活力迸发;从积极探索符合超大城市特点和规律的社会治理创新之路，持续推进城市从管理向治理的根本转变，带来的社区面貌焕然一新，到党的建设全面加强，坚持思想建党与制度治党紧密结合，带来的阵阵社会清风，都让生活在这座城市的人们，感受到了上海在走向"全球卓越城市"过程中，更加美好的收获。

参加党代会的一位代表这样来表达他的感受："以人民为中心的思想，报告中有很多非常具体的表述，很接地气，也令人感动。老百姓的想法其实很简单，党的目标和宗旨与我个人的梦想相契合，我就愿意去追随。一个国家的梦想、一个城市的梦想、每个人的梦想，梦梦相通，国家一定会强大，城市一定会发展，人民就一定会幸福。"

在韩正书记的报告中，不断提到"人民"和"百姓"："建设超大城市，要始终践行以人民为中心的发展思想，坚持以人为本、规划为先、安全为重"；"坚持一切为了人民、一切依靠人民，不忘初心，继续前进"；"让老百姓看到更蓝的天，呼吸到更清新的空气"；"从人民群众最关心最直接最现实的利益问题入手，加强以保障和改善民生为重点的社会建设，深入推进社会治理创新，着力补短板、强管理、促公平、提质量，让人们安居乐业"。

在报告一些指标数字上，很多也都跟百姓的生活密切相关："城镇登记失业率控制在 4.2% 以内，城乡居民收入持续增加，退休职工养老金大幅提高，建立老年综合津贴制度，率先实现城乡统一的居民养老、医保、低保等基本社会保险和救助制度"，"平均期望寿命 83.16 岁，达到国际领先水平。生态环境持续改善，PM2.5 年均浓度降至 45 微克/立方米"。

这都是一些人民群众身边"看得见的幸福"。

习近平总书记说过："我们的人民热爱生活，期盼有更好的教育、更稳定的工作、更满意的收入、更可靠的社会保障、更高水平的医疗卫生服务、更舒适的居住条件、更优美的环境，期盼孩子们能成长得更好、工作得更好、生活得更好。人民对美好生活的向往，就是我们的奋斗目标。"

韩正书记说："我们一定要传承好共产党人的光荣和梦想，接续努力、接力探索，不断创造新的辉煌。"

一座"有温度"的城市，一定是充满了希望的城市。

（2017 年 5 月 15 日）

雁栖湖畔雁成行

今年早春时节,有将近半个月时间在北京,专程去了雁栖湖。

出北京城,沿京承高速公路往怀柔方向,车行约 80 公里,倏然间,一大片开阔无垠的青山绿水,展开在我们面前。这是北方少见的那种连天碧水,绿波四周是浓浓郁郁、连绵起伏的燕山余脉,满目苍翠,仿佛是天上掉落在京郊的一片仙境。

雁栖湖的中心是雁栖岛,雁栖岛的中心是一座气势宏大、古色古香的建筑。远远望去,飞檐凌空、古朴雄伟,带着浓郁的汉风唐韵。整幢楼外观是没有楼层分割的整体建筑,因而显得特别宏大。这就是著名的雁栖湖国际会议中心"汉唐飞扬"主建筑。与"汉唐飞扬"遥相呼应的是雁栖塔。雁栖塔也是古风盎然,外貌很像古都西安闻名于世的大雁塔。

站在雁栖岛上,碧空澄净之间,遥望汉风唐韵,偶有飞禽掠过,仿如雁行北归,小憩塔岛。

随着大雁渐渐春暖北归,春天也在雁栖岛上绽开了姹紫嫣红,雁栖湖迎来了世界瞩目的时刻。刚刚结束的"一带一路"国际合作高峰论坛,领导人圆桌峰会就是在雁栖岛上"汉唐飞扬"主会场举行的。

在雁栖岛上讨论"一带一路"宏图大业,别有一番人文与历史的深远意义。

雁栖岛是南去北归的大雁们远行小憩的佳处。大雁翱翔,有诗也有远方。最给人们留下印象的,是大雁们诗行一般齐整的雁行阵容,非常整齐、非常富有规律。

如果仔细观察可以发现,雁群在天空中飞翔,一般都是排成人字阵或一字斜阵,并且不同的大雁之间,会定时交换左右位置。这里面有着科学的真理。

雁群的这一特殊飞行阵势,是大雁们能够飞得最快、飞行最省力的方式。在这样的飞行中,后一只大雁的羽翼能够借力于前一只大雁羽翼所产生的空气动力,得以乘波而行,飞行比较省力。一段时间后,大雁之间会各自交换左右位置，使另一侧大雁羽翼也能借助于这样的空气动力，乘波而行。"雁阵效应"可以用最少的力气，达到最好的飞行效果。

这样的"雁阵效应"，其实也是大雁栖息的雁栖岛上令人瞩目的"一带一路"高峰论坛的生动写照。"一带一路"国际合作，也是在用好各国发展的"雁阵效应"，彼此乘波而行，搭上发展的"便车"与"快车"，加快各国发展、世界的发展。

高峰论坛的会标，上方是黄色绸带，代表陆上丝绸之路；下方是蓝色绸带，代表海上丝绸之路；两条绸带连接的中间，是一座宝塔，宛如雁栖塔的剪影。

5月14日上午，在高峰论坛开幕式上，习近平主席发表主旨演讲："2000多年前，我们的先辈筚路蓝缕，穿越草原沙漠，开辟出联通亚欧非的陆上丝绸之路；我们的先辈扬帆远航，穿越惊涛骇浪，闯荡出连接东西方的海上丝绸之路。"

习近平主席谈到人类今天面临的挑战时说："和平赤字、发展赤字、治理赤字，是摆在全人类面前的严峻挑战。"

面对这些挑战，单一国家各自为政收效甚微，单一国家的努力事倍功半。孤雁不成行。"一带一路"倡议，就是要把单个国家的力量团结起来，形成好风凭借力的"雁阵效应"，更有效地应对全人类共同面临的挑战。

这样团结起来共同应对挑战的倡议，得到了各国领导人的高度赞赏和积极响应。俄罗斯总统普京说，世界面临复杂局面，我们需要新的合作机制，消除壁垒，敞开合作大门。法国前总理德维尔潘认为，"一带一路"建设是联通古今、通向未来的桥梁，旨在在发展的道路上"不让一个人掉队"。

5月15日，雁栖湖畔30多面旗帜迎风飘扬，高峰论坛的领导人圆桌峰会在这里举行。"汉唐飞扬"二楼集贤厅内，习近平主席同29国领导人及联合国、世界银行、国际货币基金组织三大国际机构负责人环桌而坐，共议合作方略。中午时分，习主席同与会领导人和国际组织负责人一起来到汉阙广场合影。他们身后，雁栖湖国际会议中心"汉唐飞扬"在蓝天映衬下，仿佛一只鸿雁振翅翱翔。

雁栖塔下，群英荟萃；雁栖湖畔，雁阵成行。

习近平主席说："让我们以雁栖湖为新的起点，张开双翼，一起飞向辽阔的蓝天，飞向和平、发展、合作、共赢的远方！"

（2017年5月29日）

那些消失的美国间谍

5月25日,在中国国防部例行新闻发布会上,有记者问到中国破获美日间谍案的问题,新闻发言人任国强说,根据中国的法律,凡是危害中国国家安全的行为,都会依法受到惩处。

此前,外交部新闻发言人华春莹曾就此事回应称,关于《纽约时报》有关报道的具体情况,我不了解。我可以告诉你的是,中国国家安全机关按照中国有关法律授权,对危害中国国家安全和利益的组织、人员和行为依法开展调查和处置,有效履职尽责。

事情起源于几天之前,美国《纽约时报》刊登大幅报道,说是美国派往中国的许多间谍,近些年陆续消失而不知所终,使得美国对华谍战遭受重大挫折云云。

报道还很"认真"地说,从2010年起,中国捣毁了一个在华的CIA间谍网,有18至20名中情局特工被抓。但一直无法搞清楚,这些人究竟是什么原因而消失了。言下之意,颇有一些要中国帮他们找回这些间谍的意思,兼做了"寻人启事"广告。

美国是否有这些间谍失踪,因为美方也没有向中国政府提供全部在华间谍的花名册,所以还真无法核对。不过美方如果真有间谍在中国,被抓到也是一件肯定的事。

美国是个特别喜欢搞些间谍之类小动作的国家,最著名的代表当然就是中央情报局了,CIA三个字母,几乎成了阴谋与暗杀的代名词。如果将美国冠之为世界第一间谍大国,估计不会有什么争议。二战结束之后,中情局基本成了暗杀、窃密、颠覆、政变等的代名词,许多动乱、冲突,幕后黑手总离不开中央情报局。当年,古巴卡斯特罗带领一帮加勒比海兄弟举起反美大旗,从此就成了CIA的眼中钉,不仅在著名的"猪湾事件"中有中情局深度介入,此后美国与古巴的对立,中情局几乎担当了最重要的角色。据说,跟中情局有染的针对卡斯特罗的暗杀阴谋，总共有700多起，从手枪、毒药到车祸、美女，无所不有，无所不用其极。最经典也最搞笑的是，CIA曾设下美人计，却被大胡子一眼识破，还将计就计把阴谋当作糖衣炮弹，吃掉了糖衣还回去炮弹，上演了一出爱情佳话，把中情局弄得十分尴尬。

当然，CIA称得上世界第一间谍组织，总还有些不同寻常之处。一个重要特点就是，CIA的职业间谍很像变色龙，善于依据不同的外部环境，精心伪装打扮自己。最初是一语不合就拔枪射击，随着世界的变化，变得温文尔雅、文质彬彬起来。从风衣、墨镜、手枪、毒药、杀手，慢慢穿上了AM西装、BB衬衫、CK内衣，时尚而雅致，成了教授、金融家、NGO的代表以及智库专家。

也因此，CIA在世界不少地方，也不全是一事无成。很多"颜色革命"、军事政变的背后，顺藤摸瓜找到的"长胡子的人"，常常就是以不同身份出现的CIA间谍。

对于CIA雇员的这类"转型"，许多人并不是一眼就看穿的。特别是长期以来习惯他们风衣墨镜手枪的形象，乍遇到一个文质彬彬的教授，并且说还能提供基金帮助你培养人才，这样的场面，不是像街上"拆白党"那样容易被识破的。也因此，传说CIA背景的"基金"在世界各国，颇培养了不少"人才"。当小荷露出了尖尖角之后，结果就比较容易推演了。某国有个十分有名的"奖学金"项目，它的课程设置，就是007的同事们一起参与的。

5月初的时候，我去了一次柏林郊外的格林尼克大桥。桥下是著名的哈弗尔河，两岸分别是柏林和波茨坦，这是当年东西德的分界河。这座桥更为人所知的一个名字是"间谍之桥"，冷战时期美国与苏联在这座桥上以及两岸，演绎了不少间谍故事。斯皮尔伯格与汤姆·汉克斯合作的电影《间谍之桥》，将当年诡谲的间谍战再现在人们面前，也让这座桥重回人们的视线。

格林尼克大桥中央，有一长条带有锈迹的铁条，这是当年东西方阵营的分界线之一。我们的汽车开过这根铁条朝波茨坦方向驶去，十来分钟之后，茂密的树林里出现了一片连绵的独立房屋，当地人说，这是1945年到1991年，苏联驻东德（德意志民主共和国）情报部队的驻地。树林中隐约能看到几幢没有窗户的水泥楼，据说这是抓获对方间谍后的审讯楼。

如今，这里早已人去楼空，唯有雨后森林绿色的寂静。

风还在吹。

（2017年6月5日）

达·芬奇画蛋

这个标题，其实是某年上海高考的作文题目。

至今还清晰地记得这个题目，是因为这个题目就是我高考的作文题目。更记忆犹新的是，恰好是在当年高考之前三天，语文老师给我们刷题时，做的一道作文题，题目就是《达·芬奇画蛋》。

惊不惊喜？刺不刺激？意不意外？

没想到吧！

这是一篇议论文的题目。剧情不复杂，是从达·芬奇苦练画画基本功，不断练习画蛋，直到练出天下无双的画艺，由此引发凡事要成功必定要刻苦的主题。在我们高考的年代，这是一个正能量的励志题目，确实非常适合写作文。

惊喜、刺激、意外的是，就在考试之前，我们刚刚写过这个题目，并且做过专门的试题分析。让我们写这个题目的，是我非常尊敬，也是非常优秀的一位语文老师——陈开树，他是我所在的重点中学最好的语文老师，也是区里的语文教研组组长。他当然不知道高考的题目，但是一位好的老师，就是能够凭借自己过硬的业务能力，大致上估算出今年会考哪些类型的题目，以及考题的选材方向。我相信，高考作文是《达·芬奇画蛋》，陈先生自己也没有想到，但考"业精于勤"一类的论述题目，在我们高考的那个年代，我相信陈先生对此是会有预估的，会估算出这应该是作文的重点之一。

还有惊喜的。因为我考的是文科，需要考地理。我的地理老师，也是一位名师，叫杨关坻，是区里地理教研组组长。杨老师上课，生动有趣而要言不烦，中国和世界的地理宏图，尽在他掌心之中。好几次在上课时，他反复跟我们讲湖南"怀化"这个地名，解释这个小地方在中国地理版图上的作用和意义。当时我们都是"挥斥方遒"的年纪，自以为很能把握学习重点，对这个小地方是颇不以为然的，不过老师讲得多了，自然也记住了。让我们意外和惊喜的是，那年的地理试卷里，恰恰有一大题"怀化"的题目。

试后复盘，才真正理解杨老师反复跟我们讲"怀化"的意义。因为这里虽然是个小地方，却是好几条交通大动脉的交会之处，从地理上说，是个不起眼，又是特别重要的地方，十分符合高考试题的特点。

杨老师是我们文科班的班主任，非常热情、非常认真、非常敬业。临高考前，他特意请我母亲到学校去，叮嘱说，你儿子是能考上好大学的，高考前要多照顾好他。对他来说，这完全是分外事，但是那个年代的好老师，就是这么尽责、这么敬业。

需要说明的是，这些敬业的老师，能够引导我们很好进入高考考场的老师，从来就没有要收补课费一说。花了再多的业余时间，甚至会自己掏钱给我们买点心，只是他们心中的责任使然。

高考会有惊喜，当然也会有意外。事实上，以高考来说，惊喜之外的意外，似乎更常见。特别是，碰到似曾相识的题目，固然惊喜；但是自认做得很好的卷子，却未必得高分，这就是意外了。这样的意外，也是高考的常态。特别是语文这样的科目，有很多自由发挥和阐述的地方，有一个你的逻辑与判断是否与阅卷老师吻合的问题，这是在带有较多主观因素的测试中，必然会遇到的问题。这跟马云去应聘工作常常被拒之门外，但不等于马云不能创办阿里巴巴一样。

我一直认为高考各门课中，语文是我的强项。平日测试卷一般都是班级前三之内，作文从小学开始就常常是课堂上的范文，况且作文题目还是曾经写过和分析过的，不会有什么意外的。但是那年高考，我成绩最好的不是语文，而是地理，语文只是几门课中平均水平。考后分析了一下，这可能就是意外的地方吧。

语文考试，分析和解释的内容比较多，要点和评判的标准容易有出入，加上作文的标准本来在阅卷时就容易上下滑动，容易出现见仁见智的情况，分数有差异，既是意外，也是情理。好在当年高考分数，要高出录取分数线将近100分，也没有影响志愿选择。

高考是人生的一个驿站，或许会有惊喜，当然也会有意外。无论考得好还是考得不好，都是人生合理的一个部分。

意外是最不意外的，或许因为它就是常态的一个部分。就像经常讲的那句话：一切皆有可能。它包括了一切。

（2017年6月12日）

军人的精神

若干年前,因为公务,搭乘海军东海舰队131驱逐舰,从上海去外海基地。

131舰是当年东海舰队四大金刚之一。它属于中国最早一批国产驱逐舰,改革开放之后相当长时间内,都是中国海军的主力战舰,配备有前后两座双130舰炮,中部两座三联装海鹰2舰对舰导弹,前后四座双25炮,以当时的标准看,火力十分强大。当131舰劈波斩浪驶向外海之际,许多人纷纷站在131舰双130主炮下合影,很有几分我为祖国守海疆的威武与豪迈。

随131舰一同出海的,还有海军司令部与东海舰队的许多领导。战舰在海上犁开层层波浪,一位海司的领导感慨地说,现在我们也有这么大的军舰了,想当年,我们都是用百把吨的小艇去打仗的。他印象最深的就是"8·6"海战,这是当年最大的一场海战,他是参战者之一。他说,"那场海战,出了一位闻名全国的战斗英雄麦贤得"。

"8·6"海战是南海舰队打的,那位海司的领导说,他当时在南海舰队司令部。那是1965年夏天,台湾海峡风高浪急。从1962年开始,蒋介石猖狂叫嚣"反攻大陆",多次利用所谓的海空优势,在台海挑起事端。

1965年8月5日下午6时,南海舰队司令员吴瑞林刚从办公室回到家中吃晚饭,电话就跟到家中响了起来。舰队作战室值班科长雷应台报告说:"汕头方向发现敌情,请首长立即到作战室。"

敌情是两艘蒋军军舰"剑门"号(编号45)与"章江"号(编号118),从台湾左营港出航,企图袭扰我方。

"剑门"号原系美国海军扫雷舰"巨嘴鸟"号,转送台湾当局,刚在1965年4月驶抵台湾,满载排水量1250吨,航速每小时18节,舰上有76毫米炮一门,40毫米炮四门。"章江"号原系美国海军猎潜舰PC-1232号,满载排水量450吨,航速每小时14节,最大航速每小时20节,舰上有76毫米炮一门,40毫米炮一门,20毫米炮五门。

南海舰队立即向总参谋部上报了"放至近岸、协同突击、一一击破"的作战方案，得到总参批准。周恩来总理指示：海军、广州军区均不参与此次战役指挥，由南海舰队具体指挥，并直接向副总参谋长李天佑汇报。汕头水警区护卫艇41大队护卫艇四艘、快艇11大队鱼雷艇六艘组成突击编队。611号护卫艇上，有一位轮机兵，叫麦贤得。

8月5日21时至24时，各编队舰艇分别起航，驶往预定歼敌海区。6日1时42分，"剑门""章江"两舰凭其火炮射程远，先机向护卫艇开炮。护卫艇队展开战斗队形，当看清敌舰桅杆时，各艇一齐射击。"剑门"号一面还击，一面向东规避；"章江"号被四艘护卫艇紧紧咬住，护卫艇从500米与敌同航向射击，直打到100米以内。589、601艇加速冲击堵击，611号艇勇猛追打"章江"舰。

战斗中611号艇三部主机被打坏，前舱进水，轮机兵麦贤得头部被弹片击中，一块弹片打进右前额，插到左侧靠近太阳穴的额叶里，失去知觉。苏醒后，他以惊人毅力坚持在轮机旁。战斗持续了3小时43分，击沉"剑门""章江"两舰，取得了人民海军当时最大的一次海上歼灭战斗的胜利。

毛泽东、刘少奇、周恩来、邓小平等领导人接见了击沉美制蒋帮军舰的海军舰艇部队代表。毛主席高兴地对海军代表说："你们的战斗总结我看了，这一仗打得很好。近战、夜战是我们的光荣传统，过去我们就是用这种办法消灭敌人的。"国防部通令嘉奖参战部队，授予麦贤得战斗英雄荣誉称号；海军授予611号护卫艇、119号鱼雷艇"海上英雄艇""英雄快艇"称号。

麦贤得1945年出生在一个船民家庭。1964年3月参军，1965年8月加入中国共产党。入伍后被分配到海军护卫艇第41大队4中队611号护卫艇上，当了一名轮机兵。被国防部授予"战斗英雄"称号之后，麦贤得成为军队的楷模和全国人民学习的榜样，后任海军某水警区副司令员。

2017年6月12日，麦贤得入选新设立的"八一勋章"首批17位初步候选人名单。"八一勋章"是由中央军委决定、中央军委主席签发证书并颁授的军队最高荣誉，授予在维护国家主权、安全、发展利益，推进国防和军队现代化建设中建立卓越功勋的军队人员。

麦贤得的精神，50多年之后，依然熠熠生辉。

（2017年6月19日）

好电影是硬道理

在上海国际电影节"论坛时间"中,一位国内有些名气的电影导演,快人快语吐槽国产电影烂片太多。他说:"垃圾电影多,是因为垃圾观众多,如果观众不去捧这个场,烂片就没有生存空间,制片人也就不去制作垃圾电影了"。

不知道电影观众们听了这番高论,是否有醍醐灌顶的警醒。看起来,不要说拍电影不容易,就是让你做个吃瓜的电影观众,恐怕也不是一件容易的事了,或许以后还得考个上岗证书,才能去看电影了。

俗话说,看人挑担不吃力。也有人说,没吃过猪肉总见过猪跑。这其实是一个问题的两个方面:凡事都有不易之处,凡事也都应该有个基本判断。就举电影的例子说,好的国产电影不多,应该是个事实,特别是当中国电影票房已经达到了400多亿规模的时候,这样的反差更令人汗颜。

虽然在名导眼里,观众不一定是合格的,但是在见过猪跑的观众眼里,有些导演的不靠谱,可能更接近于事实。要举一些不靠谱的例子,估计几个"金斯顿"U盘都不一定能放得下,虽然"金斯顿"是电影节的赞助商之一。连那位批评观众不靠谱的导演自己都说,"这两天我听到好多人皱着眉头,说将近一个月了,国产片上来十个死十个,一个月了没有一部电影单日票房超过1000万元,全部是好莱坞电影,我觉得没什么不好的,确实拍得不好啊。观众不买账挺好的,我觉得中国电影回到100亿元票房挺好的,干吗非要到600亿"?

国产电影最被人诟病之处,就是包括导演在内的制片方,做事不负责任。别的不说,就是那些电影布景,总给人似曾相识的感觉,原因是它们的出处,其实就在那几个影视城里打转。包括拍老上海的镜头、街道、街角、老房子、有轨电车等,经常让人无比面熟,因为它们共同的老家就是上海郊区的影视城。特别是因为特技制作水平的提高,那些原本可以好好表现的宏大场面,经常就被胡乱做几个假得让人脸红的特技镜头糊弄过去了,不仅不能引人入胜,反而如大餐中吃出苍蝇般难受。作为经常上亿投入的影片,认认真真做几个像样一些的布景,很难吗？

还有被人诟病之处，就是某些演员演技之假，已经到了令人发指的程度。特别是一些自认"鲜肉"在身的演员，其不顾剧情、只顾颜面的"演技"，更增添了电影的虚假。在艰苦的战争场面里，男的涂满发胶，女的腮红口红，并且一律衣着光鲜、熨烫齐整，这真的有点不拿观众的智商当智商了，原因无非是保持"鲜肉"们的鲜度。用那位导演批评年轻演员的话说："这些小孩啊，太娘。市场怎么会追求特娘的男孩呢，男孩应该阳光，有爷们劲儿。"此导的标准当然不一定对，但是男的太娘、女的太糙，恐怕也不仅仅是个别的观点。

再有就是电影剧情的胡编乱造。电影是讲故事的，故事应该源于真实、高于生活，能给人进取与向上的力量。但是眼下电影编故事的能力，以及剧情演绎，跟粗制滥造越来越相提并论。号称票房排在前列的《捉妖记》《煎饼侠》们，还有早前不问出处的"英雄"、无知无畏的"无极"，那样的情节确实是比较考验观众智商的。至于来源于某些影视城、为影视城而量产的那些古装和现代电影，不加评论更好一些。

事实上，国产电影的发展，近年来有了很好的外部发展环境。最突出的是，政府支持特别是资金支持力度，前所未有。只要是稍稍有些质量的电影，总是能得到相应的支持。包括各地推动电影发展的电影节，都有着政府巨大的投入。但是电影事业的发展，与广大人民群众日益提高的欣赏水平相比，还是有着巨大的差距。尽管导演们可以轻率地把它归咎于观众"捧垃圾电影的场"，但是越来越迫近的泡沫破裂的声音，更应该警醒的还是包括导演在内的电影制作方。一个事实就是，21世纪以来，中国电影连续11年保持了30%左右的增长幅度，到了去年，增幅骤然下降到了只有3.7%。中国电影界由此普遍把今年看作是不得不为的"质量促进年"。

质量促进，观众当然有"不可推卸"的责任，但更重要的，还是导演们要立个誓保证：不拍烂片。

好电影是硬道理。

（2017年6月26日）

香港那一夜

1997年6月27日，我来到了香港。此时，这片土地名义上还在英国管治下，几天之后当我离开香港时，它已经回归祖国怀抱。这是一个见证历史的时刻。

回归前夕的香港，热闹、兴奋，还带着些许嘈杂。那几天，香港雨水比较多，经常是忽然之间一阵雨来，刚刚跑进商店躲雨，外面却已雨过天晴。

香港的地标性建筑之一，是尖沙咀临海的丽晶酒店。这是当年香港最好的酒店。首先是地理位置，客房的窗口下就是维湾湛蓝的海水，它的无边泳池仿佛能直接游去维湾；其次是它的餐厅，无论是中餐厅还是全日餐厅，都是香港一时之选；感受最好的是它的电梯，极为平稳，上下间几乎感觉不到它的运动，表明了这里的矜贵。临近回归之际丽晶酒店成为瞩目焦点，是因为它在大堂临海的落地大玻璃窗上，早早挂上了一座硕大的回归倒计时钟，记录着回归时辰。

临近6月30日晚间的那些时候，丽晶酒店来来往往的客人们，都会看一眼倒计时钟，计算一下进入新纪元的时间。就像香港人习惯于做的那样，大堂咖啡厅已经不接待零点的客人，而是售卖价格更贵一些的"回归套餐"了，这也算是爱国不忘赚钱吧。

30日早晨开始，香港下起了大雨，午后雨势越发大了，仿佛要把香港彻底洗个干净。当天下午，两架中国国际航空公司的波音747专机，冲破茫茫雨雾，似银燕展翅先后稳稳降落在香港机场上，中国国家主席和国务院总理到达香港，这也是中国最高领导人首次到访香港。

晚上的香港回归交接仪式，在港岛会展中心附近展开。傍晚时分我来到了夏壳大厦18楼，大厦的左侧，是香港英军总部威尔士亲王大厦，右侧，是即将举行交接仪式的会展中心。这里可以清晰地看到回归那一刻的重要场景。

天色暗淡下来之际，英军总部前的广场上举行了告别仪式。从夏壳大厦18楼看下去，可以望见英军在雨中列队。乐声响了起来，是《日落》降旗曲。米字旗逐渐滑落下来，与以前不同的是，它再也不会以占领者的姿态升起来了。从电视镜头中可以看到,末代港督彭定康没有戴帽子,任凭雨水冲刷着满头华发,雨水和着泪水,不断从他的胖脸上滑落。

临近午夜时分,政权交接仪式开始。此刻,连绵下了一天大雨的香港,雨停了,维湾两岸一片安宁静谧。

仪式结束之后不久,我看到会展中心门口,出现了一列车队。不一会儿车队沿着海边马路,从我们大楼的右侧,缓缓向左边的威尔士亲王军营开来。进入军营后,车队直接朝码头开去,那里停着英国皇家游艇"不列颠"号。

车队停稳之后,可以看到,查尔斯亲王、彭定康等,分别从车里下来,走上"不列颠"号游艇。登上甲板,查尔斯王子进了船舱,彭定康稍收脚步,转过头来,望了一眼夜色中的维港两岸。"不列颠"号上只有淡淡的灯光,勾勒出游艇的轮廓,看不清肥彭的神色。也许是留恋?也许是哀怨?

少顷,"不列颠"号启碇,缓缓驶离码头,向外海驶去。几分钟之后,便慢慢消失在浓重的夜色里。

那个夜晚之后,香港的历史焕然一新。印象最深的是1998年夏秋之交的"港股保卫战",那是回归祖国怀抱的香港,第一次拥有了巨大的力量。

事情缘起于1997年7月2日,香港回归祖国之后的第二天,泰国政府突然宣布放弃泰铢与美元的固定汇率,实行浮动汇率,由此掀起了东南亚金融风暴。香港金融市场顿时暴露在大鳄们的獠牙之下,港股从那天开始下跌,一直跌到第二年8月14日的6500点,先后跌去了10 000点。

1998年8月14日9时30分,香港证监会主席梁定邦接到财政司司长曾荫权通知:为捍卫香港联系汇率制度,打击国际炒家,港府决定对股市、期市进行干预。午市开盘不久,在港股跌至6500点的瞬间,巨额买盘大举涌入,指数直线上升,至当天收盘恒指大涨564点,以7224点报收。坊间消息称,中央政府有高层财经官员坐镇香港,备下了400亿港元资金,并且如有需要,后续资金没有限额。

此事未有官方证实,但仅仅两个月后的10月16日,港股已上升至9777点。此战,使得香港成为最早摆脱东南亚金融风暴的经济体。

没有香港回归,就没有香港的稳定。这是香港那一夜,带给人们最直观的感受。

(2017年7月3日)

"七七"八十年记

1937年7月的卢沟桥,天气有些特别。

中国北方一向少雨,但是这年7月开头,连绵的阴雨就一场接着一场,接连不断落到华北大平原上。大雨落在树林田野间、落在仲夏的青纱帐间,升腾起密密的雨雾,常常十来米开外,就看不清模样。

卢沟桥边的宛平城外,也是反常景象。此时仅仅是平津一带,就驻扎着5600多个日本军队,背后还得到占领了东北的关东军支持。日军不断向中国驻军第29军挑衅,图谋制造冲突。在别国领土上挑衅别国军队,这已经是明目张胆的侵略了。

7月6日当天,29军驻守的宛平城门口,出现了一队日军士兵,非要进宛平城门不可,中国士兵不容许,那队日军就站在城门口不走,双方从凌晨开始,在雨中整整对峙了一天,直到傍晚日军才撤走。

7月7日,日军又来到城门外。与以往不同的是,日军下午才出现,并且绕过宛平城,直奔卢沟桥而去。当天,连绵多日的阴雨停了,到晚上天空已经转晴。晚上10点30分,卢沟桥畔,机枪声响了起来……

"七七"事变,日本挑起了全面侵华战争。

侵略中国,是日本人深深刻在骨子里的罪恶念头。

早在400多年前的中国明朝万历年间,首次完成日本统一的丰臣秀吉就讲过:"不屑国家之隔、山海之远,直入大明国,使四百州化我俗,施王政于亿万斯年,此乃吾之凤愿。"

1868年年初,日本中下层武士推翻封建幕府延续了682年的统治,9月开始"明治维新"时代。此后的经济发展,带给日本民族的却是对外侵略的念想,矛头直指相邻的中国。1887年,日本参谋本部第二局局长小川又次,制订出极为嚣张的侵略中国计划《清国征讨方略》,称"趁彼尚幼稚,断其四肢,伤其身体,使之不能活动,我国始能保持安定,亚洲大势始得以维持",并且提出了详尽的作战部署。七年后的甲午战争、五十年后的侵华战争，都可以看到这个"方略"的影子。

1895年，日本逼迫甲午战败的清廷签订《马关条约》，赔偿日本两亿三千万两白银。"在未获得这项赔款前，日本的财政官从未读到数万万的大数字。国库收入仅达八千万元。"1927年7月25日，时任日本首相田中义一起草奏折称"唯欲征服支那，必征服满蒙；如欲征服世界，必先征服支那"。1931年"九一八"事件爆发，一周之内两万多日军占领了东北三十多座城市。此后，日本接连挑起1932年"一·二八"事变，逼迫签订《塘沽协定》，把侵略势力扩展到中国多地。1937年7月7日在宛平城外，日本军队公然挑衅，开始全面侵华战争。

从国家意义上说，日本对中国犯下的罪恶，是几代日本人都洗刷不清的。

全面抗战爆发后，中国是以弱小的国力，抗击着蓄谋侵略已久的日本军队。由于武器装备和多年战争准备的因素，日军单兵战斗力数倍于国民党军士兵，这个因素造成了抗战爆发后，正面战场始终无法抗击住日军的进攻。从"八一三"上海、12月的南京一直到中条山战役、武汉会战，中国的抗战始终处于被动局面。但是与近现代诸多反侵略战争失利的状况不同，即使是在最困难的条件下，中国依然没有屈服。因为有了中国共产党，坚定不移抗击外侮，成为全民族抗战的中流砥柱。

"七七"事变第二天，中共中央发出通电："武装保卫平津，保卫华北！""驱逐日寇出中国！"

在整个抗战过程中，中国共产党始终坚定不移抗日到底。在出现伪军超过日军、国民党高级将领上百人投敌的情况下，共产党领导的军队没有一位高级干部动摇、没有任何成建制部队投降。

若干年前，我为了写长篇特稿《踏马平型关》，从京郊的卢沟桥出发，一路数百公里，来到晋北灵丘。平型关战场就在这里关前3公里的关沟至东河南镇10公里的山谷中。

那天是1995年7月5日，上午10时许，阳光明媚。一进入山谷，两旁都是数十米高遮天蔽日峻立的山崖，几乎见不到太阳，确实是打伏击的好地方。我也深深感到，在敌强我弱的战场上，共产党、八路军为了打败敌寇，经历了何等艰巨的奋战。指挥战斗的115师副师长聂荣臻写下了这样的诗篇："集师上寨运良筹，敢举烽烟解国忧。潇潇夜雨洗兵马，殷殷热血固金瓯。"

八十年过去了，历史永远值得记取。

（2017年7月10日）

怼世界

中文是世界上最伟大的文字，且不说它代表着最伟大的文明之一，就说它的象形字体，清晰明了，简明易懂，一看就明白，还十分生动有趣，常常让人一笑之余就记得十分清楚。比如那个"怼"。

怼，这个字以前很少用到。从象形字的角度来看，比较容易理解这个字的意思：心与心相对，基本上就是闹别扭的意思，一看就明白。好像是从某国新总统就任开始，这个"怼"就越来越多地出现在各式文字以及语言当中了，大有成为世界流行文化大趋势的势头。特别是很多那位大BOSS出席的场合，言谈举止之间，好像用啥词形容都不贴切，只有"怼"才对。

上个周末，德国汉堡召开的G20峰会刚刚结束，美国政治漫画网上就登出了一幅漫画，一个很像他们国家总统的人，气呼呼站在画面当中，一团怒气不断从身上冒出来，左右各有三个笔挺西裤裙装、穿着锃亮皮鞋的脚在踢他。西班牙《国家报》网站一篇报道的第一行字就这样写道："19比1，这就是G20汉堡峰会的结果，美国越来越严重的自我孤立已经如此显而易见。"这篇报道还写道，"汉堡峰会展现出一种前所未有的力量对比形势：一边是美国，另一边是其余所有成员。"

这样的感觉和评论，好像并不是孤例，似乎还是一个共识。著名的德国《法兰克福汇报》，一篇G20峰会报道的题目是《美国被孤立》。作为一张有影响的大报，它含蓄地说："二十国集团领导人费尽力气才就长达17页的最终公报达成一致。这比什么都没达成强，毕竟也有根本无法就共同文本达成一致的可能。尽管如此，美国的特殊地位被写入了公报当中。这在G20峰会历史上是从未有过的。"

《汇报》讲的是公报中的一段话："'知悉'美国退出了《巴黎协定》，其他国家都明确表示支持迅速贯彻该协定。"这确实有点19对1的感觉了，或者换句话说，是1"怼"19的感觉。

特朗普先生无疑是一位成功的企业家，是美国历史上很有个性的一个人，当然也是美国历史上很有个性的一位总统。就像G20新闻不能不写美国与其他国家19∶1的关系一样，他与其他人的意见不合、美国与其他国家的意见不合，越来越成为这个世界的显著特点了。那样的场合那样的场景，要十分生动而贴切地表达出事情的精髓，大概只能借助于伟大的中文了，借助于那个非常生动与鲜明的字了。对了，就是"怼"。

按照美国人自己的"民主原则"，19∶1的话，应该说那个1，就要"服从"19做出的决定了。但是刚才也讲过，遇到某些人物，情况就不一定说得准了。某些总统个性鲜明，他才不管有多少人跟他有不同观点，只是认为世界就是应该顺着他的思路走，哪怕你是19∶1，或者是1"怼"19，都是无所谓的。

不过这样的做法常常会带来另一个不良后果，就是把他们时常挂在嘴上的"民主"招牌，比较结实地扇了一个嘴巴，让大家看到，所谓的"民主"，不过是要看自己心情如何，才决定用或者不用。

更何况，《巴黎协定》并不是一个讨论稿，需要讨论之后投票再做决定的事，而是一个已经签署了正式协定文本，各个国家必须执行国际责任的事情。退出或者不执行《巴黎协定》，这是一个不遵守国际承诺、在国际上背信弃义的事情。

G20峰会的要义，是在世界经济一体化和人类命运共同体的环境里，地球人能更好地合作、协调、共赢。所谓"一人向隅"带来"满座不欢"，那就跟合作共赢的大方向格格不入了。每个人、每个国家都会有自己的利益所在与关注焦点，但是国家间合作所能得到的益处，可能会远远超过单打独斗所获得的收益，这就是合作的精髓和本质。这个时候，心态就变得十分重要，是合作获得更大的收获，还是守着自己一亩三分地冷"怼"世界，既考验一个人的判断能力，更考验一个人的胸襟与智慧。

个性是一件蛮有意思的事情，它让人类丰富多彩而热闹非凡；个性又是一件充满意义的事情，它测验着人类自身的责任和担当。

从这个意义上讲，"怼"，既是一件有趣的事，也是一把双刃剑。

（2017年7月17日）

055 的"八面威风"

上月底，中国最新一型 055 驱逐舰隆重下水。这不仅意味着中国驱逐舰跨入了万吨大驱时代，更标志着中国有了第一款达到世界最高水准的驱逐舰，这是一个前所未有的划时代时刻。

055 的先进性有很多指标可以判断，比如百枚以上的垂直发射系统，拥有世界一流的远中近程火力强度；全舰高度隐身化的设计，舰体折线从舰首延伸到舰尾，倾斜的上层建筑连续封闭，隐身性能又有了进一步提高；高度一体化设计的隐身桅杆，将火控雷达、导航、通信、电子战天线均整合在了主舰桥之中，不仅改善了隐身性能，更运用了最先进的技术方案。

但是，055 上最值得骄傲的，是它高高在上的"八面威风"，这是世界顶尖配置。

如果仔细观察公开发表的 055 下水仪式上的照片，可以发现，055 的雷达有一些与众不同的变化。在舰桥上部布置有四面"大盾"有源相控阵雷达，这个十分先进，但在此前的 052D 上已有运用，不算最"吸睛"。从专业角度来看，最令人瞩目的，是在"大盾"上部顶尖处，另有四个稍小一些的"小盾"。看起来平平淡淡，但是真的是"盾不可貌相"。

这些貌不惊人的"小盾"，会是干什么用的呢？

我们先从军舰的战斗力生成研究。现代军舰的战斗能力，突出表现在茫茫大海上，要看得远、瞄得准，所谓"蓝水海军"，"蓝色"的要点就在这里，这个依靠的是舰载雷达的先进程度。通常来说，相控阵雷达好于机械扫描雷达，有源相控阵雷达好于无源相控阵雷达。所以粗略判别一艘军舰的战斗能力与先进程度，看一眼是机械扫描雷达还是相控阵"盾"式雷达，就可以有个基本判断。这也是我国 052 系列用上有源相控阵"盾"之后，被公认为世界一流水准的主要原因。

相控阵用在军舰上，首先是要保证看得远，所以一般都是四面"大盾"布置在军舰上层建筑的四侧，覆盖 360 度空间，构成全方位无盲区的空中探测与预警系统。"大盾"的每一面，实际上是由许多成行成列的收发（T/R）组件构成的，每个收发组件既是一个小的发射机，也是一个小的接收机，实质上就是一个小的雷达。通过计算机，可以控制每个 T/R 组件移相器的相位。如果按照一定规律设定每个 T/R 组件移相器的相位，使得有的相位超前，有的相位滞后，就可以控制天线波束按照既定的方式扫描。相控阵雷达的名字，就是这么来的。

通过相位控制，在相控阵天线阵面不动的情况下，天线波束能做到正负 60 度扫描，而且是计算机控制的缘故，扫描速度很快，快的达到微秒量级，慢的也有毫秒量级，这是机械扫描根本不能比的，也是相控阵真正强大和先进之处。理论上只要三面相控阵"平板"就能实现 360 度覆盖，但是军用产品总要有个冗余度，要有些重叠部分以保证全覆盖没有盲角，以及战时小的损坏不至于影响整体，所以军舰上通常都是用四面"盾"。

相控阵"盾"首要是看得远，所以通常采用波长稍长的 S 波段，基本上能看到 400 公里之外，这是一个了不得的性能。但是 S 波段看得远，却因为波长较长看得不清，所以基本用作探测与预警，一般另有专门的机械扫描、精度较高的火控雷达配合。

那么，为什么火控雷达不用相控阵雷达呢？可以的，但是相控阵雷达太贵，就连"地主家"美国都不大敢多用。以著名的美国"宙斯盾"相控阵来说，每套系统不包括导弹，造价就要 2 亿美元。一艘最好的军舰的雷达系统，理想状态就是配备一套 S 波段的"大盾"看得远，另配一套 C 波段或 X 波段的"小盾"瞄得准，这样的双波段"双盾"，才是世界老大的配置。"地主家"美国，在最新的 DDG–1000 驱逐舰上，犹豫了半天，还是取消了远程搜索雷达，只保留了 X 波段的有源相控阵雷达。而在还没问世的"伯克"3 级上，则保留了远程搜索雷达，取消了 X 波段的雷达。估计作战时，只能 DDG–1000 与"伯克"3 多配合了。只有在美国最新最贵的"福特"级航母上，才配上了 S 波段与 X 波段的双波段相控阵雷达。

双波段相控阵雷达优越性毋庸置疑，它代表着战舰全方位全功能的作战能力。"八面威风"，是令人十分喜闻乐见的事。

（2017 年 7 月 24 日）

"田螺姑娘"来了

还是在东方网工作的时候，我们的团队每年独家直播《陆家嘴论坛》，两天时间总共有20多场主论坛和分论坛，第一时间网上直播发布。当中有一个关键环节，就是演讲内容的速录以及审核编辑，要保证发布内容的准确。这既考验速录的水平特别是准确率，也考验审核编辑的判断能力，特别是一些提法和数字，普通的速录员很难即时判断原意，因而速录的误差相对都比较高，有50%的准确率已经算很好的水平。我当时就想，如果有个准确率更高的速录员，不啻是酷暑盼霓云了。

梦想还是有成真可能的。前些天，在一个重要场合，科大讯飞公司董事长刘庆峰为我们做了一场人工智能的演示。其中一个重要部分就是机器自动识别声音并转化为文字，实质上是一个通过"人工智能"识别的速录"机器人"。现场演示表明，以一般普通话来说，"机器人"速录的准确率可以达到90%以上。这可是让人有点叹为观止了，这样的方式替代一般的速录员完全没有问题，可以说是语音转换文字当中一个划时代的事件。

刘庆峰展示的另一件宝贝，是翻译"机器人"。中英文之间正常表达的语言，可以通过人工智能的语言识别系统，直接转化为另一种语言。演示现场，一位示范员轮换着不断说中文和英语，人工智能的"机器人"直接用非常标准的另一种语言讲了出来。现场观察来看，一般遣词造句和语速，转换间一点不打"格楞"。刘庆峰说，他们还在不断完善这套系统，目标是向英语八级的水平迈进。有人笑着说，这样的水准，可以让"机器人"来做同传了。

刘庆峰所在的科大讯飞公司，是国内人工智能研究的领先企业，在人工智能的研发和应用中，多项产品具有世界领先水平，成为"科创中国"的标杆企业。

"人工智能"是未来中国产业发展和社会运行的重要内容。就在前几天，国务院印发了《新一代人工智能发展规划》，按照规划，"人工智能"将"无时不有、无处不在"，到2030年中国要成为世界主要"人工智能"创新中心。

人工智能对于人类社会发展的意义毋庸置疑，借助于人工智能进一步延伸人类能力，一直是人类萦绕不去的梦想。从科幻大片的奇思妙想，到"田螺姑娘"的巧手理家，无不有着人工智能的烙印。当中国向着科技创新的未来大踏步奋进的时候，人工智能的发展也迎来了好时光。

今年全国人代会上，"人工智能"首次写入《政府工作报告》："全面实施战略性新兴产业发展规划，加快新材料、新能源、人工智能、集成电路、生物制药、第五代移动通信等技术研发和转化，做大做强产业集群。"今年首次出现在《政府工作报告》里的诸多新词中，"人工智能"受关注度排行第一，超过第二名"数字经济"一倍多。

在两会现场，"人工智能"也成为热议焦点。3月10日上午，李克强总理来到安徽代表团，全国人大代表、安徽科大讯飞股份有限公司董事长刘庆峰向总理展示了公司最新研发的"人工智能"技术产品。

今年6月22日下午，李克强总理邀请中国人工智能2.0规划战略研究负责人潘云鹤等四位院士，分别围绕"人工智能"等作专题讲解。在国务院第一会议室门前，李克强刚刚步入，就被"脸识别智能迎宾会议签到系统"立刻"辨认"出来，屏幕上同步打出了"欢迎李克强总理参加本次会议"的字样。李克强还在"刷脸"支付售货机上，买了一罐180毫升的咖啡。主持人致欢迎词说："总理，您好！今天下午我们开会。"这句中文话音刚落，旁边一台机器就迅速说出一串地道的英语，并将翻译结果显示在屏幕上。当听到周围有人忍不住笑出声来，这套依托互联网数据资源的语言处理软件立刻同步"译"出了"Ha-ha"。

在这次讲座结束后，总理说："我们正处在一场极为深刻的科技革命和产业变革的进程当中！必须紧跟前沿、抢抓机遇，通过机制体制创新来适应这一革命性的变化。总理寄语科学家们：现在是科学研究和科技进步的大好机遇，各国都在抢占前沿先机，希望你们把各自正在进行的工作做到最好！"

在不太久的未来，当"人工智能""无时不有、无处不在"逐渐成为现实，也许，那是"田螺姑娘"来了。

（2017年7月31日）

又见冷鹏飞

在"八一勋章"授勋仪式上,习近平主席亲自为人民军队各时期的十位英雄佩戴上金灿灿的勋章。三位坐轮椅的英雄,习主席都一一俯身为他们整理好勋章绶带,体现了统帅对英雄的尊崇。其中一位戴眼镜的老英雄,就是当年赫赫有名的冷鹏飞。

又见冷鹏飞,这已经过去了40多年。

还是在刚上小学的岁月,喜欢看书,妈妈经常会给我带一些连环画回来,每当那个时候,总是可以幸福好久。有次带回的一叠连环画中,有一本是讲战斗故事的,封面就是一位英俊威武的解放军,指挥无后坐力炮,勇敢轰击敌方坦克的形象,给我留下了很深印象。在当年,无后坐力炮算是先进的武器,对手又是当时的军事大国,战斗中解放军大获全胜,这足可以让一个小学生自豪半天了。

那位解放军,就是冷鹏飞,一位营长,也是当时战斗中冲在第一线的最高职位领导。从此,这个名字就一直记在我心中,再也没有抹去。

冷鹏飞参加的那场边境作战,解放军是在十分困难的条件下取得的胜利。

1969年3月15日清晨,对方继3月2日之后,又一次侵入我珍宝岛。驻扎在黑龙江省虎林县、饶和县境内乌苏里江西岸的我边防部队,在乌苏里江主航道我方一侧的珍宝岛上,同敌军展开了一场激烈战斗。著名的珍宝岛自卫反击战爆发。

解放军六十七师二一七团一营营长冷鹏飞奉命率部上岛作战。当时,对方动用了坦克、装甲车等重武器,配备了大口径火炮,而我方威力最大的是火箭筒。冷鹏飞沉着冷静,指挥部队近距离作战,待敌军坦克、装甲车靠近我方阵地只有50米时,才下令火箭筒发射,将对方坦克、装甲车打得起火燃烧。我军机枪、冲锋枪一齐开火,打击压制跟随的步兵,第一次冲击被打垮。

随后,对方又组织第二次冲击。在飞机、大炮的掩护下,出动了更多的坦克、装甲车向我阵地扑来。火箭筒不够用,冷鹏飞向上级请求支援。上级迅速增派两门 75 无后坐力炮上岛，这是当年我军比较先进的步兵武器。冷鹏飞指挥炮手近距离开炮，一发一中，接连打翻了对方三辆装甲车、两辆坦克，冲上来的士兵一看失去了优势，情况不妙，不得不逃回对岸。

战斗中，靠前指挥的冷鹏飞左臂中弹负伤，骨头被打断，只剩一层皮连着。冷鹏飞依然不下火线，继续指挥战斗，直到上级严令他将指挥任务交给别人，才被抬进了医院。

有一个细节，可以看出我军的英勇无畏与机智勇敢。对方出动的兵力中，有一款最新型的 T-62 坦克，配备有一门当时世界上口径最大的 115 毫米滑膛炮，火力十分强大，装甲很厚。我军 40 火箭筒和 75 无后坐力炮几次打上去，都未能击穿装甲，在战场上，这个情景足可以让许多其他国家的军人犯怵了。解放军一往无前，打不穿装甲就另谋战法。最后，集中大口径火炮，密集轰击坦克所在区域，击碎了厚厚的冰层，把 T-62 轰沉在冰层下的水中。

由于这是世界最新型号坦克，对方一看沉入水中，我军士兵正接近下沉地点准备打捞，马上用远程大口径炮拦阻射击，在坦克周围形成弹幕不让我军接近。与此同时，他们的士兵逐步靠近下沉地点，准备把坦克打捞回去。我军发现后，也马上实行炮火拦击，不让对方接近。双方僵持了好几天，最后我军想出一个妙计，趁着浓重的夜色掩护，派出北海舰队的潜水员潜入水中，把坦克绑上几道钢索，用几台卷扬机联动，把 T-62 坦克慢慢拉回了我方阵地。这款坦克被我军缴获，引起了世界各国震动，最后通过铁路运到了北京，陈列在军事博物馆展出，成为对方侵略我国的铁证。

运往北京途中，还发生了惊险一幕。对方为了毁灭这件罪证，派出多名特工，准备在运输途中炸毁坦克，结果被我反谍人员识破予以全歼。

从此，珍宝岛和冷鹏飞的名字传遍大江南北，载入我军史册。中央军委在当年 7 月，授予他"战斗英雄"光荣称号，他还受到党和国家领导人的亲切接见。

金灿灿的"八一勋章"，记录下了那些为祖国而奋斗的英雄的赫赫功绩。无论岁月如何流逝，英名永远长存。

（2017 年 8 月 14 日）

《战狼II》的破绽

《战狼II》电影票房创造了新的历史纪录，从商业的角度看，无疑取得了巨大的成功。不过，因为有着积极的主题，有关它的一些不足，让人很难去指出，颇有"投鼠忌器"之感。但是，"狼无完狼"，《战狼II》的败笔是显而易见的，特别是作为一部创造了纪录的商业片来说，那些显而易见的差池，其实更有校正的必要，避免因为巨大的票房，造成更大程度的谬误。

不能不说，吴京选择了一个比较讨巧的角度，使得夹杂的碎屑，很多人不方便去面对，或者不在乎去较真。不过有些破绽，实在是过于明显了。

一个破绽是，中国驱逐舰轰隆隆发射的，到底是什么导弹？影片临近尾声之际，海军舰队指挥官接到中央军委命令，可以向叛乱武装目标发射导弹。只见刹那间，军舰上的垂发系统"砰砰砰"打开发射盖，一枚枚导弹呼啸着直冲云霄，迅速向陆地上的叛军目标飞去，将叛军炸得鬼哭狼嚎，十分解气。但是，这个细节是不真实的。

军舰上的导弹大体上分三类，对空、对海、对陆。吴京把军舰的舰号标为拍片时还不存在的177，按规则看，这应该是南海舰队的一艘新型驱逐舰，很可能是052D。驱逐舰上的垂发导弹，比较多的是对空导弹，比如多次阅兵中出现的海红旗9或海红旗16导弹。防空导弹需要高速飞行迎击目标，通常都是三四倍音速，因而都采用尖形弹头。《战狼II》没有实弹发射，使用的是电脑模拟的画面，虽然比较模糊，但依稀可辨的是尖形的很像防空导弹。防空导弹一般不用于对陆攻击，这比较容易理解。

会不会是对陆攻击导弹呢？不是一点可能没有，只是现实中没有可能。军舰导弹对陆攻击，为了保证自身安全，通常距离海岸都比较远，导弹发射后必须先跨越辽阔的大海，上陆后还得飞向纵深的目标，飞行路程较远，所以一般都是采用亚音速、远射程的巡航导弹，比如我国的"长剑"、美国的"战斧"，都是如此。这有两个好处，一个是同样重量射程更远，另外就是便于地形匹配系统找准目标。跟《战狼Ⅱ》矛盾的是，亚音速巡航导弹的弹头不是尖的，而是圆的。尖形的舰对地攻击导弹，性价比很低，目前为止还没有这样的配置。极有可能的是，《战狼Ⅱ》把垂发的防空导弹当作陆攻弹使了。

另一个破绽，同样出在这次对地攻击中。军舰接到可以攻击叛军的命令后，连发多枚导弹进行攻击，但在当时的情况下，这也是不可能的。原因是，那时叛军已与吴京等扮演的我方人员混战在一起，导弹攻击可以打击某个具体目标，但是当人员混战在一起的时候，导弹是无法"刷脸"分清好人与坏人的。接二连三呼啸而至的导弹，只炸坏人而让吴京们安然无恙，这实在是有点浪漫得胡说八道了。

还有一个破绽，在影片的结尾。吴京带领车队，浩浩荡荡开进了中国驻当地的维和部队营地，大家终获安全了。这个桥段，有《黑鹰坠落》的影子。但是，问题也因此来了。既然在那个地方有中国派出的维和部队，并且按照叙述，已经获得了联合国授权，可以打击叛军保护平民安全，那为什么要从遥远的大海上发射无法精确瞄准极易造成附带损伤的陆攻弹，而不是出动维和部队去解救平民呢？难道只是为了增强导弹发射时那种比较震撼的戏剧性效果？实际上，《黑鹰坠落》中悍马和装甲车队在枪林弹雨下一路拼杀，戏剧效果还是不错的，只是这样一来，吴京本人的个人色彩就要减弱了，可能这也是选择导弹的因素之一吧。

影片开头吴京与强拆人员的对打，也是形式大于内容。一般情况下，强拆人员欺软害弱是可能的，但是敢光天化日之下拔枪顶在军人头上，那可能是真没有。那些地痞恶霸不过是有欺负弱小赚得一些利益的心，真要让他们与身穿军服的军人对打动枪，你再给他们十个胆，恐怕也不敢。况且，地痞恶霸敢与解放军对打，这与影片本身想要表达的主旋律也是十分矛盾的。这个桥段的出现，不能不说是个十分遗憾的败笔，也大大削弱了影片本来想要获得的效果。

主题越高昂，意义越重大，细节越需要真实，越需要对得起观众的情怀。

越是好的米饭，越不能有沙子。

（2017年8月21日）

班农的背影

班农走了,这让人很意外。

美国媒体一向喜欢用类比手法,帮助理解力欠缺的美国民众理解某件事情的意义。对于班农,他们用得比较多的比喻是"特朗普背后的男人""白宫的影子老大",还有人称他为"班农总统",《时代》周刊甚至给班农冠上"大操纵者"名头,暗指特朗普是班农的傀儡。中文媒体的比喻就比较直接了:"特朗普的师爷。"

当然班农是有正式职务的,叫作"白宫首席战略师",一个有点奇怪的名字。班农是特朗普背后的男人,这应该是没有问题的,因为他与特朗普十分地意气相投。

班农曾经是右翼新闻网站布莱巴特新闻网的执行主席,在认识特朗普之后,两人一见如故。特朗普几次到班农那里接受采访,布莱巴特新闻网一直全力支持特朗普,特朗普经常引用和转发该网站的报道。布莱巴特新闻网的核心观点就是共和党精英已经在移民和贸易两大问题上背弃了美国工人,这帮助特朗普赢得了党内选举。2016年8月,在获得党内提名后,特朗普正式聘请班农出任他竞选团队的首席执行官。

加入特朗普竞选团队前,班农因为与纵容种族主义和排外思想的"另类右翼"关系密切而遭到批评。不过,极端保守阵营支持者是特朗普大选中重点争取的对象,班农为特朗普赢得这个"大票仓"发挥了巨大作用,也因此被视作"功臣"。特朗普胜选后,班农随即被任命为总统首席战略师,并推动了特朗普政府的贸易保护、打压移民等颇有争议的政策,特朗普宣布美国退出《巴黎协定》的背后推手,就包括班农。

班农为特朗普出了不少主意,但是"功高盖主"的形象也让特朗普颇为恼怒,心生芥蒂。特别是,一些看上去颇合特朗普口味的政策,常常物极必反,更加深了彼此的隔阂。弗吉尼亚州夏洛茨维尔12日骚乱过后,特朗普迟迟未能明确谴责白人至上主义者,被认为有班农的因素,招致舆论谴责,共和党内也是批评不断。外界持续施压,要求特朗普解职班农。8月18日白宫发言人发表声明称,白宫首席战略师、总统高级顾问斯蒂芬·班农不再担任现有职务。

离开特朗普,班农是最新的一位。在这之前,特朗普政府已经接连有多名要员辞职,不少人创下任该职位最短纪录。其中包括了白宫办公厅主任赖因斯·普里伯斯,白宫新闻秘书肖恩·斯派塞,白宫办公厅副主任凯蒂·沃尔什,总统国家安全事务助理迈克尔·弗林。

特朗普是在不断的争议声中坐上白宫宝座的。他个性鲜明,言语通俗,精于算计,敢骂敢恨。在惯于虚与委蛇、惺惺作态的华盛顿圈子里,他带来了不一样的风格,也是美国人民在对标准型政客极度厌倦之后,试图有所改变的一个选择。不能不说,这样的变化还是吸引了粉丝的。比如当特朗普提出要让制造业回归美国之后,一些投机型企业家纷纷站边说要去美国投资若干个百亿美元。但是,这些嘴上说说的事情,最终还得落到实处看到效果,仅仅是为了说个痛快,结果却是"镜中花水中月",只会让反弹来得更快。

比如让制造业回归美国,听起来很不错,但是要如何才能做到呢?美国劳动力成本早就失去了在普通制造业中的竞争力,除非美国人民都愿意去花贵上一倍的价格买商品,才能让特朗普梦想成真。再比如讲美国至上,也就是十分靠近班农们"另类右翼"的极端保守观点,说出口的时候似乎很爽很能引来掌声,但最终很可能演变成的,是极端之后的反面。就像很可能是压垮了班农的最后一根稻草那样的"白人至上",这就是一个很敏感很容易走向反面的观点。弗吉尼亚州夏洛茨维尔骚乱过后,特朗普迟迟未能明确谴责白人至上主义者,舆论普遍理解,这是对美国立国之本的南北战争这样大是大非问题的模糊。这固然会赢得一部分人欢心,甚至说特朗普本身也是这样的观点,但是随之会引起的反弹或者说社会动荡,也是不可避免的,这是特朗普所承受不起的。最终,班农的黯然离去,不能不说没有这样的因素在内。有人评论说,班农背起了特朗普不愿背的"黑锅"。

班农是特朗普的铁杆兼同道,班农以及更多班农们的离去,需要看到的,恐怕不仅仅是他们的背影。

(2017年8月28日)

洞朗退兵

印度最终选择了明智的做法——退兵洞朗。

8月28日下午,消息从中国外交部传出:当天14时30分许,印方将越界人员和设备全部撤回边界印方一侧,中方现场人员对此进行了确认。

中国外交部发言人华春莹表示,中方将继续按照历史界约规定行使主权权利,维护领土主权。

印度从洞朗退兵,是应有之义。这是印方认清形势、改变错误立场后所做的正确选择,是印方停止违法行为、回到遵守国际法正常轨道的明智之举。此前,中方一方面通过各种渠道展示坚定维护领土主权与合法权益的决心,中国军队也采取了有力应对措施;另一方面中方保持高度克制,表现了以和平手段解决事件的最大诚意。

"没有战争是个好消息,印军退出是成熟的做法。"在社交网站上,得知印军撤出洞朗的消息后,不少印度网友都表示,和平才是对印中两国及周边地区的好消息。

印军越界进入洞朗,前后71天。2017年6月16日,中方在洞朗地区进行道路施工。6月18日,印度边防部队270余人携带武器,连同两台推土机,在多卡拉山口越过锡金段边界线100多米,进入中国境内阻挠中方的修路活动,引发局势紧张。印度边防部队越界人数最多时达到400余人,连同两台推土机和三顶帐篷,越界纵深达到180多米。

印方在一个错误的时间、错误的地点,发动了一次错误的行动。

针对当时印方的一些错误言论,6月29日,中国国防部新闻发言人表示"希望印军个别人能够汲取历史教训,停止发表这种叫嚣战争的危险言论"。国防部同时承认解放军新型坦克在西藏试验,新闻发言人说,一款新型坦克在西藏进行了高原试验。

7月4日,解放军公布西藏军区某旅开赴海拔5100米陌生地域环境进行实弹演习，该旅装备有主战坦克、自行防空炮等重型装备。此后，中国军队在西藏高原地带进行了一系列实战化演习。

在媒体发布的演习画面中，解放军强大的炮火突袭场景，给人留下深刻印象。有人仔细观察过，适合高原地带实战的大炮，都一一亮相。从现代战争的角度看，在拥有空中优势的情形下，地面炮兵的作用是举足轻重的。而地面炮兵的攻击能力，毫无疑问，中国军队世界第一。

印度外交国务秘书苏杰生7月11日在新加坡发表演讲，首次就洞朗地区的对峙表态。曾任印度驻华大使的苏杰生表示，印中关系交织得过于紧密，不允许让边界争端导致永久性的伤害。此举被认为是试图给两国紧张关系降温。

8月3日上午至4日凌晨，新华社、解放军报、外交部、国防部、中国驻印度大使馆以及《人民日报》中国六个国家部委和机构先后就印方越界事件发声，披露印方非法越界的性质，并强调中国将采取一切必要措施维护自己的正当合法权益。8月4日，《人民日报》发表署名为钟声的评论文章《揭露印军非法越界真相》。解放军报发文《留给印度的时间还有多少？》，文章最后以"话已说到，仁至义尽，好自为之"结尾，敦促印度将越界士兵撤回。

据印度媒体8月9日报道，不丹方面已经承认，中印洞朗对峙地区并非不丹领土。同时，不丹也很奇怪为什么印度边境部队会进入中国领土。

同一时期，正在执行远航访问任务的中国海军舰艇编队在印度洋西部海域，成功组织了海上演练。媒体注意到，8月25日的实弹演习，是中国在此期间公开的首次海军演习。

在过去的70多天里，解放军数次实弹演习，外交部60多次警告越界印军。中国军队对印军进入洞朗地区坚决反对，并采取紧急处置措施，强化边界管控，前推作战部署，加强针对性训练，有力维护国家领土主权和合法权益。

8月28日下午，印度退兵洞朗。

无论从世界格局还是从中印两国发展大局看，洞朗事件都是不应该发生的。本周在厦门召开的金砖国家峰会，讨论的就是金砖国家之间进一步的合作发展。这既是中国之福，也是印度之福。

8月29日，中国外交部发言人说，中国边防部队继续在洞朗地区巡逻驻守。为了守边需要和改善当地军民生产生活条件，中方长期以来在洞朗地区进行包括道路在内的基础设施建设。我们将综合考虑天气等各方面因素，根据实际情况做好有关建设规划。

（2017年9月4日）

"金砖"的成色

为什么叫"金砖"？

原意当然是因为 BRIC，英语"砖"的意思。当南非加入巴西、俄罗斯、印度、中国这个"朋友圈"之后，普通的"砖"有了 BRICS 复数的意思，更加重了"砖"的合作成色。

砖有一个独一无二的功能，就是砖的本身，天然是为了结合在一起而生的。砖与生俱来的特性，是为了融合在一起，以构建成人们所希望的某个事物，这是"砖"的根本品质。冠之以"金砖"，深深地包含着对 BRICS 金色的美好期盼。

金砖之路，起步于 2006 年 9 月联合国大会期间。当时的金砖四国首次举行外长会晤，迄今已走过了 10 年的历程。从今年 9 月 3 日—5 日的厦门峰会开始，金砖合作将进入一个新的 10 年。

金砖合作，成就有目共睹。通过 10 年的合作，目前全球经济增长中，金砖国家占据了一半的增长份额。10 年间，五国经济总量增长 179%，贸易总额增长 94%，城镇化人口增长 28%，为世界经济企稳复苏做出了突出贡献，也让 30 多亿人民有了实实在在的获得感。

当然，正如任何事情都不会是一帆风顺的一样，由于世界经济发展的不确定性，以及金砖各国在应对发展难题上的不同对策，有人一叶障目，提出了金砖褪色的观点。特别是在目前世界经济尚未走出亚健康和弱增长的调整期，新动能仍在孕育的背景下，有人看到金砖国家等新兴市场国家和发展中国家的增长出现起伏，就断言"金砖失色、褪色"。

那么，面临挑战，"金砖"的成色，究竟几何？

习近平主席在厦门峰会上说："金砖合作正处在承前启后的关键节点上。观察金砖合作发展，有两个维度十分重要。一是要把金砖合作放在世界发展和国际格局演变的历史进程中来看。二是要把金砖合作放在五国各自和共同发展的历史进程中来看。"

从这两个维度上观察，我们可以看到什么呢？

在过去的10年中，金砖国家探索进取，谋求共同发展。2008年爆发国际金融危机，至今未能重回正轨。面对外部环境突然变化，五国立足国内，集中精力发展经济、改善民生。金砖五国携手同行，成长为世界经济的新亮点。

这方面的成就，如果从中国来看，就更加鲜明。金砖合作机制不断走深走实的10年，也是中国全面推进改革开放、经济社会实现快速发展的10年。10年中，中国经济总量增长239%，货物进出口总额增长73%，成为世界第二大经济体，13亿多中国人民的生活水平大幅度提高，中国为世界和地区经济发展做出的贡献也越来越大。

10年中，金砖国家务实为先，推进互利合作。建立起领导人引领的全方位、多层次合作架构，涌现出一批契合五国发展战略、符合五国人民利益的合作项目。特别是新开发银行和应急储备安排的建立，为金砖国家基础设施建设和可持续发展提供了融资支持，为完善全球经济治理、构建国际金融安全网做出了有益探索。金砖五国积极推动全球经济治理改革，提升新兴市场国家和发展中国家代表性和发言权。高举发展旗帜，带头落实千年发展目标和可持续发展目标，加强同广大发展中国家对话合作，谋求联合自强。

面对挑战，习近平主席说，金砖国家经济传统优势在发生变化，进入到滚石上山、爬坡过坎的关键阶段。如何跨越这一阶段？习主席指出，答案是不能片面追求增长速度，而是要立足自身、放眼长远，推进结构性改革，探寻新的增长动力和发展路径。要把握新工业革命的机遇，以创新促增长、促转型，积极投身智能制造、互联网+、数字经济、共享经济等带来的创新发展浪潮，努力领风气之先，加快新旧动能转换。

这样的正向趋势正在逐渐形成。金砖五国中，今年上半年，中国GDP增长达6.9%，增速超出预期；印度经济增长近年来始终表现强劲，今年与明年GDP增长均有望超过7%；俄罗斯与南非两国今年的GDP增长分别有望达1.9%和1%；巴西也已结束了连续八个季度的GDP环比负增长，目前增长率达0.4%。由此观之，金砖五国的经济发展态势完全可以持续，经济发展前景毫无疑问将被普遍看好。

习主席在厦门说，千年潮未落，风起再扬帆。

从厦门这个"厦庇五洲客，门纳万顷涛"的著名商港出发，金砖五国将踏上新的征程，共同开创金砖合作第二个"金色十年"。

（2017年9月11日）

阳光灿烂的日子

有一个故事,十分经典。

一位外地同志出差来上海,看到有个地方排着长长的队伍,在等着什么。他上前问道:"买什么啊?"一位老伯伯回答说:"买报纸。"他听成了"买包子",想想这么多人排队,一定是个名牌包子,于是排在队伍后面等了好久。不一会儿队伍动了起来,才发现,是买报纸——《新民晚报》!

他有点不解:为什么买份报纸要排队?老伯伯理直气壮地回答说,买《新民晚报》就是要排队的!

故事发生的时间地点已经很难考证,但是故事中的场景却是真实发生过的。相当长一段时间里,排队买《新民晚报》,是上海的一道美丽风景。

《新民晚报》走到今年9月9日,已经88年了,在上海出版发行也20 292期了。去年20 000期的时候,《新民晚报》征集读者感言,雪片般发来的留言,充满了读者与晚报之间的真挚情感。毫不夸张地说,相当长一段时间里,生活在上海,总能说出一些与《新民晚报》有关的故事来。

最典型的,就是"买晚报"。很多上海人有个习惯,看《新民晚报》,不是去邮局订报,而是喜欢每天老地方老辰光去买张晚报。为什么?很多人都回答,习惯了,一直都这样。天天到时间去买张晚报,已经成为他们生活的一部分,就像天天去买菜、天天去公园锻炼身体一样,成了他们都市生活的一个组成部分。当场付钱,得到一叠心爱的报纸,捏在手里摩挲滑滑的纸张,闻着熟悉的油墨清香,这样满满的暖意、舒坦和满足,是从信箱里拿出一沓冷冰冰的报纸所不能比的。就像生活不止有苟且,还有诗和远方,每天买张《新民晚报》,就是许多上海人生活中的诗意。

《新民晚报》的氛围,曾经也是很好的。记得刚刚进报社的时候,按照规定,分别要在校对组和群工组实习半年,学习编校知识,参与处理来信来访,我一直认为,这是基本功训练很好的方法。无论是校对组还是群工组,各位前辈都是勤勉尽职,尽心尽力,手把手指点教导初出茅庐的年轻同志适应报社工作。那个时候,《新民晚报》也没有后来曾经有过的那么好的效益,每年过年报社吃年夜饭,请梅龙镇的厨师到报社食堂烧几个特色菜,餐厅就是九江路41号各部门的办公室,把桌上的报纸、文稿纸理理整齐,就是上好的餐桌了。这种吃法有个好处,就是互相之间敬酒熟门熟路,而且万一喝大了,直接睡在自己的办公桌下就可以了。

也是因为肩负着读者的信任与期盼,《新民晚报》也曾经总是以最大的努力,做出最好的文章与版面,感激读者的厚爱。

1997年7月1日,是香港回归祖国的盛大日子。作为当时发行量排在全国前几位的一张主流报纸,《新民晚报》理应派记者赴香港采访,记录下盛世盛典的历史性时刻。然而由于某些原因,地方媒体并不被同意去香港采访。《新民晚报》还是通过最大努力和一些特定办法,派了两位记者去香港采访,我和特稿部的另一位同志。这是一次特别有意思的经历,在香港采访发回的稿件,还不能署自己的真实姓名。尽管如此,我们在香港前方,以饱满的热情,冒着回归前后的瓢泼大雨,奔走在香港的大街小巷、酒店食肆,记录下回归之际的难忘瞬间。后方的编辑也积极配合,精心编排版面。所有的努力,都是为《新民晚报》的读者,更多更好地提供一个大时代、大时刻的大纪实。这中间有威尔士军营"日不落帝国"的"落日",有午夜时分双方军队的交接,有会展中心五星红旗历史性地升起。

诸如此类的事情数不胜数,《新民晚报》的读者总是以满腔的热情与厚爱,关爱着报纸的成长、发展与变迁,《新民晚报》也总是以最大的努力和最好的作品,来感激读者的厚爱。在互联网时代,在媒体融合转型的历史时刻,今年8月16日,《新民晚报》充满时代气息的融媒体中心正式启用,这也是为了在全媒体传播时刻,《新民晚报》能更好地为我们的受众服务。

在88岁生日前夕,《新民晚报》新媒体部的同事,制作了一件很有意思的作品:"一张纸,一座城",展现《新民晚报》与上海人的鱼水关系。里面有一句扎心的话:"你以为它是一张纸,它其实是阿拉上海宁的生活方式。"

与读者在一起,永远是阳光灿烂的日子。

(2017年9月25日)

1个与8个

本周上海最令人瞩目的事情，莫过于八大文化体育设施的建设。特别引人注目的，是在黄浦江东岸将近两平方公里的黄金宝地上，将兴建包括大歌剧院在内的世博文化公园，令人振奋。

世博文化公园地理位置优越，它位于浦东卢浦大桥畔黄浦江拐弯的尖尖处，是黄金地段中顶尖的钻石地块。这块宝地，被定位为生态自然永续的森林公园、文化融合创新的文化公园、市民欢聚共享的城市公园，是一个兼具城市森林与生态多样性，又有大歌剧院为核心文化天地的都市艺术森林。将来，在这片浦江东岸的佳绝处，市民既可以随意闲庭信步，欣赏浦江两岸美景，享受都市森林惠泽；又能走进大歌剧院以及其他丰富多彩的文化设施，看一场如梦如幻的歌剧，听一场激情奔放的交响乐。

这片都市里的文化森林，来之不易。

在世博会之后的场馆利用中，这片总占地面积达到188公顷的土地，十分引人注目。这不仅是因为它位置绝佳，还因为这里是成片的大幅地块，便于布局展开，有利于各种用途开发。有人设想过，按照通常的开发计划，将这片土地逐幅拍卖的话，大约能卖出1000亿元人民币的价钱，这是一个非常有诱惑力的数字。

市委主要领导没有同意这样的方案，而是从有利于上海未来发展的高度，来看待和用好这片黄金宝地。从黄浦江两岸总体布局看，这片土地的最佳用途是成为市民群众休憩赏景的去处，因为有绝佳风景与整片的空间；还因为将近两平方公里空间，可以用作大建筑、大格局的布置，特别是一些与市民文化生活相关的设施建设。这样来看待和使用这片土地，对群众生活、对上海长远发展，无疑是最合适的。但是，这样不仅没有了上千亿的"卖地收入"，相反还要贴进去将近百亿人民币的资金，用于各项设施的建设和景观布局。

商业还是文化？赚钱还是生态？在这道看似难解的题目面前，上海主要领导的答案简洁而又明了，那就是用于市民生活，用于生态建设。

世博文化公园的建设，为上海的空间格局打开了一片新天地。

首先，是画龙点睛。这里位于上海都市最核心地区，滨江临水，高楼林立，之前尚难有这样集中成片的大面积文化休憩场所存在。世博文化公园的建设，对于上海的版图来说，犹如画龙点睛，让整个城市布局豁然开朗、韵味十足，其意义和价值超过了功能单一的纽约中央公园。

其次，是锦上添花。世博文化公园属于陆家嘴金融区的框架内，这里寸土寸金，高楼摩天，金钱无眠。但现代金融的算计与精密，伴随的是金属的冰凉与机械的冷酷，而文化森林的绿意盎然，犹如锦上添花，增添了金融区和谐的魅力。

再次，是妙趣横生。大都市建设的亮点和难点，常常是同一件事物：那就是过于严肃的建筑，盖过了有些杂乱的城市原生的模样。原因在于大都市建设的功能和成本，不得不让逼仄的大楼成为城市的主角，也减少了很多城市生活的情趣。像世博文化公园那样敢于一次拿出将近两平方公里的钻石宝地建设文化设施，十分难得，亦十分珍贵。这里犹如一片城市生活的绿洲，在林立的高楼间，为都市增加了生活妙趣和原生滋味。

如果细细计算一下世博文化公园，这片都市森林的广袤，可以发现，它大约是被称作"延中森林"的延中绿地的八倍。早些年，延中绿地刚刚开始建设的时候，曾经遇到过额外的阻力。世纪之交的年代，还没有生态建设的概念，经济也不宽裕。延中绿地种下了第一批24棵香樟树，市民群众欣喜地讲"延中森林"的话音未落，有人就又是提意见又是发信件，立脚点就是为什么不把这个好地方去卖地赚钱。现在想来这十分荒唐，当时却是不小的风波。幸亏，有英明的领导，有高瞻远瞩的目光，更有敢于担当的责任感，也由此在纷繁复杂的争议中，为今天的上海在都市中心，留下了极其珍贵的28万平方米"延中森林"，功德无量。

1个与8个，生动地诠释了上海生态文明建设的巨大进步。1个到8个，也生动诠释了：城市建设，需要远见卓识，更需要责任担当。

（2017年9月25日）

枪口下的美国

美国是世界上最独一无二的国家：二战之后，自己的军队在国外杀了最多的各国人员，自己的国民又在国内杀了最多的本国平民。杀人，似乎称得上是美国的一个特色。

最新的一个案例，就是创下了又一个美国第一的拉斯韦加斯枪杀案。截至最新的统计，从曼德拉湾酒店窗口射出的瀑布般的子弹，杀死了 59 人，杀伤 527 人，开枪的是一个正统的具有一切典型特征的美国人。按照通常估算，要达到这样的毁伤效果，凶手至少要打出 1000 发以上的子弹。除非是战争状态，任何军队的训练强度都达不到这样的水平。

一言不合就开枪杀人，已经成为世界人民逐渐习惯的美国特色。大大小小的枪击案在美国经年不断，一次死伤几十人的枪杀案隔段时间总会出现。2012 年 12 月，一持枪男子走进康涅狄格州纽敦市的桑迪胡克小学，向师生开枪射击，导致 20 名儿童和 6 名成人死亡，随后他举枪自尽。在那之后，美国又发生了至少 885 起大规模枪击事件，导致了至少 1144 人死亡，3180 人受伤。

无论有多少"热爱"美国的人士如何费尽心机为此起彼伏的美国枪声洗地，一个无法掩盖的事实是无论如何也擦不掉的，那就是无数平民莫名其妙倒在自己同胞的枪口下，这总归不是一件值得庆幸的事情。而事态的发展看不到有任何转机：拉斯韦加斯枪击案过后第二天，主要枪械公司的股票大幅上涨。美国规模最大的枪械制造公司 Sturm Ruger 股票早盘就上涨了 4.7%，最大的手枪制造商 Smith & Wesson 涨幅 4.5%。因为很多人都认为，每一次大规模枪杀案后，都会刺激更多人去买枪。世界上民用枪支总数有 6.44 亿支，美国占了其中的 42%，基本上无论老幼，美国人均一把枪。

枪口下的美国，这是独一无二的美国。

为什么会成为枪口下的美国，这样的美国有什么特别的好处吗？面对世界人民好奇的疑问，美国人还很倔强，常常会找出一大堆理由来振振有词，加上不少国家总有一些美粉在操控舆论，所以该不该成为枪口下的美国这样一个简单问题，经常会变得复杂无比，弄得有常识的公众最后也十分无奈，只能"随你便，你家喜欢就好"。

枪口下的美国，是个奇葩产物，核心是利益所致。美国是个"无利不起早"的国家，它的国策国政，无不渗透着商业利益与金钱的气味。大到一战二战参战时机的选择、美元霸权的建立，小到商人选择忠于自己的政客、政客利用商业利益换取选票，莫不如此。将商业与枪口下的美国联结一起的，则是美国全国步枪协会。

卖武器是个可与贩毒媲美的高利润生意。美国全国步枪协会是个代表卖枪行业利益的组织，卖更多的枪是它的根本目标。因为有钱，它又是美国政治中最有影响力的利益团体之一，并不仅仅因为该协会用于游说政客的资金投入很多，还因为该协会有严密组织的 500 万会员。2016 年，全国步枪协会用于游说和直接捐给政客的资金为 400 万美元，另外还花了 5000 万美元用于政治宣传，其中包括帮助特朗普当选总统，这一费用有人估计说有 3000 万美元。

对于美国政客来说，他们的目标就是当选和连任。全国步枪协会在每个国会选区都有选民会员，而且组织严密，他们会出现在政客们参加的选区会议上，他们投票给谁的标准就是此人对枪支的看法。特朗普竞选总统期间，获得了美国步枪协会的大力资助。今年 4 月 28 日，特朗普出席了美国全国步枪协会的年会——他因此而成为自里根总统后第一位公开在步枪协会年会上演讲的总统。也因此，控枪在美国，基本上只能是水中望月、纸上谈兵。

至于那些拥枪的理由，貌似有理，其实不足一驳。比如有枪的民兵曾在美国历史上有贡献，比如美国宪法中对民众拥枪的肯定，那不过是一些牵强附会的托词而已。在殖民地时代民众有枪可以反抗侵略，在精确制导武器和核武时代，那几杆枪还能发挥反侵略作用？

根据一项最新统计，美国的枪杀事件总量是加拿大的 6 倍，是德国的 15 倍。每 100 万人中年死于枪杀的人数，德国大约是 2 个，美国大约是 30 个。出于对美国人民安全的同情，世界上不少有识之士都对美国控枪表示了极大关注，但结果可能依然是"我本将心向明月，奈何明月依旧照沟渠"。

美国人自己喜欢，那就好。

（2017 年 10 月 16 日）

"作始也简,将毕也巨"

1945年4月21日,中共七大预备会议在延安召开。毛泽东在做报告时,第一次正式回顾了中国共产党的诞生过程。作为一大的正式代表之一,又是时任中共最高领导人,毛泽东的回顾具有最重要的历史意义。

毛泽东说:"会是在七月间开的,我们现在定7月1日为党的周年纪念日……我们中国《庄子》上有句话说,其作始也简,其将毕也必巨。我们现在还没有'毕',已经很大。"毛泽东在讲了这段话后,豪情满怀地说,"我们党尝尽了艰难困苦,轰轰烈烈,英勇奋斗。从古以来,中国没有一个集团,像共产党一样,不惜牺牲一切,牺牲多少人,干这样的大事。"

72年之后,中共十九大闭幕仅一周,习近平总书记和其他六位政治局常委,首次集体出京,就来到上海,瞻仰中共一大会址,来到嘉兴南湖,瞻仰红船。在南湖纪念馆做重要讲话时,习近平总书记引用了毛主席讲的这句话。

习近平强调,"其作始也简,其将毕也巨"。他说,96年来,我们党团结带领人民取得了举世瞩目的伟大成就,这值得我们骄傲和自豪。同时,事业发展永无止境,共产党人的初心永远不能改变。唯有不忘初心,方可告慰历史、告慰先辈,方可赢得民心、赢得时代,方可善作善成、一往无前。

习近平指出,上海党的一大会址、嘉兴南湖红船是我们党梦想起航的地方。我们党从这里诞生,从这里出征,从这里走向全国执政。这里是我们党的根脉。

回顾在风雨如磐的黑夜里,10多位共产党人代表着全中国50多位党员,冒着危险来到今天的上海兴业路76号,后来又来到嘉兴南湖,开始了中国共产党人的起航。

梦想起航的时刻,是简而又简的。在瞻仰一大会址时,习近平总书记驻足于革命先辈谢觉哉日记本前,这本日记是起航时刻的重要历史记载。

1921年6月29日,这是梦想起航之际,一个重要的时刻。老一辈无产阶级革命家谢觉哉,在那天的日记中写道:"午后6时叔衡往上海,偕行者润之(毛泽东），赴全国○○○○○之招。"

谢觉哉用五个圆圈，代替了五个没有写出来的字。因为，润之与叔衡此次北去上海，事关重大，极为机密。谢觉哉夫人王定国后来说："对于这样一个重大的历史事件，由于湘江上空乌云翻滚，反动势力猖獗，谢老既怕忘掉，又怕不能详细记载，只好在这天日记上，画了一大串圆圈。"

那年6月的早些时候，毛泽东在湖南接到一封上海来信，写信人是李达，这是毛泽东在上海石库门里认识的一位共产主义战友。李达在信中郑重邀请毛泽东，赶快到上海参加中国共产党的成立大会。毛泽东接到通知后立刻相约战友、时任《湖南通俗日报》经理的何叔衡一起，作为中共一大的湖南代表到上海。与何叔衡同在报社的谢觉哉，在日记里记下了这件事。那五个空着的圆圈，就是"共产主义者"之意。

1921年6月29日傍晚，长沙天气闷热，山雨欲来。湘江岸边，舟楫将行。新婚燕尔的杨开慧为毛泽东送行，特意带上了风俗里保平安的茶盐蛋。

开慧与父亲、也是毛泽东老师的杨昌济，曾经有过一段对话："霞仔，润之的才华、韧性、抱负以及他的冲天豪情是我生平之所没见过的，可他不一定是个能给人带来幸福的伴侣啊。"开慧语气平和中透着坚定："爸，就看你是平庸日子里要低吟的叹息，还是狂风暴雨中要那一声撼地的惊雷了。"

告别开慧，毛泽东从湘江岸边登舟，北去上海。在黑夜的中国，即将在狂风暴雨里，要掀起撼地的惊雷了。这是中国历史在20世纪，能够从黑暗走向光明的关键一步。

1956年春节时分，已经担任新中国重要领导职务的董必武，来到了上海兴业路76号。这是董必武第二次踏进这间石库门房屋，上一次还是35年前的1921年，他与毛泽东一起，在这里创建了改变华夏大地的中国共产党。望着熟悉的石库门小楼，抚今追昔，董必武同志感慨万千。他提笔写下了八个大字："作始也简，将毕也巨。"

习近平在10月31日的讲话中强调，只有不忘初心、牢记使命、永远奋斗，才能让中国共产党永远年轻。只要全党全国各族人民团结一心、苦干实干，中华民族伟大复兴的巨轮就一定能够乘风破浪、胜利驶向光辉的彼岸。

（2017年11月6日）

"手无寸铁百万兵"

在《新民晚报》的报史长廊上，陈列着十幅88年历史中最经典的版面样本。大部分版面许多人都十分熟悉了，但是有一幅纸张泛黄、字迹已经模糊的版面，却常常吸引很多人的关注。从已经有些难以辨清的日期上，可以依稀看出，这是1945年11月14日，《新民晚报》前身、重庆《新民报晚刊》的版面。

这是一个十分珍贵的版面，记录了一段难以忘怀的历史。1945年抗战胜利之后，毛泽东同志赴重庆，进行国共和谈。和谈期间，除了签订了著名的"双十协定"之外，另一件轰动山城的事件，就是毛泽东词《沁园春·雪》的首次公开发表。

"北国风光，千里冰封，万里雪飘。望长城内外，惟余莽莽，大河上下，顿失滔滔……"一时成为大后方人民最激动、最兴奋的关注焦点，也使得山城内外一时洛阳纸贵，都纷纷以一睹毛泽东词原文为荣。无数人为《沁园春·雪》折服，蒋介石在羞愧之余，命人重新填词和之，试图追上毛词水平，却无一得逞而羞于露面。

首次公开刊登《沁园春·雪》的报纸，就是这张1945年11月14日重庆出版的新民报晚刊，当时的版面编辑叫吴祖光。

这是《新民晚报》历史上值得纪念的一件事，也生动地解读了即使是在当时的国统区，中国共产党人依然在人民心中、在媒体与新闻工作者中，具有的巨大影响力。那时，毛泽东诗友柳亚子首闻《沁园春·雪》，阅毕深深为之折服，想要让这首词公开与读者见面，最后是《新民报晚刊》赢得先机。在当时的环境下，刊登这首词不能不带有风险，但词作的全文刊登，充分显现了国统区新闻人心向光明的景象。

这样心向光明、追求理想的景象，在当年中国新闻人中间，并不是个别情况。中国共产党的主张和影响，很早就感染了许许多多愿意为中华之崛起而奋斗的中国人，特别是许多有理想的新闻人。"11·8"记者节的来历，就生动地体现了这样的情形。

1937年11月8日，正是全面抗战爆发后淞沪战场硝烟弥漫之际，在今天上海南京东路背后、天津路与山西路交界处的南京饭店，24位青年记者在周恩来的指导下，在这里成立了中国青年新闻记者协会。19时，"青记"成立大会正式举行，出席成立会的15位代表中，有九位是中国共产党党员。

"青记"作为中国共产党领导下的新闻界抗日民族统一战线组织，以爱国、进步、责任、担当为基本宗旨，先后成立40多个分会，团结了一批爱国进步记者用笔做枪，唤起民众投入抗日救亡，在我国新闻史上写下了光辉的一页。

"青记"成员始终活跃在抗日战争最前线，被誉为"手无寸铁的百万兵"。台儿庄会战中，范长江整日整夜贴身跟随战役主将，最早发出反攻胜利的消息。《大公报》因此而发了"号外"，全国人民为之欢欣鼓舞。战火中，"青记"的记者们总有办法先人一步向后方发回战情捷报，极大地鼓舞了全国人民的抗日士气。

"青记"有自己的会歌《青年记者》，至今听来依然激昂奋发："我们要用鲜血写出民族的雄姿……我们要用双手广播革命的火种。"

由于国民党政府严格实行新闻检查制度，国外媒体通过中央社的稿件了解不到国人抗战的真实情况和声音。为此，在周恩来的帮助下，"青记"负责人范长江以学会成员为主要骨干，组建了国际新闻社（简称"国新社"），以专论和通讯稿形式向国内外150多家报纸供应稿件。存在仅3年多时间的"青记"，以宣传抗日、发展中国新闻事业等为己任，在中国新闻史上留下了浓墨重彩的一笔。

2000年，国务院正式将"青记"成立的这天，确定为中国"记者节"。

2017年11月8日，是第十八届中国记者节，也是中国记协的前身"中国青年新闻记者协会"成立80周年的日子。抚今追昔，在中国共产党的领导下，当年有理想、有抱负的进步新闻人，曾经在中国新闻史上写下过灿烂的篇章。如今，在中华民族走向伟大复兴的征途中，中国新闻人有着更加重大的责任。

习近平总书记在十九大报告中指出，要牢牢掌握意识形态工作领导权。坚持正确舆论导向，高度重视传播手段建设和创新，提高新闻舆论传播力、引导力、影响力、公信力。

这是新闻人的指南，也是圭臬。

（2017年11月13日）

从故宫到白宫

一年前，2016年11月9日，《新民晚报》的出版时间稍稍延误了一些。那天，正是美国大选即将揭晓的时候，特朗普还是希拉里？正是悬念丛生的时刻。

接近中午12点，代表特朗普的红色和代表希拉里的蓝色依然彼此犬牙交错。直到下午1点30分过后，形势才渐渐明朗起来，特朗普的红色决定性地超过了蓝色，《新民晚报》立即抢发了消息，在北京时间大约下午2点压版付印，成为最早刊登这个结果的平面媒体。

之所以关注这件事，是因为作为世界上最重要的两个国家，中美关系关乎世界的发展、和平与稳定。按照美媒观点，特朗普是个政治"素人"，他的执政可能不确定性更大。

那时的特朗普应该没想到，他获胜一周年那天，会是在北京度过的，并且去了故宫。

特朗普此前对中国了解并不多。令许多人感到惊讶的是，也算是走南闯北、见多识广的特朗普，此前居然从未来过中国，尽管他跟中国已经做了很长时间的生意。不了解，隔阂自然难免。以"推特论政"著名的特朗普，2011年1月27日，在推特上第一次谈到中国，话语之中似乎就有一些抱怨，他写道："网站上的人说得太对了。我们的工厂还怎么跟中国和其他的国家竞争？"

2011年一整年，特朗普总共发了770条推文，大约每九条就有一条会讲到中国，其中大部分又跟贸易逆差、汇率等有关。2012年特朗普的推文中，有198条与中国有关。此后的日子里，特朗普依然念念不忘"中国"。他似乎比较谦虚，喜欢用"嘲笑"一词，说中国经常在TPP、出口贸易、美国债务等问题上"嘲笑"美国，攻击他要攻击的美国政客们让中国得以"嘲笑"美国。尽管实事求是地讲，中国人并没想到要"嘲笑"美国人。

当上了总统的特朗普，今年以来到11月9日总共发了2193条推文，不到去年一半，但提到中国的次数是去年的两倍，情绪态度上有了不少转变。有人统计,"积极"态度提高24%,"信任"态度提高40%,变化最大的是"期待",提高了83%。有人分析原因,一是当家了知道柴米油盐的不易、与中国合作的重要,二是有专业外交团队的指点,对国际局势有了更清晰的认识。

更大的变化在特朗普当选一周年之际。2017年11月8日下午,"空军一号"降落在北京首都机场。习主席首先迎接他的地方,是中国的故宫。无论是宝蕴楼茶叙,还是太和殿前合影,这座具有600年历史的辉煌建筑,无疑给美国总统留下了深刻印象,尽管他建造过许多著名的特朗普大厦。也许从纽约人的角度看,美轮美奂的特朗普大厦足够美观了;但是如果你站在太和殿上望出去,世界变得无比壮观。

在特朗普首次访华期间,中美达成了许多共识,也达成了很多具体的商业合作成果。最令人震撼的,是中美双方签订了2535亿美元的经贸合作协议,这是迄今为止中美双方在同一场合签订的最大数额经贸协议。特别引人注目的是,这次签订的合同集中在大宗商品和传统工业品上,体现了中美合作的务实和潜力,体现了两国经济的巨大互补性和广泛互利性。比如与阿拉斯加州签订的430亿美元清洁能源合同,既促进阿拉斯加州经济发展,更推进中国能源清洁化战略;比如签订50亿美元的大豆进口合同,涉及千万吨级的大豆进口,而中国国产大豆全年产量也就1200万吨左右,这笔生意相当于用一大片黑土地"借地生豆";再比如与波音签订的380亿美元购买300架客机合同,在国产客机远水不解近渴、航空客运市场年年快速增长的现状下,是必然必要的选择。

中国在对外贸易政策上,从来不追求巨额顺差,中美贸易千亿美元级别的中方顺差,原因很多。既有中国产品竞争力强的原因,也与美方不愿向中方出口某些产品有关。一般产品竞争不过中国,中国需要的某些产品你又不愿意卖,如此这般,美国怎么会没有逆差呢?

五年前,作为商人的特朗普曾经指责别人用贸易逆差抢劫美国的钱和偷走美国的工作。在当选一周年那天在北京举行的记者会上,特朗普说,中国没有错,我不责怪中国,我责怪的是(我们)前任政府的错误行为。

中国之行应该会让初次来访的特朗普,看到一个更加真实的中国。

从故宫回到白宫,特朗普总统应该获益良多。

(2017年11月20日)

一张报纸的一天

2017年11月27日,毫无疑问,上海球迷最津津乐道的,依然是"申花是冠军"!如果提个问题:那天申花队员们,关注的,又是什么呢?

呵呵,《东方体育日报》!

那天中午,申花队不出意料,举行了庆祝足协杯夺冠的庆功会。会场里,除了满场亮眼的一片蓝色,耀眼的还有,就是全场人手一份的《东方体育日报》。封面整版是一张大照片:笑逐颜开的申花队员手捧冠军奖杯,背景是再也熟悉不过的粗大红字:"申花是冠军!"那些球场上叱咤风云、横扫千军的骁勇战将,此刻个个安安静静、全神贯注地读着《东方体育日报》,宛如中预班的小男生。

报纸实在好看,看看连续10多个版的文章标题就禁不住心向往之了:申花是冠军!专访吴金贵、曹赟定、范志毅@直击康桥基地庆祝夜@决赛幕后大揭秘@申花球员赛后朋友圈、姬宇阳:冠军的意义在于冠军本身、张腾:收视率空前,足球点亮上海;朱广沪:巅峰德比,没有失败者;葛爱平:申花是冠军;阿仁:阿拉是冠军;冠军!等了19年,还好没放弃——专访莫雷诺;申花是冠军,口号终实现;张阿姨终于等到申花夺冠;专访吴金贵:申花明天会更好!……

在这些好看文章的中间,还配发了好多同样精彩的大幅照片。封面的大照片精彩传神就不多说了,以"申花是冠军"为主题的8、9两个版跨版图集,更是栩栩如生。中间主打照片是赛后队员们将主教练吴金贵高高抛起的那一刻,最好地解读了夺冠的欣喜若狂;"1998"记录下了19年前的难忘时刻;"这一次,是幸福的泪",记录下了幸福的五个极致瞬间;"球迷——最佳第12人",没有忘记不离不弃申花的铁粉们。

也是因为这些精彩内容,"洛阳纸贵"——是的,这就是那天《东方体育日报》遇到的"幸福的泪"。

东体的记者编辑们是专业的,也因为专业而自信。在前一天忙过一夜做好周一的报纸后,所有的人都预感到,这份精彩的《东方体育日报》,一定会成为周一的城中体育热点。也因为此,那天晚上签完大样后,东体的社长杜旻决定,周一的报纸印数翻倍,满足读者的需求。为了让读者知晓和放心,东体还专门在自己的官微上发布了信息:"由于订单庞大,想购买《东方体育日报》足协杯决赛纪念刊的读者,可以前往上海市静安区延安中路839号12楼现场购买。"

情况还是出乎意料。27日一早,《东方体育日报》刚刚出街,立刻被一抢而空。于是,马上有很多读者转道到延安中路报社购买,不一会儿,东体报社门口排起了长长的队伍。比较夸张的是,排队买报的队伍里,居然出现了"饿了么"的快递小哥。一打听,有东体的读者脑子特别灵活,既要看东体,又不想大老远打车到现场来买,灵机一动想起了送外卖的"饿了么",打电话让快递小哥替他来买,然后快递到家,也是蛮拼的。想想道理其实是一样的,都是买的美味食粮,只不过一个是物质的,一个是精神的。

东体的11月27日,伴随着"蓝魔"夺冠,同样刮起一阵旋风,当天下午、当天晚上,东体不得不再次加印报纸。直到当天傍晚,旋风才慢慢平息下来。有个球迷,抢到了五份当天的东体报纸,一字排开,加上申花的吉祥物,拍了照片传到网上摆谱,一时引无数球迷点赞。

一切成功,都是有缘由的。尽管互联网兴起对传统媒体带来了不少冲击,但是对于优质内容的需求,始终是受众不变的追求。《东方体育日报》面对不利的外部发展环境,传统媒体与新媒体"深度融合、整体转型",在许多平面媒体已经收缩或放弃了体育内容的情况下,依然着力内容建设,不断提升内容质量,扎扎实实办报纸,认认真真创新媒,终得独树一帜,开辟了自己的新天地。

纸质阅读的未来,常常被人质疑。也许,随着技术的发展,总会有一些东西新陈代谢;也许,随着社会的进步,总要有一些习惯需要改变。某种意义上说,质疑也是人类的天性,甚至是进步的动力。但是追求更加美好的未来,这是人类发展永远不变的轨迹。

走在大道上,永远有前方。

(2017年12月4日)

A380 的 10 年

从莱特兄弟开启机械航空时代以来，人类造出的最大客机，迄今还是欧洲空中客车公司的 A380。这型空中巨无霸飞机，刚刚度过了它商业运行 10 周年的生日。

2011 年 10 月，我曾经利用休假时间，安排了一个复杂的飞行旅程：10 月 25 日，从上海飞广州，10 月 26 日，从广州飞北京，10 月 27 日，从北京飞上海。三天时间，在中国最繁忙的三条空中航路上飞了一个大三角，只是为了一件事：搭乘 A380 的初始之旅。

当时，中国内地刚刚迎来第一架 A380"空中巨无霸"。2011 年 10 月 14 日，空客在图卢兹向中国南航交付了首架空客 A380 飞机。这架编号为 B6136 的飞机，于 17 日正式首航，从北京飞往广州，执飞京广航线。27 日起，它从京广航线转为执飞京沪航线。26 日下午广州飞北京的航班，正好可以衔接上第二天上午由北京飞往上海浦东机场首航的 CZ6999 航班。京广沪三角之旅，是感受 A380 的惊艳之旅。

A380 称得上是航空史上的梦想之作。从莱特兄弟笨拙的 100 多米飞行开始，造出更大更好的飞行器，一直是人类孜孜以求的目标，集大成者就是 A380。据说，当 A380 第一次出现在公众面前的时候，不止一个人在想：这么大的胖子，能飞得起来吗？

制造大型客机，前提是科技与技术的巨大进步，另外就是合理的想象能力。从 20 世纪六七十年代波音 747 诞生后，30 多年时间里，人类再也没有造出过比它更大的客机。直到新世纪开始的 2000 年 12 月，欧洲人才渐渐想清楚了这件事。空客大股东欧洲航天防务集团和英国航天集团共同投资 88 亿欧元，研制 A380。

此时，A340 已经诞生，按照序号，新飞机应该叫 A350。但空客认为，新飞机技术上有巨大跨越，应该跳过下一个顺序号以体现跨越式进步。不巧的是下一个 A360，在航空术语里有转圆圈的意思，口碑不好，航空不宜。那么 A370？

空客的大佬们也不乐意，因为竞争对手波音的编号都是 7×7，A370 好像是在抄对手作业。那么就是 8 了，而且这型巨无霸的重要市场是亚洲，在这些区域里 8 是一个好数字，于是最终定名为 A380。

A380 的第一组机翼于 2002 年 1 月开始建造，2005 年 1 月 18 日，首架 A380 在空中客车图卢兹厂房举行出厂典礼。4 月 27 日，新飞机在图卢兹起飞，起飞重量为 421 吨，虽然这只是 A380 最高起飞重量的 75%，但已经打破当时客机的起飞重量纪录。

2007 年 10 月 25 日，A380 首次商业飞行，由新加坡航空公司于当地上午 8 时 16 分从新加坡起飞，并于当地下午 5 时 25 分抵达澳大利亚悉尼，航班载客率超过 96%。新航在网络上拍卖首航机票，最高出价者是英国人海沃德，他以 100 380 美元标得两张"新航套房"单程机票，因此成为第一个登上首航飞机的乘客。

A380 的成就毋庸置疑。与此前最大客机比，它多提供约 35% 的座位和 49% 的地板空间，拥有更宽的座椅、开阔空间，每座位英里成本比当时最有效的飞机低 15% 至 20%。A380 在典型三舱布局下可承载 555 名乘客，采用最高密度座位安排时可承载 861 名乘客。机舱内的空气每三分钟更换一次，220 个舷窗让机舱内享受更多的自然光。四台发动机可产生接近 130 吨的推力，最大起飞重量可以达到 590 吨。

不太为外人所知的是，由于 A380 拥有每边各 36 米长的最大客机机翼，加上 8 米长的侧旋尾翼，理论上已经具备了滑翔机的功能。就是说，如果在特殊情况下，飞机所有动力全部失效，或者出现燃油耗尽的情况，它依然可以凭借良好的空气动力性能滑翔着陆。航空界曾经有过的 A380 是永不坠毁飞机的说法，出处就在这里。

从科技与制造技术的角度看，A380 无疑是 21 世纪以来航空技术一时无两的翘楚。但正所谓"大有大的难处"，巨无霸的身形是 A380 之长，而庞大的载客量也带来了运行灵活度不够、机场适应性不够等弱项。特别是随着发动机可靠性提升和推力大幅度增加，双发飞机逐渐成了市场主流，四发飞机包括 A380 和波音 747 在内，都面临被逐渐挤出舞台中央的窘境。也许只有当机场日益拥挤到某一个临界点的时候，大载客量的客机才会再度引起人们的关注。

由于波音空客都没有制造更大型飞机的安排，在可预见的未来，A380 依然会是大飞机制造的巅峰之作。

无论你看还是不看，A380 就在那里。

（2017 年 12 月 11 日）

"胖子"飞天的动力

在上一期写 A380 的文章中，讲到了像 A380 这样 500 多吨的"胖子"之所以能够飞天，根本在于有强大发动机推力在支撑。某种意义上说，发动机推力多大，决定了飞机能造多大。大飞机的发展，根本上是发动机的发展。

目前已有的发动机，拥有最大推力的是美国通用电气公司正在测试中的 GE9X，推力达到 10 万磅以上，超过了 45 吨，比 A380 飞机发动机要高 10 吨左右。这是一个什么概念呢？即将用在国产大飞机 C919 上的赛峰公司 LEAP 发动机，推力在 12—15 吨之间，就是说，GE9X 比上一代大发动机增加的动力，接近一台 LEAP，进步是非常明显的。GE9X 将用于正在研制中的波音 777-9 飞机，这也使 777-9 成为迄今最大的双发飞机。

飞机发动机是个神奇的存在，它是依靠机械运行能在最小单位体积内产生最大力量的产物。试想一下，普通空气经过那么短小的一个机器，就能突然产生出无与伦比的力量，那真的是有点不可思议。

飞机性能得到大幅度提升，是在进入喷气时代之后。从螺旋桨到喷气式，一个是拉，一个是推，这是推进方式的革命性变化，也带来了飞行技术的跨时代进步。动力大幅度提升，飞机也因此能越造越大、越造越好。

进入喷气时代的早期，最著名的发动机是普拉特·惠特尼公司的 JT3。二战结束不久，各大工业公司包括英国的罗罗，美国的通用、普惠，都开始了对喷气发动机的研发。最早取得突破性进展的是普惠的 J57，它在试验中在历史上首次突破了 10 000 磅推力，后续的改进型最高推力达到 18 000 磅。J57 的成功，诞生了美国第一种远程战略轰炸机 B-52，翼下挂载了 8 台 J57。波音制造的第一代空中加油机 KC-135，使用的也是 J57。J57 后来进入民用领域，这就是著名的 JT3。普惠公司并且创造性地将涡扇概念应用到 JT3 上，改进为 JT3D，诞生了当年最有名的一代名机，波音 707、道格拉斯 DC-8 等飞机上，用的都是 JT3D。

有个比较夸张的说法，当时 90% 的主流大型飞机上，用的都是 JT3D，包括

1972 年尼克松首次访华时坐的波音 707 专机。稍后中国民航向波音一次性订购了 10 架 707，除了装机的 40 台 JT3D 之外，额外多买了 40 台备份机。这既有准备发展国产大飞机的考虑，也是对 JT3D 的高度信赖。这是普拉特·惠特尼公司的黄金时代。

现代主流大推力发动机，都是涡轮风扇发动机。一般来说，具有较好性能水平的民用客机，需要 0.25 左右的推重比。就是说，飞机的最大起飞重量，大约是发动机推力的 4 倍。随着飞机的大型化、远程化，特别是发动机可靠性水平的提高，双发飞机比三发、四发飞机具有明显的经济、效率优势，也因此对发动机推力提出了越来越高的要求。如同前面讲到的，最新一代波音 777-9，作为最大双发客机，它需要 GE9X 的推力就在 45 吨以上。

提高推力有两个关键因素：压缩比和涡轮前温度。理论上比较容易理解，就是在单位时间内，将最多的空气压缩进发动机，然后以更高的温度燃烧，以达到更大的推力。

压缩比提高，除了发动机转子、压气机设置外，关键是增加迎风面空气流量，这就需要增加风扇直径，同时不增加甚至减轻重量，提高进风效率。以 GE9X 为例，它通过优化风扇叶片设计，成功地将前一代风扇 24 片叶片减到了 16 片，又使用钛合金前缘复合材料叶片，减轻了总体重量。它的风扇直径达到了 3.4 米，是飞机发动机中最大的，大致是两个成年人的高度。

涡轮前温度提升，有赖于新材料运用。20 世纪 60 年代至 80 年代，涡轮前温度平均每年能提高 15℃，其中材料改进的贡献在 7℃，接近 50%。21 世纪以来，涡轮前温度提高中，新材料的贡献已经达到 78%。这些新材料主要包括单晶高温合金、粉末高温合金、陶瓷基复合材料。单晶体的优势毋庸置疑，粉末合金也在不断创新，效果明显的是陶瓷基复合材料（CMC），它的重量仅为镍基高温合金重量的三分之一，使用温度可以更高 260℃。在最新的 GE9X 试验中，发动机重要部件都用上了陶瓷基复合材料，可以在 1200℃下持续工作，还不用进行特别冷却，这是非常了不起的成就，也是发动机技术的最新进展。

对于某些喜欢嘚瑟的人，大家常常会说一句："你咋不上天呢？"

是啊，咋不上天呢？只要你有一台好的发动机。

（2017 年 12 月 18 日）

热词里的中国

一滴水可以见太阳，一组热词可以看见国家的发展。

国家语言资源监测与研究中心，发布了"2017年度中国媒体十大流行语"。名列前面的，毫无疑问有"十九大""新时代"等最新最热的词汇，它们代表着社会最多的关注焦点，代表着时代的前沿方向，代表着一个社会、一个国家的发展脉络。

语言是人们描述和记录世界的载体，世界的变化与发展，必然会在语言中留下深深的烙印。时代的特征、风云之变幻，从语言的不同变化中，就可以清晰地感受到脉络。2017年度，中国人共同关注的最重要的事件，就是党的十九大的召开，迎来了中国特色社会主义建设的新时代，这既是中国人民政治生活中的一件大事，还深远地影响到了世界发展的进程，必然会成为人们最常提及的事情。

当然，记录下我们生活时代特征的，还有其他生动地反映时代特征的词语。比如"共享"，这是一个让人常常感到不可思议的词，带来了一个令人豁然开朗的世界。在2017年中，无数人都生活在"共享"中，便利地"共享"了许许多多事情，大到经济发展模式——共享经济，小到一辆不必拥有、只愿"共享"的摩拜自行车。"共享"的未来还是一个未知数，套用一句格式化的语言——鬼知道未来还能"共享"些什么。

如同当年的深圳和浦东，有一个地方在过去一年中越来越为人们熟悉，越来越成为大家日常的惦记，那就是刚刚出现不多久的一个词——"雄安新区"。这是一个无法往溯、又有着无尽未来的热词。在华北平原上，大致上位于著名的白洋淀四周，一个充满了希望与想象的"雄安新区"，正在如太阳初升般冉冉而起。它紧临首都北京，承担着首都战略基地的作用，同时又对标最先进的发展理念来进行建设，有着巨大的后发优势。如果说深圳和浦东分别代表着两个不同年代的发展结晶，那么雄安新区所代表的，就是未来中国的某种缩影。

对于许许多多热爱科学、关注人的发展前景的人来说，2017年有一个词是无论如何也绕不过去的，那就是"人工智能"。随着科学技术的发展和知识与智慧的反复积累，人类正变得越来越聪明，而这样的聪明正在孕育着一个伟大时代的到来，那就是越来越接近于进入"人工智能"的世界。与当年"阿尔法狗"的出现，让许多人有些无所适从甚至是困惑不同，当"人工智能"越来越接近人类的时候，大家的心情似乎还是欣欣然的。因为看到了"人工智能"的巨大能量之后，人类越来越把解决自己面临许多复杂困难的希望寄托在了"人工智能"上。当然，所有的人也都希望，这样的愿望是合乎人类设定的发展脉络的。有人有过担心，会不会某一天"人工智能"被培育得无比强大，超越了某个临界点或者阈值之后，有没有可能反过来操控或者掌控人类？不过这至多是一种可能，并不一定是历史的必然，相信人类的智商应该可以把控这一切，这是我们稍稍可以宽心的地方。

在《咬文嚼字》编辑部选出的年度热词中，"砥砺奋进"被排得十分靠前，这其实昭示着在2017年中，这个充满了激情与勇气的词语，始终是我们实践的指南。从砥砺的原意讲，本义为磨刀石，引申的意思就是指磨练。砥砺奋进，即在磨炼中奋勇前进。从2017年6月起，中国媒体普遍开展了以"砥砺奋进的五年"为主题的宣传活动，因为"砥砺奋进"这个词准确地概括了以往五年我们的奋进历程，以及我们为夺取伟大成就所体现出来的昂扬精神状态。"砥砺奋进"，同样生动地描绘了中华民族不断进取、不断奋发的光辉形象。我们今天取得的成就，不是轻轻松松、敲锣打鼓就能得到的，是需要我们不断奋发努力，甚至是付出巨大的代价才能得到的。"砥砺奋进"，最好地表达了我们的精神面貌，也最好地表达了我们的愿景心愿。

国家语言资源监测语料库的热词样本，取自《人民日报》等国内15家报纸2017年1月1日至2017年11月底的全部文本，语料规模近5亿字次，代表了中国主流媒体的关注点和语言特点，具有充分的权威依据，是2017年中国的真实写照。

回望我们来时的路，热词记录下了最重要的足迹。热词里的中国，奋发、蓬勃而欣欣向荣。

（2017年12月25日）

帝国的背影

电视镜头里，妮基·黑莉焦虑的神色一览无遗，彷徨、恼怒乃至带着无助的绝望。

黑莉算得上是世界风云人物了，黑莉的绝望来自曾经的霸蛮。作为美国常驻联合国大使，黑莉一向在纽约东河岸边的这座大楼里如入无人之境，带着各路小兄弟无数次通过种种议题，指鹿为马、指桑骂槐。但是在2017年12月21日那天，黑莉感到了深深的挫败和绝望。

那天要通过一个决议，认定任何改变耶路撒冷地位的决定和行动"无效"。显然，这是批评美国的。也因此，在讨论阶段美国就极力阻止事情的进展。黑莉公开写信威胁各国：美国将记下投票结果，并切断对投赞成票国家的援助。在大会投票前的发言中，黑莉威胁说，如果美国的想法得不到支持，将削减对联合国和有关国家的支持。

黑莉之外，包括特朗普在内的各路美国高官，也在不同场合公开威逼利诱全世界。但是结果依然让黑莉绝望：占世界90%人口的128个国家，不顾美国威胁投了赞成票。

"12·21"的意义不仅是否决了美国想法，更重要的是，在包括总统在内的美国高官公开威胁下，已经没有多少人再把这当回事了。黑莉的绝望显露了一个事实：一个帝国正在渐渐远去的背影。

帝国的表现形式，不同时代有着不同特点。在资本主义时代，列宁认为，帝国主义是资本主义的最高形式，垄断是它的最大特点。垄断带来的一个结果就是，为了保证高额垄断利润必然进行经济军事化，由此产生的另一个现象就是经济军事化导致的频繁战争。

从20世纪历史来看，美国典型地具备了这样的特征。二战后美国几乎插手了世界上所有排得上号的战争，朝鲜战争、越南战争、南联盟战争、阿富汗战争、伊拉克战争等背后，无不带有美国军工垄断巨头的影子。

有人说，美军是最有实战经验的军队。这种说法的另一个含义就是，美国军队是参与战争最多的常备军。众多战争奔波，最得益的当然是军工垄断企业，由此美国造就了波音公司、洛马公司、诺格公司等世界一流军工企业。它们赚得盘满钵满的同时，国家支出必然急剧上升，由此带来帝国的危机，这也是列宁将帝国主义看作资本主义最高形式、也就是最后阶段的原因。

20世纪60年代的越南战争，让美国不得不在1971年以"世纪违约"方式，停止了35美元兑换一盎司黄金的做法，直接导致了布雷顿森林体系的瓦解。世纪之交的多次战争，让美国从克林顿离任时年度财政盈余2370亿美元，到今天国债数字超过了20万亿美元。美国最近10多年借钱数量超过了之前建国200多年来的债务总额。

从外表来看，美国还是一个庞大的帝国。但是这个帝国正在不得不渐渐转过身去，标志性事件就是特朗普的出现以及成为总统。

特朗普当选总统，是美国无法选择的选择，他最大的特点就是"转身"以及"背影"。美国有过无数次貌似"政治正确"的选择，结果如出一辙：得益的永远只是那些"精英"以及垄断巨头。那么在2016年晚秋，美国人为什么不去选择一个似乎不一样的"素人"呢？

选择特朗普，就是选择了"退群"。特朗普上台之后，美国几乎退出了它看不惯的所有国际组织，放弃了所有"不合算"的国际义务。从退出TPP到退出《巴黎协议》到退出联合国教科文组织，以至于有人嘲讽地说，美国干脆"退球"算了。

为什么特朗普不断"退群"？实在是因为"臣妾做不到啊"！以TPP为例，得益的是像日本这样一批心地不纯的小兄弟，这种"死要面子活受罪"的事情，特朗普才不会干。面对一摊子烂事，不"退群"、不"转身"，特朗普还有更好的选择吗？

帝国的"转身"并不是孤例，也并非从美国开始。二战爆发时，大英帝国拥有"日不落"天下，靠着《至暗时刻》里那位首相的执着与坚韧，取得了惨胜。刚刚获胜就匆匆换上了另一位首相，开始了帝国的"转身"之路。而当年世界第二军事大国的另一个霸权主义国家，10年阿富汗战争疲于奔命之后，也不得不选择撤军"转身"，最终在西方圣诞假期里，降下了飘扬了70多年的旗帜。

帝国的"转身"，难免有些凄凉。就像12月21日那天，黑莉遮掩不住的失望与绝望。

"转身"之后，目送的，就只能是帝国渐渐远去的背影了。

（2018年1月1日）

幸福都是奋斗出来的

元旦夜，电视里有滨江45公里公共空间贯通的场景。看见一位市民对着镜头满心欢喜地说："很幸福的感觉，心情舒畅。"

幸福的感觉，这是滨江贯通开放后，许多市民真实的体验。时光倒流若干年前，黄浦江两岸今天这般美景，如梦幻一般遥远，而在2018年的第一天，幸福就这样真切地降临到了上海。

幸福来之不易，这是21世纪以来，上海历届市委、市政府领导带领全市人民，不懈奋斗的结果。

城以水兴。对于上海来说，吞长江、衔东海的滔滔黄浦江水，孕育了中国最大的工商业中心城市，也孕育了中国共产党的初心。

然而，随着工业化进程的展开，以及各时期发展的不同特征，黄浦江离市民的生活越来越远。滨江岸线越来越多地为各种码头、堆场、工厂和仓库所占据，工业化带来的污染，也越来越明显地出现在滔滔江水之中，黄浦江黑臭天数，一度也是上海城市的一个敏感指标。在相当长一段时间里，很多人认为在可以预见的未来，这样的状况不会有大的改观了，因为改变涉及的困难实在太过庞大。

进入21世纪，上海的决策者们下决心要改变这样的陈旧面貌，要将黄浦江两岸，由生产岸线逐步转变为生态生活岸线，让黄浦江成为人民之江。

2002年1月10日，上海市委、市政府宣布实施黄浦江两岸综合开发，重塑黄浦江两岸功能。从2002年到2012年的10年间，黄浦江两岸逐渐突破了码头、仓库、工厂的一统天下，出现了越来越多的滨江绿地和创意园区。

随着工程以更大的力度推进，特别是2010年上海世博会，相当一部分园区设置在滨江临水区，进一步加快推进了黄浦江两岸综合开发。2002年时，黄浦江两岸只有老外滩和小陆家嘴两处滨江公共岸线。10年后，滨江绿地和公共空间面积已达596.8万平方米，亲水岸线长度达到23公里，对公众开放的亲水岸线长度为20.5公里。但那时，滨江公共空间依然还有形式单一、断点较多、公交不便、配套不足等问题。

2014年，上海印发了《黄浦江两岸地区公共空间建设三年行动计划（2015—2017）》。2016年8月，上海市委书记韩正宣布，从杨浦大桥到徐浦大桥两岸45公里岸线，到2017年底基本实现贯通开放。

这是重塑黄浦江两岸功能最关键也是最艰难的阶段。经过10多年的建设，滨江岸线能开放的都实现了开放，剩下的都是一些"硬骨头"、老大难。据统计，截至"十二五"末，两岸45公里实际贯通率不足50%，剩下的岸线，跨行业、跨单位、跨区域，要贯通异常艰难。

在市委、市政府统一部署指挥下，滨江两岸五个区以及各相关部门，敢于破除难点，敢于啃"硬骨头"，不断加大工作力度，全力以赴实现目标。经过一年多的奋发努力，终于在2017年底全部实现了贯通目标。

新年之际，站在上海最核心的45公里黄浦江岸线上，你可以清晰地看到，一个全新的滨江生态生活岸线，正惊艳着浦江、亮丽了上海。

45公里滨江岸线中，浦东占据了一半。浦东打造的是优雅滨江大道，通过连续22公里的慢行系统，串联起沿江重点区域和重要节点，打造成公众休憩旅游、健身运动、体验自然的公共空间。

在浦东的对岸，徐汇努力打造最"透气"的浦江岸线，将徐汇滨江建设成为最开放、最便捷、最绿色、最具魅力的开放空间以及生态空间和人文空间，建设美术馆大道和剧院群落。虹口沿江历来多码头，于是打造特色码头文化，充分利用滨江空间和邮轮码头的玻璃围栏，建设虹口特色的码头文化露天博物馆。杨浦是著名老工业区，体现的是"后工业"时代的蝶变，以工业遗存为基础，点缀布局体验式场馆，打造复合功能生态绿地。黄浦拥有最著名的滨江地段，以外滩为核心，打造亲水平台长廊，让市民可以从老外滩经十六铺，通过全面建成的南外滩2.2公里滨水区，一路走到南浦大桥。

习近平主席在2018年新年贺词中说："幸福都是奋斗出来的。"他说，九层之台，起于累土。要把蓝图变为现实，必须不驰于空想、不骛于虚声，一步一个脚印，踏踏实实干好工作。

滨江45公里公共空间贯通，这几乎是个梦幻般的想象，在2018年，它变成了实实在在的幸福。

幸福都是奋斗出来的。

（2018年1月8日）

17英寸与18英寸

在"上海2035"规划中,再过17个年头,上海将建设成为卓越的全球城市和社会主义现代化国际大都市。这是一个不太遥远的现实,也是一个令人十分神往的明天。

"卓越的"全球城市,意味着上海不仅有全球城市的规模格局,更有着不同凡响的品格与气质,有着人无我有独特的优势与能质。这样的"卓越",是大家由衷的悦见与喜爱、天然的倾慕与魅力。

很难极致诠释一座卓越城市的全部内涵,但是总有一些相近的事物,可以让我们看到"卓越"的影子,比如我们比较一下两架相近的飞机的话。

世界上销量第一、第二位的民用客机,是同一个级别的两型中短程单通道飞机,分别是美国的波音737与欧洲空客的320,总订单都已经超过了10 000架,都称得上是史上经典。从发展的脉络看,诞生于1967年的波音737,先于空客320突破10 000架大关;出生于1987年的空客320,则在新一代同级别737MAX与320neo的竞争中,明显占据上风,320neo获得的订单数超过737MAX一倍。由于这是两型客座数基本相同的飞机,订单数的较大差异,表现的就是航空公司的偏爱,当然这种偏爱的根源,毫无疑问就是来自乘客的青睐。

乘客们为什么喜欢320?我们来回想一下自己的空中旅程。印象中,波音737与空客320,我们是不是更喜欢坐320呢?是的,320好像更舒适。

事实上,这样的喜欢是有道理的。同一级别的飞机,737与320的座椅宽度是不同的,一个是17英寸,另一个是18英寸,更宽的自然就比较舒服。

这样的差异不是技术上的,主要是时代和理念的因素。就像托马斯·弗里德曼在《世界是平的》里讲的,世界贸易的繁荣让各地都能以相近的价格得到同样的商品,世界变成为平的。在高科技的民用客机上,由于技术及人才流动的加深,波音和空客拥有的制造技术基本是相同的,舒适感不同产生的偏爱或者说是青睐,只可能是因为技术之外的其他因素,比如说设计理念或者是人文关怀。从这一点看，空客的理念比较"卓越"。

波音 737 诞生于 1967 年，它的客舱宽度源于波音 707 与 727，三者都是 3.54 米。美国人虽然经常拥有世界最先进技术，但是民族性格比较粗犷，加上资本主义斤斤计较的因素，所以波音把中短程单通道客机的客舱宽度设计成 3.54 米，因为这个宽度刚好能一排布置 6 个 17 英寸宽的座椅，充分利用空间。事实上，17 英寸宽的座椅是有些紧凑的，舒适度不够。

10 多年后空客设计 320 时，欧洲人更多地想把它看作是一件"卓越"的产品，因而在飞机格局上实现了两个大的突破。

首先是电传系统。在 320 之前，所有飞机都是通过机械及机械升级版液压传力来驾驶飞机。从 320 开始，第一次全部通过电脑发布的指令，实现飞机的运行。这是从机械到电传的跨代技术进步，由此将驾驶舱从机械仪表时代引入到"玻璃座舱"时代。

另一个突破，就是 18 英寸概念的到来。在 320 萌芽时期，737 已是世界最畅销客机，同级别客机如果对标"国际标准"，设计成与 737 一样的宽度，无可厚非。但是追求"卓越"，就需要有更多的人文关怀因素。空客意识到 17 英寸座椅宽度够用但不够人文，于是将客舱宽度设计成超越 737 标准的 3.7 米，这样如果同样放一排 6 个座位，每个座椅宽度就可以从容达到 18 英寸。小小 1 英寸的宽度增加，大大提升了座椅的舒适度，也成为日后 320 超越 737 的关键因素。

机身宽度增加 0.16 米，对于 320 来说是微不足道的，但正是这 0.16 米，让座椅从紧凑够用，变得轻松舒适，乘客的体验会有很大的提高，最终带来了用户的偏爱与青睐。"标准"的水平与"卓越"的追求，差异就在这里，之后的结果也在这里。

卓越的含义，是超越一般的高超出众。它需要有更远的眼光、更宽的视野、更高的站位，有超越一般、超越标准的意识，有敢为人先、开明睿智的精神境界。这既要有时代的积累与技术的进步，更要有理念与精神的升华。它是大的格局，也体现在时时处处的细节上。

对于上海来说，"上海 2035"值得每一个人期待，它也需要生活在上海的每一个人去共同奋斗。

以大的眼光去看待明天，用最具体的行动去建设明天。

（2018 年 1 月 15 日）

"桑吉"号的正确打开方式

本月 6 日 19 时 51 分,巴拿马籍油船"桑吉"号与中国香港籍散货船"长峰水晶"轮在长江口以东约 160 海里处发生碰撞,"桑吉"号失火燃烧,船上 32 人均失联。至 14 日 16 时 45 分,"桑吉"号爆炸沉没。

"桑吉"号载有 13.6 万吨凝析油,大火在距离上海不远的东海上燃烧了整整 8 天。由于涉事船只双方涉及多个船东船籍国家和地区,因而什么才是救援"桑吉"号的正确方式,一度成为国际关注的焦点。

非常遗憾的是,自从船只相撞发生燃烧的那一刻起,"桑吉"号事实上就处于无法救援的境地。

凝析油是一种非常特殊的存在,它通常伴随着天然气田而生。在地底下未开采前,它以气体的形式存在,叫凝析气,是石油在高温高压条件下溶解在天然气中形成的混合物。采出到地面后,由于压力温度的变化,变成了液态,这就是凝析油。它属于优质的轻质油,多用于提炼高附加值的石油产品,比如用于飞机的航空燃料。它的缺点与它的特点一样,就是容易燃烧,遇到外力碰撞极易发生爆燃。

6 日晚上发生碰撞后,散货船"长峰水晶"轮并未发生附带的衍生损害,而"桑吉"号不一样,立刻就形成了熊熊烈火,持续翻滚燃烧。由于凝析油极易燃烧,大火一起,在茫茫大海上基本没有扑救的可能。

有个消防常识大家一定耳熟能详,那就是遇到油类着火,不能用水去扑救,因为油比水轻能在水上燃烧,而是要用泡沫或沙土等覆盖。"桑吉"号起火地点是在夜幕降临漆黑一片的茫茫大海上,到哪里去找足够的泡沫或沙土呢?而且,"桑吉"号火势一起来立刻就蔓延成熊熊烈火,根本就没有给扑救提供机会。

在相撞事故发生后,中国有关方面立即以最快速度展开了救援。我国救援人员冒着巨大的生命危险和安全威胁多次接近事故船只,近距离实施搜救和灭火作业。其中在 10 日和 11 日的作业过程中,"桑吉"号均发生剧烈爆燃,迫使作业船舶后撤。为确保灭火泡沫充足,"东海救101"轮在第一轮灭火物质全部耗尽的情况下,又重新装好100吨灭火物资,再次于13日凌晨抵达事发水域。

"桑吉"号的32名船员都是伊朗籍。据事后调查分析,伊朗劳工部长、桑吉油轮事件调查委员会主席在致函鲁哈尼总统时表示,根据伊朗专家和中方官员的意见,事故发生后一个小时内,油轮上的大规模爆燃和毒气扩散就已经导致船员全部丧生,这一结局是令人悲痛的。

对于事故救援,另一个核心难题是船上大量油料可能发生的泄漏,会对海洋环境造成不可估量的损害。

从科学合理的角度讲,在"桑吉"号已无法救援的情况下,最佳的处理办法,就是让油轮以及所载油料充分燃烧殆尽,这样对海洋环境的影响能减到最低程度。大火持续燃烧一周,有利的地方是把可能泄漏的大量油料,尽可能地燃烧掉了,减轻了生态危害。特别是因为船上主要装载的是凝析油,极易燃烧,也加快了消耗的速度。需要注意的是,船上除了装载凝析油之外,还有不少行船所用的燃料油,这属于重油,燃烧比较缓慢,不容易烧尽。如果有较大数量流入海洋的话,同样会带来巨大危害。

在事故发生一周后,"桑吉"号从事发地向东南方向漂移了141海里,并且有继续向东南方漂移的趋势,当地海域有6到7级的西北风。这意味着,污染源正在逐渐远离我国海岸。这是托了地理环境的福。由于地球自西向东旋转的缘故,我国周边的海洋水流以及大气环流,总体上是自西向东的流向,也就是说,是从我国海岸向外流去。因此在这次"桑吉"号事件中,起火船是在随着洋流不断远离海岸,大大降低了对我国可能产生的生态环境影响。这跟西欧等地不同,它们由于处于洋流迎面处,一旦发生原油等泄漏,很容易冲到海滩上来。

由于东海海域是我国最重要的近海捕捞区,对于"桑吉"号事故可能造成的影响,需要密切关注,随时准备采取合适的应对措施。

总体来说,在"1·6"事件的处置中,中国的救援力量全力以赴、措施得当、科学合理,是值得高度肯定的。

(2018年1月22日)

3万亿，新起点

"全市生产总值年均增长7.1%，从五年前的2万亿元跃升到3万亿元，迈上新台阶。"在上海市第十五届人代会一次会议上，政府工作报告里的这段话，引起了许多人的共鸣。

仅仅五年时间，上海GDP足足增长了1万亿元，增长比率达50%，不能不说这是一个非常了不起的成绩。特别是，这个增长数字是在上海不断优化产业结构、不断提升质量效益的基础上取得的，就更加了不起。

随着经济总量的不断增长，GDP的重要性已经不像几十年前那样敏感了，但是任何一个国家、一个地区、一个经济体，GDP毕竟是最重要的评价指标之一。GDP变化情况，深刻反映了发展速度和内在质量。站在3万亿元GDP的台阶上，回望来路，我们不能不感慨万千。

发展速度，一直是新中国领导人十分重视的焦点。21世纪50年代，中国领导人提出"赶英超美"目标，本质上就是希望以此为愿景，加快新中国的发展速度。那时，在一片废墟上建立起来的新中国，真的是赤手空拳、"一穷二白"，如果没有发展加速度，如果没有超常规发展路径，不仅无法赶上那时的发达国家，甚至有面临被"开除球籍"的危险。帝国主义亡我之心不死，反华包围圈层层叠叠，国内许多地方还面临吃不饱穿不暖的窘境，如果没有一定的发展加速度，没有快速增长的GDP，中国根本不可能真正屹立于世界东方。这是今天某些富×代所根本无法理解的，也是戴着有色眼镜看待中国发展的某些人所不愿承认的。

作为中国最重要的经济城市，40年前改革开放起步之际，上海1978年GDP总量为272亿元人民币，即使按照当时高估的比值，也只相当于162亿美元，人均产值为2485元人民币。

"发展是硬道理"，这既是历史的真理，也是包括上海在内的中国发展的必由之路。没有一定发展速度，就没有发展和建设的经济基础，就无法保障人们必要的生产生活需求。

1987年，上海GDP上升到了545亿元人民币，比改革开放之初增长了几乎一倍，但是由于底子薄、基数低，城市基础设施依然非常脆弱。当年12月，发生了震惊国内外的陆家嘴轮渡踩踏事件。事件发生后，有关上海发展定位和发展方式问题，引起了各界高度关注。

1990年4月，国家宣布上海浦东开发开放。1992年邓小平视察南方，为上海发展指明了方向，提出了更高要求。上海的发展进入了高速路，"一年一个样、三年大变样"，成为20世纪90年代上海凯歌奋进的最好写照。1992年，上海GDP第一次破千亿，达到1114亿元人民币。跨入新世纪后的2001年，GDP第一次跨过了5000亿，达到5210亿元人民币。随后在2006年跨过万亿，达到10 572亿元人民币。五年前跨过2万亿，去年跨过了3万亿元大关。

随着经济总量不断加大，相同或相近增长率带来的增长体量，实际会大幅度增加。比如过去五年上海GDP增长率平均为7.1%，但是实际增长总量超过了1万亿元，这样的数量在若干年前是难以想象的。也正是有了这样的发展基础，追求发展质量、追求绿色发展才有了根本前提。

更令人欣慰的是，上海是以高质量发展态势跃上3万亿元大关的。一组数字是，在从2万亿元跨上3万亿元台阶时，最近五年GDP年均增长7.1%，居民人均可支配收入年均增长8.9%，一批新兴产业产值年均增速超过了20%。就是说，居民收入增长超过了产值增长，而朝阳新兴产业增长又远远高于GDP的增长。

另外一组数字也十分引人注目。在过去五年GDP增加50%的同时，上海全社会研发经费支出占GDP的比例，从3.3%增加到了3.8%，这是一个很大幅度的历史性变化。由于研发投入在初期看不到什么效果，但对未来发展后劲有着巨大影响和重要的促进作用，因而看一个经济体发展质量，研发投入比例是个极为重要的数据。犹记得在刚关注研发投入这个数据时，国内大部分地方都1%—2%之间，上海是刚超过两个百分点。当时许多远景设想中，都把达到4%这一发达国家水平，作为努力方向。短短几年，这样的愿景已在上海很快实现了。这既表明了上海的发展质量，更预示着上海的发展前景。

对于一座城市来说，3万亿是个重要时刻；对于卓越的上海来说，3万亿只是个新起点。

（2018年1月29日）

暖的雪

雪是冷的、白的。雪也是有温度、有色彩的。

有两本跟雪有关的书，给我留下过很深印象。

一本是苏联小说《热的雪》，这是著名作家邦达列夫的名作，取材于斯大林格勒会战。某集团军别宋诺夫军长奉最高统帅部之命，率集团军开赴斯大林格勒，阻击曼斯泰因坦克集团军。德军发起疯狂进攻，苏军官兵赴汤蹈火、浴血奋战，在德军力量渐渐耗尽之际，别宋诺夫下令全部后备军投入反攻，打得德军仓皇逃窜。书名《热的雪》寓意深刻：两军炮火卷起千堆雪，"地上的冰雪仿佛也被这烈火和残霞烧得通红了"；主人公库兹涅佐夫惊悉战友牺牲热泪滚滚，"泪水竟使袖子上的雪花也变热了"。邦达列夫的另一部名作则是大型史诗性电影《解放》。

另外一本书叫《黑雪》，这是中国作家叶雨蒙《朝鲜战争全景纪实》小说的第一部。这部纪实小说描写朝鲜战争爆发后，志愿军面对武装到牙齿的美国侵略军，奋勇展开第一、第二次战役，把侵略军一直打退到三八线。小说描写战争的激烈，让白雪皑皑的朝鲜半岛翻出了大片的黑土，成为黑雪。

与这些特殊场景不同的是，和平时期的大都市里，也有别样的白雪，这是暖的雪。

今年1月25日午夜开始，时隔10年之后，上海再次迎来了大雪纷飞的景象。

江南的雪，本是件稀罕的事，也是一件特别不容易的事。鲁迅先生就说："江南的雪，可是滋润美艳之至了；那是还在隐约着的青春的消息，是极壮健的处子的皮肤。"

特别不容易，是因为江南不轻易下雪，一下雪，就会闹得人手忙脚乱。首先是航空运输会受影响，一下雪首当其冲的就是飞机翅膀积雪，这些或薄或厚的雪层会改变翅膀上下层的气流速度，导致飞机失速失控，所以下雪天影响最多的就是空运。其次是铁路，特别是今天的高铁，轻松就是350公里时速，铁轨上稍有积雪带来的危害毋庸置疑。再次就是高速公路、城市快速道以及人口密集的城市中心，都会因为雪天而大受影响。因为不轻易下雪，对于雪天的应对措施，江南总比不上北国，这也是江南更容易因雪天而影响秩序的原因。

1月25日开始的是大雪到暴雪，这是特别容易发生各类意外事件的时候。但恰恰是这场皑皑白雪，照亮了上海温暖的一面。越是雪舞的时光，越是让人温暖的季节。

一夜大雪，正当大家以为清早要踏雪上班的时候，打开大门，惊喜地发现上海的马路干干净净，路面不见积雪踪迹，尽管路旁依然是厚厚的白雪。原来，由于应对及时、管理精细，上海安排各路力量即时把路面清扫干净，使城市运行基本没受影响。在人行天桥和各处台阶上，时时能看到垫着的草垫子，防止行人跌跤。在最容易积雪的南浦大桥、杨浦大桥等交通要道上，武警上海总队出动400多名官兵，连夜冒着风雪将桥面清扫得干干净净。在机场、在千里铁道线上，到处是冒风雪保畅通的队伍。

26日《新民晚报》头版头条《一夜飞雪 今天上海井然有序》写道："今晨，上班的人们纷纷早起，生怕整夜的雪耽搁了匆忙的脚步。意外的是，马路干净、市容整洁、交通畅达……大雪初霁，铺满申城的有明媚的阳光，更有温暖的欣喜。"

数字记录了城市"温暖的欣喜"：市政部门出动了应急人员25 647人次，应急车辆8256辆次，数万环卫工人度过了风雪不眠夜，数百支队伍彻夜清扫到天明。在机场，凌晨3时起，除冰雪作业人员已上岗争分夺秒给飞机"洗澡"外在铁路，扫雪突击队24小时待命出动，清扫道岔、路轨上的积雪。

去年全国两会，习近平总书记在参加上海代表团审议时强调，"走出一条符合超大城市特点和规律的社会治理新路子，是关系上海发展的大问题""城市管理应该像绣花一样精细"。

遭遇暴雪，是对城市治理能力的严峻考验，衡量着城市管理精细化程度。当风雪来临时，政府能及时部署应对，官员能立即来到基层，工人能马上清扫积雪，城市能井然有序，这是暴雪考验面前，城市管理精细化水平的最好答卷。

在这样的城市里，最寒冷的风雪，雪也是暖的。

（2018年2月5日）

美利坚没有新闻

美利坚合众国没有什么新闻，它依然蹒跚而坚定地走在滑坡的下山道上。

2月5日，立春之后的一天，许多人似乎是倒抽了一口冷气。当天，美国股市暴跌1175点，创下历史最大下跌点数，吸引了不少关注。但从趋势看，这只不过是美国走在下坡道上的又一个拐角而已，算不上什么新闻了。

美国国势下滑以及国际比较竞争力的下降，已渐成趋势。尽管特朗普靠着"让美国再次强大"当选总统，但落花有意，无奈流水无情。

"瘦死的骆驼比马大"，美国的"骆驼架子"体现在世界第一经济体、自诩第一军事强国等光环上，也因此不少吃瓜群众常常过于理想化看美国，特别是它的经济。

对美国发展现状见仁见智，但总体上处于较低发展速度、发展优势渐失、发展后劲不足，这应该是共识。特朗普经常提出各位前任的种种不是，就是这个现状的生动解读。不过特朗普把这些"不是"归结于前任们个人决策失误，这是有点冤枉和本末倒置的，这是趋势而不是个人可以扭转或改变的。这就像在美国的罗斯福时代、艾森豪威尔时代、肯尼迪时代，根本就不可能选出特朗普这样的总统是同一个道理。在国家发展还有希望还有愿景的时期，领导人的理念以及品质，是大众十分看重的。而在一个屡战屡败、无可奈何的时期，那就只能病急乱投医，谁画的汤团好看，就选择谁，而顾不上这个汤团是有馅的还是空心的。民众的心态也简单：有个画出来的汤团，总比连汤团都画不圆的要好。

这也造就了美国人的竞选策略：别去管能做成多少，先吆喝了再说。这跟有些商人的做法是比较一致的，比如某视的贾某人，有点理智的都知道他在骗人，但是他就是公然骗人，还是有人愿意自欺欺人相信这不是骗人。让制造业回归美国，让美国铁锈地带的蓝领们有工开有事做，这听上去很美，还有人要把制造业迁去美国。且不说美国的蓝领们是不是真的还愿意去做炼钢工人，愿不愿意去纺纱织布，即使他们真的变勤劳了，成本也是他们无法参与竞争的根本因素。

美国人民这些年之所以能过上衣食无忧的生活，根本的在于普通制造业外迁带来的低成本红利，让美国人能够以低廉的价格得到优质的产品。如果以美国的人力成本去生产同样的产品，美国的物价早已不是今天的水平了。稍有头脑的美国人其实都十分清楚这一点，这也就是美国的竞选策略与美国现实之间的根本矛盾之处。

与很多商人一样，特朗普比较会说。而在最终结果没有到来之前，说什么其实都无法得到验证，没有人能表明这样的前景不存在，因而特朗普的叙述很容易带来某种特朗普式的亢奋。既然无法验证，吃瓜群众只能姑且信之。这种亢奋的后果之一，就体现在对美国股市的判断上。

作为经济晴雨表的美国股市，在上月底的时候达到了26616点的历史最高点，与五年前相比上涨了一倍，与特朗普当选美国总统时相比上升了8000点左右。与此同时，美国的总体经济发展态势并没有发生实质性的向好转变，依然在低位徘徊。

不容易被蒙蔽的，是货币指数。与美国股市节节高升截然相反，美元指数从特朗普上台后100点出头，到上周跌到了89点左右，跌掉10%以上，跌幅已经相当大。从经济学意义上讲，货币强弱反映的是一国经济的内在质量，你的产品越有竞争力、越有价值，代表这些产品的货币自然越强。近的如这几年人民币汇率的表现，远的如二战后35美元兑换一盎司黄金，莫不如是。股市与货币指数截然不同的表现，已经让美国股市渐渐露出了马脚。

2月2日上周五，马脚藏不住了。当天美国股市以26 061点的接近历史高点开盘，当天就下跌了500多点，收盘在25 520点。本周一，下跌狂潮收不住脚，以低开近150点开盘，最高跌1600点左右，最终大跌1175点收盘。两天时间美股跌1700余点，这是美国历史上最大点数的下跌。

2月初美国股市的下跌，与美国比较竞争力的下降一样，这是必然的趋势而已，算不上什么新闻。这跟当年日本世界第二经济体的位置、日经指数超过40 000点有一比，如今1万多点的日经指数，从来就不是什么新闻。

美利坚没有新闻，它只是坚定地在下降。

（2018年2月12日）

平昌之平

平昌冬奥会落下了帷幕。对于中国选手来说，这是一次不无遗憾的冬奥会。

最大的遗憾，自然是金牌数太少。今年中国代表团获得的奖牌数，与上届索契冬奥会相同，不同的是金牌数从三块直线掉落到只有一块，这也是近几届冬奥会中成绩最差的一次。不必讳言，对于竞技体育来说，拿金牌是硬道理。如果说不是冲着金牌去的、拿不拿奖牌无所谓，要么是自己离奖牌太远，要么就是不够真实。

平昌冬奥会中国选手最大的亮点，就是临近尾声之际，武大靖夺得了唯一的金牌，引起了不小轰动。这块金牌货真价实，精彩无比，就像武大靖赛后十分霸气的那句话一样，"没有给对手和裁判机会"。武大靖热，恰恰说明了，拿金牌是非常重要的。

成绩不如意，原因当然很多。

裁判因素是最被诟病的。客观地讲，本届冬奥会裁判工作，确实有不少令人费解之处，每每让人联想起当年足球世界杯在那里举行时的怪异。但是从另一个角度看，裁判是一个不能不带有主观因素的工作，很难做到完全客观准确、完全符合标准，特别是在一些进退均有据的判罚中，裁判倾向于东道主，似也难免。历来在体育比赛中，特别是在奥运会这样的综合性运动会上，东道国会有地利之便、会有更大夺金夺牌优势，原因就在这里。这也是人性使然，不一定是多么不合理。

成绩不如意，更多的还是要看自身，看看自身战略战术、自身准备工作是否做得还不够好。以此观之，中国代表团不无可以改进之处。

首先是许多运动员技术水平不稳定，暴露出训练水平不高、训练强度不够。冬季运动项目，中国一向没有什么绝对优势的项目，这就决定了要取得好成绩，较高训练水平和训练强度带来的发挥稳定性，是十分必要、也是十分关键的。恰恰在这个关键环节上，这次冬奥会中国选手暴露出明显不足。多个冰上雪上项目，中国选手总给人摇摇晃晃、玄玄乎乎的感觉，最后结果也每每很不如意。

反观同属东亚三强的韩国、日本选手，却常有稳定发挥场景出现，让人在比赛中能有较好的预期。花滑中日本选手羽生结弦的表现，稳定、完美地演绎了一个冠军的诞生。韩国崔敏静和沈石溪的临场发挥，也始终有稳定表现，保持着让人可以信赖的预期。这些稳定的背后，实际上是高水平训练带来的固化式演绎，保证了竞赛过程中实际水平的充分发挥，进而实现摘金夺银目标。

其次是在比赛进行过程中，指挥协调和临场应变还有不足之处。最典型的是在速滑女子3000米接力的比赛中，中国队一路领先，但在最后关头被韩国队赶超，以第二名冲过终点。孰料结果出来，却被判为犯规取消成绩。针对这个判决，中国队提出申诉，却又意外被驳回，原因竟然是一个极其低级的错误：没有在比赛结束30分钟内提出。主教练李琰的解释是当时裁判们在开会，所以没有及时提出。这样的回答既不专业，也让人啼笑皆非。试想一下，如果主教练就是这样的认知，连规则都没搞清，你还怎么能争取到自己的合法权益呢？

还有一个因素，可能就是过于乐观带来的轻敌。八年前的温哥华冬奥会中国夺得5金2银4铜，四年前的索契冬奥会中国是3金4银2铜，这次在家门口的平昌，按理会有更好表现。但正如之前讲的那样，中国冬季项目本没什么特别优势，而所谓的"地利之便"以及赛前鼓舞士气的豪言壮语，很容易让人产生盲目自信。常言道"哀兵必胜"，但哀兵自以为是了，事情就会走向另一个方面。哀兵与骄兵之间，往往就在于一念之差。

30年前的一场奥运会后，曾经出现过一个词，叫"兵败汉城"，那个时候媒体还是很看重输赢的。30年过去了，或许只拿了一块金牌，也没有人说"兵败平昌"了，因为我们越来越看淡输赢了。但是同样，我们也不能把只拿了一块金牌的平昌冬奥会，看作是一次巨大胜绩。我们可以看淡输赢，但是我们不能看淡自身的不足，看淡平昌之平。

平昌之平是个低谷，如果认清了这样的"低"与"平"，或许它也可以成为下一次腾飞的平台。四年之后，那是真正"家门口的冬奥会"。加油！

（2018年3月5日）

岘港三月

3月5日，美国海军核动力航母"卡尔·文森"号驶入了越南中部的岘港，这是越战结束43年来美国航母首次进入越南。

岘港的知名度不高，跟越南著名军港金兰湾相比差了许多，要不是去年在那里举行了APEC峰会，估计很多人都要问岘港是哪个国家的。"卡尔·文森"为什么要去岘港？

美国航母访问越南，实际上是一件非常敏感的事情。原因很简单，从20世纪50年代中期开始到1975年，美国通过代理人或者自己亲自出马，与当年的北越大战了20多年，延续时间之长、战斗场景之残酷、损兵折将人数之多、国土祸害之惨烈，二战后无出其右。美国电影《野战排》《现代启示录》《生逢7月4日》之所以成为名片，也是沾了越战空前惨烈带来的影响力。

越战给美国整整一代人留下了难以磨灭的梦魇。也因此，在此后的岁月里，美越双方无论是公开交流还是暗送秋波，总有一些难以言说的尴尬与晦涩。虽然近些年由于种种因素，美越之间时常有些热乎举动，但是言语动作之间，总还有不少生硬之处。"卡尔·文森"访问越南，从军舰的吨位上讲，10万吨级的核航母，跟一般的军舰相比，是大了不止一个段位，颇有一些量变到质变的意思在那里。但是选择在3月访问岘港，或许美国人还有不少欲说还休的想法。

越南最著名的军港，毫无疑问是金兰湾。金兰湾是越南东南部的重要军港，可停航空母舰，被认为是世界上最好的深水港之一。它同时位于沟通太平洋和印度洋的重要水路上，具有极其重要的战略价值，法国、美国、苏联都在这里建设过军事基地。岘港的知名度不如金兰湾，但对美国来说，越战后核动力航母首访来这里，却可能别有情怀。

岘港不如金兰湾，但对美国人而言，意义很不一样。越战跟美国人有关联的时间，前后持续了20年。前10多年，美国人一直是幕后角色，1964年北部湾事件后，美国开始直接进入战争。1965年3月，美国第一批海军陆战队3500人踏上越南土地，标志着美军直接参战。这支美国部队的登陆地点，就是岘港。

岘港的另一个标志性事件是在又一个3月。美国军队与北越经过多年厮杀，最多时有50万美军战斗在越南的土地上，B-52轰炸机日夜不停地在越南上空投下雨点般的炸弹，使用了包括带有化学武器性质的"橙剂"在内的想得到的所有武器，依然没有打垮对手。而美军自身在战争中折损严重，《野战排》《现代启示录》《生逢7月4日》等就是生动写照，让美国人不得不回到谈判桌上来。1973年1月，美越签订停战协定，美军作战部队撤出越南。1973年3月，美军在越南岘港机场举行降旗仪式，撤离越南。

似乎岘港的3月，总是要让美国人留下记忆。1975年初，形势对美国人越来越不利，北越军队进入南方，实现南北统一已指日可待。为了预做准备，美国驻南方的领事人员，从西贡开始逐步撤离。撤离地点又是岘港，时间是1975年3月。

如此看来，美国人与岘港三月，结下了不解之缘。2018年，当"卡尔·文森"号作为越战结束43年来第一艘来到越南的航母，又选择了3月。

岘港三月，也许是美国人的一个情结，也许只是历史的巧合。美国人来来往往，曾经留下的有目共睹，未来想留下的也路人皆知。

"卡尔·文森"号的3月来访，或许还象征着美国人的某种矛盾心态。对于美国来说，它现在常常面对的，是自己"心比天高"的向往与"运比纸薄"的现实之间的矛盾。

习惯于当世界老大的美国，习惯于到处颐指气使，而与之背离的现实，又常常让它感到力不从心。由此与之前习惯于单打独斗不同，它十分注意寻找一些可能会同路的小伙伴，一起在世界上搅些事情出来。这当中有暗度陈仓的，有貌合神离的，有将计就计的，也有气味相投的。只是世界大势浩浩汤汤，和平发展、合作共赢的趋势，已经不是几个苍蝇嗡嗡叫就能改变得了的。

美国人心底的如意算盘，其实大家也都心知肚明。明知没什么油水，还是跟美国航母绑在一块现世报，这样的事情做了有什么意思，是很值得掂量的。

岘港三月，应该是春和景明的时节。这样的大好时光，跟一艘10万吨级核动力航母混在一起，未免有点辜负了人生。

（2018年3月12日）

掌声回响在人民大会堂

3月11日,星期天。下午时分,许多人都打开电视机,看着中央电视台新闻频道的直播。

电视直播的,是一个历史性时刻的到来。当天下午,十三届全国人大一次会议在人民大会堂举行第三次全体会议。会议的一项重要议程,是投票表决宪法修正案草案。

宪法是治国安邦的总章程,是党和人民意志的集中体现。在保持宪法连续性、稳定性、权威性的基础上,推动宪法与时俱进、完善发展,这是我国法治实践的一条基本规律。从1954年我国第一部宪法诞生至今,我国宪法一直处在探索实践和不断完善的过程中。现行的1982年宪法公布施行后,分别进行了五次修改,及时把党和人民创造的伟大成就和宝贵经验上升为国家宪法规定,实现党的主张、国家意志、人民意愿的有机统一。

宪法必须随着党领导人民建设中国特色社会主义实践的发展而不断完善发展,这是这次宪法修改的重要特点。确立习近平新时代中国特色社会主义思想在国家政治和社会生活中的指导地位,完善国家主席任期任职制度,深化国家监察体制改革,这些宪法修正案中的重要内容都是时代发展的结晶。全国人大代表们在本次大会开幕当天,就听取了关于宪法修正案草案的说明。代表们进行了认真审议、充分表达意见,一致赞成将草案提请大会表决通过。代表们认为,把习近平新时代中国特色社会主义思想等写入宪法,体现了党和国家事业发展的新要求,确认了党和人民在实践中取得的重大理论创新、实践创新、制度创新成果,反映了全党全国各族人民的共同愿望。

从党中央提出建议,到十二届全国人大常委会决定将宪法修正案草案提请本次大会审议,再到大会期间多次审议、补充完善、投票表决,这段法治进程,是依法治国的生动实践,体现出党的主张和人民意志的高度统一,展现出中国特色社会主义民主政治的巨大优势。

11日15时许,当习近平等党和国家领导人步入会场时,现场响起热烈掌声。

15时10分,大会开始采取无记名投票方式,表决中华人民共和国宪法修正案草案。

整个大会进行过程,都对中外记者开放。在2900多名代表写票、投票的过程中,数以百计的中外记者,一同在现场见证着这个历史性时刻的到来。有专家评论说,这充分展现了一个大国的开放与自信。

现场工作人员发放表决票。确认所有代表都收到票后,主持人宣布开始写票。这一刻,万人大礼堂内格外肃静。肩负亿万人民重托,代表们做出郑重表决。

15时24分,坐在主席台正中的习近平首先起身,全场响起热烈掌声。习近平手持表决票,稳步走向主席台上的票箱,将手中的票郑重投入票箱。此刻,掌声如潮。

欢快的乐曲声中,2900多名代表有序地走到会场各区域的票箱前,将凝聚人民意志的表决票一张张投下。

经过电子计票系统统计,大会主持人宣布,发出表决票2964张、收回2 964张,此次表决有效。

15时51分,现场迎来万众瞩目的时刻。工作人员宣读计票结果:赞成2 958票,反对2票,弃权3票。有1张无效票。

2018年3月11日15时52分,历史将会记住这个时刻——十三届全国人大一次会议第三次全体会议主持人宣布:"《中华人民共和国宪法修正案》通过!"

人民大会堂万人大礼堂内,顿时响起经久不息的热烈掌声。

掌声代表着人民的心声,掌声寄托着人民的期盼。

全国人大代表、上海市长宁区虹桥街道虹储居民区党总支书记朱国萍表示,来北京之前就有不少老百姓在谈论,听说这次大会要对《宪法》进行修订,这可是我们国家的大事情,大家都很关注。"这次《宪法》修改始终贯彻民主立法、依法立法的原则和精神,提高了立法的质量,也赢得了民心。"

掌声回响在人民大会堂,经久不息。

3月11日17时30分,全国人大举行"宪法修正案"专题记者会,全国人大常委会法工委主任沈春耀和副主任郑淑娜,就相关问题回答了中外记者提问,中央电视台进行了直播。包括中国几大重要媒体在内的世界主要媒体记者,获得了提问的机会,并得到了充分的答案。

沈春耀在介绍有关情况时说,我们参与和见证了一个重要时刻。

(2018年3月19日)

"摊牌行动"

所有的迹象表明，特朗普准备摊牌了。

特朗普是个商人，商人的核心价值是交易，交易的本质特征是叫价和对价。作为叫价终极手段的，就是摊牌——以孤注一掷的心态，把最后的底牌威胁般一张张亮出来，试图捞取更大利益。

从3月22日开始的一周时间里，特朗普一步步走向摊牌。当天中午，特朗普签署备忘录，准备对600亿美元中国商品征收额外关税，并且声称要跟中国打一场贸易战，这是尚有理性的领导人不会轻易开口的；稍后，借着美国国内刚刚通过的所谓跟我国台湾有关的办法，公然派出国务院中级官员到台湾访问，挑战一个中国的政策；接着，派出军舰以所谓的"航行自由"，进入我美济礁12海里领海范围内，遭到两艘中国护卫舰警告驱离；最新的事态是，借着那个办法的出笼，美国众议院外事委员会头目也准备到访台湾，再次挑衅一个中国的底线。

无论是打贸易战还是中国的领土主权完整，都是中美两个大国关系中的底线，在这些事关大是大非的原则问题上，任何人都不要妄想中国会吞下苦果，中国必然会展开还击。在这些至关重要的方面公然挑衅中国，特朗普在亮出他最后的底牌了。

从特朗普的商人属性讲，摊牌，某种意义上也是商业叫价的一部分，当然这是一种讹诈式的叫价，目的还是利益。商人唯利是图，总想不断扩大自己的利润与收益，直至叫价到最后摊牌的境地，以为可以获得最好的对价，得到最大的收益。马克思说，资本家为了获得百分之三百的利润，甚至不惜冒上断头台的风险，就是这个道理。

摊牌这样的赌博伎俩，在中国人这里，是不会得逞的。就在特朗普逐渐升级冒险行为时，中国逐步开始了还击。从贸易上的反制措施，到带有严重警示信息的表态，都对美方的冒险行为形成了威慑。

美国人的摊牌，中国人并不是没有反击过。

抗美援朝的上甘岭战役，很多人不知道还有一个名字，就叫"摊牌行动"。"摊牌行动"的提出者，是当年侵朝美军第8集团军司令范弗里特。

范弗里特是个赌徒般的军人，一向奉行"火力至上"，认为大炮可以决定一切，流传甚广的"范弗里特弹药量"，指的就是他对狂轰滥炸的迷信。1952年10月6日，范弗里特写信给上司、远东美军司令马克·克拉克说，为了扭转中朝方面越来越明显的战场主动局面，建议采纳美国第9军代号为"摊牌行动"的计划，向上甘岭一带进行攻击，改善金化以北防线的情况。

范弗里特对"摊牌"颇有自信："考虑目前弹药库存所能提供的最大火力以及空中力量的最大近战支援，第8集团军司令对'摊牌行动'的可能性是乐观的。"

他们"乐观"预估，行动将进行6天，会造成200人的伤亡。由于有多达16个炮兵营的280门大炮和200多架次战斗机及轰炸机的支援，估计不会遇到很大的障碍。

10月8日，克拉克批准了"摊牌行动"计划。考虑到行动比较容易，他特别提醒范弗里特要谦虚一些，对该行动只做例行的新闻报道。

最终结果世人皆知。上甘岭战役从1952年10月14日至11月25日，历时43天。美军调集兵力6万余人，大炮300余门，坦克170多辆，出动飞机3000多架次，对志愿军两个连约3.7平方公里阵地，倾泻炮弹190余万发、炸弹5000余枚。敌我反复争夺阵地达59次，我军击退敌人900多次冲锋，志愿军共发射炮弹40余万发，这一物资消耗量为中国战史上所仅见。战役激烈程度为前所罕见，特别是炮兵火力密度，已超过二次大战最高水平。

战役的最终结果，除了付出巨大伤亡和损失之外，美方一无所获。克拉克和美国总统杜鲁门都不得不承认，这是对本方军队士气的沉重打击。克拉克后来在回忆录中说，鉴于上甘岭战役中联合国军伤亡过重，此后不得不停止了任何兵力多于一个营的战斗计划。由此，上甘岭战役实际上迫使美方停止了任何对志愿军的大规模进攻计划。

"打得一拳开，免得百拳来。""摊牌行动"以美方的彻底失败而告终，此后，直到1953年7月停战，美方再也没有主动向中朝方面发动过任何大规模进攻。

历史是一面锃亮的镜子。跟中国"摊牌"，还得悠着点。

（2018年4月2日）

委员长来访

从新义州驶来的深绿色专列,跨过鸭绿江大桥,缓缓驶进了丹东车站。

丹东是中国海岸线的北端起点,与朝鲜有300公里边境线接壤,丹东车站是北京—平壤、莫斯科—平壤铁路的枢纽。

专列停稳后,中共中央对外联络部部长宋涛上车迎接客人的到来。一同迎接的还有中共辽宁省委书记、中国铁路总公司总经理、中国驻朝鲜大使、丹东市委书记等。

隆重迎接的客人,是朝鲜劳动党委员长、朝鲜国务委员会委员长金正恩同志。应中共中央总书记、国家主席习近平邀请,金正恩委员长从3月25日起,对中国进行非正式访问。

在专列上的会客室内,金正恩对宋涛一行专程到远离首都的边境城市迎接表示感谢。宋涛说,受习近平同志委托从北京赶来,热烈欢迎金正恩同志和李雪主女士访问中国。

26日,金正恩抵达北京。中共中央政治局常委、中央书记处书记王沪宁,中共中央政治局委员、中央书记处书记、中央办公厅主任丁薛祥,到车站迎接。车队在21辆摩托车的护卫下,前往钓鱼台国宾馆。

这是金正恩委员长第一次出国访问,首访就来到了北京,这是中朝友谊最好的象征。

习近平在人民大会堂同金正恩举行会谈。

在会谈中,习近平代表中共中央对金正恩首次访问中国表示热烈欢迎。习近平表示:此次来华访问,时机特殊、意义重大,充分体现了委员长同志和朝党中央对中朝两党两国关系的高度重视,我们对此高度评价。

金正恩表示:习近平同志受到全党全国人民拥戴,成为领导核心,并再次当选国家主席、国家中央军委主席,按照朝中友好传统,我理应来中国向您当面致贺。当前,朝鲜半岛局势急速前进,发生不少重要变化,从情义上和道义上,我也应该及时向习近平总书记同志当面通报情况。

中朝友谊万古长青，这是我们耳熟能详的一句话。把中朝传统友谊不断传承下去，发展得更好，这是双方的战略选择，也是唯一正确选择，不应也不会因一时一事而变化。

《人民日报》评论员文章说："这次时机特殊、意义重大的历史性会晤，是中朝传统友好合作关系在新时代得以继承和发展的生动写照，是坚持通过对话协商解决半岛问题的中国方案带来的关键成效，必将有力推动中朝传统友谊在新的历史时期迈上新台阶，为朝鲜半岛局势的进一步转圜注入关键性暖流，对推动地区乃至世界和平稳定发展产生历史性影响。"

朝中社报道认为，金正恩对中国进行历史性访问，受到中国党和国家领导人的热烈欢迎和极具诚意的款待。此次访问成为继承朝中两国老一辈领导人缔造的值得骄傲的历史和传统、朝着新的更高阶段扩大发展朝中友好关系的"重大契机"。

前些时候特朗普准备与金正恩会面的消息传出后，当时有不少解读，其中有人提及中国在朝鲜半岛问题上的作用是否发生了变化。其实，有一个细节很多人没有注意到，但非常重要。

3月9日，习近平主席应约与美国总统特朗普通电话时，特朗普说："事实证明，习主席坚持美国应该同朝鲜开展对话的主张是正确的。"

3月10日出版的《新民晚报》，特意把这句话作为报道的副标题，表达了这句话的至关重要性。事实表明，这句话有非常丰富的内容。

稍后，3月12日，到访中国的韩国总统特使，肯定中方在当前半岛局势积极变化中所发挥的"重要引领作用"，表达韩方的衷心感谢，期待中国继续发挥重要作用。

委员长来访，成为舆论关注焦点。

朝鲜党中央机关报《劳动新闻》，用7个整版和65张照片，大篇幅报道金正恩委员长出访中国。头版还刊发署名文章指出，朝鲜劳动党委员长、国务委员会委员长金正恩对中国进行的非正式访问，是展现朝方继承发展朝中友好关系这一坚定立场的"历史性事件"。朝鲜中央电视台多次重播了时长约40分钟的介绍金正恩访华全程的电视专题片。

德国《世界报》报道认为，金正恩访华期间始终贯穿着一个关键词，那便是中朝友谊。

有专家注意到，在欢迎宴会上，两国领导人致辞中都用了富有感情色彩的词语："在这春回大地、万物复苏的美好时节""在充满欢欣和希望的新春"。

春天，是美好的。

（2018年4月9日）

浦东的诗与远方

一个伟大时代的开端,最初不一定是多么轰轰烈烈。相比于此后伟业,开始的那天,有时常常十分朴素。1990年4月18日,就是这样的一天。

那天在上海,有一个新闻事件发生,上海大众汽车公司将举行成立五周年庆祝大会。虽然桑塔纳汽车很受用户欢迎,但是五周年庆本身并不是一个十分重要的新闻。让人有所期待的,是有一位重要领导人将出席大会,那就是时任国务院总理的李鹏同志。

从新闻的角度讲,这意味着那天会有比庆祝会更重要的事情发生。对于上海发行量最大的《新民晚报》来说,当天对此是有所准备的,但无法确定的是,这条新闻究竟有多大历史意义。

晚报记者很早就来到了现场。那个时候上午的抢稿,是不太方便的,报社只有三个俗称BB机的传呼机可供联系用,用于前后方沟通。

大会开始后,李鹏总理做了重要讲话。有一个内容引起了记者和后方领导的注意。李鹏总理宣布,党中央、国务院同意上海加快浦东地区的开发,在浦东实行经济开发区和某些经济特区的政策。

此前,虽然有过一些关于浦东开发的讨论,但是浦江东岸那一大片土地,实在是稍显荒芜了一些。那里最高的建筑,是一个多年前留下的消防瞭望塔。那些讨论并没有引起太多关注,特别是浦东会怎么样开发,又会有什么样的政策,并没有什么明晰框架。

当李鹏宣布浦东开发的那一刻,在场的许多人兴奋之余,还是略略有点意外。有个场景也说明了这一点,那就是后来上海市政府浦东开发办公室和浦东开发规划研究设计院挂牌时,是在一个简陋的二层楼房前举行的,并没有想象中多么隆重或高大上。可以说大家有期盼,但是没想到这么快就浦东开发了。

《新民晚报》意识到了这则新闻的意义和价值,当天在一版头条的位置刊登了这则消息,突出了李鹏总理宣布浦东开发的内容。这是白纸黑字最早记录下的浦东开发。那天的《新民晚报》，成了一个伟大开端的第一个记录者。

浦东开发开放对于中国改革开放的意义、对于上海发展变化的意义，如今可以写成皇皇巨著。但是4月18日开始的时候，显得那样平静。

事实上，在中国改革开放总设计师的谋略中，上海以及浦东开发，早就被放在了一个极其重要的位置上。从1988年开始，邓小平同志连续七年在上海过春节。在这个中国传统文化中最重要的节日里，小平同志在观察上海、思考上海、布局上海。

1990年2月17日，邓小平对李鹏说："你是总理，浦东开发这件事，你要管。"3月3日，邓小平把江泽民和李鹏约到他家里，分析了上海在技术、工业、金融和人才方面的优势。小平同志说，上海是最有发展前途的地方，开发浦东的事你们要认真抓。李鹏立即进行了具体安排，他派副总理姚依林到上海，解决了上海长期上缴中央财政比例过大的负担，为开发浦东创造了财政条件。4月中旬，李鹏又率领国务院有关部委负责人到上海，进行调查研究。4月18日，李鹏在上海正式宣布，党中央和国务院同意在浦东实行经济特区的政策。

实践证明，上海的发展和浦东的开发开放，没有辜负总设计师的期望。从1990年4月18日开始，浦东开始了天翻地覆的巨大变化，上海也在浦东开发开放的进程中取得了飞跃发展。

浦东开发是从几乎一马平川、遍地农田的泥泞地开始的。28年过去了，弹指一挥间。今天的浦东，拥有中国最高的大楼、最美丽的剧院、最开放的自贸试验区、最先进的金融交易场所。按照习近平总书记的要求，上海要当好全国改革开放排头兵、创新发展先行者，浦东是排头兵中的排头兵、先行者中的先行者。

1990—2018年，这是浦东巨变的28年，这是上海奋进的28年，这是中国腾飞的28年。

28年，浦东的发展轨迹，就像是写在祖国大地上的美丽诗篇，记录下凯歌奋进的伟大时代，激荡着活力迸发的创新岁月。

28年，浦东的发展轨迹，又像是伸向中国未来的宏伟图画，昭示着幸福美好的发展愿景，展现出和谐祥瑞的人类远方。

一张白纸，可以画出最新最美的图画，也可以写下最壮丽雄阔的诗篇。

浦东有诗，也有远方，就像上海和中国一样。

（2018年4月16日）

特朗普的战争

2018年4月14日，是叙利亚常驻联合国代表贾法里60岁生日。当天凌晨，美、英、法三国悍然对叙利亚进行空袭，100多枚巡航导弹飞向大马士革，给叙利亚造成了巨大的人道主义灾难。侵略者甚至于都不屑为此寻找理由，只是借口那里使用了所谓的化武，但没有任何证据。

在当天紧急举行的安理会会议上，各国代表就美、英、法三国对叙利亚发动的军事打击展开辩论。在这场160多分钟的辩论里，俄罗斯和叙利亚代表就美、英、法的行动予以了强烈谴责。

叙利亚常驻联合国代表巴沙尔·贾法里用了近半个小时的时间怒斥美、英、法无耻的"侵略"行径，正在摧毁现有的国际秩序，向恐怖组织展示了他们可以"继续在叙利亚和其他国家犯下罪行"。他还在会上掏出三本《联合国宪章》，要求将《联合国宪章》的副本分发给美、英、法代表，这样他们就能"启发自己，让自己从无知和专横中醒悟"，并意识到，他们在安理会的职责是维护而不是埋葬和平。

就像此前无数次这样的场合一样，既是侵略者又拥有否决权的美、英、法三个常任理事国，对此无动于衷。旨在谴责美、英、法对叙军事行动的决议草案，三国投赞成票，四国弃权，其他投了反对票，由于美、英、法三个常任理事国投反对票，决议未获通过。三张赞成票来自俄罗斯、中国和玻利维亚。

中国常驻联合国代表马朝旭在会议上表达了政治解决叙利亚问题的强烈要求，他强调，政治解决是叙利亚问题的唯一出路。

一张拍摄于4月10日的照片震撼了许多人：在联合国大楼门外走廊的椅子上，贾法里疲倦地低着头，面前是一个空的饮料杯。此前贾法里代表自己的祖国叙利亚，连续多日在联合国会议上就化武事件与美、英、法展开激烈辩论，舌战群雄，精神抖擞，与照片里弯着背、低着头的老人样子截然不同。照片拍出了贾法里的无助、无奈，面对列强的欺凌围攻，一个小国的声音常常微不足道。尽管贾法里曾在巴黎留学，至今已担任叙利亚常驻联合国代表12年，是叙利亚"最能干的外交官"。

时代进入了21世纪，但是强权式的"丛林法则"依然是西方大国的处世之道。它们曾经以此发动了鸦片战争，挑起了第一、第二次世界大战，又在世纪之交轰炸南联盟、挑起伊拉克战争、制造利比亚动乱，虽然它们会穿上道貌岸然的外套，但骨子里的卑劣从来就未曾改变。当特朗普上台之后，他的个性使得美国和小兄弟们变得更容易冲动而不计后果。

美国联邦调查局前局长科米，在他17日出版的新书《更高忠诚：真相、谎言和领导》中，把特朗普比作是"黑帮老大"，并称这是一个"卑鄙的领导人"。以至于容易激动的特朗普在15日星期天一早，顾不上睡个回笼觉什么的，一清早就连发五条推文，破口大骂科米是"混球"，是"有史以来最差的FBI局长"，似乎不把科米骂死不算解恨。不过，这也恰恰印证了特朗普的容易冲动和道德失衡。

也由于这样的原因，特朗普治下的美国，做事经过大脑的时间越来越短，更加热衷于各种各样的战争。特朗普要与世界第二经济体打贸易战，要与第二核大国怼"新型冷战"，要对不听话的半岛国家全方位制裁，又制造借口对主权国家进行热战。在美、英、法三国巡航导弹造成了叙利亚平民伤亡之后，特朗普发推说："全中！再没有更棒的了，任务完成！"兴奋之情溢于言表，好像他刚刚打赢了一场高尔夫球，而不是用导弹杀了人。

以个性论，特朗普是个习惯于"一言不合"就拼力气的主，文明礼貌跟他总有一些隔阂；以国家论，美国是个习惯于"让飞机大炮讲话"的国家，对规则法律经常视若无物。特朗普的美国，对于世界爱好和平的人们来说，不是一件值得庆幸的事情。对于这些"无法无天"的另类，对于特朗普的战争，制约他们的只能是用他们能听懂的方式。

美国的导弹飞向大马士革之后，网上流传着一段充满了哲理的段子："美国为什么要打叙利亚？因为叙利亚可能有大规模杀伤性武器；美国为什么不打另一个核大国？因为它真的有大规模杀伤性武器。"

（2018年4月23日）

中兴的"至暗时刻"

美国政府对中兴通讯采取的行动,严重影响了中兴的产业发展,给中美两国正常经贸往来带来了巨大的不利影响。不能说中兴没有一点瑕疵,但特朗普更多是从打贸易战的角度对待中兴事件,这是毫无疑义的,所以中方必然采取强力措施维护自身权益。

从中兴通讯在新闻发布会上发布的内容看,美国行动造成的后果是十分严重的,也十分无理。对于中兴的发展来说,或许目前就是一个"至暗时刻"。这是一个不好的时刻,这也可能是个绝地反击的时刻。

中兴事件警醒我们,加快中国核心技术发展,需要进一步提升速度,加大力度。

从数据看,我国每年进口芯片在2300亿美元左右,超过了进口石油金额的一倍。作为电子工业"粮食"的芯片,这么大数量来自外购,存在很大风险隐患,这次中兴事件就是一次爆发。

客观讲,中国的芯片技术,在世界上大体处于第二梯队向第一梯队迈进的阶段,总体上在第一梯队后几位与第二梯队前端间摆动。21日工信部电子信息司负责人在接受采访时说,我国整个芯片产业近年来取得了长足进步,已经越来越接近世界第一梯队。这个判断是准确的。

举一个例子。若干年前,我在北京采访全国人大代表王小谟。作为一位泰斗级电子技术专家,他当时就对我国在相关领域的技术水平做了准确的评价,认为我国的技术路径是很有自己特色的,也是相当先进的。后来大家都知道了,他是我国机载预警雷达系统的总设计师。

当时由于美国对以色列施加压力,原先准备引进的费尔康系统不得不终止。在设计我国自己的预警飞机时,究竟是采用机械扫描还是先进的主动相控阵雷达,是有争议的。王小谟带领的团队在世界上率先创造了一个新的方式,就是在伊尔76飞机上,背一个类似于E-3那样的圆盘,但是转盘里是三大块各扫描

120度的有源主动相控阵雷达，可以完美地实现360度相控阵扫描。这是一个开创性的方式，开辟了预警飞机的新模式、新时代。可以说，在预警飞机方面，中国后来居上，成为这一关键领域的领先者。这有多方面原因，但与中国电子技术特别是芯片技术的成就，同样密不可分。

从晶片尺寸看，世界主流大尺寸晶片12英寸的产品，我国已经逐渐进入商业化生产。集成电路（IC）制造水平，我们目前最先进的是中芯国际和厦门联芯的28纳米制程。我们与世界最先进水平比有差距，但并不大。

IC工艺有一个新的发展方向，那就是向多层发展，3D堆叠，以实现更高集成度。目前三星已经量产64层堆叠的NAND Flash芯片，中国紫光刚刚量产32层堆叠的NAND Flash芯片，64层的计划到2019年量产。

实际上，大部分IC产品并不需要使用最先进的制程工艺。目前业内公认性价比最高的制程工艺是28纳米，而这一工艺正在被中国大陆企业掌握，并且逐渐扩大市场，有专家预计未来会占据世界半壁江山。

这方面我们可以举军用产品为例。在想象中，军用产品采用的一定是最先进的技术，其实不然。比如Windows10，所有人机界面都有一种三维视觉效果，这些花里胡哨都需要CPU和GPU在后台拼命计算。而F-22战斗机座舱显示器都是简单的线条，对CPU的速度要求没那么高，它的宝石柱航电系统采用的是486CPU。而号称最先进的F-35战斗机宝石台航电系统，采用的是英特尔早期酷睿处理器，65纳米工艺的。

中国基本上能实现整个计算机和网络设备的全自主生产，世界上能提供这样全自主平台的国家，除了美国，只有中国。

中兴事件对于公司来说，是个巨大的损害，是"至暗时刻"，就像敦刻尔克海滩上的士兵。但是"至暗时刻"又是一个最能创造绝地反击辉煌的时刻，只要我们看清问题的实质、看清问题的逻辑、看清问题的必由之路，进一步加大中国芯突破的力度，完全可以将"至暗时刻"作为迎来光明的一次洗礼。

（2018年4月30日）

马克思在伦敦

我在伦敦学习的时候，去过一个地方：迪恩街28号。

这是一栋普通的公寓楼，底层有一个小餐厅，靠近伦敦的唐人街。手机拍照时显示的地理位置，是索和区。唯一显出不同的是，有一面英国国旗插在公寓楼二楼，旁边有一块浅蓝色的圆形纪念牌，上面有几行金色的英文。事实上，站在小街对面的人行道上，是看不太清蓝色圆牌上的字眼的，手机拍照放大后才能看清：卡尔·马克思于1851年至1856年居住在这里。

这栋公寓的意义在于，就在这里的五年时间里，马克思写出了人类历史上最伟大的著作之一《资本论》，深刻地剖析了资本与资本主义的本质，以唯物史观的基本思想为指导，通过深刻分析资本主义生产方式，揭示了资本主义社会发展的规律。

迪恩街28号，并不是马克思一家在伦敦的第一个住所。在伦敦，马克思度过了一生中生活最困难的日子。这位对资本主义经济有着透彻研究的伟大思想家、哲学家、经济学家，因为毕生投身于伟大事业，自己却一贫如洗，一家人的经济来源主要靠他极不稳定而又极其微薄的稿费收入。在颠沛流离的生活中，他常常囊空如洗，衣食无着，多次因为经济与债务问题面临窘境。

开始，他们住在伦敦安德森大街4号，每周房租6英镑，这对马克思一家来说，简直是不让他们吃饭了。后来，他们搬进了累斯顿大街的一个旅馆，租金每周5英镑，不久又被主人赶走。1850年5月，马克思搬进迪恩大街45号，不多久又因房租无法承受迁到了这条街的28号，一家七口住在两个狭窄的小房间里。

迪恩街有个好处，就是位于市中心，离大英博物馆不远。这年12月，马克思领到了一张博物馆阅览证，从此，大英博物馆圆形阅览室成了他的半个家。他每天从上午9点一直在那里工作到晚上8点左右，回到家里还要整理阅读材料所记录的笔记，一般情况都是到深夜两三点钟才休息。他曾对别人说，我为了替工人争得每日8小时的工作时间，我自己就得工作16小时。

如今，大英博物馆在马克思当年阅读区域的附近设立了纪念牌和照片，在这里依然保留着英国维多利亚时代的装饰风格，保留着19世纪的书桌。

有人统计，大英博物馆所藏图书中，马克思阅读过的书籍有1500多种，他所摘的内容和整理的笔记有100余本。为了更好地完成《资本论》，他广泛收集有关各学科资料，甚至连"蓝皮书"都一本本阅读，这是英国议会专门发给议员的各方面情况的报告材料，封面为蓝色。对马克思来说，要从这里去研究资本主义剥削工人的本质。

《资本论》的出版，是国际共产主义运动史上的一件大事，它迎来了无产阶级新的斗争历程。马克思通过大量事实，详细而深刻地分析了资本主义的发展历史，揭穿了资本主义迅速发展的"秘密"，暴露了资本主义残酷剥削工人阶级的丑恶本质，也指出了工人阶级之所以极其贫困的原因。特别是《资本论》中的"剩余价值"学说，揭示了所谓"等价交换"的本质。马克思把这个"账"算清以后，资本和资本主义的本质就一目了然了。马克思在《资本论》中断然指出，资本主义必然灭亡和无产阶级必然胜利都是不可改变的，是历史发展的必然趋势。

马克思在伦敦度过了他生命的最后岁月，为无产阶级事业和共产主义运动奠定了理论基础，把一切贡献给了伟大事业，自己过着贫寒的生活。他在写给恩格斯的信里说："八至十天以来，家里吃的是面包和土豆，现在是否能够弄到这些，还成问题。"

思想的光辉与生活的贫寒，形成了鲜明对比，折射出一位真正的共产主义者的品格与境界。

马克思主义学说，是指引全世界劳动人民为实现社会主义和共产主义伟大理想而进行斗争的理论武器和行动指南。

习近平总书记指出，《共产党宣言》一经问世，就在实践上推动了世界社会主义发展，深刻改变了人类历史进程。

（2018年5月7日）

美国为什么衰落

自从那张不知真假的贸易谈判美方清单泄露后,几乎所有人的第一反应就是:特朗普也太无耻了吧?是不是昏头啦?

清单里所谓的上千亿美元的要求,有理智的人都知道是毫无可能兑现的。之所以有这样的清单,大概不外两个原因:一个是跟特朗普本人"交易的艺术"有关,先提一个根本不可能的漫天要价,然后慢慢坐地还钱,争取最大利益;另一个是,美国经济的漏洞之大,只能靠如此巨大数量的敲诈才能慢慢恢复平衡,这从一个侧面揭示了美国的滑坡和衰落。

美国在下坡路上越行越远,这已经不是新闻了。特朗普之所以上蹿下跳,热衷于跟别国打贸易战,热衷于建隔离墙,热衷于退出各种各样的多边体制,原因也就在此。因为在现有符合世界潮流的国际合作机制下,美国已经越来越失去比较优势,越来越失去竞争力。为了力图挽回失落的山河,特朗普只能用饮鸩止渴般各式极端做法,去获得超可能的利益。

实际上,这只是缘木求鱼式的荒诞闹剧。即使偶尔有一些小概率的可能成了现实,也根本不能改变美国滑坡的趋势。特朗普与其到处寻衅滋事,不如好好反思总结一下,美国为什么衰落,那才能找到解决问题根源。

美国衰落的原因,从一组数字当中可以一目了然。

美国之衰落,重要特征就是不断增加的贸易逆差,确实是步步惊心。以美国人自己的算法,从1970年至今,美国每年都是贸易逆差,近来每年逆差达到5500多亿美元,这是难以为继的。只是因为美国人拥有美元霸权带来的铸币税,才不至于马上出现经济崩溃。

雪上加霜的是,这不是别人故意造成的,而是由美国人的生活方式决定的,根本不可能改变了。1970年的时候,美国家庭消费支出为6666亿美元,家庭存款占GDP的比例为13%,算是一个勤俭持家的好人家。如今,2017年美国家庭的消费支出达到了137 000亿美元,而家庭存款占GDP的比重只有区区2.6%,

完全是一个捉襟见肘、"地主家也没有余粮"的样子。从世界上看，美国人口只占全球人口的4.4%，消费却占了全球的22%，十足一副浪荡公子模样。

换句话说，要不是全世界看在美元分上，让你有巨额的贸易逆差，你美国人早就应该过不下去了。贸易逆差是全世界还看得起你，真没了逆差，你特朗普大楼的房价都不知道跌哪里去了。

另一个衰落的原因，就是美国穷兵黩武的国策。二战之后，世界上依然长年累月在打仗的，就只有美国军队了。朝鲜战争、越南战争、非洲中美洲国家政变、南联盟战争、伊拉克战争，都有美国人的影子。虽然"好处"是美军杀人还行，但是耗费巨资的战争也逐渐将美国拖入了越来越深的泥潭。有数据表明，21世纪以来的10多年间，美国发动和参与的战争，付出军费达17万亿美元之多。那么多钱如果不是到处扔炸弹杀人，干啥不好呢？省下这些钱，还担心贸易逆差？

世界曾经给了美国机会，美国没有好好珍惜。

20世纪90年代后期，随着苏联解体和冷战结束，美国一时风头无两。当年流行词是"后冷战红利"，就是说可以把冷战时用在北约华约两大集团对抗上的钱，省下来用于发展民生了。"后冷战红利"获益者，最大的当然就是美国了。

可惜，习惯了穷兵黩武的美国，还真是不甘寂寞。好日子没过上几天，就又开动了战争机器。在欧洲，以科索沃战事为由头，联合北约一帮混混，展开对南联盟的狂轰滥炸；在中东，以查无实据的大规模杀伤性武器为借口，开始伊拉克战争；在欧洲，以颠覆对手的势力范围为突破，制造各种"颜色革命"。在"山姆大叔"恣意妄为的得意扬扬背后，美国人逐渐耗尽了"红利"。

特别是，美国人狂妄自大到了准备把全世界当作对手的地步。在20世纪八九十年代，一些中国人对美国还是有过一点好感的，而美国政客出于各种目的，不断把中国视为对手，把仅存的好感也终于消耗了。尤其是"银河号"事件和1999年南联盟"炸馆事件"，终于打破了所有的幻想。

按照历法，相隔19年的公历农历是一致的。19年前的5月7日深夜，美国B-2投下的五枚炸弹，炸毁了中国驻南联盟大使馆，造成巨大人员伤亡。19年之后，在同样的季节里回望，那举国悲愤的一刻，我相信，是美国衰落的真正开端。

（2018年5月14日）

中国航母守护和平

就在美国总统特朗普宣布退出伊核协议、中东局势面临重大变局之际，13日清晨，在万众期待中，中国第一艘国产航母出航开始海试，进行服役前最后一个阶段的试验。很快，中国的"双航母舰队"将出现在大洋之上。

从"辽宁"舰开始，中国海军进入了航母时代，随着更多航母入列，中国海军对世界和平与稳定的巨大作用，将越来越凸显出来。

航母编队在茫茫大洋上的重要作用，已经为现代以来的人类历史所不断证明。占据地球表面70%的海洋，既是人类生活生产的巨大空间，同样也是某些强权舰队出没的主要场所。通常来说，一支驱护舰队能控制半径为200公里的洋面，而一支航母编队控制的面积，大约是驱护舰队的4倍。也因此，在某些习惯于"让飞机大炮去说话"的强权势力眼里，航母就成了他们推行霸权的主要工具。依靠二战带来的红利，他们打造了世界上唯一的超级航母舰队，一个国家的航母吨位，超过了其他所有国家航母吨位的数倍。这样"一霸独大"的局面，让霸权势力有恃无恐，极易产生任性动武的冲动，以至于他们经常炫耀般地到处嚷嚷："航母在哪里？"

面对这样一些习惯于让航母说话的人物，要维护世界的和平稳定、要能主持正义公道，手中就得有"几把刷子"。拥有几艘大家都看得懂、认得清的航母，就是题中应有之义了。

相比于"辽宁"号，13日出海的中国首艘国产航母，作为中国的二号航母，虽然外表与"辽宁"号有很多相似之处，但实质上有了质的提升。

首艘国产航母从设计到建造，全部由我国自主完成，并在"辽宁"舰使用的经验基础上进行了多项优化，性能有全面提升。其研制和建造，标志着我国已经掌握了建造中型航母，以及后续更大型航母的能力。首艘国产航母长315米、宽75米，为滑跃起飞式的常规动力航母，但比"辽宁"舰更长、更宽，巨大的甲板相当于整整三个标准足球场那么大。

改建"辽宁"舰，让中国积累了珍贵的航母设计规范和建造工艺，打通航母生产全过程，但它毕竟沿袭了原来"瓦良格"号已有的舰体和舰桥结构，因此很大的遗憾就是许多更新更好的技术设备没能集成进去。首艘国产航母是一艘真正从零开始建造的航母，它的建造之路意味着中国实实在在全过程建设了一艘航母。一个建设理念上的突破是，苏联在设计过程中，或许是对自身舰载航空兵信心不足的缘故，在建设"瓦良格"这一级航母时，依然在舰上布设了大量远程重型反舰导弹等，使得真正用于舰载航空兵的空间十分紧张，很难说是完整意义上的航母。虽说"辽宁"舰改建时已经尽可能增加了航空兵力的使用空间，但毕竟大的格局没动，有些地方也只能勉为其难地进行改进。第一艘国产航母虽说外表与"辽宁"舰相仿，但已经十分突出航母本身对于航空兵力的运用，在甲板、机库作业方式、维修区、生活区、指挥区安排等方面，都以航空兵为第一位进行了优化布局。

从13日央视播放的新航母出海试验镜头可以看出，国产航母"自主创新""青出于蓝"的意味浓厚。该舰没有俄式风格的重型反舰和舰空导弹，这样可以腾出更多舰内空间装载舰载机，突出航母的航空兵力突击作用。新型平板相控阵雷达占据了舰岛的"制高点"，十分霸气。舰上配备有新型18联装近程舰对空导弹、12联装火箭发射器、11管高射速近防炮等。特别是18联装防空导弹，虽然个头不大，能耐却不小。去年海军专门组织了一次这款新型导弹的考核竞赛，它迎面拦击高速导弹凌空开花的镜头，给大家留下了深刻印象。

首艘国产航母与"辽宁"舰的一个重要区别是，"辽宁"舰更多是承担科研试验与训练任务，而首艘国产航母是大型载机作战平台，是中国海军航母综合作战力量建设的新起点。这是两艘航母间看似不起眼的一小步，却是中国航母发展的一大步。

在深蓝色的远海大洋，中国航母的出现，将会令爱好和平的世界各国人民感到踏实与自信。中国航母舰队是世界和平稳定的坚强守护者，中国的航母编队越多，世界的和平稳定就越有保障。

（2018年5月21日）

一次非凡的点火

大约两年前，参观中国航发的商发研究团队，看到了用于国产大飞机的国产发动机研制情况。这型发动机瞄准世界前沿水平，正在向世界顶尖发动机方向努力。直观感觉，这是一项非常艰巨的任务，研发团队任重道远。

航空发动机制造，是当代制造业的顶尖水平。世界上制造业大佬很多，但是能规模化、商业化制造大中型航空发动机的公司，只有三家：美国的通用、普惠与英国的罗罗，另外通用与法国合资的赛峰公司，可以算得上半家。国产发动机直面竞争的就是这样一些泰斗级的公司，因此虽然被寄予厚望，但何日成事，依然扑朔迷离。

众所期待中，5月18日，首台发动机验证机CJ-1000AX整机，在上海点火成功，试验中核心机转速最高达到了每分钟6600转。这次点火成功，标志着中国大中型商用航空发动机制造跨进了一个新纪元。

为了这一刻，承担CJ-1000AX研制工作的中国航发集团商发公司，付出了巨大努力。在此之前，2017年12月，首台整机完成装配，并实现核心机100%设计转速稳定运转。今年3月30日，在上海临港总装试车台完成全部调试工作，4月3日通过了试验前评审。5月18日，首次点火一次成功。

从披露的照片看，CJ-1000AX外形颇似著名的CFM56。相关数据表明，CJ-1000AX直径1.95米，长约3.29米，整个发动机由将近35 000个零组件组成，包含了风扇、核心机、低压涡轮等，结构十分复杂、试制难度很大。

2016年12月，在国产大飞机C919即将首飞前，中国航发集团商发公司与中国商飞公司签订了C919飞机系列动力装置意向书，被正式确认为C919飞机国内动力装置提供商。同月，航发商发又与中国民航适航审定中心签署合作框架协议，并在去年4月C919首飞前一个月，向适航审定中心递交函件，把CJ-1000A作为配套C919的唯一国产动力。去年12月25日，CJ-1000AX首台整机在上海完成装配，标志着我国首个民用大涵道比涡扇发动机整机平台建立。

就目前的进展来看,虽然C919在试飞及生产阶段的前期,主要会采用赛峰的LEAP-1C发动机,但CJ-1000A将逐步发展为C919的国产动力。

总体来看,CJ-1000A的发展过程还是比较顺利的,这得益于它采用的"主制造商—供应商"的发展模式。随着世界各国交流的日益深入,"世界是平的"这个模式,正日益显现在各个领域中。对于商用发动机制造来说,主制造商没有必要也不可能从头开始设计研制所有的近35 000个零组件,完全可以利用现有成熟产品为自己的研制服务。比如发动机最重要部件之一的风扇叶片,先进的钛合金宽弦高空心率风扇叶片,制造工艺极其复杂,不是短时间内能掌握的,而英国公司在这方面独占鳌头,完全可以为我所用。在这方面,英国的罗罗公司在世界上具有良好的产品声誉。

按照航发集团商发公司计划,今年内将完成CJ-1000A的研制和试车,并同步开展部件、系统、工艺、材料等技术的多轮持续改进,以确保发动机满足各项技术要求。随着计划稳步推进,在2022年左右,CJ-1000A将实现装在C919客机上的目标,那时,乘客们将真正坐上由国产涡扇发动机驱动的国产大飞机。接下来,还将发展这型发动机的更大推力型CJ-1000B,在2026年前后,装备C919的延程型客机。

CJ-1000A对于中国的意义在于,这是一款直面世界先进水平的商用大推力发动机,它的直接竞争对手是卖得最好的现代发动机CFM56以及后续型号LEAP,这些发动机被用在了成千上万架空客320、340以及波音737等畅销客机上。也就是说,在这个现代发动机最大的市场上,中国将有同等水平的发动机与世界先进发动机同台竞争。

另外,按照中国大飞机发展的计划,这只是漫漫长路走出的第一步。随着C919投入市场,随后中国将通过国际合作的方式,推出具有更高水平、更大运载能力的远程宽体客机CR929客机,这就需要有更大推力的发动机。按照外界的评估,下一代国产涡扇发动机的推力,至少比CJ-1000A增加一倍。到那个时候,中国大型飞机、大推力发动机的制造,都将跨入世界先进行列,中国的军民用航空将翻开崭新的一页。

某种意义上说,5月18日CJ-1000AX的点火,点燃的是中国航空动力奔向未来的希望之火。

(2018年5月27日)

世上最强悍的三角洲

5月25日,一个普通的周五下午。时而飘来的阵雨,让天气变得捉摸不定。

在远离市中心的青浦东方绿舟基地内,一场论坛在热烈进行之中,话题是青浦旅游融入长三角一体化进程。上海21个较大天然湖泊都在青浦,区域里有20%的面积是水域,如何与周边昆山、嘉善、吴江、湖州等地400多个湖泊一起,打造长三角"湖区旅游"品牌,推动长三角更高质量一体化发展,是青浦上下思考的重点。

论坛主办方没有邀请青浦区主要领导参加,青浦区区长夏科家未惊动任何人来到会场,找了一个位子坐下,很认真地边听边做笔记,记下了专家们的思路、想法。他说:"长三角是全国乃至全球创新要素最为集聚的区域之一,青浦要立足自身优势,努力打造长三角践行新发展理念的创新高地和活力新区。"

此前,青浦还与邻近的浙江嘉兴签订了全面战略合作框架协议,与嘉善县、苏州市吴江区和昆山市形成了合作项目清单。

这是青浦的一个普通下午,但是推动长三角更高质量一体化发展,已经成为这里一个随时在思考、随时有行动的日常工作安排,这也是长三角一体化发展即将迎来大时刻的生动写照。

长三角地区是我国经济最具活力、开放程度最高、创新能力最强的区域之一,也是国际公认的六大世界级城市群之一。就中国而言,它以全国1/26约35.9万平方公里的地域面积、全国1/6约2.2亿人口,创造了19.5万亿元的GDP总量,占到全国将近1/4,足可显出它独特而重要的意义。特别是,如果我们把它放在世界的范围来看,可以发现,长江三角洲地区是全世界六大著名城市群中最有发展潜力,也可能是最强悍的城市群。

与纽约、东京、巴黎、伦敦、芝加哥五大城市群相比,长三角是生机勃勃而又充满想象的地方。纽约大都市区面积13.8万平方公里、人口6500万,东京大都市区面积3.5万平方公里、人口近7000万,巴黎大都市区面积14.5万平方公里、人口4600万，伦敦大都市区面积4.5万平方公里、人口3650万，与它们比，长三角地域更广、人口更多，发展速度大约是它们的三倍，这就使长三角有着更大的发展潜力，更有可能成为世界上面积和人口规模最大的超级经济区。

早在20世纪80年代，中央就提出长三角一体化，但当时三省一市更多的还是在各自埋头苦干。伴随着发展，打破壁垒、对接资源在三省一市形成共识。2016年6月，国务院发布《长江三角洲城市群发展规划》，提出培育更高水平的经济增长极，到2030年全面建成具有全球影响力的世界级城市群，长三角一体化迎来重大机遇期。

习近平总书记对长三角更高质量一体化发展的要求，为长三角发展指明了方向。上海市委书记李强说："要通过三省一市的共同努力，把长三角建设成为全国贯彻新发展理念的引领示范区，成为全球资源配置的亚太门户，成为具有全球竞争力的世界级城市群。"市委副书记、市长应勇说，要加强长三角区域发展规划对接，建设区域协同创新网络，共建互联互通基础设施。

一系列举措接踵而来。组建长三角区域合作办公室，编制《长三角一体化发展三年行动计划》，筹办即将召开的三省一市主要领导座谈会。苏州与嘉定签订了战略框架协议，青浦与嘉兴签订了战略框架协议。异地养老要"牵手"，警务合作要"握手"，异地就医要"搭手"。

10年前，我在东方网工作，带领报道团队做过一档节目《走遍长三角》，去过长三角20多个城市。那时的发展环境没有今天这么好，但是所有地方的领导和百姓，都迫切地希望长三角能有更紧密的合作，这一点给我留下了很深的印象。

如今，长三角更高质量一体化发展，有天时地利人和，未来的前景不可估量。如果需要一个参照物的话，我觉得跟"中国制造"有一比。"中国制造"起初不是很显眼的，但是改革开放40年间，借着制度优势和广阔市场，迅速成长为全球第一。

我们完全可以这样来想象长三角的未来：随着更高质量一体化发展的推进，以上海为中心，北至连云港、徐州，西至安庆、六安，南至温州、丽水，包括沪、苏、浙、皖40个地级及以上城市的世界超级经济区将形成。

这会是世上最强悍的三角洲。

（2018年6月4日）

香格里拉的较量

虽然已过了新加坡的雨季，但是6月2日上午，当美国国防部长马蒂斯开始演讲时，新加坡香格里拉酒店外风雨大作，凉意逼人。

新加坡位于北纬1度，紧临赤道，常年平均温度在23至35摄氏度之间，如此凉风大雨并不多见。或许是马蒂斯的言辞，让人多了一丝凉意。

马蒂斯作为特朗普的国防部长以及所谓的鹰派，在香格里拉对话会上会讲些什么，早已是路人皆知，没有什么新闻性。只是他还是那么面不改色地讲了一通霸道理念，倒让人见识了这类美国人的自以为是。他的理念总括起来讲，就是世界上只能我说了算，除了我和我的小兄弟外，其他人都是不对的。风格与他的老板如出一辙。

针对马蒂斯在演讲中涉及的一些表述，参加此会的中国代表团团长、军事科学院副院长何雷中将说，中国南海诸岛及其岛礁附近海域是中国的神圣领土，这是有历史依据和国际法认可的，不容申辩。所谓"南海军事化"问题，是某些国家屡次派军机军舰到中国临近海域和上空进行侦察活动，这是对中国安全稳定的破坏，也是南海军事化的根源。

香格里拉对话起源于2002年，每年5月底6月初的周末在新加坡举行，正式名称叫作亚洲安全会议。因会议都在新加坡香格里拉酒店举行，又得名香格里拉对话。这是2001年"九一一"后，面对新的安全形势，亚太地区新出现的多边安全合作对话机制，由英国伦敦国际战略研究所与新加坡国防部合办，它是亚太地区防务外交的一个平台。但是随着美国所谓的"重返亚太"甚至是"印太战略"的出笼，香格里拉对话的言辞也有所尖锐起来，特别是美国，总会借故挑起一些事端，让大家不至于忘了它的存在，使得香格里拉经常会出现一些"较量时刻"。

正如何雷表述的那样，所谓的"南海问题"，"最近几年，在中国和东盟有关国家的共同努力下，现在的南海，稳定向好，没有发生大的冲突和争议"。恰恰是美国,"甚至在中国岛礁12海里耀武扬威""实际上,(这才)是南海军事化的根源"。

5月27日,就在"香会"开幕前几天,美国"安提坦"号、"希金斯"号两艘宙斯盾军舰未经中国政府允许,擅自进入中国西沙群岛领海。中国军队当即行动,派遣舰机依法对美舰进行识别查证,并予以警告驱离。美国的这些举动不仅挑起事端,而且非常容易因为误判,带来更为严重的后果。面对美方的接连挑衅,任何人都能得出结论,中方不得不加强防御设施的建设。

香格里拉的较量,不过是国际大格局在防务领域的一个缩影。作为二战后习惯于在世界上耀武扬威的美国及其一帮跟班来说,颐指气使似乎一向应该是他们的专利,特别是在他们推行强权的军事领域,一直以来都是美国以及随从们声浪很高的地方。只是,世界早已不是他们独霸的世界,多元化的世界,需要倾听更多理性而又富有建设性的观点。

自2007年开始参加香格里拉对话以来,中国以认真负责的态度参加每次对话,为论坛的成功举办做出了贡献。这是中国军队致力于增进地区安全互信与合作的积极努力,体现了中方对维护和促进亚太地区安全的高度重视。在这些对话进行过程中,中方积极表达自己观点,提出富有建设性的意见建议,同时也对总体上由美、英等主导的论坛上不符合客观实际的提法进行驳斥,让世界更了解真相,更好地传达中国声音,赢得了世界的尊敬。

香格里拉对话的意义在于,在总体国际舆论环境依然处于西方强势的背景下,需要有正确的声音来廓清事实、揭示真相、传播道理,世界期待中国的声音,中国的声音也不可或缺。在廓清事实过程中,会有交锋,甚至是较量,这是难免的,也是真理越辩越明的必然过程。特别是,当某些国家把全世界当作对手、把世界公认的规则视如粪土,以胡搅蛮干为荣、以遵规守约为耻的时候,中国这样代表着世界大多数人观点的声音,就尤其珍贵,尤其需要得到更好的传播。

1933年,詹姆斯·希尔顿在长篇小说《失去的地平线》中,首次描绘了一个远在东方群山峻岭之中的永恒和平宁静之地"香格里拉"。香格里拉酒店的名字,就来源于此。

香格里拉的希望,在于东方。

(2018年6月11日)

第一次握手

这可能是世界上最富有戏剧性的一幕：6月12日上午9时，金正恩与特朗普的双手紧紧地握在了一起。

这是两位领导人的第一次握手，也是朝美两国最高领导人有史以来第一次握手。如果时光回到一年前，甚至是几个月前，这都是难以想象的一件事。就在十多天前，特朗普还专门说，两人将不会在6月12日见面。言犹在耳，历史新的一幕已经开启。

也许因为是第一次握手，两人都稍稍有些紧张。当面对面相向而行走来的时候，步子有些生硬。有记者注意到，两人握手的瞬间有些"格楞"，握手时间达12.5秒。第一次握手，特朗普还算比较文明，与之前跟马克龙、特鲁多、安倍握手不同，没有留下大力捏手所留下的扎眼白印。两人落座后，各自的手都下意识地交叉在一起，寒暄几句后，委员长才两手分开，右手比较自然地放在扶手上，进入自如状态。特朗普则几乎全程两手交叉成菱形，少了些常见的随意与松弛。

"第一次"，难免"青涩"。但是这第一次握手，开始了一个崭新的时代。

美朝关系一度被认为是世界上最难以缓和的关系之一，根源在于，美国在半岛的军事存在以及朝鲜拥核。

出于多种原因，美国对朝鲜始终采取敌视的政策，一直在朝鲜半岛保持大规模驻军，这是半岛局势紧张的主要因素。朝鲜战争停战后，中朝一方的中国人民志愿军，在1958年就全部撤军，并努力改善及缓和半岛局势。与此相对，美军却始终在半岛保持一支数万人的军队，并且不断与韩方举行大规模联合军事演习，成为半岛局势复杂与反复的根本原因。

为了应对美韩方面咄咄逼人的态势，朝方也只能不断地加强军事力量，多年来实行先军政治，并尽最大努力去获得核武这个终极武器。在西方媒体占据强势的舆论场上，出现过诸多故意抹黑朝方的信息，但是朝方之所以勒紧裤腰带也要发展核武器，根本在于对方始终没有放弃动武的念头，只能将拥有终极武器作为最终目标。

中国为朝鲜半岛的和平稳定做出了巨大努力，发挥了关键作用。六方会谈是中国倡议召开的，并且取得了重要成果。即使后来由于美方原因以及韩国领导人变动带来了复杂因素，但是中国始终以坚定态度推动半岛局势的缓和与改善，在关键时刻发挥了关键作用。

"暮色苍茫看劲松，乱云飞渡仍从容"，用这两句话来形容中国在半岛所起的作用，十分恰当。现在看来，正是中国的坚定立场和从容不迫的态度，在半岛局势演变中起到了中流砥柱的作用，使得半岛局势在"盲人瞎马临深渊"之际，悬崖勒马，最终迎来根本转机。最艰难的时刻，核武器试验、萨德入韩、美方武力威胁同时并存，半岛局势空前复杂。最终，在中国的努力下，柳暗花明又一村。

在世界的目光聚焦6月12日新加坡嘉佩乐酒店之际，更多人联想起的是金正恩委员长前些时候一个半月里两度访问中国，看到的是6月10日上午从平壤顺安机场飞赴新加坡的中国国航2447号波音747客机。

作为"金特会"最重要成果的《联合公报》发布后，很多人发现，双方承诺将要去做的一些事情，跟多年来中国的主张不谋而合。

日本《外交学者》杂志对此专门做了分析，在其最新报道中这样写道：尽管美国和朝鲜并没有明说，两国在新加坡达成的协议，恰恰是中国提出的"美国停止军演，朝鲜停止核试验"的"双暂停"，以及中国同时还提出的"朝鲜无核化"与"朝美关系正常化和建立朝鲜半岛和平机制"的"双轨并行"这两个倡议的内容。美国《华盛顿邮报》一篇文章的标题就是：特金会最大的赢家是中国。

中国外交部长王毅表示，两国相互对立甚至敌对了长达半个多世纪，今天两国的最高领导人能坐在一起，进行平等对话，这本身就是在创造新的历史，中方对此表示欢迎和支持。

中国外交部发表声明说，中方坚持实现半岛无核化，坚持维护半岛和平与稳定，坚持通过对话协商解决问题，为此做出了不懈努力。一段时间以来，半岛形势出现的重大积极变化，特别是朝美领导人会晤取得的成果，符合中方期待。

好的开始是成功的一半。第一次握手之后，期待金达莱花开遍三千里江山。

（2018年6月18日）

丢掉幻想　准备反击

特朗普在最后一刻，还是选择了鲁莽。

6月18日，特朗普在一个公开场合中声称，将再次制定征税清单，对2000亿美元的中国商品加征关税。

此前在6月15日，美国宣布，对中国500亿美元商品征收25%关税。这表明，美国不顾双方多轮磋商取得的进展，准备开打贸易战。中方马上强有力还击，宣布将立即出台同等规模、同等力度的征税措施，而且此前达成的所有经贸成果，将同时失效。16日清晨，中国发布公告，决定对原产于美国的659项进口商品加征25%关税，涉及总额约500亿美元。其中545项约340亿美元商品自今年7月6日起加征关税。

中国商务部发言人在19日发布的声明中，针对美方威胁制定2000亿美元征税清单一事警告说，如果美方失去理性、出台清单，中方不得不采取数量型和质量型相结合的综合措施，做出强有力反制。

贸易战不是一件好事情，这个道理天下人都懂。否则，也就没有必要大费周折，去建立WTO机制等一系列促进公平贸易往来的协议了。但是，当一个商人"利"令智昏、"利"欲熏心，并且此人又成了总统，那么接下来会发生什么，确实不是讲规则的人们所能预测的。

世事并不总能如愿，能做的就是最好地去应对。丢掉幻想，准备反击，这或许是中国现在最好的选择。

丢掉幻想，根本的是要认清特朗普政府的实质。特朗普是个带有强烈民粹主义色彩的商人，遇事鲁莽、唯利是图，在利益面前可以把一切规则与信誉丢弃不顾。在商言商，或许可以靠做些"一次性"买卖，得到一些眼前利益。但是作为一个大国领导人，如此不讲规则不讲信誉，将失去国与国之间规则原则之上的互利合作基础，根本的是大大损害国际合作，带来国际摩擦，最终拖累各国发展。世界各国普遍反对特朗普的做法，可以清晰地看出这一点。

丢掉幻想，要舍得丢掉一些眼前的"利益"。打贸易战没有赢家，中国之所以愿意付出艰苦努力，跨越太平洋与美方开展多轮贸易谈判，核心就是晓之以理，力争不要让有害无益的贸易战发生。但是，我们并不能指望所有人都是理性的，并且都会做出正确判断。在中国以及世界有识之士多番规劝之下，美国还是我行我素选择跟多个国家开打贸易战，这只能说，美国选择了跟全世界对抗，"去意已决"。在这个时候，下决心放弃一些"利益"，以战止战，是必然选择。

美国之所以选择"决绝"，跟美国政体有关。在美国历史上，错误国策带来惨痛后果的案例层出不穷。远的如越南战争，意气用事，投入50万人的部队到万里之外打一场目标不明的战争，结果是把一时无双、"地上流着蜂蜜"的美国，仅仅十年就变成了支离破碎、怨声载道的美国；近的如阿富汗战争、伊拉克战争等一系列战争，不仅越反越恐，而且给美国以及当地人民都带来了梦魇。

之所以会产生这么多错误决策，跟所谓的票选民主极易为民粹裹挟有关。伟大的政治家应该引领人民前行，而票选政客往往止步于民粹。开打越南战争、阿富汗战争、伊拉克战争，都可以看到这些因素的影子。特朗普能上台，跟"铁锈地带"民怨有关，但解决之道却选错了方向，不是着力提升"铁锈地带"的竞争力，却迎合民粹选择开打贸易战，结果可想而知，这是票选政治固有的弊端。

中国反击的速度很快。在15日美方鲁莽行为公布后，短短几小时后，中方即公布了针对性的反制措施，有条有理、有利有节，系列目录单令人印象深刻。在美国时间18日特朗普提出所谓的2000亿美元清单之际，中国商务部在19日上午9时41分（美国时间18日晚上）即发表声明，将做出强有力反制。

中国商务部的声明特别指出，美方发起贸易战，违背市场规律，不符合当今世界发展潮流，伤害中美两国人民和企业利益，伤害全世界人民利益。中方的应对既是为了维护和捍卫国家和人民利益，也是维护和捍卫自由贸易体制，维护和捍卫人类共同利益。

世界经济的大海，你要还是不要，都在那儿，是回避不了的。让世界经济的大海退回到一个一个孤立的小湖泊、小河流，是不可能的，也是不符合历史潮流的。

历史潮流浩浩汤汤，唯顺之者昌。

（2018年6月25日）

军长也要上考场

6月24日是星期天,当天晚间,陆军指挥机关的微信公号"人民陆军"发布了一段视频,中国13个集团军军长全部走进考场,抽签确定顺序,接受陆军考核。

视频时长93秒,陆军司令员韩卫国、政委刘雷出现在画面中,现场督阵考核进展。节奏很快的画面,充满实战氛围的考核,令人耳目一新。

"考军长"史无前例。

此前,6月12日,陆军战役首长机关集训就开始了理论授课和作业练习,五个战区的陆军司令员亲自备课授课。6月18日开始,进行战役指挥员考核,也就是考军长。这次考核,从18日至22日长达五天。每天上下午各安排两位军长受考,每人次一小时。

根据抽签结果确定的顺序,考前24小时,通过机要系统向受考的军长下发考核想定条件。军长们根据战时指挥所的编成,根据各作战要素需要,抽组15名参谋人员组成指挥所。从视频画面中可以看出,军指挥所主要指挥员有军长、副军长、参谋长等。

由于涉及保密需要,视频中多处画面进行了技术处理,凸显了实战氛围。

6月19日上午8时40分,作为抽签后第一位参加考核的军长,第75集团军军长公茂栋通过远程视频系统,出现在主会场大屏幕上。他身着迷彩服,根据考场大屏幕变化着的作战想定情况画面,结合受领作战任务、作战目的、作战意图等,按照理解上级意图、本级任务决心、指挥信息系统构建等情况,口述战役命令要点。

公茂栋答题后,坐镇考场的陆军领导现场点评:"正确的决心,来源于正确的判断。实现作战目的,就是对高级指挥员精确感知、精确指控、精确打击、精确评估、精确保障能力的全面考验。"

在抽题环节,公茂栋抽到的两题是:"1.阐释此役作战力量的编成(编组)和布势的主要考虑。""2.阐释确定此役作战目的的主要考虑。"公军长即刻指着地图，通过远程视频系统展开回答。答题完毕，专家组成员按照百分制打分，公茂栋得分当场公布。

陆军参谋部领导介绍，考军长有六个步骤：第一步，下发考核想定；第二步，展开筹划作业；第三步，考核口述决心；第四步，接受质询提问；第五步，现场评判打分；第六步，评定综合成绩。

接受质询提问是考核的重要环节，也是对指挥员综合素养的实战检验。第二位参考的74集团军军长徐向华，通过自动抽题系统，先后抽选了两个与战役决心相关的问题，"阐述此役新型作战力量运用的主要考虑"。问题紧盯要害，几乎没有思考时间，徐军长结合经验、运用地图、临阵破题、仔细作答。

没有硝烟，却真切地闻到了硝烟的味道，呈现着前所未有的战场气氛。陆军领导说，军队能打仗、打胜仗，指挥是关键因素，战役指挥员的谋略素养，直接关乎战场胜负。

"练兵先练官，强军先强将"，是这次考军长的要义所在。未来信息化战争，对指挥员能力素质提出了更高要求，军长作为战役集团的首长，对打赢未来战争起着至关重要的作用。

守不忘战，将之任也。习近平主席十分关注军队实战训练。在今年初中央军委开训动员大会上，习主席发布训令指出："要坚持领导带头、以上率下，坚持实战实训、联战联训，坚持按纲施训、从严治训。"

自古以来，练兵先练将是沙场决胜的法宝。能否锻造打胜仗的虎狼之师，关键在于有无能谋善断的虎狼之将。在古今中外的战争史上，名将决定战争胜负的，比比皆是。霍去病、戚继光、岳家军是中国古代名将名军的代表人物，彭德怀、刘伯承、粟裕等名将，在中国革命战争中立下了赫赫战功，他们成了足智多谋、骁勇善战的象征。世界战争史上，苏联卫国战争中的朱可夫，对战法西斯的名将巴顿，诺曼底登陆战中的蒙哥马利，都在至关重要的历史进程中写下了重要的一笔。

在和平年代，考带兵的首长，就是检验部队战斗力的重要标准。国防大学联合作战学院教授范承斌说："练兵先练将，军长要是强的话，那么这个军将是嗷嗷叫的。新的军队指挥管理体制建立以后，为我们考军长提供了一个有效的机制保障，势必会有力地带动我们军队、特别是陆军的训练。"

以打仗标准严考军长，是建设一支强大的现代化人民军队的重要一环。

一个伟大的国家，需要一支强大的军队；一支强大的军队，需要有出色的胜任战役指挥的将军。

（2018年7月2日）

城市的起伏

城市有起伏，往来成古今。

15年前的新年夜，利用在美国学习的机会，我去彩虹厅吃晚餐。《美国志》起首一句是这样写的："如果说纽约市有一颗心脏的话，那它很可能就是雄踞洛克菲勒中心第六十五层楼上那个闻名遐迩的彩虹厅。"因为从彩虹厅望出去，仿佛"纽约处于世界的中央"，"你的前面是整个美洲大陆，后面是长岛和大西洋"。

彼尔斯与哈格斯特洛姆写《美国志》的时候，《西雅图未眠夜》还没拍，所以他们没能写在彩虹厅的一侧，还有一个亮点就是帝国大厦——电影里出现一个巨大红心的大楼。不过作者"回想起来，真有点讽刺意味。当我们为了编写这本书去彩虹厅吃午餐时，却是去讨论一件不可想象的事情——纽约市濒临破产的问题"。

在他们准备吃午餐之际，20世纪80年代初，纽约市正面临危机。在整个70年代纽约减少了十分之一的人口，降到了1930年以来的最低数，青年人比例减少了七分之一。在1977年那次著名的东海岸大停电之后30分钟里，纽约有1.5亿美元财产被盗或损坏，以至于媒体这样问道："秩序的崩溃有这么神速的吗？"

不过即便如此，作者还是认为纽约是个有世界影响的大城市。因为《财富》五百强中73家在这里设有总部，华尔街雇用了50万以上人员，美国前7家大银行有6家总部设在纽约，5家最大保险公司3家设在这里，肯尼迪机场占有美国30%的国际客运，这里有《纽约时报》《华尔街日报》以及后来盛极一时的CNN。当然，这里还有百老汇。

作者的预见是对的。度过了艰难时期之后，今天纽约是世界上GDP超过9000亿美元的两个城市之一。

在城市的起伏中，能这样走出来的其实并不多。威尼斯和布鲁日是相反的例子。

威尼斯是世界最早的大城市之一，13世纪前后，因为便利的水路交通优势，迅速成了欧洲的中心城市，鼎盛时期人口超过了20万，当时那是一个巨大的数字。《威尼斯商人》从一个侧面记录了威尼斯盛景。

随着大航海时代到来改变了船队的走向，只有地理之便而没有核心竞争力的威尼斯，很快就陷入了落寞之中，最终只是以水城特色的旅游城市为人知晓。

与此相近的还有今天比利时的布鲁日。由于有运河通往大西洋，使得15世纪前后英格兰过来的羊毛第一站就到了布鲁日，这里成了欧洲羊毛羊绒的最大集散地，也是欧洲可与巴黎媲美的城市。同样因为大航海时代以及此后的工业革命，伦敦、曼彻斯特迅速取代了布鲁日的地位。前些天我们去布鲁日，那里留下的只是回忆。

反观纽约，它之所以能走出越战结束带来的整个美国沉寂期，在于纽约的能级与核心竞争力犹在。它一直是美洲大陆最大的中心城市，有最多的大银行总部、大保险公司总部以及世界最大交易规模的华尔街，这是其他城市无法比拟的纽约的能级和竞争力，使得它在度过10多年的低迷之后，很快又卷土重来。

纵观近现代几百年的历史，世界城市版图变动不居。有的城市昙花一现，有的城市长盛不衰。历史表明，城市的兴起，在于核心竞争力的形成；城市的衰落，在于核心竞争力的丧失；城市的持久繁荣，在于能级和核心竞争力的不断提升。

在十一届市委第四次全会上，面向全球面向未来提升上海城市能级和核心竞争力，成为会议主题。这是实现新时代上海发展战略目标的集中体现、核心任务和必由之路，要让上海始终以足够的能级和核心竞争力，站在全球城市的最顶端。

新中国成立后，上海迅速恢复和发展经济，成为我国重要的工业基地之一、最大的工商业中心城市。改革开放以来，上海大力发展经济、金融、贸易、航运功能，实现了由工商业城市向经济中心城市的战略转变，开启了迈向卓越的全球城市的新征程。我们只有把握全球城市发展的规律，顺势而为，乘势而上，持续提升城市能级和核心竞争力，才能不断超越、永葆生机、赢得主动。

评价一个城市的发展水平和态势，最终还是要以城市能级和核心竞争力来说话。对标顶级全球城市，全面增强城市核心功能，上海制定了五个新突破、八个新高地的主攻方向和重点任务，战略宏图已徐徐展开。

卓越的全球城市，这不仅是愿景，更是即将到来的现实。

（2018年7月9日）

特朗普"小鬼当家"

保罗·克鲁格曼本月初在《纽约时报》上写道:"本届美国政府缺乏成熟稳重的人,基本上是通过发脾气来制定政策。然而,所有迹象表明特朗普及其顾问仍不明就里,他们对自己的所作所为一无所知。美国现在的所作所为可能会导致整个贸易体系崩溃。"

克鲁格曼得的是诺贝尔经济学奖,但是他从个人性格上来分析这届美国政府的运作现状,还是有很强现实针对性的,因为你确实很难用理性的方法来看待特朗普团队的思维及政策。"缺乏成熟稳重的人",几乎是在用不带脏字的方式,揭开了一个大国政府"小鬼当家"式的内幕。

不清楚克鲁格曼在选择这些词语时有没有闪过电影《小鬼当家》的影子,不过特朗普却是跟《小鬼当家》有过一腿。在第二集《玩转纽约》中,麦考利·卡尔金饰演的小男孩来到一家豪华大饭店,晕头转向之际向身边"路人甲"问路,那人随手给他指了个方向。"路人甲"穿着一件深色大衣,大敞胸怀,系着一根大红领带。是不是有点熟悉?是的,此人就是当今美国总统特朗普。

特朗普为什么要出演《小鬼当家》"路人甲",说法很多,接近真相的大概是,因为拍电影的饭店是特朗普的,他不愿意放弃露一小脸的机会。不过愿意在"小鬼"剧中露脸,也可以看出特朗普确实"童心未泯"。

特朗普的那个饭店,算得上纽约最著名饭店了,那就是位于中央公园南侧五十九街的广场饭店,邻近第五大道。广场饭店最出名的,就是在这里签署的"广场协议",以打贸易战为威胁,让日本陷入"失去的二十年"。

特朗普买下广场饭店,是在广场协议签署三年之后。作为一个生意人,特朗普在这场交易中,其实是有点奇怪的。他在买广场饭店时,似乎带着难得的复杂情感。

买广场饭店那天,特朗普专门在《纽约时报》上用整版篇幅发表了一封公开信,非同寻常。他在信中写道:"我不只是购买了一幢建筑物,我其实是购买了一件艺术品——好像'蒙娜丽莎'。这是我人生中第一次，特意不根据经济原理做这笔买卖——因为我无法证实这个价钱是否正当。"

商人的感觉是对的，在这笔交易中，特朗普不仅没有赚钱，还亏了不少。1988 年他以 4.075 亿美元买下广场饭店，1995 年在与伊万卡生母伊万娜离异之后，将饭店以 3.25 亿美元转手给了一位沙特王子。从商业角度来说，这不是一次成功的买卖。但精明如特朗普，为什么要买这个"蒙娜丽莎"？

有人分析说，或许是特朗普与广场饭店惺惺相惜，让他乱了方寸。一个不择手段获取利益的商人，应该会非常欣赏在这里签署的广场协议，它以一种反市场经济非常粗暴的方式，为美国获得了不曾有过的竞争优势。某种意义上说，它为美国最后在冷战中获胜，奠定了坚实的经济基础。或许正是这样一种气味相投的情愫，让商人忘掉了"生意"，"特意不根据经济原理"，买了这个"蒙娜丽莎"。

"广场协议"蛮不讲理地从全世界攫取利益，表现在日常事务中，就是"小鬼当家"那样"基本上是通过发脾气来制定政策"，目的就是一脉相承的"美国优先"。

广场饭店其实更像是一面镜子，照出了过去百年间美国从镀金时代、黄金时代到坐吃山空的变迁。1907 年它刚刚建成的时候，以最奢华的酒店著称。那个时候，纽约正随着美国一起，进入了所谓的"镀金时代"，逐渐走向世界首富。那时最有钱的洛克菲勒资产才刚刚以亿计，花 1200 万美元改建的广场饭店，体现了镀金时代纽约人对金光闪闪的追求。饭店大厅中央是著名的"棕榈厅"，奢华中带着自然气息。室内放置充满自然气息、四季郁郁葱葱的干棕榈树，就是从广场饭店开始的。

然而时过境迁，广场饭店历经转手，当年雄风也逐渐暗淡。特朗普 1995 年卖给沙特王子后，2004 年饭店再次以 6.75 亿美元价格被出售给以色列埃拉德地产公司，目前也在寻找新的买主。

广场饭店的变迁，折射的正是美国从欣欣向荣，逐渐走向转卖家产的过程，在这个过程中，美国也从世界第一贸易盈余国成了第一逆差国。与此相映衬的，美国政坛也步入了"通过发脾气来制定政策"的"小鬼当家"时代。

"小鬼当家"，终究难逃"对自己的所作所为一无所知"。

（2018 年 7 月 16 日）

夏日里的玫瑰

1993年,是一个充满改革创新氛围的岁月。

此前,从1992年初开始,小平同志视察南方,在深圳、上海等地分别做了重要讲话,神州大地吹响了改革开放再奋进的号角。作为上海当时发行量最大的《新民晚报》,改革创新成了报社上下谋篇布局的主旋律。

以"飞入寻常百姓家"为宗旨的《新民晚报》,始终把市民群众的冷暖放在心坎上。25年前,那时上海市民的"急难愁"事,很多是今天的人们难以想象的。比如,每到夏天都是用电用水高峰,现在大家把天热开空调、尽情哗啦啦用水看作是天经地义的事,而在25年前这经常会变成烦心事。一开空调,马上电表跳闸保险丝烧断,整幢楼都会陷入黑暗无电时光,因为那时很多居民住户是整幢楼用一个电表,功率又小,一遇大电流免不了跳闸烧保险丝。再比如,当时里弄的自来水,基本上都是自然水压供水,没有水塔和其他加压设备,一到夏天用水高峰,只要楼下住户一开水龙头,楼上就只有涓涓细流甚至滴水不见。还有,那时城市环卫清洁力量也不够,夏天生活垃圾多,经常出现大堆垃圾来不及清运的情况。

虽然上海各相关部门对此采取了不少措施,但是由于城市基础设施不足,加之处理渠道也不够通畅,经常造成群众停水停电等"急难愁"事得不到很好解决,怨言颇多。

借着改革的春风,《新民晚报》的很多同志提出,应该发挥媒体的作用,建立一个市民集中投诉的机制,方便这些问题及时得到解决。特别是夏天,这类问题多、矛盾突出,非常需要有一个高效率的投诉解决机制。几经商讨,决定设立"新民晚报夏令热线"。

"夏令热线"最早设在《新民晚报》经济部,电话2473308,七位数,不是漏了一个数字,当时电话只有七位数。这是经济部唯一的直线电话,就作为了热线电话。

对于上海来说,"夏令热线"是个新生事物,大家都十分期待。第一个接通的电话,让大家都有些意外。

1993年7月18日,分管城建的副市长来到《新民晚报》,接起了"夏令热线"第一个电话。家住安顺路的蒋姓市民打来电话,反映安顺路附近有条不允许通行机动车的小路,由于路障被撞坏,每晚拖拉机来往不断,影响居民休息。

安顺路上开拖拉机,这在今天是难以想象的事情,因为那里现在早已是闹市区了,当年却因为靠近郊区,成为扰民的烦心事。

随着"夏令热线"的开通,特别是热线发挥了《新民晚报》媒体作用,帮助市民解决了许多夏日里的烦恼,在政府职能部门与市民群众之间架起了沟通的桥梁。"夏令热线"影响力越来越大,逐渐成了上海媒体服务城市发展、服务市民群众的一个著名品牌。

特别值得一提的是,上海市委、市政府领导高度重视《新民晚报》"夏令热线"的建设和发展,多次对"夏令热线"反映的问题做出重要指示,要求有关部门着力解决。市政府几任领导,每年都在《新民晚报》"夏令热线"开通现场,接听最早的几个电话,协调有关部门解决。既深刻体现了"为人民服务"的宗旨,又给"夏令热线"全体工作人员极大的鼓舞。市领导来《新民晚报》接电话的时刻,总是大家十分期待的时候。

2018年7月16日,第26届《新民晚报》"夏令热线"开通。在过去的25年间,"夏令热线"接通的电话不计其数,解决的问题也不计其数。最初的岁月,反映和解决的问题都是城市建设不够不足的问题,缺电少水多垃圾;后来,更多的问题涉及城市管理;再后来,是城市如何精细化管理以及加强生态文明建设……

25年,"夏令热线"在架设沟通桥梁、服务市民群众中,也见证了上海城市的变化发展。在第26届"夏令热线"现场,副市长时光辉说:"《新民晚报》'夏令热线'见证了上海城市建设发展脉络,上海正在积极推进城市精细化管理,希望'夏令热线'能推动城建工作更完善,更有利于提高城市管理水平。"

曾经有人说,"夏令热线"好比是夏日里的玫瑰,花开时间并不长,还带着些许尖刺,却会让上海这座国际大都市,变得更加美丽宜居、更加绚烂夺目。

25年,一代人的努力。夏日里的玫瑰,为大家,为上海,绽放!

(2018年7月23日)

最上海，最新民

这是巅峰之际的一个决策。

1998 年，是《新民晚报》历史的巅峰之时。

新年开初，一切都朝气蓬勃、生意盎然。在刚刚过去的 1997 年，国家的大喜事是香港回归、党的十五大胜利召开。伴随着国运兴盛、政通人和，《新民晚报》也在发展的征途上迈上了一个新的台阶。

香港回归之际，《新民晚报》第一次派出两位特派记者亲临现场，报道盛况，这在地方媒体也是盛举了。党的十五大召开当天，《新民晚报》的发行量达到了有史以来的最高峰 185 万份。经营收入也在这一年达到了高点，每天净利润超过了 100 万元。

正是在这样一个喜气洋洋、凯歌奋进的氛围里，《新民晚报》跨进了 1998 年。充满创造与开拓的岁月，让《新民晚报》萌生了进一步做大影响力、进一步布局媒体系列的设想，立足于《新民晚报》主报 185 万份的发行量，创办一份《新民周刊》，作为报纸影响力的深度延伸。一切都在紧锣密鼓的准备之中，一切都在顺风顺水的推进之中。

实际上，当年《新民晚报》还有一个更大的谋划，就是顺应当时媒体集团化的趋势，筹备建立《新民晚报》报业集团，并为此进行了大量调研和规划。当时与《新民晚报》并驾齐驱合称晚报双雄的《羊城晚报》，就因此成立了羊城晚报报业集团，由此带来了《羊城晚报》至今二十年跨越式高速发展，成就了《羊城晚报》今天资产超过 300 亿元的一哥地位。

意外比意想来得更早。当年 7 月，成立了文汇新民联合报业集团。目标和路径都改变了。

正在筹备中的《新民周刊》，虽略一趔趄，但事已至此，筹备工作依然在推进之中。在当年底前，连续出了三期试刊，得到了较好的反响，也让筹备人员深受鼓舞。

1999年1月4日，星期一。在20世纪最后一年最初的一些阳光里，第一期《新民周刊》与读者见面。虽然刊名挂着新民牌子，其实这份刊物从诞生第一期，就与"新民"没有关系，不是《新民晚报》出版的《新民周刊》，而是今天已不复存在的文新集团出版的刊物了。直到2013年10月28日上海报业集团成立，《新民晚报》重新恢复法人地位，《新民周刊》才物归原主成为新民晚报社的刊物，这已经整整过去了15年。

周刊回归新民，虽然已过了平面媒体的黄金时代，但周刊上下憋足了一股子劲。在此后的几度调整重振中，逐渐明确了新时期的办刊方向，那就是"最上海，最新民"。做最有上海特色、最有新民特点的深度报道，是新民周刊人孜孜以求的目标，他们为此做出了巨大努力。

如果打开最近五年《新民周刊》的封面报道，足可以看出努力带来的亮色：《总书记来到上海厅》《中共诞生地：历史选择了上海》《卓越城市的细节》《新时代上海四重奏》《浦东的诗与远方》《上海地铁的风花雪月》《跨越苏州河》《舌尖上的上海》《滨江45公里漫步》《海派文化与城市精神》《世上最强悍的三角洲》，等等，几乎就是上海发展变迁的重要编年史。

新闻是明天的历史。《新民周刊》在写今天的新闻，也为明天留下了最值得记忆的历史。上海最重要的新闻、上海最精彩的瞬间，都以"新民"风格，在《新民周刊》上定格，成为历史的永恒。

迈向"最上海、最新民"，只有周刊人才知道，他们付出了什么。没有"含着银匙"的幸运，却多"砥砺奋进"的执着；没有"风花雪月"的加持，却多"深沉厚重"的积淀；没有"直挂云帆"的顺风，却多"沧海一笑"的豪迈。

在《新民周刊》走过的岁月里，奋进有为始终是不变的主题词。它诞生在20世纪的最后一年，补齐上海新闻杂志的空白；它面向着21世纪的最新阳光，共襄上海纸媒时代的辉煌。起步于世纪之交，披着上一个百年的期望，向着新一个百年出发，风雨兼程、义无反顾。

我曾经说过："《新民周刊》的同人们，是我们周边最有新闻理想的一批人。"他们在用行动践行着自己的理想。就像现任社长、主编刘琳说的那样："消沉从不属于我们，我们总是很容易地被新闻点燃。"

2018年7月30日，星期一。这一天，《新民周刊》将出版它第1000期刊物。1000个7天，大约100 000个页面，20年。

很荣幸与周刊人一起，走过一些岁月、留下一些记忆。

一切过去，皆为序章；来日方长，一路顺风！

（2018年7月30日）

白宫之吻

很难想象,容克先生亲吻特朗普是怎样一个场景。特别是,这样的吻并不只是礼节性的蜻蜓点水,而是要封住整个嘴唇的深深的长长的吻。

听起来好像有些反胃。不过这样的深吻,在英国《经济学人》杂志看来,却似乎是确实存在的。最新一期杂志的报道标题就是"Trade and tariffs: Sealed with a kiss",翻译成白话文,就是"贸易和关税:一个吻封住了嘴",讲的就是容克与特朗普在白宫见面的事。白宫有个玫瑰园,"Sealed with a kiss",这让人不能不浮想联翩。

从全世界人民现有认知来说,特朗普在恋爱上似乎是走传统路线的,而容克作为欧盟主席,看起来是位古板型绅士,好像也不是双轨制人物。那么,还算正经的《经济学人》,为什么要用这般词语,去形容白宫的会面呢?

"Sealed with a kiss",原先是一首有名的情歌,唱的是恋人心生隔阂,最终在篝火边,以一个不由分说深深的吻,封住了彼此的嘴唇而让一切尽在不言中。唯美的画面充满了浪漫。不过,假如主角是特朗普和容克呢?

容克去见特朗普,也是在因口角而产生了隔阂的时候。自从特朗普向全世界开打贸易战后,小兄弟欧盟也坐不住了。虽然欧盟向来以为是上了美国这条船的,但是特朗普一棍子打翻一船人,也捎上了欧盟。作为产能远大于市场的欧洲各国,对外贸易始终是欧洲性命攸关的事情,从大航海时代到日不落帝国到今天,都是一脉相承的。面对特朗普的恩断义绝,欧盟也不得不决绝相对。容克访美,就是要在美欧情殇最后关头,看看能否情归玫瑰园。

原本大家都认为,玫瑰园不是苏莲托,容克凶多吉少。美欧虽情深深亦雨蒙蒙,很多矛盾冰封多日,非一朝能解决。然而,善变的心,依然在白宫上演。经过密室相会,特朗普相偕容克来到玫瑰园草坪的时候,似乎已"执子之手,相濡以沫"了。特朗普说了很多话,大概意思就是:咱俩和好了,啥都不说了,而且还准备朝彼此零关税的地方手牵手地走下去。是不是有那支歌里篝火边的即视感？

这个弯确实转得有点大，以至于某些不明真相的吃瓜人士，一度还莫名兴奋地说，美欧要签自贸协定了。

姜还是老的辣。《经济学人》诞生在最老牌的帝国主义国家，看尽了帝国的兴衰风云，要比吃瓜人士明白许多。"Sealed with a kiss"，此景此情，这是何等相像啊！于是就有了那篇报道：Trade and tariffs: Sealed with a kiss。

虽然白宫之吻封住了容克与特朗普的嘴仗，但是如果就此认为"双方从此过上了幸福甜蜜的生活"，那就太乌托邦了。在双方会晤之后，特朗普说美欧将朝着彼此零关税的目标努力，这被某些吃瓜人士解读为美欧将建立近乎零关税的自贸区，并且引来了一阵兴奋。不过这一切，很快就被欧洲领导人的表态打破了。

美欧间会不会建立零关税的自贸区？不能说绝对没有可能，但说基本没有可能应该是可以的。一个是从特朗普的说话风格来讲，向来是信口开河惯了的，当不了真，说变就会变的；第二是美欧产业同质化严重，没有大规模实行零关税的基础。

大家都知道，贸易的核心是互通有无。产业互补性越强，贸易的可能越大，反之亦然。美欧之间的优势产业大部分是一致的，比如波音与空客的飞机、通用与奔驰的汽车、美国与法国的农产品等。虽然欧盟是美国第一大贸易伙伴，但是这是美国与欧盟几十个发达国家的贸易总额，个别来说不算大，这跟中美间更多出于产业互补而必需的贸易有很大不同。也正因为此，它们彼此间很容易找到替代产品，关税所起的作用并不大。

但是，关税的变动对欧盟内部，却会引起巨大矛盾。因为各国优势产业不同，受关税影响的利弊各不相同，同样降低关税有人大获其利有人却会损失惨重。比如特朗普零关税，会让德国的奔驰汽车卖得更好，却会让法国的农民遭到美国低价农产品的冲击，所以法国总统马克龙公开反对零关税。欧盟实行一致同意原则，法国不同意，基本也就没有实行的可能。

Sealed with a kiss。

用一个吻封住嘴，那是容易的；用一个吻换一生，那是很不容易的。

（2018年8月6日）

人民币会否破 7

中国人民银行 8 月 3 日晚间宣布,从 8 月 6 日开始,将远期售汇业务的外汇风险准备金率从 0 调整到 20%。当时还在交易的离岸市场人民币随即一改颓势,迅速拉升 500 个基点。8 月 6 日,新政实施第一天,人民币中间价报 6.8513,相对于 3 日晚离岸市场的下跌,已基本稳定,比 3 日当天中间价 6.8322,下调 191 点,为 2017 年 5 月 31 日以来最低点。

4 月中旬以来,人民币汇率从 6.3 左右,下跌到 6.8 以下,这是近几年较低的一个位置。业内人士注意到,在这几个月的波动当中,中国央行可能更多出于市场自由调节因素,并未进行明显干预,这使得汇率走势更显扑朔迷离。由于面临一些不确定因素,有人甚至提出,人民币会不会破 7?

判断汇率变动方向,既要考虑即期因素,更得放远目光,从宏观经济运行趋势来把握。

事实上,从 2005 年人民币汇率形成机制改革以来,人民币汇率总体呈稳步上升趋势,从当时的 8.28,一直上升至今年 4 月的 6.3 左右,这也是近年汇率的高点区域。这样一种走势,既是中国经济稳步发展、人民币价值上升的写照,也是人民币越来越受世界青睐的注解。

但是,汇率形成机制既然是市场行为,那么即使在长期趋升的态势下,也并不表明不会有短期波动。这样的波动体现在每天变动的价格上,就可能会在一段时间内,出现一个较为明显的上升或下降趋势,这就是通常所称的波动空间。最近五年间,人民币汇率最高点在 2013 年下半年的 6.04,最低点在 2016 年上半年的 6.96。再往前推,自从人民币升破 7 以来,汇率始终在 6 与 7 之间波动。也就是说,人民币汇率在最近的十来年间是相当稳定的,基本就是在 1 元人民币这样一个小空间内波动。

与此同一个时间段,美元与另两种主要货币欧元与日元的汇率变动,要远大于人民币。1 欧元兑美元波动空间在 1.6 至 1.1 之间,1 美元兑日元约在 80 至

115 之间，幅度均数倍于人民币汇率。人民币汇率的相对稳定，既说明现有的形成机制是合理有效的，又给各相关经济体带来了良性的汇率环境，也说明中国央行的货币政策是正确的。相对于历史上曾经有过的一些案例，中国的汇率政策相当出色。

历史上，货币政策失误带来的汇率急剧波动，曾经给有关国家带来了惨痛教训。

二战后日本经济开始恢复时，由于布雷顿森林体系的存在，35 美元兑换 1 盎司黄金，日元的价格被确定在 360 日元对 1 美元。当时很多人认为，日元的实际价格应该在 450∶1，考虑到经济恢复带来的溢价，360∶1 是可以接受的。到了 20 世纪 60 年代初期，借助东京奥运会带来的经济发展契机，日元的含金量基本能平衡对应 360∶1 的价格。

转折出现在 1971 年。8 月 15 日，被越战搅得天昏地暗的美国总统尼克松宣布，放弃布雷顿森林体系，不再固定 35 美元兑换 1 盎司黄金，实行自由浮动，美元随即大幅贬值。8 月 16 日至 27 日的 10 多天里，仍固定在 360∶1 汇率的日本，外汇储备急剧增加了 50%，令人叹为观止。27 日开始，日本也不得不放弃固定汇率，允许日元升值。至年底，升值到 308∶1。此后，由于美国经济进入滞涨，加上石油危机影响，通胀率上升到 13%，美联储不得不连续加息，造成美元持续升值，汇率被高估，贸易逆差加大。1985 年，美国使出终极手段，在纽约广场饭店与一干小兄弟签订广场协议，逼迫它们的货币相对美元大幅升值，以改善美国的贸易处境。

至 1991 年，日元兑美元上升到 140∶1。之后的故事大家都比较熟悉，在日元汇率上升 40% 的过程中，日本经济急剧泡沫化，在随后的破灭中留下一地鸡毛，带来"失去的二十年"。

日本的故事给全世界都留下了太深的印象，以至于讲到汇率变动，最多被提及的"坏小子"就是日本。

汇率波动涉及因素很多，应对策略与手法令人眼花缭乱。能在汇率形成机制变革之后，既有效促进经济连续多年高速发展，又确保在一个普遍能够接受的空间内相对自由地运行，这或许才是真正"交易的艺术"。

二十年前，我曾经写过一篇长文，记录下 1998 年夏秋之交在中央政府全力支持下，香港打赢的"港股保卫战"。那里面有句话是这么写的：在建立世界经济新秩序的探索中，这是一道令人瞩目的曙光。

比它更加耀眼的，是有目共睹的人民币汇率长期稳定。

（2018 年 8 月 13 日）

新航迹　新未来

8月9日，一架空客A350-900客机，从法国图卢兹飞抵北京首都国际机场，加入中国国际航空公司机队。这是中国内地引进的第一架A350客机，标志着这款新型飞机正式加入中国民航大家庭。8月14日，国航为A350举行了隆重的首航仪式，以CA1557航班，执飞北京到上海航线。到今年底，国航还将接收另外五架同类型客机。

A350的到来，意味着世界最新型别的大型客机，都已来到了中国的天空。这是一个重要时刻，意味着中国民航飞机迭代的全面展开。

随着中国的发展和经济不断繁荣，中国仿佛是在一夜之间，迅速成了世界第二大民航市场。这其中，大量新型客机不断加盟中国各航空公司，成为航空繁荣发展、突飞猛进的主要推进力量。

中国民航商业时代来临，是伴随着客运喷气时代的到来而开始的。随着尼克松访华开启了中美交往新时期，中国一次订购了10架当时十分先进的波音707客机，一改之前主要使用苏式飞机的状况，使得中国民航实质性跨入了喷气时代，走入世界先进行列。之前尼克松搭乘周总理的专机去杭州、上海访问，使用的是四个螺旋桨的伊尔-18专机，这在当时已显落后。在整个20世纪八九十年代，中国民航以不疾不徐的步伐，逐渐奠定商业化的基础，波音747、波音737、MD11、MD82、空客320、空客300-600等先后加入各航空公司机队。

肇始于大规模国际化，中国各航空公司在世纪之交，跨入了又一个大发展时期。具有成熟运行经验的各航空公司，面对越来越多的中国与世界交往，纷纷加大了国际航线的比重，并且在此之中做出了不少令人赞佩的创新之举。最令人称道的是中国南方航空公司，率先在世界上开启了双发客机跨太平洋不经停飞行。

由于飞机发动机性能的原因，很长时期里，只有装载四个发动机的飞机才能被允许进行远离陆地的跨洋飞行，后来逐渐扩展到三发飞机。航空术语中有个名称叫延程飞行，表示双发飞机在出现一台发动机空中停车故障后，飞机依靠余下的发动机，还能至少正常飞行多久。由于双发飞机的特殊性，对发动机要求特别高，必须符合180分钟延程飞行要求的发动机，才能双发越洋飞行，这大约要求发动机运行10万小时中，出现空中停车不超过两次，也就是说，在发动机的全寿命内基本不会空中停车。波音777-200ER在世界上第一个获得了这样的能力，南方航空公司第一个将它用于飞广州到洛杉矶的跨太平洋航线。香港回归之际，我因公在广州白云机场的停机坪上，见到了一架这样的飞机，它的机腹上特意写了一行字"跨太平洋飞行"。它值得拥有这样的荣誉。

新世纪进入第二个十年，随着新一代客机逐渐诞生，中国的空中客运也逐渐开启了迭代。最先是从2011年10月开始，中国南方航空公司引进了五架空中客车A380，这是中国民航迄今全部此类客机。陆续到来的还有海南航空波音787、中国国航波音747-8、东方航空波音777-300ER，以及越来越多的空客A320neo、波音737MAX，让越来越多的乘客有了更好的空中体验。

新一代客机都使用了新型发动机、新的设计、新的空间布局、新的材料，外表看与原等级机型相差不大，没有当年B747、A380出现时那样震撼，但是实质上都有着巨大的改进。比如涉及效益与环保的耗油率，都比上一代要节省20%以上。波音787与空客350的舷窗，也都大过类比机型50%。

以A350为例，最初空客设计此型飞机时，考虑的是替代现有的A330、A340飞机。后来在深化设计时，逐渐明确了方向，那就是突出新机的远程性能，不与空客卖得最好的王牌飞机A330争夺同一市场。于是，机体、设施等都做了精心筹划，比如它的机身宽度为5.96米，比A330的5.64米要多0.32米，这样在经济舱同样安排一排8位乘客时，可以更宽敞，更适合远程飞行需要。而在更加经济的安排下，也能够安排一排9个座位，为航空公司创造更好的盈利空间。

几天之前，澳大利亚航空公司用A350，开通了澳大利亚珀斯到英国伦敦的直飞航线，全程15 000公里，飞行时间17个小时。这是迄今世界上最远的商用直飞航线，之所以能够实现，完全就是因为有了新一代的飞机。

新飞机，新航迹，新未来。

（2018年8月20日）

普京的华尔兹

相对于上天开飞机、下海坐潜艇来说，俄罗斯总统普京的华尔兹跳得不算很溜，或许比不上007。但是普京的华尔兹，一定会是欧洲最有名的华尔兹。

8月18日，53岁的奥地利女外交部部长卡琳·克奈斯尔在第二大城市格拉茨的加姆利茨举行婚礼。出乎很多人意料，俄罗斯总统普京专程坐专机飞往格拉茨，出席婚礼表示祝贺，并且带去哥萨克歌手献歌助兴。

之所以出人意料，在于此前普京与克奈斯尔并不是老朋友，建立工作关系也仅仅是在今年6月。今年6月5日普京访问奥地利，当时正筹备婚礼的克奈斯尔在接待普京时，当面邀请他出席自己的婚礼。孰料，普京一口答应了克奈斯尔的邀请，这让许多人感到意外。

虽然是临时的邀请和决定，但是分析家都认为，普京应邀并非是偶然，这是俄罗斯与奥地利国家关系的生动写照。

在欧洲，奥地利是一个十分独特的国家。位于欧洲中南部的奥地利，国土形状呈东西向纺锤形，面积8.3万平方公里，划分为9个州。几年前，我曾经用一周时间，从维也纳横穿奥地利，抵达因斯布鲁克。一路上，深深感受到了奥地利的个性和特性。

奥地利是个德语国家，北部邻国是德国和捷克，1938年到1945年七年间，德奥合并，并且是二战同一个战壕的伙伴。在外人眼里，奥地利与德国应该会有天然的亲近感。意外的是，很多奥地利人在谈及德国时，似乎都带着很大的情绪。这跟奥地利的历史有关。

从1278年开始，奥地利一直被哈布斯堡王朝统治，其间多次与普鲁士发生战争，争夺德意志地区的控制权。1867年建立奥匈帝国后，一度成为欧洲中部最强大的存在。1914年，奥匈帝国大公费迪南遇刺的萨拉热窝事件发生，引发了第一次世界大战。一战战败后，奥匈帝国解体，被分割为多个小国，不再那么引人注目。但是，有一个人却始终盯着这个国家。

此人就是希特勒。在很多人印象中,纳粹德国的希特勒,自然是个德国人。实际上,希特勒不折不扣是个奥地利人,1889年出生在德奥边境奥地利一侧的布劳瑙。希特勒上台后,念念不忘隔壁奥地利。1938年,处于顶峰的纳粹德国终于将奥地利并入德国,很多奥地利人为此一直耿耿于怀。1945年苏联红军横扫欧洲,包围并解放了维也纳,国土分别被红军和盟军占领。1955年在奥地利宣布成为永久中立国后,外国军队相继撤离。这些历史原因,使得奥地利在欧洲各国中,相对处于比较超脱的位置。

　　由于美国因素的介入,目前俄罗斯与欧盟和美国的关系正处于低谷。即使在这样一个背景下,新一届奥地利政府在处理与俄关系时,并未紧跟欧盟。克奈斯尔是中东事务专家,会多种语言,奥地利新政府去年12月组成时,她由执政联盟中的自由党提名,以无党派人士身份出任外长。奥地利总理塞巴斯蒂安·库尔茨2月访问俄罗斯并会晤普京,3月西方国家就俄罗斯前特工"中毒"事件跟随英方驱逐俄方外交官,奥地利政府拒绝"跟风",库尔茨和克奈斯尔当时发表联合声明,强调奥方保持中立,充当俄方与西方国家之间的"桥梁架设者"。普京6月出访奥地利前夕,奥地利副总理、自由党主席海因茨－克里斯蒂安·施特拉赫呼吁欧盟取消对俄制裁,实现双方关系正常化。

　　正是这些独特的个性,奥地利令俄罗斯刮目相看。普京参加克奈斯尔的婚礼,算是"意料之外、情理之中"。

　　普京专机当地时间中午在格拉茨机场降落,直奔50公里外的村庄加姆利茨。为等待普京,婚礼开始时间还做了推迟。由于曾经的工作经历,普京用流利的德语向新人表示祝贺,还不忘幽默地说"迟来总比没来好",引得全场会心大笑。

　　在举行婚礼的乡村旅馆室外空地上,新娘邀请普京共舞。一身西装的普京与身穿浅色裙装的克奈斯尔,在华尔兹的乐声中翩翩起舞。虽然没有光滑的地板,舞姿也稍显生涩,但在欧洲诡谲的政治气息中,这是一缕难得的明媚。

　　临别时,普京用红色签字笔在新人乘坐的婚车车身上画下一个"心",写下祝福语句并签名,用德语向新人和宾客道别。

　　普京的华尔兹跳得并不熟练,但是他与克奈斯尔的舞姿,传递给欧洲一个重要的信息:最硬的俄罗斯,有着最人性的柔情。

(2018年8月27日)

轰六K的飞行员

上周，我办公室来了一位飞行员，轰六K的飞行员。

小伙子高大健硕，精神抖擞，黑色的T恤衫下，可以清晰地看到块块爆出的大肌，十分威武。小伙子上海人，高中毕业投笔从戎，航校毕业后，进入中国空军最威猛的部队之一，驾驶轰六K，为祖国巡航在辽阔的海空之间。讲起飞向海空深处为国仗剑的故事，豪迈之情溢于言表。

轰六K是中国空军最著名战机之一，肩负战略战术双重任务，是作战机种当中航程最远、载弹量最大的战机。2015年2月16日，习近平主席视察驻西安部队，登上一架轰六K，坐进驾驶舱，详细了解装备性能，体验操作使用，引起世界瞩目。军事专家尹卓当时就评论，习主席登上新型轰炸机，说明习主席对中国空军的发展非常重视。在现代战争中，制空权的取得是保证制陆权和制海权的先决条件。中国空军正在从一支战术战役力量向战略力量发展，轰六K就是战略空军的支柱之一。

轰六K正式亮相之后，作为中国战略空军的重要组成部分，屡屡在各项重要行动中露面，成为最引人注目的"大个子"。"9·3"阅兵、远海巡航、俯瞰黄岩岛，每逢大事，必有轰六K。

新中国成立后，人民空军的建设一直被放在十分重要的位置上。老一辈领导人带领人民军队从南昌起义、秋收起义一路奋战，虽然经历的大部分是游击战、陆战，但是空中力量的重要性，深深印刻在他们血与火的战争记忆中。解放战争临近尾声，毛主席、党中央立刻着手组建人民空军，在东北冰天雪地的简陋条件下，翻开了人民空军光辉战史的最初篇章。

初出茅庐的人民空军，在抗美援朝战争中为了保家卫国，以初生牛犊不怕虎的奋勇战斗精神，以只有几十小时的飞行经验，冲上三千里江山天空，与拥有最先进装备、几千小时飞行经验、二战战胜国余威的美国"老油子"飞行员对战，最终打出了军威，把侵略者赶过了三八线。

20世纪50年代后期,为了配合东南沿海的战斗,人民空军秘密入闽,对长期骚扰大陆沿海地区的国民党空军迎头痛击,涌现出一大批长空英雄,最终将国民党空中势力赶过海峡,确保了金门炮战等一系列行动胜利展开。此后,人民空军的战机与地面部队紧密配合,多次粉碎了国民党军空中侦察等袭扰行动。在国民党夜航侦察机利用飞机性能优势,黑夜潜入大陆活动时,在当时我方战机还没有配置机载雷达的情况下,人民空军采取两机配合作战,一架飞机投下大量照明弹照亮夜空,再由另一架战机进行攻击,击败了窜犯的敌机。看似有些"土"的办法,充分表明了人民空军的智慧和勇气。

伴随着改革开放的脚步,特别是十八大以来人民军队现代化建设步伐的加快,装备建设的一些短板正在被补上。"腿短"一直是空军战机面临的一大难题,在歼-7、歼-8挑大梁的年代,中国广袤的海洋国土一直没有得到有效控制。中国南海最远端的曾母暗沙,只有轰六能够勉强够得着,但也仅仅只是到了那里就必须返航,其他战机都飞不了那么远。直到歼-11为代表的三代机成为主力机种,人民空军才有了更有效的空中态势控制能力。

至关重要的,就是轰六K的诞生。人民空军攻防兼备,根本的就是要把可能的来犯者,尽可能远地驱离国土,需要具备有效的远程打击力量。轰六原型是苏联20世纪50年代的图-16中程轰炸机,虽然具备2500—3000公里的作战半径,但以目视轰炸为主要作战方式,已经落后于时代。历经多年努力,全新轰六K诞生,改变了这一状况。

轰六K最大的改变是机头原先透明的领航瞄准舱,被深色的巨大雷达罩取代,这表明它具备了更远的雷达"视力",作战方式已从目视投弹变为远程发射导弹,打击更精准、自身更安全。两翼的发动机从涡喷换为涡扇,大约可增加30%航程,具有更远的攻击能力,如果加上远程空地导弹的射程,几乎把打击距离扩大了一倍。飞机的航电系统也更加先进,从公开发表的影像记录看,驾驶舱已实现了先进的全"玻璃化"电子显示。

前不久,有关方面制作了一部中国空军的宣传短片,主角之一自然就是轰六K,威猛壮观。外媒关注的是,它还有一个专门的闽南语版本。哈哈。

十分好看。

(2018年9月3日)

北京秋月夜　万里共和美

9月3日晚上,在中非合作论坛北京峰会晚宴上,各国贵宾观看了文艺演出。当鼓乐《鼓角相闻》响起来的时候,中国鼓乐、非洲布隆迪大鼓和尼日利亚鼓乐相谐相融,奏出了富有节奏的乐章,许多贵宾情不自禁地击节赞叹。

北京秋月夜,万里共和美。这正是中非命运共同体"携手共命运 同心促发展"的生动写照。

在中国与非洲之间,无数的故事正在丰富着这样的理念。里根·阿多尼斯就是最新的一个故事,他没有想到,自己的生活会因为中国而发生这么巨大的变化。

五年前,里根还是南非亚特兰蒂斯一家汽车修理厂的员工,由于当地就业竞争激烈,里根有时连温饱都难以解决。2013年,中国家电领头羊海信集团在这里设立工业园,把90%的就业岗位留给当地人,28岁的里根加入海信并从零开始学习冰箱知识,很快成了质量检测员,后又升任主管,如今他有四个孩子,过着美满的生活。海信副总裁贾少谦说,他们身上都有着浓浓的"中国情结"。

里根的经历,是中国与非洲大陆人民合作共赢的一个缩影。

在中非合作论坛北京峰会开幕式上,习近平主席发表主旨讲话。习主席说,中非双方基于相似遭遇和共同使命,在过去的岁月里同心同向、守望相助,走出了一条特色鲜明的合作共赢之路。在这条道路上,中国始终秉持真实亲诚理念和正确义利观,同非洲各国团结一心、同舟共济、携手前进。

基于相似遭遇和共同使命,中国与非洲的友谊有着悠久的历史渊源,这也使中非友谊有着特殊牢固的基础。刚果(布)总统萨苏虽然这次到北京才几天,但是他对北京的了解,几乎比一半的中国人都早。54年前在非洲大陆风起云涌的日子里,刚果(布)与新中国建交。那时,萨苏是刚果(布)的一位年轻军官,他随第一个访华代表团来到了北京,目睹了新中国朝气蓬勃的新气象,并留下了深刻印象。萨苏在此次访华前高度肯定了中国的"一带一路"倡议,他说,"一带一路"将帮助非洲大陆实现整合,符合非洲一体化的发展愿景。

中国与非洲之间有着深厚的友谊,同样有着广泛的共同利益。习主席在峰会主旨讲话中表示,为打造新时代更加紧密的中非命运共同体,将在推进中非"十大合作计划"基础上,同非洲国家密切配合,未来三年和今后一段时间重点实施"八大行动"。

"八大行动"的第一项就是产业促进行动。为此,中国将在华设立中国—非洲经贸博览会等。同时,还将实施贸易便利行动,扩大进口非洲商品特别是非资源类产品,支持非洲国家参加中国国际进口博览会,免除非洲最不发达国家参展费用等。为推动"八大行动"顺利实施,中方还决定以政府援助、金融机构和企业投融资等方式,向非洲提供600亿美元支持。

也许很多人不清楚,虽然中国是世界第二大经济体,但是中国从2009年起,已连续九年成为非洲最大的贸易伙伴,去年中非贸易额已达1700亿美元,这充分说明,中国不仅在政治上是非洲最可信赖的朋友,在经济上中国也是非洲最可倚重的朋友。其中,去年中国从非洲进口753亿美元,同比增长33%。大量的非洲特产销往中国,其中非洲水果增长了近80%。深厚的友谊与共同的利益,让非洲与中国的合作,领域愈加宽广,基础愈加深厚。

2018年初,相隔数千公里的非洲蒙内铁路员工,登上了中国最热闹的春晚舞台,他们是1600多位蒙内铁路当地员工的代表。他们用中国式铁路服务规范,为当地人民送去了前所未有的便捷。肯尼亚总统肯雅塔说:"蒙内铁路将书写未来100年肯尼亚的历史。"

在上海与非洲之间,有一条特别的航线。2014年,带有埃塞俄比亚航空公司标志的波音787新型客机飞抵上海,开通了亚的斯亚贝巴与上海之间的空中航线,这让人有些意外。因为即使在全球第二大航空市场的中国,波音787当时也只有少数几家公司才有,还算是很新的机种。不过,如果知道埃航的历史,大家就容易理解了。埃航是非洲第一家、世界第四家开通中国航线的外国航空公司,至今已有45年的历史。

"根之茂者其实遂,膏之沃者其光晔。"13亿多中国人民与12亿多非洲人民同呼吸、共命运,如"红日初生,其道大光"。

(2018年9月10日)

从"西方-81"到"东方-18"

1941年1月,对于苏联名将朱可夫来说,正走在人生最关键的几步路上。

此时,欧洲已烽烟四起。波兰已经亡国,法国被希特勒占领,英国正面临"至暗时刻"。战火虽然还没有落到苏联头上,但是火药味已越来越浓。面对越来越近的硝烟,苏联举行了一次大规模的首长司令部演习,测试"苏联西部遭到德国大规模进攻"情况。

进攻方蓝军司令由基辅特别军区司令员朱可夫担任,红方司令是白俄罗斯军区司令员巴甫洛夫。演习结果令人大吃一惊:"红方"被"蓝军"打得溃不成军,朱可夫大获好评。半年后苏德战争爆发,开战之初几乎就是这场演习的翻版。演习的胜者朱可夫后来成了苏联最著名的军人,巴甫洛夫则因战败受到军法制裁。那场演习,让世界认识了苏军演习之逼真。

时隔近八十年,新的一场俄军演习将启幕。继承了苏联的传统,俄罗斯军队9月11日至15日在西伯利亚广阔原野上,举行"东方-2018"战略演习。这是俄罗斯第一次举行战略演习,也是苏俄历史上规模第二大的演习,成为世界瞩目的焦点。

俄罗斯国防部长绍伊古说,这次战略演习将在俄罗斯西伯利亚和远东地区举行。参加演习的俄军人数超过30万,参演坦克、装甲车等3.6万辆,各种战机1000余架。参演部队来自俄罗斯中部军区、东部军区、空天军,以及太平洋舰队、北方舰队和空降兵部队。

观察家注意到,跟这次俄罗斯有史以来规模最大演习媲美的,只有37年前苏联的"西方-81"战略演习,那场演习被视为人类有史以来最大军事演习,总共出动了50万名军人。那时,里根刚刚出任美国总统,正开启与苏联"最后的冷战较量"。

在俄罗斯军队规模与苏联时代无法相比的今天,30万人的"东方-18"军演,意义比当年更为深远。绍伊古特意说:请各位想象一下,数万名军人同时行动,大批载有军人的坦克、装甲车同时行进,那是多么壮观的情景。

为了保证这次演习顺利进行,俄军在8月下旬举行了热身演练,动用了26.2万名军人、1077架飞行器、900辆坦克、300艘舰艇和3.1万件武器装备,举行16场专门演习,为即将开始的正式演习预演。

据先前公布情况,演习重要一环,是俄军第11、第83和第31空降突击旅,将在楚戈尔训练场进行实兵演练。俄空降兵司令安德烈·谢尔久科夫上将曾说,空降兵只遂行关键任务。这让军演更添神秘色彩。演习另一大亮点,是苏联时代最拿手的打击手段——饱和攻击,此次是在接近实战条件下演练巡航导弹集群的密集使用。1945年,苏军曾在攻克柏林的一次战斗中,10 800门大炮同时开火。

俄罗斯军事专家认为,对于东西跨度长达几千公里、幅员辽阔的国家来说,类似演习非常必要,有助于提高军队保卫国家的能力。此前的8月24日,美国海军宣布恢复在七年前被解散的第二舰队,此举被认为明显是针对俄罗斯。冷战期间,部署在北大西洋的第二舰队,对手就是苏联海军。1962年古巴导弹危机时,第二舰队负责阻拦苏联舰艇前往古巴。

在"东方-18"演习中,将出现中国军队的身影。中国国防部8月20日宣布,中国军队将于8月中下旬至9月中旬赴俄罗斯参加俄军"东方-2018"战略演习。9月11日至15日双方将在俄罗斯后贝加尔边疆区楚戈尔训练场共同组织联合战役行动演练。中俄两军战略指挥机构将共同组建导演部,联合战役指挥机构分别由中国人民解放军北部战区、俄罗斯联邦武装力量东部军区派出。这将是解放军首次参加俄军的战略演习。

8月30日,中方参演兵力大部已在俄境内展开部署。铁路投送28个梯队,搭载3000余人,各型武器装备900余台,经满洲里投送至俄后贝加尔斯克、赤塔和斯捷皮站,卸载后摩托化机动至部署地域。固定翼飞机和直升机30架,分别转场至赤塔机场和斯捷皮机场。从媒体披露的照片看,铁路梯队中,出现了彪悍的99式坦克的身影。

很少有人注意到,1941年苏联那次著名的演习,最重要的成果之一其实是一代名将朱可夫被广泛认可。这为他在随后的卫国战争中力挽狂澜、立下赫赫战功,奠定了重要基础。

和平年代,演习是军人最好的磨砺。

(2018年9月17日)

雷曼离开的日子

奥斯维辛没有什么新闻。

华尔街也是。

2018年9月14日，星期五。美国股市周末收市，道琼斯指数收在26154点，接近于历史最高点。那天股市有件事情，当天上市的中概股趣头条，收盘上涨128%，收于15.97美元，这是今年美国IPO规模超500万美元股票最大首日涨幅。当天它最高涨193%，盘中五次因涨幅过大停牌。此股每股收益为亏损0.34美元。

趣头条CFO王静波在接受采访时说，趣头条涨幅是非理性的。与涨幅第一成对比的是，趣头条IPO最终发行价为7美元，为7—9美元询价区间的最低位。《中国证券报》报道中，提到了资本联手炒作这类股票方法，并评价它们为"不值"，称在美上市中概股一年后股价仍在发行价上方的并不多。

当天还是一个纪念日，雷曼公司倒闭10周年。2008年9月14日星期天，在英国巴克莱银行最终放弃对雷曼的收购之后，这家美国第四的投行不得不宣布破产，并在第二天股市开盘后急剧暴跌，引发金融海啸。

雷曼倒下，是在美国金融市场进入最亢奋时候发生的。

从2007年开始，美国的一切都显得是那么"美好"。美国WTI的油价，在夏天达到了每桶147美元顶峰，大家知道，时任美国总统与石油大亨关系很好。美国股市涨到了14 279点当时高位，一年半里涨了50%，尽管一年半后跌到了6440点。著名的房利美和房地美这两大美国标志性"名企"，几乎可以让所有的美国人住上宽敞的住房。

就像那句名言：出来混总是要还的。如日中天的美国，又一次成了国际金融危机源头。2007年6月7日，华尔街第五大投行贝尔斯登宣布，旗下两只对冲基金停止赎回，到2008年3月14日那天，贝尔斯登股价暴跌45.9%。两天后，在财政部和美联储施压下，贝尔斯登以每股2美元的"跳楼价"将自己卖给了摩根大通。2008年9月10日，雷曼对外宣布，第三财季损失39亿美元。9月11日，此前已连续暴跌的雷曼股价再度暴跌42%。9月13日星期六，华尔街大亨在纽约举行碰头会，就雷曼前途进行磋商。"全世界最大的一个牌局"在燥热中开始，在冰冷中结束。

9月14日星期日下午，在没有美国政府担保的情况下，英国巴克莱银行撤回了对雷曼的收购。美国一篇报道的标题是：星期天，一个流血的星期天。

9月15日星期一，雷曼兄弟宣布破产，这是美国历史上最大的破产案。股市开盘就是崩盘。同日，美国第三大投行美林公司被美国银行收购。9月16日，保险业巨头美国国际集团（AIG）股价暴跌，美联储被迫提供850亿美元的紧急贷款。9月18日，美国财经官员提出7000亿美元救市计划，美联储主席伯南克说："如果不这样做，可能星期一就会没有美国经济。"9月21日，美联储批准第一大投行高盛和第二大投行摩根士丹利业务转型，转为银行控股公司即普通商业银行。9月25日晚，美国监管机构接手美国最大储蓄银行华盛顿互惠银行，并将其部分业务出售给摩根大通。至此，美国前五大投行全军覆没。

据说，时任美国总统小布什斥责华尔街"喝醉了"，而且"还在宿醉中。问题在于它多久才能清醒过来，不再用那些千奇百怪的金融工具"。

10年过去了，一家外媒最近在反思这场危机的一篇社论中这样说："按照某些衡量标准，下一场危机看上去已经该降临了。2007—2008金融危机的一个主要原因——债务过多——已经变得更糟。"

与雷曼离开之际相比，金融的创新及大量金融衍生品依然在推向市场。超宽松货币政策刺激了经济但放大了债务，滋生了新的泡沫。美股接近历史高位，苹果加亚马逊市值几乎是三分之一的中国A股，趣头条、拼多多这样的"奇葩"此起彼伏。全球债务约250万亿美元，比雷曼倒闭时高出75%。

当年花旗银行首席执行官查克·普林斯说："明知道泡沫不可持续，但音乐响起来的时候，根本停不下舞步。"

资本主义经过500年演变，已到了垄断金融资本主义阶段。越来越多资本企图通过金融赌博来获取暴利，动力不是为社会带来财富，而是为资本谋取暴利。

曾任《纽约时报》执行主编的罗森塔尔，在1958年写过一篇新闻名作《奥斯维辛没有什么新闻》，写的是二战结束才十来年，那里的罪恶几乎已被人遗忘。

雷曼离开10年，华尔街也没有什么新闻。

（2018年9月24日）

细读《白皮书》

20年前，在外滩中山东一路17号刚刚装饰一新的友邦大厦，我采访了美国国际集团董事长格林伯格。那时，国际集团下属的友邦保险公司，作为中国大陆第一家外资独资保险公司，带给上海全新保险服务模式，自己也得到巨大发展，买下了母公司国际集团诞生地外滩中山东一路17号，并改名为友邦大厦。格林伯格深情地对我说，回到这里就像回到了祖居一样。

也因为在中国市场的成功，国际集团在世界五百强中最高升到第26位。

格林伯格与美国国际集团的故事，生动诠释了中美经贸合作互利共赢的本质属性。也正是因为以互利共赢为基础，使得经贸往来成为中美两国关系的压舱石和推进器。一组数字清晰地说明了这一点，2017年中美双边货物贸易额达5837亿美元，是1979年两国建交时的233倍，是2001年中国加入世界贸易组织时的7倍多。可以说，中美经贸往来是两国关系极为重要的组成部分，两国人民都从中得到巨大利益。

但是2017年初美国新一届政府上台后，以所谓的"美国优先"为借口，特朗普向全世界挑起贸易争端，实行单边主义、保护主义和经济霸权主义。作为第一大进口来源地，中国成为美国挑起贸易摩擦的主要对手方，美国接连无理地对来自中国的商品加征关税。中国从坚定维护国家利益、坚定维护世界多边贸易体制立场出发，对美方无理做法进行了坚决反击。

2018年9月24日中午时分，中国国务院新闻办公室发表《关于中美经贸摩擦的事实与中方立场》白皮书。白皮书36 000多字，以详尽的事实和清晰的逻辑，全面澄清中美经贸关系事实，阐明中国的政策立场。这一天美国东部时间0时1分，北京时间中午12时1分，美国对2000亿美元中国商品加征10%关税措施正式生效。国新办白皮书正是在这个时点上发布的极为重要文告。

《白皮书》包括前言和六个部分，用大量事实，直接批驳美国政府的"贸易保护主义"和"贸易霸凌主义"，阐述了这种做法对世界经济发展的危害，表明了中国的立场。面对美国"史上规模最大"的加征关税行为，中国以正式官方文件的形式，用数据和事例，对美国的错误做法做出回应。

贸易的核心是交换，交换得以进行，是彼此比较优势的存在。本质上讲是一方以自身有比较优势的产出，用货币等作为介质，换取别方有比较优势的产出，以达到彼此利益的更大化。贸易得以存在和发展，是因为彼此都能从中得益，有利于双方并且为双方所共同需要，这也是"自由贸易"的要义所在。中美货物贸易40年间增长233倍，充分说明两国产业结构互补性和比较优势的存在，这是两国经贸关系得以快速发展的根本基础，这是自然产生、必然发展的结果。美国物价较长时间里保持稳定，很大程度上就得益于与中国的贸易往来，这是中美贸易"互利共赢"的真实写照。

《白皮书》对此有充分阐述。中美货物贸易差额是美国经济结构性问题的必然结果，也是由两国比较优势和国际分工格局决定的。美国净国民储蓄率仅为1.8%，不得不通过贸易赤字形式大量利用外国储蓄，这是美国贸易逆差形成并长期存在的根本原因，去年美国与102个国家存在贸易逆差。中美产业比较优势非常明显，中国顺差主要来源于劳动密集型产品和制成品，而在飞机、集成电路、汽车等资本与技术密集型产品和农产品领域都是逆差，货物贸易不平衡是双方发挥各自产业竞争优势后市场自主选择的结果。另外，贸易差额实际上也是美国对华高技术产品出口管制的结果，美国若将对华出口管制放松至对巴西的水平，对华贸易逆差可缩减24%；如果放松至对法国的水平，逆差可缩减35%。

《白皮书》以充分翔实的数据和清晰的逻辑，澄清事实、阐明立场，以推动问题合理解决。中国加入世贸组织后，中国低成本劳动力、土地等资源与国际资本、技术相结合，迅速形成巨大的生产能力，推动了全球产业链、价值链发展，促进了世界经济增长。

特朗普的美国，给世界带来了新的变数和挑战；但新时代的中国，也绝不是可轻易压垮的对象。《白皮书》说，我们相信，美国的成熟政治家最终能够回归理性，客观全面认识中美经贸关系，及时纠正不当行为，使中美经贸摩擦的处理回到正确轨道上来。

（2018年10月8日）

《恐惧》笼罩着美国

在中国国庆长假临近尾声的时候，华盛顿正上演"生死较量"。

特朗普提名的最高法院大法官候选人卡瓦诺，虽然受到严重指控，但在共和党不顾真假的全力护驾下，最终以 2 票之差当选，而民主党则几乎全数反对。有 300 多位抗议者在国会山被警察逮捕。这是美国历史上争议第二大的大法官，也是特朗普治下美国党派、民众极端对立的缩影。

这样的对立，正在成为越来越多人关注的焦点。鲍勃·伍德沃德花了两年时间采访了 100 多人，写了一本新书《恐惧》，披露了特朗普与身边人或明或暗的对立，以及人们对特朗普处事方式感到的"恐惧"，一周内卖出了 110 万本。我的一位同事从美国回来，也给我带了一本。

伍德沃德现任《华盛顿邮报》副主编，人生最出彩的一页就是与同事伯恩斯坦一起，揭露了"水门事件"。在《恐惧》之前他写过 18 本书，其中 12 本是畅销书。《恐惧》出版后，引起了特朗普及其团队的强烈反应，白宫发言人说是抹黑总统，特朗普则说书中很多内容是"虚构"的，但绝大多数看过书的人都认为，《恐惧》描述的场景是"真实"的。

按照书中的描述，特朗普说话经常没有深入、慎重的思考，随便乱说是他的鲜明特征。他将白宫办公厅前主任普利博斯称为"一只小老鼠"，说国家安全前事务助理"像啤酒推销员"，而同僚们私底下称特朗普为"白痴""脱轨的列车""撒谎者"。

在日常事务处理中，这样的缺少思考，常常变成了言行不一、颠三倒四甚至是肆意妄为。对于一个掌控着强大战争机器的领导人来说，那就是经常给世界带来巨大风险。

特朗普曾经打电话给国防部长马蒂斯，说要刺杀叙利亚总统。正当马蒂斯准备去落实的时候，特朗普又跟身边助手说，我们不会采取这样的行动。特朗普准备在自媒体账号发布信息，大意是要从韩国撤出所有美军家属。据说特朗普原意是因为在韩驻军每年要花35亿美元，一气之下想把军队撤回家。他有所不知的是，如果真的撤出驻军家属，这相当于是明显的开战信号，极易造成双方军队误判。

贵为一国最高领导人，满口胡言也让许多人对这个职位的尊严产生极大疑虑。前不久美参议员麦凯恩离世，仪式上身体尚健的前总统都来了，包括当年的竞争对手，唯独缺了特朗普。据说是麦凯恩有言在先，不得让现总统来。美国政坛潜规则里，虽然表面上可以闹得不亦乐乎，但大家都心知肚明，再怎么闹，不过是不同利益集团之间利益分配多少的问题，是个"屁股指挥脑袋"的事情，私底下不必伤了个人情谊，犯不着为了别人好处影响彼此感情。所以经常是台上剑拔弩张，台下把酒言欢。但老麦与老特之间却大不一样，正如老特凡事喜欢剑走偏锋、满口胡言一样，"打遍天下都是对手"，结下梁子之后老麦对老特深恶痛绝。

《恐惧》里面描写了一个经典时刻，算是一个最好注解。有一次特朗普与国防部长马蒂斯共进晚餐，话语间说到了麦凯恩，讲起他曾在越战中被俘事情。特朗普很认真地说，麦凯恩是因为他父亲老麦凯恩时任太平洋司令部司令，而被提早释放了。虽然晚餐气氛还算融洽，但听到这里，马蒂斯忍不住打断了对方讲话，尽量礼貌地说："不，总统先生，你搞反了。"因为，这是麦凯恩一生的政治资本：参加越战，被俘后又不愿利用关系提前释放。他竞选参议员、竞选总统，打的都是这个旗号，美国也尽人皆知。且不说究竟是否这样，至少在没有任何证据人情况下，总不能对人下一个颠覆性的结论吧？但是这就是特朗普。

在《恐惧》里面，特朗普与白宫首席律师多德的关系十分好看。因为负责"通俄门"调查的特别检察官要求与特朗普谈话，白宫律师们担心特朗普会习惯性撒谎，那会构成伪证罪，于是在今年1月，多德为特朗普安排了一次模拟谈话练习。为此特朗普大发雷霆，一会儿决定不再作证，一会儿又觉得不作证对自己更不利。最后是多德辞职了。

在《恐惧》的第357页，也是全书正文的最后，伍德沃德写道："多德内心非常清楚，自己最想对总统说的是这句话：'你是个该死的撒谎者。'"

（2018年10月15日）

对谈华莱士

"分裂"的美国有一个特别的现象,那就是美国的媒体越来越具有鲜明的政治立场:事实并不重要,关键是帮谁说话。这方面集大成者,就是 CNN 和福克斯电视台。CNN 因为强烈的质疑色彩而被特朗普骂作"撒谎者",福克斯则对特朗普亲昵有加,被视作特朗普的传声筒。

10 月 14 日星期天,福克斯电视台在黄金时段,播出了中国驻美大使崔天凯接受《周日新闻》节目主持人华莱士的采访。崔大使在节目中,清晰地说明了是谁发起了"贸易战"、美国对中国的许多言论是毫无根据的、中国发展的根本动因是人民的奋斗、美国军舰所谓"航行自由"的伪善性等一系列重要问题。在中美关系敏感时期接受福克斯专访,有人评价为"独闯龙潭"。

作为记者的华莱士,对于许多中国人来说并不陌生。

1986 年 9 月 2 日,时任美国哥伦比亚广播公司主持人、记者的迈克·华莱士,采访了中国领导人邓小平。这是邓小平第一次也是唯一接受西方电视媒体人专访,他对华莱士提出的 20 多个问题一一做了解答,许多看法和预测都已成为现实。2004 年,在纪念邓小平 100 周年诞辰时,华莱士说,历史证明了邓小平的回答。2000 年 8 月 15 日下午,迈克·华莱士又在北戴河专访了江泽民主席,被认为是"中国对外宣传的一大突破",是中国外宣的"成功案例",江主席也对华莱士留下了不错印象。

采访崔大使的是克里斯托弗·华莱士——迈克·华莱士的小儿子,子承父业也成了一名主持人,今年 71 岁。从电视镜头里可以看出,小华莱士颇有乃父气质,只是少了一些神韵。

华莱士第一个问题就提及彭斯上周的涉华言论。崔大使回答简洁明了:我必须指出所有这些指控都是毫无根据的。不干涉内政是中国外交的一条基本原则。中方立场是一贯的,我们在恪守这一原则方面保持了非常好的纪录。针对所谓的"贸易战",崔大使指出,明确是谁发起了"贸易战"很重要。我们不愿打"贸易战"。但如果有人坚持对中国发起"贸易战",我们就不得不予以反击,捍卫自己的利益。

华莱士提到了美国官员所谓的一些知识产权问题,崔大使义正词严地指出,这些有关中国是如何发展起来的指控毫无事实依据,对中国人民不公平。中国有近14亿人,难以想象这世界五分之一的人口在谋求发展和繁荣时,主要依靠的不是他们自己的奋斗,而是从别人那里偷窃,或者强制别人转移技术。这是不可能的。中国人民勤劳、努力,不亚于世界上任何人。

最有趣的是华莱士问了崔天凯一个特别的问题:你清楚特朗普总统在贸易问题上听谁的意见吗?是白宫首席经济顾问库德洛、财长姆努钦这样的温和派,还是白宫国家贸易委员会主任纳瓦罗这样的强硬派?

崔大使难得地露出了一丝笑容:这得你告诉我。

崔大使说,坦率说,我同其他国家驻美大使也交流过,他们也有同样的问题。他们也不知道最终决策者是谁。当然,总统应该是最终拿主意的。但在决策中,谁发挥了作用、发挥了什么样的作用?这个问题有时候很令人困惑。

这段回答意味深长,相信不少人看到这里时,会发出会心的微笑。

华莱士问大使是否认为美军舰到南海以及对台军售是对中方的挑衅时,大使的回答揭破了问题的实质:首先,要清楚事件发生在哪里。事情发生在中国南海,就是说,在中国的家门口。不是中国的军舰开到加州海岸或墨西哥湾,而是(美方军舰)开到非常靠近中国岛屿和海岸的地方去。至于美对台军售,这完全是美方干涉中国内政的明证。

在新闻界,"华莱士"是有影响力的品牌。克里斯托弗的《周日新闻》,虽然不能跟老爸哥伦比亚公司的《60分钟》相提并论,但也足可进入美国一流栏目之列,他对崔大使的采访很快就成了世界关注的焦点。

迈克更有神韵,或许跟他在采访中常有神来之笔有关。1986年采访邓小平时,有一个细节给大家留下了深刻印象。采访间隙,迈克·华莱士突然提出,能否向邓小平要一支烟。他以前曾在多个节目中抽烟出镜,也算是他的一个特点。小平同志当时微微一笑,递了一支"熊猫"给他,这一举动让"熊猫"名扬世界。后来在回忆录中,他曾经细细描绘过这支"熊猫"香烟。

(2018年10月22日)

跨越伶仃洋

1996年11月，采访第一届珠海航展后，我坐东航的A300-600回上海。

飞机从珠海机场起飞，机翼下，一眼就看到了对岸的香港，近在咫尺间。但是与珠海，却遥遥相隔着一片茫茫大海，一整个伶仃洋。

珠海航展因为是第一次举办，影响远非今日可比，所以十分希望邻近的香港、澳门观众多多参加带来海外影响力。但是在航展上遇到的一些香港观众，却不停地在说不方便。从香港过来，一般的只能坐快船比较方便，一个多小时。问题在于坐船就不能自驾，两边的短途接驳费用增加不少；还有就是一艘船只有百把人的容量，临时也不可能大量增加运力，所以虽然遥遥相对几十公里的路程，路上折腾不少。

如果是自己开车来，那就是大动干戈了。珠江口出海，就是茫茫伶仃洋，这是一个喇叭形的河口湾。喇叭底部起始于虎门，宽度只有4公里。但是到了喇叭口上的地方，两端的香港和珠海的距离，就宽达65公里。走公路从香港到珠海，需要先北上开100多公里到虎门附近，然后再开100多公里南下到珠海。回程也是如此。在伶仃洋半径60公里范围内，有珠三角14个大中城市和7个机场，包括了广州、深圳、珠海及港澳等赫赫有名的地方，要在那里的车流中北上南下穿行3个多小时，确实不是一件很赏心悦目的事情。

飞机飞行在伶仃洋上，从舷窗里看下去，大概很多人都会在想，一桥飞架伶仃洋，该是何等的盛事！

2018年10月23日上午，中国国家主席习近平宣布：港珠澳大桥正式开通！寄托着无数人期盼的世界第一桥，就此启用。

港珠澳大桥被称为"现代世界七大奇迹之一"，是人类桥隧技术的"集大成者"，历经6年筹备、9年建设，全长55公里。大桥总投资达1000亿元，但建成后将形成三地30分钟生活圈，将加速珠三角广深珠港澳为代表的同城化、一体化时代的到来，真正形成世界级的粤港澳大湾区经济体，带来几十万亿的经济效益。有人评价说，港珠澳大桥这55公里连接的不仅仅是粤港澳三地，未来因它而形成的5.6万平方公里的区域，将是继东京湾区、纽约湾区、旧金山湾区之后，世界经济版图上又一个闪耀的经济增长极。

有比较确切记载的建桥动议，应该从1983年香港企业家胡应湘先生算起，他也看到了相隔伶仃洋，香港与对岸珠海、澳门联系的不便，提出兴建连接香港与珠海的跨海大桥。1987年珠海市委、市政府开始酝酿开辟珠港跨海通道，后来准备兴建的是伶仃洋大桥，1997年12月伶仃洋大桥获国务院批准立项。伶仃洋大桥东起香港屯门，西部连接珠海金鼎镇，大桥全长27公里，桥面双向6车道。不过这一方案颇有需要讨论之处，没有完全达成对大桥建设目标的共识。2002年，香港特别行政区政府向中央政府提出了修建港珠澳大桥建议。

从更广阔的层面上看，港珠澳大桥的综合功能优于伶仃洋大桥。

首先站在香港角度上来看，伶仃洋大桥起始点在香港屯门，其布局决定了大桥对整个香港的辐射作用相对微弱。港珠澳大桥起始点大屿山是香港国际机场及物流枢纽所在地，在大屿山的西侧，香港特别行政区政府规划建设一个深水集装箱港，港珠澳大桥能起到的辐射作用更强。对珠海而言，港珠澳大桥能够比较好地与澳门地区的路网、珠海地区的路网以及国家级的京港澳高速公路连接，而伶仃洋大桥只能连接广州到珠海的高速路，从珠海的远期规划看，发展空间不大。对澳门而言，港珠澳大桥西侧的登陆点离澳门比较近，兼顾了澳门和珠海发展的需求，更有利于澳门。

世界第一的港珠澳大桥，建设意义非凡，建造难度极大。大桥设计使用寿命120年，能抗16级台风和8级地震，能允许30万吨级轮船通航，这都是桥梁建设的最高标准了。钢桥段的钢梁和钢塔就用了42万吨优质钢材，可造60座埃菲尔铁塔。沉管隧道是世界最长的海底公路沉管隧道，长达6.7公里，由33个钢筋混凝土结构的管节和一个最终接头对接而成，一个管节的体量就相当于一艘中型航空母舰。

在大桥开通的当天上午，《新民晚报》做了一个很出挑的新闻标题：长龙今日踏波来，伶仃洋上喜开颜。

此时此刻，这是无数人的共同心愿。

（2018年10月29日）

长空雁叫霜晨月

历史的紧要关头常常只有几步。中国现代历史的紧要关头之一，就在黔北的遵义。1935年1月，中央红军以疲惫之师，长征进入遵义城，由此打开了中国革命和建设的金光大道。

红军是在1934年10月16日夜幕降临后，跨过江西瑞金于都河，开始战略转移的，两天后的18日下午，毛泽东跨出他在瑞金的居住地"何屋"，一同走上了漫漫征途。这次战略转移的目标，在李德等人的指挥下一直游移不定，直到湘江一战折损了大部红军主力，红军上下开始认真思考未来的前进路径。虽然出发至今只有两个多月，但这支红色军队来到遵义城下时，已是伤痕累累、筋疲力尽。

遵义位于川黔通道要冲，是进出川黔必经之地，当时有5万多人口，也算是商贸集散繁华要地。这座黔北重镇以热情迎接情绪有些低落的大军，这给了红军以极大的鼓舞。后来许多回忆文章里都写到，遵义是长征进入的最大城市，也是得到最好休整的地方，让勇猛之师重新焕发了精神。最关键最重要的转折，是在遵义将中国革命扭转到了正确的方向。

从1921年中国共产党建党开始，中国革命的方向经常在各种干扰中波折。毛泽东在江西创建起中华苏维埃共和国红色政权，形成了大好革命局面，也因为外界干扰和内部的错误，几乎毁于一旦，被迫进行长征。遵义的转折性意义在于，1935年1月15日至17日举行的遵义会议，确立了毛泽东中国革命的舵手地位，从此即使再有惊涛骇浪，革命的航船始终在向着胜利奋进。遵义会议之前，革命屡屡失败；遵义会议之后，革命无往不胜。党中央评价为"这在党的历史上是一个生死攸关的转折点"。

也因此，遵义会议一个月后，毛泽东指挥红军二渡赤水回师黔北，攻占娄山关后，信步迈上险峻关口极目苍山，写下了《忆秦娥·娄山关》："西风烈，长空雁叫霜晨月。霜晨月，马蹄声碎，喇叭声咽。雄关漫道真如铁，而今迈步从头越。从头越,苍山如海,残阳如血。"

从头越,创新业,这样一种红色精神,也一直是今天的遵义人民奋发有为的强大动力。22 年前,红军长征胜利 60 周年之际,我曾经来过遵义采访。那时,在改革开放的大潮中,遵义的面貌已经发生了翻天覆地的变化,一个遵义相当于 60 年前的 30 个遵义。遵义地区以全省 17.6% 的土地,生产了全省 1/4 的粮食、40% 的油菜籽、40% 的茶叶、1/3 的肉类,拥有全国最大的钢丝绳厂贵州钢绳厂、全国第一的海绵钛厂遵义钛厂等。

不过,发展不充分也是显而易见的。最大的不便之一,就是"地无三尺平"带来的交通不便。当时从省会贵阳去往第二大城市遵义,乘坐的是铁路 564 次慢车,早上七点多从贵阳出发,到遵义已接近下午一点了。一路上穿山洞、过铁桥,绕着大山转圈圈,给我们留下了直观的黔道难的印象。

二十多年过去,遵义的今天早已是巨变。贵州已经通了高铁,高速公路贯通全省各个主要地区城市,遵义的对外交通四通八达,黔道已是通途。因为红色基因,因为黔北重镇,遵义正在向成为黔川渝接合部中心城市进发,其发展速度、城市影响力越来越成为标杆性的象征。尤其令人瞩目的,是遵义的生态建设。

10 月中旬,时隔二十多年再度来到遵义,无论是在仁怀、播州还是湄潭,处处都是青山碧水、红花绿茶,昔日乡村常见的杂乱无序,在精心的规划下井然有序,令人眼前一亮。在黔北的淅沥秋雨中,我们来到湄潭县。茶山上建起了观光亭,既发展了茶业,又做起了旅游。村子里开出了农家乐,既带动了发展,又辟出了田园生活。路旁小店建起了古陶艺实验点,作为非遗传承。村头竖起了书画室,介绍和推广当地特有的剪纸艺术。

因为地处川黔要道,遵义建城 840 多年来,一向是以商贸要地的特色著名。这个特点,使得 1935 年在中国革命最困难的时候,遵义为革命提供了展望未来、拨正航向的契机。也是因为这样的特点,在改革开放的大潮中,遵义可以用更开阔的眼界,去开拓发展的愿景。

站在娄山关关口,背后是毛泽东手书的《忆秦娥·娄山关》大幅石刻,遥想主席当年豪情。

长空雁叫霜晨月。苍山如海,雄关漫道。

(2018 年 11 月 5 日)

中国是个好榜样

虽然首届进博会长长的嘉宾名单中，并没有特朗普的名字，但是美国《华盛顿邮报》还是在互联网上@了自己的总统，并将一段中文翻译成英文给他看。

《邮报》翻译的是中国国家主席习近平5日上午的一段讲话。当天开幕的首届中国国际进口博览会上，习近平主席发表主旨演讲，阐述了把握中国发展机遇、深化经贸合作、实现共同繁荣的愿景，强调共建创新包容的开放型世界经济。习主席说："在经济全球化深入发展的今天，弱肉强食、赢者通吃是一条越走越窄的死胡同，包容普惠、互利共赢才是越走越宽的人间正道。"《邮报》把这句话翻译成英语并@美国总统特朗普，称这是对其保护主义含蓄的抨击，是中国"态度坚定、自信"的表现。《邮报》虽然"皮"了一点点，但是对习惯在推特上指手画脚的特朗普来说，也算是"以其人之道，还治其人之身"。

很显然，《邮报》@特朗普，某种意义上是要告诉这个以邻为壑的人，世界上有一个好榜样，那就是中国。

中国是个好榜样。当人类历史上首个以进口为主题的博览会开幕之际，几乎所有的人都意识到了这一点。

彭博社的报道说，中国正在向世界证明，这个巨大的经济体不再仅仅靠"出口便宜商品"维持。报道称，在特朗普孤守"美国优先"的情况下，中国正在体现其"全球化冠军"的地位。

11月4日，第124届广交会闭幕；11月5日，首届中国国际进口博览会在上海开幕。一天之隔，揭示着中国从昔日以出口求发展到今天以进口得共赢，构建人类命运共同体的宏大愿景。在世界发展处于十字路口之际，中国树立了一个合作共赢、互利共赢的好榜样。

在从古至今商品交换的普遍惯例中，让自己的产品更多被交换出去，获取更多交换价值，常常被视作天经地义。但随着生产能级的提升与产品交换的高度繁荣，商品交换所产生的边际效应正在面临挑战。

联合国贸发会议最新报告显示，今年上半年全球外国直接投资比去年同期骤降41%。世界范围内国际贸易数据，也在多年增长后出现了下滑的倾向。以出口为特征的贸易方式，越来越成为增长乏力的"红海"。逆全球化行为屡屡出现，又进一步阻碍了贸易推进发展的动力。以美国为例，特朗普的"美国优先"，不仅使美国今年9月份的商品和服务贸易逆差环比增加1.3%，达到540亿美元，对进口设置的障碍，也让美国自己"腹胀难耐"，芝加哥交易所大豆价格跌到8.5美元每蒲式耳的历史低点。

"红海"之上，世界期盼发展共赢的"蓝海"新航路。

大国的担当，在于高瞻远瞩、洞察未来。新航路的开拓，在于把握规律、认清大势，坚定开放合作信心。

2017年5月14日，习近平主席在"一带一路"国际合作高峰论坛上宣布："中国将从2018年起举办中国国际进口博览会。"

以扩大进口作为关键词，史无前例。这是中国坚定支持贸易自由、主动向世界开放市场的重大举措，也是让人民获取更好商品、为人民美好生活而奋斗的重要行动。

在5日上午的主旨演讲中，习近平主席强调说："放眼未来，开放合作是促进人类社会不断进步的时代要求。"

"一花独放不是春，百花齐放春满园。"改革开放40年来，中国人民自力更生、发愤图强、砥砺前行，依靠自己的辛勤和汗水书写了国家和民族发展的壮丽史诗。同时，中国坚持打开国门搞建设，实现了从封闭半封闭到全方位开放的伟大历史转折。开放已经成为当代中国的鲜明标识。中国不断扩大对外开放，不仅发展了自己，也造福了世界。预计未来15年，中国进口商品和服务将分别超过30万亿美元和10万亿美元。

习主席以上海为例，解读了开放的意义："上海背靠长江水，面向太平洋，长期领中国开放风气之先。上海之所以发展得这么好，同其开放品格、开放优势、开放作为紧密相连。"

以"开放"为特征的中国国际进口博览会，因为"开放"而形成强大的磁场，凝聚着全球的关注。磁场的引力来自进博会与众不同的开放模式，创造出异极相吸的巨大效应，最好地诠释了进博会的主题："新时代，共享未来。"

中国是个好榜样。

（2018年11月12日）

在弗兰德斯战场上

"在弗兰德斯战场，罂粟花随风飘荡 / 一行又一行，绽放在殇者的十字架之间 / 那是我们的疆域。而天空 / 云雀依然在勇敢地歌唱，展翅……"

在弗兰德斯战场上，约翰·麦克雷中校悲凉地望着无际的旷野，抑制不住的痛楚充满了他的心际与视线。

战场上，一丛丛红色的罂粟花，开遍了田野与沟渠间，仿佛是战友们洒下的一片片热血。疲惫不堪的麦克雷，前一天刚刚埋葬了好友亚历克西斯·赫尔墨中尉。那张熟悉的脸庞一直在眼前闪现，怎么也无法忘却，而旷野上掠翅飞过的云雀，仿佛是战友闪现的英灵。他拿起了一张纸片，让奔涌而出的情感倾注在纸上，奋笔写下了十五行诗《在弗兰德斯战场上》。

麦克雷写诗的时候，是1915年的春天，席卷欧洲的世界大战已经打了快一年。麦克雷听从召唤，随加拿大军团一起，横渡重洋来到了弗兰德斯战场。这里位于法国北部和比利时西南部交界处，是两军对峙的重要阵地，战线沿英吉利海峡，一直抵达瑞士边境。在第二次伊普尔战役期间，无数加拿大军人倒在了这片土地上，其中就有麦克雷的好友赫尔墨中尉。在一辆停在伊伊锡尔运河畔包扎站附近的救护车后面，麦克雷在纸上宣泄他的痛苦，眼前是盛开的野生罂粟花："歌声湮没在连天的烽火里 / 此刻，我们已然罹难。倏忽之前 / 我们还一起生活着，感受晨曦，仰望落日 / 我们爱过，一如我们曾被爱过。而今，我们长眠 / 在弗兰德斯战场……"

22岁的军士长西里尔·艾林逊，见证了麦克雷写诗的全过程。写完之后，麦克雷把手里的纸交给这位年轻士官。艾林逊为他所读到的东西而深深打动："这首诗很好地描绘了我们面前的景色。"

"继续战斗吧 / 请你从我们低垂的手中接过火炬 / 让它的光辉，照亮血色的疆场 / 若你背弃了与逝者的盟约 / 我们将永不瞑目。纵使罂粟花依旧绽放 / 在弗兰德斯战场……"

这首战场诗作发表后，引起了极大的轰动，红色的野罂粟花，成为战场上英灵的象征。2018年11月11日11时，当欧洲纪念一战结束100周年之际，胸前鲜艳的野罂粟花，成为最引人注目的标志。

无数个弗兰德斯战场，构成了后来被称作第一次世界大战的惨烈对战。第一次世界大战是人类历史上第一次发生如此规模的战争，并且第一次造成了如此惨重的损失。相比于凡尔登、索姆河这些名字，弗兰德斯还只是一个局部。欧洲的主要国家以及它们当时还拥有的殖民地国家等，一同把最大的国力投入到了这个前后跨越了五个年头的战争中去，大约有6500万人参战，1000多万人丧生，2000万人受伤。战争造成了严重的经济损失。直到1918年11月11日11时，筋疲力尽的双方在法国贡比涅森林的列车车厢里，签订了停战协议，德国是战败方。那节车厢后来又变成了主角，第二次世界大战希特勒占领法国后，又让法国同样在那节车厢，签订了投降协议。

回望100年前，第一次世界大战实质上改变了人类历史的进程。战前的欧洲是世界的中心，其他地方都围绕着欧洲在运行："日不落帝国"、纸醉金迷的巴黎、蒸汽机、工业革命。在伦敦市中心政府区，有个英国政府最大的部门，叫作殖民地事务管理部，对比正在准备"硬脱欧"的特雷莎·梅，恍如隔世。

一战让强大的欧洲碎裂。一代年轻人像红罂粟花一样，散落、湮没在旷野里，欧洲的政治结构、社会结构发生了颠覆性的变化。并且因为极为苛刻的战争赔款，让战败国德国承受着上万倍的通货膨胀和产业凋敝带来的大量失业，直接导致了第二次更加惨烈的世界大战的爆发。

一战也改变了世界格局。德意志帝国、奥匈帝国、奥斯曼帝国相继瓦解，美国第一次尝到了乘人之危的甜头，赢家大英帝国、法兰西第三共和国、俄罗斯帝国也是气喘吁吁。最根本的是，十月革命的炮声开辟了人类历史新的前程。

一战也是科学技术、工业技术得到极速发展的契机。飞机让人类进入了新的空间，坦克带来了驱动技术的极大发展，而百年来人类使用的许多化学产品，都可以在一战中找到影子。

2018年11月11日，巴黎和伦敦都举行了大规模的纪念活动。欧洲领导人在讲话中表达了彼此合作的重要性，听众当中坐着"美国优先"的特朗普。

"在弗兰德斯战场，罂粟花随风飘荡。"

（2018年11月19日）

天上的星星有北斗

1957年，就在苏联刚刚发射了第一颗人造地球卫星不久，美国人最早嗅到了人造卫星在全球定位方面的可能。

第二年，正在图谋在世界上到处插手的美国军方，开始着手研制一种子午仪全球定位系统。这个系统用五到六颗卫星组成星网，以互相之间位置数据尝试进行定位，有点像六分仪寻找星星的人造版，于1964年投入使用，开始了最初的卫星定位尝试。系统比较粗糙，定位精度不尽如人意，并且无法给出高度信息。不过重要的是，子午仪系统验证了由卫星进行定位的可行性，为未来的广泛运用奠定了基础。

60年后，GPS、格洛纳斯、伽利略以及北斗，成了人类导航的翘楚。

2018年11月19日2时7分，中国在西昌卫星发射中心用长征三号乙运载火箭（及远征一号上面级），以"一箭双星"方式成功发射第四十二、四十三颗北斗导航卫星，这两颗卫星属于中圆地球轨道卫星，是我国北斗三号系统第十八、十九颗组网卫星。卫星经过3个多小时飞行后顺利进入预定轨道，将与此前发射的十七颗北斗三号卫星进行组网联调。

此次成功发射，标志着北斗三号基本系统星座部署圆满完成，北斗迈出了从区域导航走向全球导航的"关键一步"。基本系统将于年底前开通运行，向"一带一路"国家和地区提供基本导航服务。

这是长三乙的一小步，却是北斗三号的一大步。

北斗三号工程2009年正式启动实施，2016年完成了试验系统建设，随后按照最简系统、基本系统、全球系统三步实施组网。2017年11月5日，在西昌卫星发射中心执行了首次组网卫星发射任务。2018年3月底，建成了由8颗北斗导航卫星组成的最简系统；2018年底，由19颗北斗导航卫星组成的基本系统将开通运行；2020年底前，建成35颗卫星组成的北斗导航卫星全球系统，具备服务全球能力。

仅仅一年时间，长征三号甲乙火箭先后圆满完成 11 次北斗导航卫星发射任务，成功将 19 颗北斗三号导航卫星和 1 颗北斗二号导航卫星送入预定轨道。特别是 2018 年 7 月以来，连续执行 7 次任务、发射 12 颗北斗导航卫星，组网发射最短间隔仅 17 天，创造了北斗组网发射历史上高密度、高成功率的新纪录。这预示着中国的卫星发射技术和北斗卫星的生产能力，已进入标准化、系列化成熟生产境界。

卫星导航技术既是国力象征，也是国运之系，已经深入军民用各个方面，起着至关重要的作用。

最先露脸的 GPS，在提供各种方便服务之际，曾有人提出过可靠性的问题，但初出茅庐的 GPS，一度信誓旦旦表示过永远不会关闭系统。但是美国人的话真的很难当真，美式出尔反尔是世界闻名的，短短 20 多年时间，美国在关键时刻关闭 GPS 就达到了十多次，留下了巨大污点，也警醒世人必须有可靠的全球定位系统，服务于世界各国。中国的北斗应运而生。目前，中国的北斗系统是全球 GPS 之外，覆盖率最高的导航系统，在多个地区拥有非常大的影响力。

一个导航系统先进与否，最重要的参数就是导航精度，目前几大系统在民用领域导航精度基本一致，都处于米级。但中国的北斗有两大"独门绝技"。

一个是最复杂的星座系统。卫星在空中飞行，总会因为各种情况而产生误差，一般会在全球各地建一些地面站，纠偏。北斗则是全球唯一、独创，设计了复杂而精密的星际链路实行星际纠偏，使用了三种轨道 35 颗卫星（GPS 为 32 颗），包括地球静止轨道（36 000 公里）、地球倾斜同步轨道（36 000 公里）和中圆轨道（20 000+ 公里），卫星越多、链路越复杂精密，定位精度就越高。GPS、格洛纳斯、伽利略都是仅使用中圆轨道。

第二是短报文系统。其他定位系统只接收信号，不与通信卫星进行任何交流。而北斗接收机可以和卫星进行交流，发布 140 个字的短报文式"短信"，既能够定位，又能显示发布者的位置。更重要的是，短报文功能实现双向通信，指挥端机可进行一点对多点的广播传输，为各种平台应用提供了极大便利。

北斗七星在中国古代文化中，既能指明方向，又能预示四季，成为中国文明的一大瑰宝。在 21 世纪的第二个 10 年，中国的人造"北斗"，将成为人们最明亮的指路"明灯"。

对于许许多多的人来说，最可欣慰的事情之一，大概就是"天上的星星有北斗"。

（2018 年 11 月 26 日）

用好油价下跌机遇期

11月23日星期五,西方感恩节后的第二天,是买打折商品的"黑色星期五"。世界原油市场仿佛也受到了感染,原油价格下跌超过7%,美国收盘时WTI价格为50.42美元,相比于一个月前76.9美元的价格,下跌足足超过了30%。

被舆论称为"最重要石油交易员"的美国总统特朗普,对此十分兴奋。11月21日在自己的推特上,他称油价走低"太棒了","这仿佛是给美国与全世界大减税"。他又写道:"感谢沙特阿拉伯,让我们把油价降得更低!"对此他十分有信心,因为卡舒吉事件的影响,沙特尽力在原油增产、降低油价上配合美国。

事实上,美沙在卡舒吉事件上有过博弈。事情曝光后迫于国际压力,美国起初持模棱两可态度,后来沙特方面发起了强大的舆论反击。官方背景的主要媒体主编公开撰文,称如果有关国家将此事件牵扯到沙特王室,那沙特的反击措施将是推高国际油价到每桶100美元甚至200美元。这并非空穴来风,就在10月份,布伦特原油价格超过了86美元/桶,创下了四年来新高,美国WTI价格也超过了76美元。

特朗普期望降低油价的初衷,跟他"美国优先"的一贯想法有关。面对国内外的批评声音,他一直希望通过降低美国民众的能源成本,来得到更多支持。同时,虽然美国已经在短短十来年间从最大的原油进口国,转变为最大的油气生产国,但是作为曾经的房地产商人,特朗普对华尔街素无好感,与石油大亨们也无深交,因此以利益为衡量标准的特朗普,就把打压石油价格作为自己的政策目标之一。

另一方面,美国在世界石油市场的角色也发生了变化。今年10月份的数据表明,当月美国原油和液化天然气产出合计达到1590万桶/日,这不仅创出历史新高,也比去年同期高出200万桶/日。与此同时,沙特11月原油日产量接近1100万桶,刷新其10月份刚刚创下的日均1065万桶的历史新高。俄罗斯原油日产量也已连续数月保持在1100万桶之上。

有一个特朗普不太愿意提及的因素是，特朗普认为的很多对手国，都是能源生产大国，压低油价可以对这些国家增加压力。俄罗斯、伊朗、委内瑞拉等，都是一些重要的石油出口国家，典型的如委内瑞拉，原油价格从120美元至今下跌超过一半，国家立刻就陷入了窘境，并造成巨大通胀。

原油大跌除了特朗普比较亢奋之外，世界主要国家都未做出重要表态。但是原油大跌在给出口国造成压力的同时，另一方面也有一个好处，那就是给原油进口国极大地降低了成本。

作为最大的发展中国家，中国经济融入世界中发展，也对世界石油市场有着较高的需求。20世纪七八十年代，中国一度还是石油出口国，为国家赚取可贵的外汇。随着中国经济迅速发展，商品生产能力极大提高，中国对石油的需求也越来越大，目前中国每年需要进口原油在2.5亿吨左右。每桶原油变动1美元，价格变动就是18亿美元。以上个月至今下跌26美元计算，理论上一个月就可以节省400多亿美元。这都是真金白银的钱。

虽然新能源的出现给世界能源格局带来了变量，但在可预见的未来，以内燃机为主要动力带来的对石油的需求，不会有大的改变。从1859年第一次通过技术开采石油开始，最初的应用是照明，随后内燃机的出现和大规模使用，带动了汽车、飞机为主力的各行业快速发展。因为石油，人类完成了第二次工业革命，并从电气化时代进入了信息化时代。没有石油的大规模开采，科技难以有如此大进步，人类难以创造如此多的财富。最初是石油卡特尔主导原油价格，1960年9月石油输出国组织OPEC在巴格达成立，逐步夺回了石油定价权，而当今，OPEC、经济形势和金融资本共同决定着原油价格，牵扯的因素更多、价格变动幅度更大，因而需要各国有更高审时度势、随机应变的能力。从某种意义上说，更需要随时把握变化、随时临场应变、随时把握机遇。

作为每年世界经济增长总量三分之一的贡献者，中国的快速发展决定了在相当长时间内，必然会对石油有着很高的需求，较大数量的原油进口无可避免。在这个大的趋势背景下，在世界最大外汇储备的支持下，把握好、把握住每一次难得的石油下跌机遇，为中国赢得更多利益，至关重要。

（2018年12月3日）

老朋友布什

1989年7月1日下午，上海临近空域突然出现了特殊空情：一架不明国籍的飞机正向上海方向飞来。

这是一架美国军用运输机C-141。飞机进行了精心伪装，机身标志被涂掉了，看不出任何国别特征。接近上海空域时，飞机已连续飞行了20个小时，中途没有在任何机场着陆加油，美军加油机在太平洋上对它进行过空中加油。

C-141来自华盛顿。

按照斯考克罗夫特的回忆，当C-141接近中国领空时，遭遇了惊险一刻。中国雷达发现了这个"不速之客"，立即逐级打电话到最高层，报告发现不明国籍飞机进入上海附近领空，请示要不要把这架飞机打下来。来自最高层的回答是，不要开火，这是一次非常重要的秘密飞行使命。

布伦特·斯考克罗夫特，时任美国总统国家安全事务助理，是C-141上最主要的乘客。他肩负的，正是当时最绝密的一次外交使命。虽然中国外交部部长钱其琛后来说，情况并没有那么惊险。不过知道C-141真实行踪的，在中美两国确实没有几个人。

当年六七月间，正是中美关系陷入低谷之际。对此感到焦虑的人士中，有美国总统乔治·布什。布什曾在1974年10月出任美国驻中国联络处的第二位主任，在中国度过了14个月时间，了解、熟悉中国，与邓小平等中国领导人结下了深厚友谊。

6月21日，在两国关系浓重的乌云中，布什总统秘密致函邓小平，要求派特使秘密访华，与小平同志进行完全坦率的谈话。22日，小平同志复函布什总统，为了避免中美关系继续下滑，同意布什总统建议，在双方绝对保密的情况下，欢迎美国总统特使访华，并愿同他进行真诚坦率的交谈。

美方对特使人选进行了反复研究，最初曾考虑派前总统尼克松或前国务卿基辛格作为特使访华，后来考虑到他们两位知名度太高，树大招风，不利于保密，最后确定由总统国家安全事务助理斯考克罗夫特担任特使,由副国务卿伊格尔伯格作为国务院代表,陪同访问。作为一次绝密外交行动,两人连警卫人员都没有带,只有一位秘书随行。

鉴于当时环境,美方对保密工作做到了极致。商业航班和带有政府标记的飞机当然不会考虑,选中的是四发军用运输机C-141,出发前涂掉了所有官方色彩的标志。从华盛顿直飞北京需要22个小时,油量不够这么长时间飞行,中途又不能在任何机场着陆加油,为此特意选择了带有受油设备的C-141B型飞机,由美军加油机在太平洋上空实施空中加油。军用运输机通常舒适性很差,还特意为这两位执行绝密使命的高官,在巨大的机舱内吊装了一个舒适的临时客舱,确保长途飞行之后能立即进入工作。斯考克罗夫特在北京仅停留了20多个小时,其间与美国的联系只用自己带去的报务员,而没有使用美国大使馆的通信设备。

邓小平会见了斯考克罗夫特,强调了中国的原则立场。斯考克罗夫特说,布什总统是邓小平同志和中国人民的真正朋友,同伟大的中国和中国人民有直接和密切接触的经历,这在多年来历届美国总统中是独一无二的。小平同志说,他在北京骑自行车逛街。

说到这里大家都笑了起来,气氛才松弛下来。

斯考克罗夫特的绝密之行,在关键时刻为中美关系的改善发挥了作用,这与布什总统的推动与主导分不开。7月28日,布什总统再度秘密致函小平同志说:"如果我们能够使我们的友谊重新回到正轨,那么,我们都能为世界的和平和我们两国人民的幸福做更多的事。"

显而易见,作为总统的布什,他更多代表的是美国利益;作为熟悉中国的一位美国人,他也对中国有着特殊情感。这在此后的历史中不断体现着这一点。2008年北京奥运会开幕那天,他与时任美国总统的长子小布什一起,出现在开幕式现场,成为奥运之夜的温情一幕。

老布什总统的人生历程中,留下了许多精彩片段。他上过二战战场,经历过差点被俘的惊险时刻,战后创业办起了石油公司,从政后当过国会议员、驻中国的联络处主任、中央情报局局长,最终由副总统当上了总统。

他是一位政治家,也是绅士。他是难得会在就职演说中说,希望国家形象变得更友善、世界形象变得更温和的人。他的自传《展望未来》,影响了许许多多的人。

老布什被评价为"中国人民的老朋友"。

他堪当此誉。

(2018年12月10日)

石油美元已无合理意义

不知不觉中，特朗普跨出了个人"政绩"的一小步，也带来了美元霸权转折的一大步。

美国能源信息署（EIA）12月6日公布的数据显示，美国原油和成品油进出口数据中，上一周出现了久未出现的情况，那就是美国成了原油及成品油的净出口国，净出口总量为每天21万桶。这是75年来第一次。

作为世界第一大经济体和军事基地遍及全球的国家，美国是世界闻名的"油老虎"，几十年来一直是全世界石油消耗量最大的国家，年消耗石油达10亿吨，约占世界石油年消耗总量的四分之一，比第二位国家足足多用一倍。它的原油来源，大体上一半在国内开采，一半来自进口。事实上，美国已经超过了俄罗斯和沙特阿拉伯，是世界最大的原油生产国。

12月6日之前一周的进出口数据，有偶然的因素，不等于美国从此就是原油净出口国了，但是美国原油生产能力的提高减少了对进口的需求，也是不争的事实。按照目前的计划，到2019年，美国原油产量预计将达每天1200万桶，创下历史最高纪录。也正是由于这样的原因，WTI原油6日当天最多下跌了5.37%，创下了近期低点。

特朗普把油价下跌作为他的"政绩"，但是石油的"出多于进"，会带来一个美国也始料未及的问题，那就是石油美元从根本上说，已无合理意义。

货币霸权是经济霸权的核心，美国人深谙此道。

工业革命给"日不落帝国"带来了将近两个世纪的英镑霸权，相当长时间里一英镑可以兑换五美元，美国人对此是看在眼里，馋在心里。即使到了20世纪初叶美国超过英国成了世界第一经济体，依然未敢对英镑的霸主地位发动挑战。两次世界大战耗尽了英帝国的老本，于是美国赶紧在1944年主持召开布雷顿森林会议。这个会议与其说是确定战后货币体系，不如说主题就是如何将货币霸权从英镑转到美元。1971年布雷顿森林体系解体后，美国仗着政治军事强势，特别是最大原油进口国地位，强硬确立了美元为石油交易基准的石油美元体系。从货币学的意义上讲，将最主要石油进口国货币确定为石油交换基准，有一定的必然性。

随着世界各国经济的蓬勃发展，以美元作为唯一硬通货的交易方式，越来越不能适应需要。

首先是交易成本巨大。各国需要用本国货币或产品去换取美元，然后再用美元去换取进口商品。交换规模越大、持续时间越长，沉没成本越大，也越不合理。

其次是政治风险很大。以美元为基准的结算体系，只能掌握在美国手中，而美国向来以蛮不讲理著称，其他国家的货币结算很可能因此发生难以预见的巨大风险。比如美国以莫须有的理由对伊朗等制裁，各国与这些国家的经济往来就很容易被卡断，这已不是推测而是现实。另一方面是美国与别国互怼越来越多，美元的使用限制也越来越多，有些国家根本就不容许以美元进行结算。这些因素迫切需要美元之外的多元结算体系。

再次是减值风险很大。由于多年来不负责任的货币政策，滥发美元成了美国处理国内经济问题的必要选项。美国国债数额目前超过了 20 万亿美元，每年利息就要付 6000 多亿美元，超过了美国一年 GDP 增长数量，还不上钱是大概率的事件。美元含金量从 35 美元一盎司黄金到今天 1250 美元一盎司黄金，正在逐渐消磨硬通货的特征。

成为原油和成品油净出口国，本质上讲是用本国产品去换别国货币，从根本上动摇了石油美元的基石，因为理论上需要交换的是别国的货币。12 月 6 日的数据虽然还是瞬间的偶然，但"小荷已露尖尖角"。

美国石油增产有个背景，就是页岩油革命。但是"成也萧何败也萧何"，页岩油生产成本远高于普通石油，需要投入大量资金进行开采，大部分企业要到每桶 50 美元油价才能盈亏平衡。到 2023 年，美国将有 2400 亿美元与能源生产有关的债务到期，其中至少 90% 与页岩油有关，大约需要 90 亿桶页岩油的产能才能还清债务，相当于目前 10 年的产能。许多企业不得不加大生产以应对还债压力，越大的产能会导致越低迷油价，而美国出口的增加，更愈发动摇石油美元的基础。

从根本上讲，石油美元已逐渐失去了合理意义。由美元一家独大，改变为三种或多种货币共同支持的世界货币结算体系，或许已在未经张扬中，迈出了关键的一步。

（2018 年 12 月 17 日）

生逢改革开放

大时代开启的那一幕，并不都是从砰然作响开始的。

1978年12月开始的时候，并没有多少人能感受到，一场伟大的变革已经到了启幕倒计时。

此刻的中国，希望的春芽露出了稚嫩的尖尖，但天气依然寒冷。激情在中国大地的各个地方萌发。

对于上海继光中学正读高一的一些学生来说，同样如此。那年秋天，他们作为那时第一批考重点中学的学生，开始了考试入学的人生。用的教材也与众不同，数理化教材都有一个括号"（理科班专用）"。一个年级有10多个班级，这是因为他们逢上秋季招生与春季招生的转换，差不多一个半年级的学生都归在一个年级里。

得益于变革、期盼着新的变革，渴望知识、渴望了解世界，是他们的共同特征。许多变化正在到来，而这正是他们课余讨论最热烈的话题。

12月的日历掀开的时候，先是有关中美关系的消息渐渐多了起来，随着时间推移，越来越肯定的消息传了出来，那就是中国与美国即将建立正式外交关系。12月16日早上，正在上课的时候，突然就传来了消息，中美同时发布公告，将于1979年1月1日起建交。顿时，这成了最受人瞩目的话题，大家都在纷纷讨论，中国将与外界建立起多少新的联系，甚至于还想当然地认为，建交将会带来多少变化。连为什么上午发公报也讨论了很久，当然事后才知道，这只是为了契合美国晚间、中国白天彼此的黄金时间。由中美建交，大家还热烈探讨了对外开放可能带来的变化。

变革、开放，在1978年12月，已经成为许多中国人关注的话题，成为许多人的共同期盼。

12月18日，中共十一届三中全会召开。在信息传递远不如今天方便的时候，绝大多数人并没有第一时间得知消息，更没有多少人当时能真正理解那次会议对于中国的意义、对于世界的意义。大时代就这样启幕了。

从那一天开始至今的40年,是中国改革开放波澜壮阔的40年。所有的溢美之词,都不足以涵盖改革开放对于中国的功绩。人类文明史上,从来没有一次改革,对那么多人产生了那么大的积极影响,对世界文明进步产生了那么大的推动作用。

在庆祝改革开放40周年大会上,习近平总书记说:"1978年12月18日,在中华民族历史上,在中国共产党历史上,在中华人民共和国历史上,都必将是载入史册的重要日子。这一天,我们党召开十一届三中全会,实现新中国成立以来党的历史上具有深远意义的伟大转折,开启了改革开放和社会主义现代化的伟大征程。"

总书记说:"改革开放是我们党的一次伟大觉醒,正是这个伟大觉醒孕育了我们党从理论到实践的伟大创造。改革开放是中国人民和中华民族发展史上一次伟大革命,正是这个伟大革命推动了中国特色社会主义事业的伟大飞跃!"

改革开放给中华民族带来了无穷的创造能力。从小岗村的农民按下18枚手印开始,创造与奋斗贯穿40年改革开放的历史,无数的奇迹也由此诞生在中华大地上。泥腿子可以成长为汽车巨头,个体户可以开创智能时代,装卸工可以成为创新能手,弃暗投明者可以成为经济学家。这是一个激情迸发的时刻,这是一程披荆斩棘的岁月,这是一段凯歌奋进的年代。

生逢改革开放,无数的人间奇迹出现在中华大地上。在庆祝改革开放40周年大会上,获得表彰的100位中国改革开放杰出贡献人员和10位中国改革友谊奖章获得者,就是创造奇迹的中华民族与国际友人的代表人物。

习近平总书记在庆祝大会上说:"我们解放思想、实事求是,大胆地试、勇敢地改,干出了一片新天地。""改革开放极大改变了中国的面貌、中华民族的面貌、中国人民的面貌、中国共产党的面貌。"

四十载惊涛拍岸,九万里风鹏正举。江河之所以能冲开绝壁夺隘而出,是因其积聚了千里奔涌、万壑归流的洪荒伟力。中国人民和中华民族在历史进程中积累的强大能量已经充分爆发出来了,为实现中华民族伟大复兴提供了势不可当的磅礴力量。

生逢改革开放,我们用几十年时间走完了发达国家几百年走过的工业化历程。在中国人民手中,不可能成了可能。

40年前,当那些中学生在讨论中国即将出现的变化时,没有人能想象到今天的盛况。

这是因为,我们生逢改革开放。

(2018年12月24日)

欧洲为什么唯恐不"欠揍"

12月21日，联合国大会投票否决了俄罗斯发起的支持"中导条约"的决议草案。这份决议草案呼吁联合国成员支持条约，并将其作为欧洲和国际安全的基石之一。

对俄罗斯决议草案，43个国家赞成，46国反对，78国弃权。大家会猜到，投反对票的一定会有美国，但没想到的是，反对的居然还有欧盟国家，这就有点意料之外了。因为，"中导条约"原本是为了让欧洲免遭中程核导弹威胁的。

欧洲为什么唯恐"欠揍"？

俄罗斯有言在先，如果没有"中导条约"，美国就能放手在欧洲部署核中导，那么俄罗斯必将把核导弹瞄准那些部署美国核武器的欧洲国家。这一刻，最着急的应该是欧洲，因为射程在1000—5500公里的中程导弹，美国可以置身事外，欧洲可是尽入囊中。危局当前，欧洲的表现却似乎唯恐不"欠揍"：你来呀你来打我呀。

欧洲的心情是几分无奈、几分无脑。

欧洲大陆曾经领人类文明之先，也曾经是人类最惨烈战火的屠戮之地。两次世界大战都起源于欧洲，也整整毁掉了欧洲两代年轻人。也因此，在二战后东西方阵营的对垒中，欧洲各国痛定思痛，即便各为其主，也依然涌动着和平与缓和的潜流。苏联与西德（联邦德国）、法国，美国与南斯拉夫、罗马尼亚，都建立了相对不错的双边来往。

在"各为其主、合作为先"氛围中，欧洲努力在核武器环伺之下，尽力为自己争取相对平稳的环境。美苏1972年签署《限制反弹道导弹系统条约》后，欧洲各国向各自"盟主"提出，既然没有了反导、确保了"恐怖和平"，何不将部署在欧洲大陆上的中程导弹一并消除呢？这些中程导弹不影响"恐怖和平"，但这些导弹无论谁发射，真正损害的只是欧洲，始终是欧洲头上的"达摩克利斯之剑"。"盟主"们觉得不无道理，遂于1987年签署了《美苏消除两国中程和中短程导弹条约》，销毁射程介于 500 至 1000 公里的短程导弹以及 1000 至 5500 公里的中程导弹，包括常规与核导弹。双方至今销毁了 2692 枚导弹，让欧洲长舒一口气。

如今，在美国主导下一旦正式退出《中导条约》，那么，维持多年的世界核平衡将被打破。由于美俄核力量发展已无任何限制，世界将不得不进入新的军备竞赛。连亲手解散了苏联的总统戈尔巴乔夫，也因此在《纽约时报》发表文章称，美国退出《中导条约》意味着"宣布了新的军备竞赛"。

作为当事方，俄罗斯要求保留《中导条约》，就是希望避免这一状况。一切有良知的国家，也都希望力争减少世界的军备竞赛。欧洲的荒唐在于，它竟然反对不在欧洲部署针对欧洲的中程核武器。

《中导》与《反导》不同，《反导》是美俄两家的事，兼会波及其他国家；《中导》则主要是欧洲与俄罗斯的事，对其他国家影响不大。在攸关欧洲生死的大是大非问题上，虽有美国霸权，但欧洲也不得不硬一些才是！"中导"的射程，对美国是"纸上谈兵"，美国可以置之度外；打欧洲的各个角落，可都是绰绰有余、弹弹见血。

更加令人警惕的是，以退出《中导条约》为标志，特朗普政府正在加快和加大"退群"的速度和力度，加快破坏以合作为主流的世界格局。"退群"常常被认为是特朗普个性使然，但实质上是美国政府将对外交往从世界主流的合作前行，改变为制造彼此对立，这不能不引起高度关注。作为世界一极的欧洲、曾经饱经战火的欧洲，更应该体现自己正确的取向。

彼此对立的结果，令人难以想象，两次世界大战就是最好的注解。在最近举行的第十五届瓦尔代年会上，针对美国发出的种种挑衅，俄罗斯领导人就表示，任何对俄罗斯的侵略，俄军都会在"短短的几秒钟之内"做出核反击。俄罗斯领导人曾经表示："如果俄罗斯不存在了，那么还需要这个世界做什么？"

即将过去的 2018 年，是第一次世界大战结束 100 年。百年来的历史表明，没有良性的国际合作，就不会有各国的光明未来。在斐迪南大公遇刺的消息传出之际，磨刀霍霍的人很多还充满了欢喜，以为开疆掠土建立功业的机会来了。但大战打响之后，"在佛兰德斯战场，罂粟花随风飘荡"。

历史已经告诫了欧洲两次。欧洲应该"事不过三"。

（2018 年 12 月 31 日）

70 芳华傲世立

"中国人民将要在伟大的解放战争中获得最后胜利,这一点,现在甚至我们的敌人也不怀疑了。"

1948年12月30日,当毛泽东同志在西柏坡的小屋里,写下开首这句话的时候,我想,他一定是看到了喷薄而出的新中国黎明。

这是写给1949年的新年献词。毛泽东在西柏坡住的那排土房,后来被称作是世界上最小的指挥部。但是就是这个最小的指挥部,改变了世界上最多人的命运,并且将在1949年迎来一个崭新的时代。

若干年前,当我第一次读到这句话时,深深被感动了。字里行间,能看到力透纸背的豪情;仿佛还能看到,煤油灯光里领袖底定乾坤的笑容。他以一句反证,强有力地表达了自己的信心。妙笔横生,奇崛倚空。

新年献词的题目非常契合那年冬天的场景。1949年即将到来之际,中国大地上正面临几千年来未有过的变迁。中国共产党带领中国人民浴血奋战28年,即将开创人民自己的未来。然而,"是将革命进行到底呢,还是使革命半途而废呢",依然是摆在革命人民面前的一道试题。

领袖的伟大就在于此。毛泽东的回答是《将革命进行到底》。

基于"敌人是不会自行消灭的。无论是中国的反动派,或是美帝国主义在中国的侵略势力,都不会自行退出历史舞台"的判断,毛泽东号召人民"坚决彻底干净全部地消灭一切反动势力,不动摇地坚持打倒帝国主义,打倒封建主义,打倒官僚资本主义,在全国范围内推翻国民党的反动统治,在全国范围内建立无产阶级领导的以工农联盟为主体的人民民主专政的共和国"。

毛泽东在新年献词中预言,"一九四九年将要召集没有反动分子参加的以完成人民革命任务为目标的政治协商会议,宣告中华人民共和国的成立,并组成共和国的中央政府"。

仅仅9个月之后,毛泽东在西柏坡的预言就变成了现实。

中华人民共和国的成立，开辟了中国历史最辉煌的篇章，中国人民从此站了起来。三十年后，在1979年新年即将到来时，中共十一届三中全会召开，改革开放的大潮引领着中国走向富裕之路。经过了波澜壮阔的40年，一个强大的中国屹立在世界瞩目之处。

在庆祝改革开放40周年大会上，习近平总书记说："1978年12月18日，在中华民族历史上，在中国共产党历史上，在中华人民共和国历史上，都必将是载入史册的重要日子。这一天，我们党召开十一届三中全会，实现新中国成立以来党的历史上具有深远意义的伟大转折，开启了改革开放和社会主义现代化的伟大征程。"

40年来，中国的国内生产总值由3679亿元增长到82.7万亿元，占世界生产总值的比重由1.8%上升到15.2%。货物进出口总额从206亿美元增长到超过4万亿美元，对外投资总额达到1.9万亿美元。信息畅通，公路成网，铁路密布，高坝矗立，西气东输，南水北调，高铁飞驰，巨轮远航，飞机翱翔，天堑变通途，这一切成了中国最生动的写照。中国是世界第二大经济体、制造业第一大国、货物贸易第一大国、商品消费第二大国、外汇储备第一大国。

这是一个光辉灿烂的时刻。这是一个更加奋进的时刻。

习近平总书记说："我们现在所处的，是一个船到中流浪更急、人到半山路更陡的时候，是一个愈进愈难、愈进愈险而又不进则退、非进不可的时候。改革开放已走过千山万水，但仍需跋山涉水。"

总书记说："在这个千帆竞发、百舸争流的时代，我们绝不能有半点骄傲自满、故步自封，也绝不能有丝毫犹豫不决、徘徊彷徨，必须统揽伟大斗争、伟大工程、伟大事业、伟大梦想，勇立潮头、奋勇搏击。"

70年前的新年来临之际，毛泽东说："一九四九年是极其重要的一年，我们应当加紧努力。"

在2019年的新年来临之际，习近平总书记说："不忘初心，牢记使命，将改革开放进行到底，不断实现人民对美好生活的向往，在新时代创造中华民族新的更大奇迹！创造让世界刮目相看的新的更大奇迹！"

在庆祝改革开放40周年的时刻，我们即将迎来新中国诞生70周年的纪念。对于人生来说，70已是古稀；对于千秋万代的共和国来说，70正是芳华年代。

在世界的东方，70芳华的新中国，傲世屹立在世界瞩目之处。

（2019年1月7日）

背后的秘密

2019年新年刚过,"人类的一大步"来临了。

北京时间1月3日上午10时26分,中国探测器"嫦娥四号"远涉太空38万公里之后,以一个轻盈优雅的"嫦娥落月",稳稳地降落在月球背面的艾托肯盆地。这是人类第一次软着陆抵达月球背面,也是探索太空新边疆跨出的一大步。

月球背面隐藏着不为人知的秘密,也因此"吸粉"无数。最有名的,大概要算《世界新闻周刊》的报道了。这家还有点靠谱的美国杂志,1988年4月5日刊登了一张照片,说有一架美国二战时在百慕大上空失踪的轰炸机,已发现被放在月球背面的一个大坑里,据说是当年被外星人劫持后,藏到了月球背后以防止人类发现云云。公众知名度更高的,则莫过于那些美国大片中,有关外星人在月球背面建立军事基地的描述。由于人类从未抵达过那里,月球"背后的秘密"层出不穷,大体上都跟外星人的阴谋有关。

因为神秘,有了猜想。自从人类站立起来之后,头顶上那个叫作月亮的东西,就一直是"碧海青天"夜夜琢磨的对象。从嫦娥与吴刚以及小兔子的故事,到"仰望月亮时常常忘了脚下的六便士"这类哲理,月亮成为人们心心念念的挂念。

恰如"月有阴晴圆缺",月亮的容貌也"此事古难全"。由于地球对月球引力潮汐的作用,加上月球每28天一个自转周期的缘故,造成了月球绕着地球转的时候,永远只是半个"面孔"对着地球。虽然常讲"你看你看月亮的脸",其实看到的永远只是"犹抱琵琶半遮面"对着地球的那半张脸。即使我们拿着天文望远镜指点月球江山,实际上也只是在做"表面文章",背后的秘密从未知晓。

最先揭开背后秘密的,是苏联。1959年,苏联发射的轨道器最先绕过月球背面,拍下了月球背后最早的影像。从这张照片看,月背与正面大不相同。总体上说,背面比正面要"粗糙"许多,"杂物"很多,不如正面那样"干净光滑"。

这种正面背面的差异分析起来，是月球的运行方式造成的。

按照现在一般的理解，月球围绕地球运行已有45亿年的历史。月球之所以"粘"在地球身边不走，是因为彼此巨大质量造成的相互引力作用，恰好在这样的距离达到了平衡，彼此能"不离不弃"。这样的力量是每时每刻都存在的，造成的影响就是月球朝向地球的正面，因为地球引力的作用，由月球向外的力量要强一些；而背面则恰好相反，压向月球的力量更强一些。由此带来了两个结果：一是月球朝向地球的正面始终被"吸住"面对地球，不可能"转过身去"，人类只能从地球上看到月球半个脸；二是月球上火山爆发、熔岩流淌，大部分发生在正面，是被地球引力"吸"了出来，而背面很少有火山爆发熔岩流淌迹象，是被地球和月球的共同引力"吸"住了。

时间是把杀猪刀。45亿年间，月球上"立场"不够坚定的小东西，正面的很多都被"吸"离了月球，因而显得比较"干净光滑"，背面的基本都被"吸"住了，就显得比较粗糙。由此，月球背后隐藏的秘密，显然要比正面更多；月球背后的价值，有着许多正面无可替代的地方。

第一个，就是大家最关注的，月球背面具有非常"干净"的电磁环境。地球表面强大的电离层和人类活动，对于通过电磁信号观察外太空不利，而月球背面因为月球巨大身躯的阻隔，非常"安静"，干扰极少，有利于从这里观察外太空。第二个是月球形成之后的45亿年间，天体起源之初和此后陨石等外来物体撞击月球留下的痕迹，月球背面保存得相对完好，更便于"理解"月球。第三个就是假如未来从月球出发进行太空航行，因为引力的关系，背面出发比正面出发要更加省力，"性价比"更高。

2019年1月3日上午的"嫦娥落月"，是人类第一次直面月球背后的秘密，也是人类迈出的跨时代"一大步"。

美国NASA局长布里登斯廷说，这是一项"令人印象深刻的成就"！一家美国大报的标题是这样写的："当中国登上月球遥远的另一边时，一个新的太空力量诞生了。"嫦娥项目主要设计师之一、中国工程院院士吴伟仁在北京飞控中心接受记者采访时说，这是嫦娥的一小步，是中国的一大步。

（2019年1月14日）

"民主"的节操

截至1月15日零点,美国因党争导致的政府部分关门已经25天,刷新有史以来最长纪录。尚无迹象表明,这次"停摆"会很快结束。

这25天里,政府运行效率急剧降低。80万联邦政府雇员中,42万人在"必要"岗位上无薪工作,38万"非必要"人员被迫无薪休假。一周经济损失为12亿美元,GDP增速放缓0.05%。

发生在世界第一富国里的这一幕,很难让人相信是真的。特朗普要国会拨款50亿美元造美墨边境隔离墙,而众议院已成对手民主党的天下,根本不理特朗普,一怒之下特朗普就不惜以政府关门来要挟对手。

这一切,都是在合乎"民主"的规则下发生的。当反常的现象以"合规"的方式出现后,规则本身不能不引起强烈的质疑,不能不让人检视"民主"的节操。

有关西方民主,捧场者经常引用丘吉尔的话说,民主是最不坏的政治制度。引用者在使用时,往往强调的是这句话的字面意思,说明西方民主不那么坏。借助于二战后世界格局调整带来的话语权转移以及西方舆论对此不断背书,这句话又被蒙上了西方模式优越的外衣。但是这句话的另一层含义,就是这个制度不一定是好的制度这层意思,却常常被忽视了。恰恰是后一层意思,在西方世界近几十年的发展中,却不断地被事实所证明,也由此不断被引出对西方式民主的质疑。

美国政府最近20多天的停摆,是最新的一个例子。这并非是一个多么复杂的问题,无非是特朗普的共和党与佩洛西、舒默们的民主党,互相倾轧、互下绊子,拿美国政府、美国人民做赌注而已,比试彼此谁会"先眨眼"、先服软。政党和个人的私利,超越了口口声声标榜的道义与责任。

早先的一个例子,是英国脱欧。现在的英国民意表明,脱欧是更多人不愿看到的更坏结果。但是在英国脱欧公投的那一刻,所谓选举产生的政客,在人民需要他们做出决断的时候，选择了躲避，试图通过"公投"的方式，把责任推给难以做出准确判断的"乌合之众"，从根本上放弃了票选民主要求他们承担的职责，而这一切却又是"合规"的。

现实与规则之间这些越来越无法调和的矛盾，越来越凸显西方式民主的困境，令人质疑西方式民主的节操。

按照政治学家的描述，西方式民主要取得成功，其实是有一些先决条件的。比如对人的素质要求就很高，被推选为领导的人，应有足够优秀的水平，具备必要的责任担当，在智力和道德水准上有相当高度。可是现实当中，真正具备这些条件的国家十分罕见，民主被扭曲、错乱的例子俯拾皆是。研究这些扭曲和错乱现象，德不相配、力所未及，是普遍的共性。深究根源，在于"乌合之众"式的遴选方式，很难为足够重要的职位选出足够优秀的人才，并产生具备足够能量的正向激励。

马克·吐温写于一个半世纪前的《竞选州长》，生动地揭示了此间无法调和的矛盾。在马克·吐温的笔下，放弃节操、没有节操，"显然对各式各样可耻的罪行都习以为常"的政客，更有可能取得成功；而"生平从来没有干过一桩可羞的事情"的人，却会变成"蒙大拿的小偷"和"有九个私生子"的吐温。这样生动的诠释，在今天西方各国的政治中，依然有各种变形和衍化，比比皆是，这是西方式民主自身无法解开的扣子。

按照字面意思，节操指一个人在任何条件和处境下，都能笃守某种被誉为高尚纯正的道德品质的行为表现。节操对于政治行为的重要性不言而喻。

西方最早与此有关的一段名言，大概出自苏格拉底。在统治者以传播异端为名判他极刑之际，他说："作为一位哲人，我坚持哲人的节操，如果你们提出条件，说只要我以后不再从事哲学研究，就可以放我，让我活下去，那么我的回答是：只要我活着，我就不会放弃我的信仰。"

相比于这些闪耀着光芒的理念，以狭隘的政党及个人利益为至上原则的西方式民主，会导致史无前例的政府停摆、民粹至上、损人利己、霸权横行，已是势所必然了。

1月12日，特朗普发推说，"白宫里除了我几乎都要没人了"。

听上去，还是蛮随心的。

（2019年1月21日）

褪色的大西洋灯带

"在普京的耳朵里,那就是音乐。"几天前,一位美国记者这样写道。

事实上,此人讲的事情,与俄罗斯总统毫无关系。他写的是跨大西洋两岸两座最大城市的混乱。

刚刚进入 2019 年新年,世界上最大的两座城市纽约与伦敦,同时陷入了乱象之中。由于三位加起来超过了 200 岁的老人之间的博弈,美国政府从 2018 年 12 月 22 日起,陷入了停摆的窘境,80 万联邦政府雇员无薪上班或者休假。从机场安检到街道保洁,都处于莫名其妙中,而纽约自然无法幸免。大西洋对岸的伦敦,梅首相的脱欧方案,遭遇了议会有史以来最大票差的反对,政府治理陷入巨大危机,并引发了不信任投票。英国向何处去?整个英国和欧洲都在问。

在那位美国记者眼里,这两座城市代表的美英两国,曾经处心积虑通过冷战搞垮了苏联,结果现在它们自己却陷入了巨大危机之中,别人怎么会不心情愉快地耻笑呢?

这种想当然的推测,当然只是西方媒体惯用的臆想而已。只不过他还忘了一个地方:巴黎。

相比于巴黎的混乱,纽约和伦敦还只能是甘拜下风了。巴黎在新年之交,开始了"每周一乱",比戴高乐机场的航班还准时。最近的 1 月 19 日周六,法国反政府的"黄背心"运动已连续第 10 个周末上街,根本无视马克龙总统为化解民怨,举办市民大会辩论倾听民意的呼声。这个原先只是为了抗议燃油税而开始的运动,如今已经成了法国反对一切社会不公的每个周末例行的抗议行动。法国警方说,19 日周末的抗议规模,"至少与上周相当",约有 8 万人响应。在历次抗议活动中,从扔燃烧瓶到开着挖掘机冲破政府大门,使得"香榭丽舍"的巴黎宛如战场,有人因此将爱丽舍宫称作"巴士底狱"。

二战之后,随着马歇尔计划在欧洲推行,联结美欧的大西洋主义,被大洋两岸许多人奉为圭臬。冷战结束之际布什总统提出的"新大西洋主义",更将这种关系推向了高潮。一时间,大西洋两岸仿佛成了某种模板。而从举着一支火炬的纽约开始,一路向东到伦敦、巴黎,又被一些人捧为跨大西洋的灯带。只可惜,落花有意,流水无情。三十年过去了,河东还是河西,终究还是显露了出来。灯塔们在不断褪色中。

灯塔的暗淡,根本的还是制度固有缺陷造成的锈蚀。

美国三位加起来200岁老人之间的"怄气",本质上是制度弊端让党派之争可以置国家利益为各自筹码而向对方施压,所谓的西方"民主"完全沦为了党派之间的玩物。英国"脱欧"的"道路之争",既与英国国内的社会分裂有关,又与西方国家之间"同床异梦"的内斗有关,是英国与欧盟之间固有矛盾量变到质变的体现。法国的问题在于,"乌合之众"式制度带来的随意性,很难遴选出堪当大任的领导人,花好月圆尚好,暴风骤雨就会应对失措。

同病相怜的三位领导人,还同时爽约了施瓦布先生。

作为达沃斯论坛的创始人,施瓦布先生或许早有预感,早早就将本月22日开始举行的达沃斯论坛主题,确定为"全球化4.0:打造第四次工业革命时代的全球结构",并且还将讨论英国脱欧和欧盟经济环境的变化等热点问题。急于对症下药的这些国家领导人,也早就答应了施瓦布的邀约。

但临行之前,美国总统、法国总统、英国首相先后宣布,因为国内政局因素,不得不取消原定赴达沃斯的行程。不能不说,这是与今年论坛主题的一个巨大反差。

有评论对此指出,美英法领导人的缺席,凸显了西方社会的治理"赤字",折射出民粹主义对国家的影响。这既是欧美国家社会分化加剧、矛盾长期积累的结果,也体现出西方现有制度失灵之虞和国家治理之困,同时还加剧世界不确定性和不安情绪。

世界经济论坛按照惯例,在年会前发布了《2019年全球风险报告》。报告指出,当今世界面临越来越多复杂和相互关联的挑战,不断恶化的国际关系让全球共同应对风险的能力降低至危险水平。而经济前景日趋暗淡,将进一步挫伤国际合作前景。

报告描绘的,很像是大西洋两岸目前面临的困境。

唯一确定的是,无论在别人听来这是不是像音乐,大西洋的灯带在渐渐褪色,已经是比较确定的了。

(2019年1月28日)

从《新民早报》到《上海时刻》

2018年7月18日，具有89年历史的《新民晚报》，推出微信端《新民早报》，与纸质版《新民晚报》相得益彰，形成"一早到晚"看"新民"的阅读氛围；10月26日，进博会倒计时10天之际，《新民晚报》推出视频新平台《上海时刻》，应势而动，突出短视频的发展，使得《新民晚报》在进博会等一系列重大报道中以全息媒体的传播方式，抵达更多受众。这是《新民晚报》在推进"深度融合、整体转型"中的最新成果。

今年1月25日上午，中共中央政治局在人民日报社，就全媒体时代和媒体融合发展举行第十二次集体学习。中共中央总书记习近平在主持学习时强调，推动媒体融合发展、建设全媒体成为我们面临的一项紧迫课题。要运用信息革命成果，推动媒体融合向纵深发展，做大做强主流舆论，巩固全党全国人民团结奋斗的共同思想基础，为实现"两个一百年"奋斗目标、实现中华民族伟大复兴的中国梦提供强大精神力量和舆论支持。

"融合发展关键在融为一体、合而为一。"党的十八大以来，以习近平同志为核心的党中央高度重视传统媒体和新兴媒体的融合发展。从提出"推动媒体融合发展的重大任务"到"推动媒体融合向纵深发展"，从加强顶层设计到提出采编发流程再造以及融媒体中心建设，为媒体融合发展绘就路线图。

随着技术的发展，媒体格局、舆论生态、受众对象、传播技术都在发生深刻变化，特别是互联网正在媒体领域催发一场前所未有的变革。当今社会，全媒体不断发展，出现了全程媒体、全息媒体、全员媒体、全效媒体，信息无处不在、无所不及、无人不用，新闻舆论工作面临新的挑战。推动媒体融合发展、建设全媒体成为一项紧迫课题。

采编发流程再造和融媒体中心建设，是媒体融合发展的重要一环。

《新民晚报》在推进媒体融合中，认真贯彻落实好总书记重要讲话精神，深入推进媒体融合，努力做大做强主流舆论，不断以更高站位更大力度，推进"深度融合、整体转型"。

2017年8月，《新民晚报》精心准备、着眼全局，只用了20天时间，就高效率建成了全媒体指挥中心，同时"新民"客户端改版上线，《新民晚报》的"深度融合、整体转型"进入了新阶段。去年7月，仅仅24小时策划筹备、24小时全员动员，推出了微信端的"新民早报"，一开张就得到了受众欢迎，与纸质版《新民晚报》形成了"一早到晚"看"新民"的阅读氛围。去年10月，在进博会倒计时10天之际，《新民晚报》又推出"上海时刻"视频平台，突出短视频的发展，在进博会和一系列重大报道中发挥了新媒体的重要作用。

在"上海时刻"筹备中，《新民晚报》以体制机制创新，推动改革向纵深发展。针对各媒体普遍遇到的短视频技术人才缺少的窘境，《新民晚报》"换道超车"，脑洞大开，将新媒体视频组与名声在外的摄影部整合，组建视频摄影部，使得具有很强镜头感的摄影部十来位大咖，迅速"转型发展"，转变成了视频摄影的高手，在基本不增加人力成本的情况下，无形中增加了一大批视频拍摄制作能人，迅速提升了整个报社的视频生产能力。这一举措，通过生产关系调整，极大释放了生产力。

《新民晚报》的全媒体发展，早已从一张报纸，转型成为纸质媒体、新民客户端、新民早报微信公众号、"上海时刻"视频平台全媒体矩阵。2019年将进一步推动媒体融合向纵深发展，进一步深化内容建设，突出三个重点。

第一，进一步推进体制机制创新，以目标导向、产品导向，组建十来个各有特色、各守一方的工作室，形成富有新民特色的主流舆论传播阵地。

第二，进一步提升新民辨识度，加大报道特色、加大服务功能。在互联网信息泛在化时代，在全程媒体、全息媒体、全员媒体、全效媒体时代，打造"一目了然、一见钟情"富有吸引力的媒体辨识度。

第三，进一步加强新民全媒体竞争力。以"深度融合、整体转型"为引领，着力加强《新民晚报》全媒体矩阵的竞争能力，不断提升在舆论场上的主流舆论引导能力、在全方位竞争中的发展能力。

今年是《新民晚报》创刊九十周年。在媒体融合的大道上，90后，再出发！

（2019年2月4日）

乘着 5G 的翅膀

某种意义上说，5G 与其说是一次技术飞跃，不如说是一次应用革命。

去年底市委开全会分组讨论时，与我同组的有一位信息领域专家。我们谈起 5G 应用话题，他打了一个比方说，5G 在中国的应用就像高铁一样，更多是一个投资问题，当中国开始大规模应用的时候，没有国家能超得过中国。

这有点像阿尔夫·托夫勒在描绘第三次浪潮时讲的，信息社会的到来，可以让大家都在同一个门槛上。而跨进门槛后的发展，跟所在市场的宽度、深度有关，它们决定着 5G 发展的进度。从这一点讲，中国完全能够以领跑者的姿态，奋进在改变世界的 5G 时代。

站在 5G 的门口，我们探视一下，里面可能的大佬都有谁。

5G 发展的领先能力，突出体现在对 5G 标准制定的主导能力上。全球现在 5G 标准立项并通过的，中国移动有 10 项，华为有 8 项，爱立信 6 项，高通 5 项，诺基亚 4 项，英特尔 4 项，三星 2 项，中兴 2 项。以国别计，中国 21 项，欧洲 14 项，美国 9 项，日本 4 项，韩国 2 项。中国的技术能力卓然而立。

5G 技术的发展，前提是要有大规模的运用。大规模运用，才能得以用合乎商业的逻辑，不断获得推广发展的动力，不断得以迭代进步，这有点像高铁在中国。高铁技术引进到中国之后，通过集成创新，形成了适合中国国情的技术体系，但真正的发展，在于中国庞大的高铁应用市场，让高铁得以大规模推广和快速度迭代进步，迅速将高铁发展成为成熟工业化产品。世界第一的 2.6 万公里高铁线路，是世界第一的高铁运行能力的基础。

当 5G 技术逐渐成熟之后，真正考验的，是电信运营商的网络部署能力。恰恰是在这方面，中国有着突出的优势。中国三大电信运营商，在全国拥有 640 万个基站，规模世界第一，无人能比。仅仅是中国移动一家，就拥有 9.2 亿用户，同样是世界第一。这些世界第一的庞大应用市场，确保 5G 公司能在中国获得更大发展空间。这也是美国串通加拿大，使出下三烂手段对付华为的原因，"臣妾心中慌得一比"。

加快5G商用步伐，加强人工智能、工业互联网、物联网等新型基础设施建设，已经成为中国经济转型升级的关键一着。

工信部已公布，向中国电信、中国移动、中国联通发放第五代移动通信（5G）系统中低频段试验频率使用许可。这意味着，各基础电信运营商有了开展5G系统试验所必须的条件，将进一步推动我国5G产业链的成熟与发展。三大运营商在5G投资、部署上的态度非常积极。中国移动将启动17城市的5G规模试验和应用示范，中国联通发布了5G网络商用/试点进展及计划，中国电信在深圳开通31个5G站点，今年3月前将以深圳软件产业基地（双创园）为中心，建设50个5G站点，形成小范围连片覆盖。三大运营商今年5G元年的投资支出将达到百亿级。

根据权威部门预估，2020年5G正式商用当年，将带动约4840亿元的直接产出，到2025年、2030年将分别增长到3.3万亿、6.3万亿元，年均复合增长率为29%。

5G是一个全新的起点。5G的网络峰值速率能达到10Gbps，相当于每秒下载一部高清电影，而目前我们手机速率大多只有150M。5G的网络容量可以达到每平方公里100万台终端，这是4G的1000倍。5G的时延更短，短到只有1毫秒之内，这是4G的五十分之一，甚至更短，这就从根本上消除了反应慢带来的"卡"。正是这些特点，可以让人工智能、云计算等无所不在，人类将进入一个万物互联的智能世界，大大改变我们现在的许多认知。

乘着5G的翅膀，去到一个崭新的世界。

（2019年2月18日）

故宫灯影

己亥元宵，故宫博物院第一次亮起了如梦如幻的七彩灯色，将600岁的紫禁城装点得绚烂多姿，仪态万方，让天下人看到了完全不同于以往的"灯影故宫"。

故宫宫墙上，数百盏红灯点亮，角楼、神武门等重要建筑"高光"亮相。数条蓝紫色灯柱从高耸宫墙上射向夜空，为600岁的紫禁城增添了一份梦幻色彩。一束追光正打在神武门的匾额上，蓝底金字格外清晰。

游客们来到高高的宫墙上，能俯瞰全"城"灯色美景；可以来到畅音阁里，聆听戏曲声声；可以遥望夜色中的满墙金色琉璃瓦，投影在上面的《千里江山图》气势恢宏。抬头看去，一轮明月洒下满园银光……

"故宫灯影"，既是一次节庆，也是一次文化创意，更是民族文化复兴的一个侧影。

600岁的紫禁城，经历了无数历史瞬间，已经成了中华民族文化的重要组成部分。某种意义上说，如同罗浮宫之于法国、白金汉宫之于英国、克里姆林宫之于俄罗斯一样，故宫常常成了中华民族文化的一个重要标志物，带着浓烈的民族文化象征意味。

随着中国历史上最后一个皇帝的离开，1925年开始，昔日的紫禁城变成了故宫。它的象征意义在于，生于乱世之中的故宫博物院，在它建院最初的岁月里，同样与民族一起，经历了难以言说的苦难与流离。

院里的那些旷世国宝，时时在惴惴不安中，度过每一个晨昏日暮。溥仪走的时候，卷走了很多"家产"；军阀来的时候，"顺"走了不少宝贝；宫里的上上下下，乱世浑水之中也摸走了好多"金鱼"。20世纪二三十年代，北平城内琉璃厂一带的兴旺，正是那个时代乱象的写照。随着抗战的爆发，故宫的大量国宝又被装进了成千上万个大木箱中，一路颠沛流离，躲避日寇的黑手。抗战胜利之后，许多木箱尚未拆卸，就又被带到了海峡对岸，造成了分隔。

新中国成立之后，故宫这座昔日的紫禁城，才真正回到了人民的手中，也真正成了人民享有的文化宝贝。七十年间，特别是改革开放以来，故宫日益焕发出独特的光彩，也日益显现出老当益壮的勃勃生机。这些年，为了保护古建筑，故宫的游客人数每天保持在 8 万人左右，日日客满。故宫的文创产品，成了时尚一代热衷的手信。互联网上，"老夫聊发少年狂"，600 多岁的紫禁城萌态十足。

有一次我去故宫，去了宝蕴楼。这是一片国宝天地，藏有沈阳故宫、承德避暑山庄转移过来的众多珍贵文物，也是很有纪念意义的地方。

2017 年 11 月 8 日下午，习近平主席与夫人彭丽媛在这里迎接了来访的特朗普总统夫妇。会客厅古色古香，茶韵悠长，暖意融融。习近平主席向贵宾介绍室内陈列。案几上，一幅元代诗人画家王冕的《墨梅图》吸引了特朗普总统的目光。"不要人夸颜色好，只留清气满乾坤"，中共十九大胜利闭幕后，习近平在新一届中央政治局常委同中外记者见面时讲话所引诗句，就出自这幅画作。

短暂茶叙后，两国元首夫妇乘坐同一辆电瓶车来到太和门，沿汉白玉御道信步前行，依次参观太和殿、中和殿、保和殿。习近平主席一边走，一边向特朗普总统介绍太和殿的历史。特朗普总统听得非常认真，称赞故宫布局宏伟，感叹中国历史文化源远流长，博大精深。

作为中国民族文化的一张名片，故宫向世界展现着它的魅力，代表着中国的风骨。

在元宵之夜的"灯影故宫"里，我们分明可以看到，一段悠长的丰厚历史，正在焕发出最青春的模样。

（2019 年 2 月 25 日）

第二次握手

当地时间 2 月 27 日 18 时 30 分，朝鲜国务委员会委员长金正恩与美国总统特朗普，在河内索菲特传奇大都会酒店见面。两人时隔 8 个月之后，在另一个第三国首都，第二次握手。

相比于新加坡第一次握手，两位领导人的握手明显热络不少，都在兴奋之外，带着某种期待。

金正恩表示，美国总统特朗普参加第二次峰会展现出了勇气。现场传出的消息称，金正恩说，朝鲜和美国共同克服了彼此不信任的问题。特朗普则与往常一样，用了一些夸张词语表现出他的激动："我说过很多次了，我对媒体说、对所有想听的人说，我认为你的国家有巨大的经济潜力，潜力不可思议、不可限量。我认为你的国家在伟大领导者的带领下会有更好的未来。"

金正恩与特朗普的第二次握手，表明两国关系已经从新加坡"破冰之旅"，即将进入实质性的改善进程。

朝美关系走到这一步，既有国内政治变化发展的需要，也有国际大势变动带来的影响。

曾几何时，朝美两国对于对方来说，都是"神"一样的存在。朝鲜对美国抱着高度的警惕，无论遇到多大的压力，拥有必要的自卫能力始终是朝鲜领导人坚定不移的目标，"能战方能言和"。在此基础之上，朝鲜愿意与美国改善关系，是水到渠成的必然，因为发展经济、提升国家发达程度，是朝鲜领导人的根本目标。

作为独霸天下的大国，虽然朝鲜整体实力与美国不在一个层面，但美国纵有千般不满，但始终不敢造次，一个重要原因就是朝鲜的近邻是中国。虽然中美关系不无摩擦，但是美国要想做成什么事，还不能不看中国的脸色。中国早就言明，绝不允许在周边生乱生战。当朝鲜拥有了终极自卫能力之后，美国人再多的想法就只剩下了一条，那就是只能坐下来谈。

2018年6月12日上午9时,新加坡嘉佩乐酒店,金正恩与特朗普的双手握在了一起。这是历史性的时刻,也是戏剧性的时刻。第一次握手,难免"青涩",却开创了一个时代。

越南出产咖啡。相比于牙买加、哥伦比亚的咖啡,越南咖啡更多一些苦涩,所以越南人特别喜欢在咖啡里加一些炼乳,能掩去苦味,倍加香甜。在朝美会谈这杯"咖啡"里添加一些"炼乳",是中国愿意做的。

中国外在的贡献是一目了然的。第一次新加坡见面,中国国航的2447号波音747专机,确保了会见的顺利进行。第二次河内见面,朝鲜领导人的专列纵贯中国中东部,抵达越南,旅程长达4500多公里,耗时近66个小时。这是中朝友谊与信任的高度体现。

有观察家认为,纵贯大半个中国,某种意义上也是专列的一次力量展示。幅员如此广袤、体量如此雄厚,有这样一个真心朋友,对于赴约"第二次握手"来说,是可以平添信心的。

"罗马不是一天能够建成的。""第二次握手"能否取得具体成果,取决于诸多复杂因素,并不是有着愿望就可以实现的。对于朝美两个国家来说,"冰冻三尺非一日之寒",需要解决的困难或许比想象中更多。

2月28日当地时间下午2点不到,第二次"金特会"结束,双方没有达成任何协议。"双方在越南河内展开了良好和具有建设性的会谈。此次没有达成任何协议,但他们各自的团队都期待未来继续会谈。"

中国外交部发言人说,"过去半个多世纪的经验已经告诉大家,朝鲜半岛问题的解决不是一蹴而就的。中方希望朝美双方继续开展对话解决问题,切实尊重彼此的合理关切,继续互示诚意,中方也愿意继续为此发挥建设性作用"。

(2019年3月4日)

90万亿元新台阶

"国内生产总值增长6.6%，总量突破90万亿元。"3月5日上午，当李克强总理在《政府工作报告》中讲出这个数字时，全国人民都感到欣喜。

这是中国的经济总量第一次达到这样的高度，这预示着新中国将以一个前所未有的发展高度，迎来自己的七十华诞。

"发展是硬道理"，这是中国人民在中国共产党领导下，以七十年奋斗历史总结的真理。发展的重要标杆就是发展带来的生产总量稳步、较快地增加，并不断地用于改善人民的生活。只有依靠发展，才能不断提升人民的生活水平；只有依靠发展，才能解决面临的困难和问题；只有依靠发展，才能建设一个强大的中国。

中国发展带来的经济总量，这些年不断在以令人眼花缭乱的数量增加。GDP越过50万亿元，还仅仅是几年之前的事情，但是很快就越过了60万亿元、70万亿元、80万亿元大关，如今达到了90万亿元。这在若干年前，几乎是一个难以想象的数字，如今实实在在地呈现在全国人民的面前。

90万亿元是一个数字，背后是无数足可以让全国人民自豪的物质财富。世界第一长度的高铁、世界第一的货物贸易数字、世界最多的外汇储备、世界最充裕的受教育人口。

在今年政府工作报告确定的目标中，GDP增长预计为6%—6.5%。相比于前些年的增长数字，这个数字看上去不是很高。但是当国内生产总量达到了90万亿元的新高度之后，每一个百分点的增长所代表的绝对数值，在大幅度地提升。

以90万亿元为基数，每一个百分点的增长就是9000亿元人民币。6%—6.5%的增长，增加的绝对数量将近6万亿元人民币，差不多是一个中小国家的GDP总量。我们完全可以充满信心地预计，再过两年，当我们迎来中国共产党建党100周年的时候，中国的国内生产总值将突破一个历史性的高度：100万亿元。

"人民群众对美好生活的向往，就是我们的奋斗目标"，中国发展的根本目的，就是为了人民的美好生活。在经济总量达到了90万亿元高度后，人民生活水平也到达了一个新的高度。

政府工作报告中提供了一组翔实的数据：居民人均可支配收入实际增长6.5%。资助各类学校家庭困难学生近1亿人次。棚户区住房改造620多万套，农村危房改造190万户。全年为企业和个人减税降费约1.3万亿元。新增高速铁路运营里程4100公里，新建改建高速公路6000多公里、农村公路30多万公里。

在新一年工作中，预计国内生产总值增长6%—6.5%；城镇新增就业1100万人以上；居民消费价格涨幅3%左右；农村贫困人口减少1000万以上，居民收入增长与经济增长基本同步。

为了帮助群众实现更好就业，将实施职业技能提升行动，从失业保险基金结余中拿出1000亿元，用于1500万人次以上的职工技能提升和转岗转业培训。将改革完善高职院校考试招生办法，鼓励更多应届高中毕业生和退役军人、下岗职工、农民工等报考，今年大规模扩招100万人。

迈上90万亿元新台阶，中国的发展将进入到一个崭新的境界。纵然面前还有困难，纵然前路还有荆棘，但中国的发展之路、奋进之路，永远不会停歇。

李克强总理说，要坚持以人民为中心的发展思想，尽力而为、量力而行，切实保障基本民生，推动解决重点民生问题，促进社会公平正义，让人民过上好日子。中国人民勤劳智慧，具有无限的创新创造潜能，只要充分释放出来，中国的发展就一定会有更为广阔空间。

奋斗创造历史，实干成就未来！

（2019年3月11日）

波音做错了什么

3月11日上午,中国民航局宣布:当天18时前,全部停飞波音737MAX8飞机。当天傍晚开始,96架此型飞机全部"趴"在东西南北各机场,等待发落。

此前一天,埃塞俄比亚航空公司的一架同类型飞机坠毁,无人生还。几个月前,印尼的一架同类型飞机也坠毁,无人生还。

这两起极为相似的坠机原因,目前比较多的怀疑集中在波音737的设计及操作系统上。不过最终结论,还得经过严密调查才能得出。

波音737是世界上卖得最好的商用飞机,也是世界上最先售出10 000架的客机。能卖出一万架,固然是一份荣耀;但是能卖出一万架,也说明这型飞机设计生产的时间已经很长了。这恰恰是事故可能的原因所在。

20世纪60年代,飞机上的喷气式发动机是普拉特·惠特尼公司JT3D、JT8D独霸天下的时代。作为第一代喷气发动机,737早期使用的JT8D发动机,是一款低涵道比发动机,发动机个头不大,因而737机翼离地并不高。早期的737配JT8D,是一个合适的搭档。

随着新一代中高涵道比涡扇发动机CFM56系列诞生,推力更大、经济性更好,但是个头明显比JT8D那一代要粗大不少。737系列要改用新一代发动机时,一个大问题就是发动机短舱离地面太近。

大家可能看到过一个现象,在十来年前,一些737飞机的两个发动机短舱口不是浑圆的,而是下部是平的,好像被人踩扁了似的。这就是737刚刚改用比较粗大的CFM56时,为了防止发动机离地面太近造成擦碰,不得已将靠近地面的下部人为扳平以增加离地空间。

新款737 MAX 8,使用CFM LEAP-1B型发动机,风扇叶片直径达69.4英寸,比之前737使用的CFM56-7发动机61英寸直径叶片更大,因而新发动机吊架和吊舱相较于此前737系列更靠前,前起落架还加长了20厘米,以获得更大的发动机与地面的间隔。虽然进行了一系列优化设计,但是由于总体格局没有大的变动，优化的范围有限，在布局时，737 MAX 的发动机是微微斜着向上的。这一点，恰恰是在两起坠机事件中，被怀疑最多的地方。

在印尼狮航空难发生一周后，美国联邦航空管理局在 2018 年 11 月 8 日发布了紧急适航指令，指出波音 737 MAX 8 的飞机控制系统存在传感器输出数据错误的问题，这将直接导致飞机水平稳定器向下倾斜飞机机头，飞机可能自行以大角度俯冲并坠落。

这段话的前因后果是，因为 737 MAX 发动机稍有向上会带来向上力矩，所以飞机设立了专门传感器。当感受飞机过于向上时，会自动向下倾斜飞机机头，以达到平衡。愿望是好的，效果也是有的。但是假如出现传感器"过于积极"的情况，会"过分"压低机头，造成飞机发生大角度倾斜俯冲，导致坠机。

中国是美国之外波音最大的市场，也是波音 737 MAX 8 目前最大的拥有国，有 96 架该型机在中国大陆 13 家航空公司运营，占 3615 架民航飞机的 3%。中国不能不高度关注事故的真相。

中国十分期待波音尽快查明原因，让人们依然可以信赖波音。

（2019 年 3 月 18 日）

波音还做错了什么

在埃塞航坠机事件刚刚发生后,我在上一期《新民周刊》中首先提出,极有可能是旧机型与新发动机之间不匹配,造成了 737 MAX 8 接连发生事故。逐渐揭开的真相,正在不断证实这样一个判断。

那么,有着这样一个明显缺陷的飞机,是怎样通过了一系列审核关口,一路无阻地交付了四五百架,并且在印尼空难后还未引起足够重视,最终又导致了埃塞航事故的呢?

波音还做错了什么?

"成也萧何败也萧何。"波音还犯下的错误,是因为它是波音。

据《华尔街日报》17 日报道,美国交通部已对波音 737 MAX 系列客机如何通过安全审批展开调查。矛头直指美国联邦航空局 FAA 和波音公司本身。

波音在美国的地位无人能比。这不仅体现在它每股 400 美元左右的股价上,也体现在国防部代理部长是它原来的副总上。不夸张地说,波音是美国实体经济中最有竞争力的公司,不折不扣的"美国宝贝"。

盛名之下,危机也在悄悄地滋生,那就是对波音盲目信任带来的监管失控。FAA 自我标榜以严格严谨著称,别国飞机要拿 FAA 适航证,不说比登天难,至少要被扒掉几层皮。但是当 FAA 遇上"美国宝贝"波音,除了"情人眼里出西施"之外,难免有"癞痢头儿子自家好"的心态。且不说美国大公司闻名世界的游说能力,就说对经济、就业的贡献,就不能不让 FAA"投鼠忌器"。金融业里有"大而不能倒",波音则常常"大而不敢查"。

波音 737 MAX 的诞生,在于空客 320neo 的出现。737 与 320 是"基友"兼"冤家",性能相近、市场相近、售量相近。新一代 320neo 的出现,是因为有了 LEAP-1A 那样的新一代发动机,可以提高 15% 左右的效率。LEAP-1A 比前一代 CFM56 直径粗 20 多厘米,对于以 CFM56 为目标发动机设计的 320 来说,换发动机没什么问题。但是当 737 也顺应趋势准备选用新一代 LEAP-1B 发动机时,问题就来了。

在上周文章里我已经讲过，737是以更早一代普拉特·惠特尼公司JT8D发动机为目标发动机设计的，机翼离地近，选用CFM56已经十分吃力，要把短舱口"踩扁"才能确保有合理的离地距离。选用更粗壮了20多厘米的LEAP-1B，实在是勉为其难，只能通过前移发动机挂架和调整发动机角度等一系列"补漏"方法，来尽力让737用上新一代发动机。为了防止这些调整造成飞机可能的仰头失速，于是又用上了传感器和防失速系统来帮助自动压低机头。

从波音角度来说，这样处理是用最少花费得到更高效益，利润最高。但是对于监管部门FAA来说，一个严峻的问题摆在了面前：这种调整是否足够安全以及这是衍生机型还是新的机型？

以上市公司和美国人的特性，波音当然认为这是安全的并且是衍生机型。衍生机型不需要太多额外培训，可以节省大量费用，让73 7MAX与320neo比有竞争力。这个时候，监管机构的立场就十分重要。但是，面对"大而不敢查"的波音，FAA有多少判断能力呢？最新披露的信息显示，为了帮助737赶上落后于320的9个月进度，FAA甚至让波音自己的工程师承担应由FAA进行的检查。以至于有媒体在提及这个细节时，用了"带血的FAA"这样的字眼。

有大量信息表明，737 MAX经过这么多的改进后，波音并没有特别说明这些改进带来的变化，以及具有的"自动低头"的特性，也没有为此进行过必要的、足够的培训。这不能不说是盛名之下的波音"致命的错误"。

显然，这一切得到了FAA的背书同意，这也是FAA越来越多被卷入旋涡中的原因。

对这一切最好的注解是，在埃塞航空难后，美国交通部长进行了一次"事先张扬"的乘坐737 MAX 8旅行。这生动地解读了"大而不能查"的内涵，当然也被视作政客的一次拙劣表演，颇有几分"上梁不正下梁歪"的讽刺。

MONEY OR LIFE？对于波音来说，这是个问题。

（2019年3月25日）

欢迎意大利

"不论是谁,如果你们希望了解人类各种族的不同,了解世界各地区的差异,请读一读或听人念这本书吧!"

1299年,一段这样的文字风靡了威尼斯。巨大的悬念吸引了无数人对这本书的关注,一时间水城纸贵。在随后的一些年间,这本书又很快从威尼斯一带流传到了欧洲许多地方,让很多人产生了伟大的东方梦想,并且由此改变了世界版图格局。

这本书就是《马可·波罗游记》。

《马可·波罗游记》以一个威尼斯人的眼光,描绘了欧亚大陆另一端中国的壮美山川,开拓了欧洲人的新视野,并逐渐开始了东方探险之路,顺道还发现了美洲。哥伦布说,马可·波罗的书引起了我对东方神秘的向往……在我的航行中,很多次是按《马可·波罗游记》里说的去做的。

720年之后,中意这两个文明古国之间,又一件影响巨大的事让双方牵起了手。

2019年3月23日上午,意大利首都罗马郊外的马达玛别墅,中国与意大利签署共同推进"一带一路"建设谅解备忘录。这意味着,意大利将正式加入共建"一带一路"倡议中来。这既是西方G7中第一个加入倡议的国家,也是世界两大文明间智慧的结晶。

欢迎意大利!

"一带一路"倡议提出以来,得到了越来越多国家响应。以国家数量计,大半个世界都已参与进来。出于多种因素,以美国为首的G7各国,则还在外沿徘徊。原因无他,"美国优先"带来的"脱群"惯性,让美国处于各国合作共赢的对立面。没有"老大"点头,G6要有所作为障碍重重。

世界潮流浩浩汤汤,顺之者昌逆之者亡。面对复杂多变的世界局势和全球挑战,合作共赢是唯一选项。"一带一路"倡议、构建人类命运共同体,正是人类发展的必由之路，也成为越来越多国家人民的共识。

作为G7之一，意大利率先加入共建"一带一路"倡议，具有历史的必然。同为人类文明发源地之一，中意两国丰厚的历史文化底蕴，使得彼此都更多从历史、文化和哲学的高度来看待人类前程，有更多的责任意识为美好愿景努力。中意两国分处古丝绸之路两端，威尼斯人马可·波罗的"中国故事"，凸显不同文明间交流合作的重要意义。中意经济发展的互补性和合作氛围，又推动着合作的深化和不断攀上新高峰。

意大利各界越来越多地将"一带一路"倡议，视为本国不可错过的历史机遇。意大利知名学者马特欧·布雷桑认为，加入共建"一带一路"倡议，是意大利各界近年来对国际形势审慎研究的结果，符合意大利国家利益。在意大利安莎通讯社网站上，首页首屏的"热门话题"栏目，近几天"一带一路"经常排在第一。

2018年，中意双边贸易额突破了500亿美元，双向投资累计超过200亿美元，意大利是首届进博会欧洲第二大参展国。中意签署共建"一带一路"合作谅解备忘录后，将特别加强"一带一路"倡议与泛欧交通运输网等的对接，深化在港口、物流和海运领域的合作。

在与习近平主席的会谈中，意大利总理孔特说，意大利在互联互通建设方面有着特殊地理优势，我们很高兴抓住历史机遇，参加共建"一带一路"，坚信这将有助于充分挖掘意中合作潜力。我期待着出席即将在北京举行的第二届"一带一路"国际合作高峰论坛。

世界正面临百年未有之大变局，欧洲也面对着复杂多变的地缘格局。审时度势做出最有利的政治决定，是欧洲每一位政治家必然的使命。意大利开了个好头，成为G7的好榜样。

"一带一路"倡议源于中国，成果属于世界。春光正好，中国欢迎更多的伙伴搭上共建"一带一路"的快车。

欢迎意大利！

（2019年4月1日）

欧洲的变局与困局

史书上要写政治肥皂剧的话，一定不会漏掉英国脱欧这一章。

从三年前那个夏季开始，英国脱欧就常常占据了欧洲主要媒体的头版位置。三年后的今天，英国脱欧依然还是莎士比亚笔下的纠结：脱，还是不脱？

以历史和国民性格来说，大西洋孤岛上的英国，似乎不属于黏乎乎性格的人群。粗粝的海风与荒寂土地，造就了呼啸山庄式的生存环境，让英格兰吾土吾民有着强烈的改天换地欲望。工业革命发端于英国，固然有科学技术自身的规律，但与身处海岛"穷则思变"的国民理念也分不开。德伯家的苔丝，对于毁了自己生活的恶棍，可是当断则断没有丝毫拖泥带水。

无奈形势比人强。脱欧这个看起来只是卡首相吹个小曲的事儿，却让英国人纠结了整整三年。从哲学意义上讲，脱有脱的好，不脱也有不脱的好，谁更好一些也各有各的说法，这确实是纠结三年的症结所在。这大概就是外行看热闹，越看越热闹的原因所在。

但是，真正的门道在哪里呢？

真正原因在于，英国脱欧本身是个无解的难题。无论脱还是不脱，都不能解决英国的问题，也不能解决欧洲的问题，这是欧洲包括英国无法解决的困局。越早明白这个无解的困境，就越能早下决心。无论脱还是不脱，结果其实都是一样的。

欧洲包括英国的困局，在于欧洲模式已经走到了尽头。没有脱胎换骨式的变局，就无法解决欧洲模式的困局。这不是梅姨、默大妈或者马帅哥的问题，这是欧洲本身的问题。

欧洲历史有过两个辉煌时刻，那就是古代的罗马帝国和近代的工业革命；也有过两个糟心时刻，那就是中世纪和两次世界大战的发源地。在这前后和大量的中间地带，是欧洲的平庸时期。从历史长河来看，平庸是欧洲的常态。但是如今欧洲的痛苦和纠结在于，他们常常把工业革命带给欧洲的先发优势和辉煌岁月，当成是欧洲的常态,由此产生了浓重的领导世界与指导人类的习惯思维,也因此常常"心比天高"而有心无力。

欧洲的失落在于此,症结在于欧盟。欧洲一体化有其必然道理。世纪之交,在使用欧元之前,我去欧洲多国旅行,一路上不断地将美元换成法郎、换成里拉、换成马克、换成英镑,真的令人无奈。但是使用欧元加快欧洲一体化进程,有一个绕不过去的问题,就是各国发展不平衡带来的差异,必须有人做作出牺牲去填补落差。德法这些主要国家确实付出了更多的努力,但是比起需要填补的空隙来说,那是远远不够的,其结果就是越来越大的落差与矛盾。

欧元诞生前,我曾经在巴黎超市买到过143法郎一瓶的酩悦香槟,那时人民币与法郎大约是1∶1;如今即使在戴高乐机场免税店,价格也要在35欧元左右,约250元人民币。价格高了,意味着欧洲相对其他经济体,竞争力弱了。近年来希腊等发生的危机,根本在于一体化之后,这些国家自身优势大大削弱,却并没有得到有效补足。

英国脱欧的要害,也在于此。欧洲一体化对于德国、法国这样的制造业大国来说,相对廉价的劳动力流入提升了发展空间,但对英国这样已经以服务业为主的国家来说,不仅无益于高端服务业,反而对低端就业形成更激烈竞争,弊大于利。这是英国脱欧的根本动因。

一体化之后的"苦乐不均",是需要各方努力进行再平衡的。只是富贵得益如德法,也依然是心有余而力不足,更遑论其他国家。最终,只能是彼此纠结,而分手已是必然。这是欧洲无解的困局。

基辛格曾经说过,衰落的英国从20世纪60年代开始,就一直在寻找自己的国际定位。

40多年过去了,英国依然还在苦苦求索,如今还加上了欧洲。

(2019年4月8日)

图书在版编目（CIP）数据

褪色的大西洋灯带 / 朱国顺著. — 上海：文汇出版社, 2019.9
ISBN 978-7-5496-2936-7

Ⅰ.①褪…　Ⅱ.①朱…　Ⅲ.①新闻—作品集—中国—当代　Ⅳ.①I253

中国版本图书馆CIP数据核字（2019）第143320号

褪色的大西洋灯带

作　　者 / 朱国顺
责任编辑 / 吴　华
封面装帧 / 王　翔

出版发行 / 文汇出版社
　　　　　上海市威海路755号
　　　　　（邮政编码200041）
经　　销 / 全国新华书店
排　　版 / 南京展望文化发展有限公司
印刷装订 / 上海颛辉印刷厂
版　　次 / 2019年9月第1版
印　　次 / 2019年9月第1次印刷
开　　本 / 710×1000　1/16
字　　数 / 380千字
印　　张 / 21.00

ISBN 978-7-5496-2936-7
定　　价 / 78.00元